高等学校工程管理专业规划教材

房地产开发投资与实务

郑生钦　编著

中国建筑工业出版社

图书在版编目（CIP）数据

房地产开发投资与实务/郑生钦编著.—北京：中国建筑
工业出版社，2013.7
高等学校工程管理专业规划教材
ISBN 978-7-112-15505-7

Ⅰ.①房… Ⅱ.①郑… Ⅲ.①房地产开发-高等学校-教材
②房地产投资-高等学校-教材 Ⅳ.①F293.3

中国版本图书馆 CIP 数据核字（2013）第 122144 号

本书以房地产开发投资为主要研究对象，全面论述了房地产开发投资的全过程，系统介绍了房地产开发投资过程中的决策和管理所需的主要知识。本书从项目运作实务的视角构筑理论与知识体系，对房地产开发过程的阐述与房地产开发项目管理实践相协调，注重创新性与实践指导性。本书后附 PPT 光盘，可作为高等院校工程管理专业、房地产专业（或方向）、工程造价专业、土木工程专业、城市规划专业及其他相关专业的本科、研究生教材，方便老师教学。也可作为房地产开发、项目管理、工程咨询等专业人员的参考书。

* * *

责任编辑：毕凤鸣
责任设计：张　虹
责任校对：肖　剑　党　蕾

高等学校工程管理专业规划教材
房地产开发投资与实务
郑生钦　编著

*

中国建筑工业出版社出版、发行（北京西郊百万庄）
各地新华书店、建筑书店经销
北京红光制版公司制版
廊坊市海涛印刷有限公司印刷

*

开本：787×1092 毫米　1/16　印张：23¼　字数：570 千字
2013 年 8 月第一版　2017 年 9 月第三次印刷
定价：58.00 元（含光盘）
ISBN 978-7-112-15505-7
（24113）

版权所有　翻印必究
如有印装质量问题，可寄本社退换
（邮政编码 100037）

前　言

近年来，随着我国国民经济的发展和城市化进程的加快，房地产业特别是房地产开发投资业得到了迅猛发展，几乎成了国民经济的晴雨表。随着开发投资实践的深入，对房地产开发投资有关的理论研究也得到逐步深化，但是与我国房地产开发投资业的发展不相适应的是，掌握房地产开发投资的理论与实践知识的开发与管理人才相对匮乏。

我校为房地产经营与管理、城市规划、工程管理、工程造价、土木工程等专业讲授房地产开发与经营、房地产开发、房地产开发与实务等课程已经有十几年了。我校从1995年开办房地产经营与管理本科专业，因专业目录调整，1999年停止招生。2010年恢复房地产经营与管理专业招生，2013年开始以房地产开发与管理为专业名称进行招生。很多毕业生，尤其是房地产专业的毕业生，他们已经在房地产的开发、投资融资、咨询和项目管理等领域取得了令人骄傲的成绩。在教学和实践中，有这样一些问题要求我们思考：一个优秀的房地产开发、投资专家应该具备哪些能力？房地产开发投资的各个阶段，都需要专业人员参与，这些专业人员应该具备怎样的房地产基础知识？哪些能力是房地产专业学生在学校就应当具有的？哪些能力应是房地产专业学生应该具有的核心能力？对这些问题的回答，就是本书的主要内容。当然，这些问题的思考基于我们的学生可以在房地产业或者与房地产业有关的哪些部门、哪些岗位从事工作的问题。

为了向读者提供具有理论与实践指导意义的专业书籍，为满足培养高素质房地产专业人才的要求，本书主要介绍了与房地产开发投资理论与实务有关的知识，并尽量选取或编写与房地产开发投资过程有关的例题和案例，注重案例教学与实务教学，注意引导学生对问题的探索。在编写过程中以房地产开发投资过程为主线，构筑理论与实务知识。努力做到系统性、基础性和实用性，力争实现理论与实践的统一，使读者通过学习，既能打下较扎实的理论基础，又能提高实际操作能力。

本书共分十一章，书中第一章、第二章、第九章由郑生钦、张迪编写，第三章、第十章由赵巧编写，第四章、第六章由周伟忠、王白编写，第五章、第八章和第十一章由王白、郑生钦编写，第七章由李奇会、郑生钦编写。全书由郑生钦提出编写提纲和要求，组织讨论并负责统稿。

本书反映了我们多年来对房地产开发投资的教学、研究和实践方面的成果。在编写过程中参考了很多有价值的专著、教材、学术论文和资料，列出的参考文献也可能有遗漏。在此谨向本书写作过程中参考的所有文献的作者表示衷心的感谢！

本书可作为房地产开发与管理、房地产经营管理、工程管理、工程造价、土地资源管理、物业管理、城市规划、土木工程等专业本科生和相关专业研究生的教材使用，也可作为房地产开发与投资方面专业人士的学习用书。

房地产开发投资领域的知识是综合的、动态变化的，要理解和把握它，还有很长的路要走。我们的认识也比较肤浅。由于编者水平有限，本书还存在一定的局限性，错误和不当之处在所难免，敬请各位读者不吝批评指正。

目　录

第一章　绪论 ………………………………………………………………… 1
　第一节　房地产的概念及其特点 ………………………………………… 1
　　一、房地产的概念 ……………………………………………………… 1
　　二、房地产的特点 ……………………………………………………… 2
　第二节　房地产投资及其特点 …………………………………………… 4
　　一、房地产投资的概念 ………………………………………………… 4
　　二、房地产投资的种类 ………………………………………………… 5
　　三、房地产投资的特点 ………………………………………………… 9
　　四、房地产投资的作用 ………………………………………………… 12
　第三节　房地产开发投资关键影响因素 ………………………………… 13
　　一、房地产开发投资关键影响因素 …………………………………… 13
　　二、房地产投资决策的原则 …………………………………………… 14
　第四节　房地产项目开发过程 …………………………………………… 15
　第五节　房地产开发投资知识体系 ……………………………………… 18
　第六节　学习本课程的意义 ……………………………………………… 18
　　复习思考题 ………………………………………………………………… 19

第二章　房地产项目的开发过程 …………………………………………… 20
　第一节　概述 ………………………………………………………………… 20
　　一、房地产开发的资源需求 …………………………………………… 20
　　二、房地产开发商 ……………………………………………………… 20
　　三、房地产开发过程的参与者 ………………………………………… 21
　　四、房地产开发的一般过程 …………………………………………… 23
　第二节　项目构思与筛选 ………………………………………………… 24
　　一、项目构思 …………………………………………………………… 24
　　二、项目寻找与筛选 …………………………………………………… 25
　　三、项目策划 …………………………………………………………… 28
　　四、项目定义 …………………………………………………………… 30
　第三节　项目可行性研究与决策 ………………………………………… 31
　　一、可行性研究 ………………………………………………………… 31
　　二、可行性研究报告的评估 …………………………………………… 31
　　三、项目决策 …………………………………………………………… 31
　第四节　获取土地使用权与项目核准 …………………………………… 32
　　一、土地使用权获取方式的演变 ……………………………………… 32

二、土地储备与土地开发 ·· 32
　　三、开发商获取土地的途径 ·· 35
　　四、可接受土地价格的估算 ·· 36
　　五、项目核准 ·· 37
第五节　勘察、设计与规划许可 ·· 39
　　一、工程勘察 ·· 39
　　二、城市规划与房地产开发 ·· 42
　　三、房地产开发项目设计 ··· 45
　　四、开发过程中的规划管理 ·· 51
第六节　招标、采购与施工许可 ·· 55
　　一、概述 ··· 55
　　二、工程招标 ·· 55
　　三、开工申请与审批 ··· 58
第七节　工程建设 ·· 59
　　一、概述 ··· 59
　　二、项目管理的目标与项目管理模式 ·· 59
　　三、项目管理的主要任务 ··· 61
第八节　项目的租售 ··· 62
　　一、租售方案 ·· 63
　　二、广告、宣传策略 ··· 64
　　三、项目租售管控 ·· 64
第九节　物业交付与交付后的管理 ·· 64
　　一、物业交付 ·· 64
　　二、物业管理 ·· 64
　　三、项目后评估 ··· 71
　　复习思考题 ··· 72

第三章　房地产市场调研 ·· 74
第一节　房地产市场研究概述 ··· 74
　　一、房地产市场调查的涵义 ·· 74
　　二、房地产市场调查的重要性 ··· 74
　　三、房地产市场调查的内容 ·· 75
　　四、房地产市场调查的原则 ·· 77
　　五、房地产市场调查的方法 ·· 78
第二节　抽样设计 ·· 83
　　一、抽样调查的基本概念 ··· 83
　　二、抽样调查的基本类型 ··· 83
　　三、抽样实施 ·· 87
第三节　房地产市场调研实施 ··· 88
　　一、调查实施队伍的组织 ··· 88

二、现场准备与管理 ··· 89
　　三、访谈技巧 ··· 92
　　四、市场调研程序 ··· 94
第四节　问卷设计 ··· 98
　　一、问卷的定义和作用 ··· 98
　　二、问卷基本结构 ··· 99
　　三、问卷设计的程序 ··· 101
　　四、市场调查中有关态度的测量量表 ··· 106
第五节　常用数据分析方法 ··· 108
　　一、市场预测方法 ··· 108
　　二、常用统计图表 ··· 119
第六节　市场调研报告 ··· 121
　　一、调研报告的内容 ··· 121
　　二、报告的撰写原则 ··· 123
　　复习思考题 ··· 123

第四章　房地产开发项目策划 ··· 127
第一节　概述 ··· 127
　　一、房地产开发策划的概念 ··· 127
　　二、开发策划的目的作用 ··· 128
　　三、房地产开发策划的原则 ··· 128
第二节　房地产开发项目策划的内容 ·· 129
　　一、房地产项目定位策划 ··· 129
　　二、营销策划 ·· 131
第三节　房地产开发策划的流程 ·· 132
　　一、明确策划的目的 ··· 132
　　二、确定主要影响因素 ·· 133
　　三、开发策划流程 ·· 134
第四节　房地产开发项目定位策划 ··· 135
　　一、客户定位策划 ·· 135
　　二、产品定位策划 ·· 135
　　三、价格定位策划 ·· 137
　　四、形象定位策划 ·· 137
　　五、项目定位的一致性 ·· 138
第五节　房地产定位策划案例——深圳"中海·月朗苑"项目定位研究深圳
　　　　"中海·月朗苑"项目定位研究 ··· 139
　　一、项目所在区域市场分析 ·· 139
　　二、项目SWOT分析及项目定位整体策略 ··································· 140
　　三、项目客户定位分析 ·· 142
　　四、项目产品定位分析 ·· 143

  五、项目销售价格定位分析 ……………………………………………………… 146
  六、结语 ………………………………………………………………………… 146
  七、项目定位准确性评价 ………………………………………………………… 146
  复习思考题 ………………………………………………………………………… 147

第五章　房地产开发项目投资构成与估算 ……………………………………… 148
第一节　建设项目投资构成与估算 …………………………………………… 148
  一、建设项目投资估算的作用与阶段划分 ……………………………………… 148
  二、一般建设项目的投资构成 …………………………………………………… 149
  三、各项投资的内涵 ……………………………………………………………… 149
第二节　房地产项目投资构成 ………………………………………………… 152
  一、房地产投资构成 ……………………………………………………………… 152
  二、各项费用的内容 ……………………………………………………………… 153
第三节　房地产投资估算 ……………………………………………………… 155
  一、各项投资的估算 ……………………………………………………………… 155
  二、投资估算数据的调查途径 …………………………………………………… 163
第四节　投资估算案例 ………………………………………………………… 163
  一、项目名称 ……………………………………………………………………… 163
  二、建设背景 ……………………………………………………………………… 163
  三、建设地点 ……………………………………………………………………… 164
  四、建设内容和规模 ……………………………………………………………… 164
  五、投资估算 ……………………………………………………………………… 164
  复习思考题 ………………………………………………………………………… 169

第六章　房地产项目营销与收入估算 …………………………………………… 170
第一节　概述 …………………………………………………………………… 170
  一、租售模式 ……………………………………………………………………… 170
  二、产品销售条件 ………………………………………………………………… 170
第二节　项目营销计划 ………………………………………………………… 172
  一、计划概要和纲领 ……………………………………………………………… 172
  二、市场营销现状 ………………………………………………………………… 172
  三、机会与威胁分析 ……………………………………………………………… 173
  四、企业目标 ……………………………………………………………………… 173
  五、营销方案比选 ………………………………………………………………… 173
  六、行动方案 ……………………………………………………………………… 174
  七、预计损益表 …………………………………………………………………… 174
  八、控制 …………………………………………………………………………… 174
第三节　价格策略 ……………………………………………………………… 174
  一、定价的理论和方法 …………………………………………………………… 174
  二、一房一价的规定 ……………………………………………………………… 179
  三、价格确定的思路 ……………………………………………………………… 179

四、常见的定价方式 ··· 179
第四节　促销策略 ··· 184
　　一、概述 ··· 184
　　二、促销策略考虑的因素 ··· 184
　　三、常见促销策略 ··· 185
第五节　租售收入估算 ··· 192
　　一、销售进度计划 ··· 192
　　二、销售收入估算 ··· 193
第六节　定价案例 ··· 195
　　一、一般楼盘定价的技术路线 ··· 195
　　二、某房地产开发项目定价 ··· 196
　　复习思考题 ··· 199

第七章　房地产融资 ··· 200
第一节　房地产融资概论 ·· 200
　　一、房地产融资的概念 ··· 200
　　二、房地产融资的类型 ··· 200
　　三、房地产融资的特征 ··· 204
　　四、我国房地产融资现状 ··· 204
　　五、房地产企业的资金来源 ··· 204
第二节　房地产筹资的常用方式 ·· 205
　　一、上市融资 ··· 205
　　二、债券市场融资 ··· 207
　　三、银行信贷融资 ··· 208
　　四、信托融资 ··· 209
　　五、私募股权 ··· 213
第三节　房地产项目融资管理 ·· 214
　　一、房地产项目融资的概念 ··· 214
　　二、房地产项目融资方案 ··· 215
第四节　房地产融资的成本计算 ·· 219
　　一、资金成本概述 ··· 219
　　二、资金成本的计算 ··· 219
第五节　融资案例 ··· 222
　　一、越秀基金概况 ··· 222
　　二、评析 ··· 223
　　复习思考题 ··· 224

第八章　房地产项目评价指标及计算 ··· 225
第一节　概述 ··· 225
　　一、设定经济评价指标目的和意义 ····································· 225
　　二、营业收入利润和税金 ··· 225

三、房地产投资经济效果的表现形式 …………………………………………… 228
　　四、经济评价指标体系 …………………………………………………………… 229
　　五、全部投资和资本金评价指标的差异 ………………………………………… 229
　　六、静态指标与动态指标的含义 ………………………………………………… 230
　第二节　静态财务评价指标及计算 …………………………………………………… 231
　　一、静态财务指标 ………………………………………………………………… 231
　　二、计算实例 ……………………………………………………………………… 234
　第三节　动态财务评价指标及计算 …………………………………………………… 240
　　一、动态财务评价指标 …………………………………………………………… 240
　　二、计算实例 ……………………………………………………………………… 243
　第四节　清偿能力指标及其计算 ……………………………………………………… 246
　　一、利息计算 ……………………………………………………………………… 246
　　二、借款偿还期 …………………………………………………………………… 249
　　三、利息备付率 …………………………………………………………………… 249
　　四、偿债备付率 …………………………………………………………………… 249
　　五、资产负债率 …………………………………………………………………… 250
　　六、流动比率 ……………………………………………………………………… 251
　　七、速动比率 ……………………………………………………………………… 251
　第五节　房地产投资项目其他评价指标 ……………………………………………… 252
　　一、房地产投资项目国民经济评价 ……………………………………………… 252
　　二、房地产投资项目社会评价 …………………………………………………… 256
　复习思考题 ……………………………………………………………………………… 265

第九章　房地产投资风险分析 ………………………………………………………… 266
　第一节　房地产投资项目的不确定性分析 …………………………………………… 266
　　一、不确定性分析的涵义与分析方法 …………………………………………… 266
　　二、房地产投资中的不确定性因素 ……………………………………………… 266
　　三、盈亏平衡分析 ………………………………………………………………… 268
　　四、敏感性分析 …………………………………………………………………… 269
　第二节　房地产投资风险分析 ………………………………………………………… 270
　　一、房地产投资风险概念 ………………………………………………………… 270
　　二、几个常见房地产投资风险因素的分析 ……………………………………… 272
　　三、房地产投资组合风险 ………………………………………………………… 280
　第三节　房地产开发投资风险管理 …………………………………………………… 282
　　一、风险管理过程 ………………………………………………………………… 282
　　二、风险识别 ……………………………………………………………………… 283
　　三、风险分析（风险估计与评价） ……………………………………………… 284
　　四、风险规划 ……………………………………………………………………… 287
　　五、风险监控 ……………………………………………………………………… 288
　第四节　各过程或阶段的风险 ………………………………………………………… 288

一、项目构思与选择过程的风险 …………………………………… 288
　　二、可行性研究与决策过程的风险 ………………………………… 288
　　三、获取土地使用权风险和项目核准的风险 ……………………… 288
　　四、勘察设计与规划许可过程 ……………………………………… 288
　　五、项目招标与设备采购过程 ……………………………………… 289
　　六、建设过程风险 …………………………………………………… 289
　　七、租售过程风险 …………………………………………………… 289
　　八、交付及交付后的管理 …………………………………………… 289
　　复习思考题 …………………………………………………………… 289

第十章　房地产项目可行性研究 …………………………………………… 290
第一节　可行性研究概述 …………………………………………… 290
　　一、可行性研究的含义和目的 ……………………………………… 290
　　二、可行性研究的作用 ……………………………………………… 290
　　三、可行性研究报告的类型 ………………………………………… 291
第二节　可行性研究报告内容构成 ………………………………… 292
　　一、可行性研究报告 ………………………………………………… 292
　　二、项目申请报告 …………………………………………………… 294
　　三、节能评估报告 …………………………………………………… 299
　　四、环境评估报告 …………………………………………………… 301
第三节　房地产项目财务评价 ……………………………………… 303
　　一、房地产项目财务评价概述 ……………………………………… 303
　　二、房地产开发项目财务评价基本报表 …………………………… 304
　　三、房地产开发项目财务评价指标 ………………………………… 309
第四节　房地产项目的国民经济评价 ……………………………… 311
　　一、房地产项目国民经济评价概述 ………………………………… 311
　　二、房地产项目国民经济评价的基本步骤 ………………………… 312
第五节　房地产项目可行性研究案例 ……………………………… 314
　　一、项目背景 ………………………………………………………… 314
　　二、项目拟建规模 …………………………………………………… 315
　　三、发展规划、产业政策和行业准入分析 ………………………… 316
　　四、建设地点及市政配套条件 ……………………………………… 318
　　五、环境保护 ………………………………………………………… 319
　　六、节能 ……………………………………………………………… 319
　　七、投资估算和资金筹措 …………………………………………… 320
　　八、经济影响分析 …………………………………………………… 324
　　九、结论 ……………………………………………………………… 330
　　十、建议 ……………………………………………………………… 330
　　复习思考题 …………………………………………………………… 330

第十一章　房地产抵押贷款还款的计算与分析 …………………………… 332

第一节　房地产抵押贷款的概述 ………………………………………………… 332
一、房地产抵押贷款的涵义 …………………………………………………… 332
二、房地产抵押贷款的分类 …………………………………………………… 332
三、房地产抵押贷款的特点 …………………………………………………… 333
四、房地产抵押贷款的作用 …………………………………………………… 333

第二节　借款还款的计算与分析基础 ……………………………………………… 335
一、现金流量的概念 …………………………………………………………… 335
二、资金的时间价值 …………………………………………………………… 336
三、资金等效与复利计算 ……………………………………………………… 339

第三节　房地产开发贷款 ……………………………………………………………… 343
一、房地产开发贷款的概念 …………………………………………………… 343
二、房地产开发贷款的基本环节 ……………………………………………… 343
三、房地产开发贷款的还款方式 ……………………………………………… 344

第四节　个人住房贷款 ………………………………………………………………… 346
一、个人住房贷款的概念 ……………………………………………………… 346
二、个人住房贷款的种类 ……………………………………………………… 346
三、贷款额度、期限和利率 …………………………………………………… 346
四、贷款还款方式、还款额的计算及还款额的基本特性 …………………… 346
五、还款额的计算实例 ………………………………………………………… 353
复习思考题 ……………………………………………………………………… 356

参考文献 ……………………………………………………………………………… 357

第一章 绪 论

房地产，是一种稀缺的资源、重要的生产要素（如土地、厂房）和基本的生活资料（如住宅），是一种人们十分重视和珍惜的财产，是生存和发展的基础资源。在市场经济中，房地产还是一种商品，成为良好的投资对象。随着经济的发展、社会的进步和人口的增长，人们对房地产的需求会日益增加。由房地产开发、咨询、估价、经纪、物业管理等组成的房地产业，是国民经济的一个重要产业，并已经成为国民经济的支柱产业，而房地产开发是房地产业发展的引擎，为房地产业发展提供驱动力。

众所周知，20世纪90年代末以来，我国房地产业得到了迅猛的发展。这无论对改善我国城镇广大居民住房条件、拓展城市空间、改变城市面貌，还是对拉动内需、促进经济增长，都起到了巨大的积极作用。当然，在房地产业迅猛发展的过程中，也存在一系列问题，例如房地产供应结构失调、房价上升过快、市场秩序不规范等，但这些问题都是前进中的问题。房地产业作为我国国民经济的支柱产业，地位不应因这些问题而有所动摇。从2011年的"国八条"到2013年出台的"国五条"，政府对房地产业发展的一系列宏观政策调控，不能看成是打压或抑制这一行业的发展；相反是为了房地产业的长期稳定和可持续发展。

中国统计年鉴（2012版）中国民经济和社会发展总量与速度指标的数据显示，房地产开发投资额2010年为48259.4亿元，2011年为61796.9亿元；全社会固定资产投资总额2010年为251683.8亿元，2011年为311485.1亿元。固定资产在2001~2011年平均增长速度为22.6%；而房地产在2001~2011年平均增长速度为25.6%。可见，房地产开发投资活动较固定资产投资有更快的发展速度，房地产开发投资对拉动经济增长和提高人民生活水平发挥了重要作用，正在也将继续在我国经济生活中发挥重要作用。

应该认识到，房地产是一种具有重大价值的特殊物品，具有一系列自身特点，从事房地产开发与管理需要具备房地产方面的广博的知识、丰富的经验和良好的职业道德，目前，房地产产业发展也不规范、高素质的房地产开发与管理人才还很缺乏。

为使对房地产开发投资感兴趣或欲从事房地产开发投资相关工作的人员更好地掌握房地产开发投资等方面的相关知识，避免今后房地产投资的盲目性，提高房地产专业服务水平和质量，本书对房地产开发过程中需要掌握的主要知识做了比较系统的阐述。包括房地产的开发过程、房地产市场调查、房地产项目策划、房地产项目投资估算、市场营销与收入估算、经济评价指标与计算、房地产投资的风险管理、项目可行性研究、房地产金融等主要内容。以期使读者对房地产开发投资的相关知识有一个较全面的把握，为今后从事房地产开发与管理及其他相关工作打下基础。

第一节 房地产的概念及其特点

一、房地产的概念

1. 房地产

房地产是房产和地产的有机整体,即是土地、建筑物、其他地上定着物以及与其相应的权利总和,如图 1-1-1 所示。房地产作为人类生产生活的必需品,不仅仅是最基本的生产要素,也是最基本的生活资料。在市场经济中,房地产是一种商品,又是人们最重视、最珍惜和最具实在的财产。

由于房屋及相关的土地是不能移动的,所以房地产又被称为不动产。所谓不动产,简单地说是指不能移动的财产。房地产实际上已经成为一个规范化的整体概念,在物质形态上房产与地产总是联为一体,房产依地而建,土地为房屋的载体,是房屋建筑的依据;在经济形态上,房产、地产的经济内容和运行过程也具有内在的整体性和不可分割性。

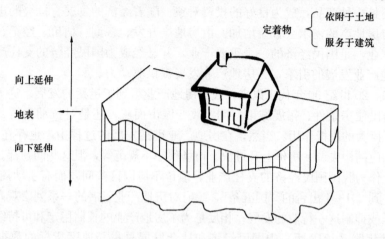

图 1-1-1　房地产简易图示

2. 房产

所谓房产,即建筑在土地上的各种房屋,包括住宅、厂房、仓库和商业、服务、文化、教育、卫生、体育、办公用房等以及其相应的权利。

房产与房屋不同,房屋是建筑在土地之上,定位于供人们生活、生产使用的建筑物,而房产是指作为商品和非商品的房屋的总称,根据房产划分的不同标准,可分为商品房和非商品房,住宅和非住宅房。

商品房指由房地产开发公司进行综合开发建成后用于出售或出租经营的住宅房、商业用房及其他用房。非商品房指自建或委托建设或者参加统建,由自己使用的住宅或其他用房。住宅房屋指专门向人们提供居住使用的房屋。非住宅房屋指不用于人们居住,而专门用来作为生产、经营和办公等用途的房屋。

3. 地产

所谓地产,即指土地(含水面、海域)及其上下的一定空间(包括地下的各种基础设施和道路、地下地上使用空间的范围等)以及相应的权利。

根据土地所有权性质的不同,地产可分为国有土地和集体土地两大类;根据使用目的的不同,可以分为工业用地、商业用地、铁路用地、道路用地、军事用地、住宅建设用地、耕地、园地、林地、牧地和荒闲地等。

二、房地产的特点

房地产是一种商品和服务的综合体,并且由于其地理位置上的特征,房地产具有其他的商品和服务不具备的一些特点，如图 1-1-2 所示。

- 房地产的特点
  - 自然特点
    - 固定性
    - 耐用性
    - 多功能性
  - 经济特点
    - 独特性
    - 资产性
    - 建设周期长
    - 风险性
    - 租售的多样性和复杂性
    - 保值增值性
    - 外部性
  - 社会特点
    - 社会规划性
    - 法律关系上的复杂性
    - 与生产生活密切相关
    - 体现人文景观

图 1-1-2　房地产的特点

（一）房地产的自然特点

1. 固定性

房地产项目一般固定在某一块土地上，与土地相连，由此房地产具有固定性，从而导致房地产项目具有区位地段差异，并且受到周围经济社会环境的影响。

2. 耐用性

房地产不像其他商品，在使用的过程中易受到磨损等，它一般不会由于使用而造成价值的流失。一般情况下，房屋的设计基准期为 50 年。

3. 多功能性

土地的用途具有多样性，因此对于建造在其上的房屋，它的用途也就多种多样。一般可用于商业、办公、居住、工业等多种用途。

（二）房地产的经济特点

1. 独特性

房地产项目的不可移动性与区位环境的结合，使得房地产项目具有独特性，即每一个房地产项目、每一个建筑甚至每一个房间都可以看成是一个不可完全替代的差异化商品，这同时也决定了房地产市场具有非完全竞争的特点。

2. 资产性

房地产是不动产，且这种资产具有保值增值性。必要时投资者可以变现或者以房地产作为抵押向银行进行贷款。

3. 建设周期长和所需资金量大

房地产项目投资比较大。房地产开发从投入资本到资本回收，从破土动工到形成产品，需要经过几个阶段的工作，如准备阶段、施工阶段和销售阶段等。尤其是在建筑施工阶段，需要集中大量的劳动力，通过一砖一石、一管一线的建造才能最终形成产品，并且这一过程与资金是否及时到位关系重大，因此整个过程往往需要较长的时间。一般来说，普通的开发项目需要 2～3 年，规模稍大的综合性项目需要 4～5 年，而一些成片开发的大型项目需要的时间则更长。

4. 风险性

由于房地产开发的长期性和复杂性，以及外界和未来变化的不确定性，从而导致房地产开发要面临很高的风险。房地产开发的风险性主要体现在以下三个方面：筹集资金的风险；竞争的风险；受形势和政策影响的风险。

5. 租售的多样性和复杂性

房地产项目按其不同特性可以划分成很多类，因此决定了其租售形式的多样性和复杂性。

6. 保值增值性

房地产项目具有比较好的抵抗通货膨胀的能力以及自然增值的能力，投资房地产项目可以防止一般投资项目因为通货膨胀所导致的投资贬值；同时，由于我国城市化进程不断加快以及经济快速增长的影响，对房地产的需求处在不断增加的过程中，这将导致房地产的相对稀缺性增加，出现了房地产项目的价值快速增长的现象。

7. 外部性

房地产的价值取决于周边环境的状况，受临近房地产的用途和开发利用状况的影响。例如空气质量、水域、绿化、噪声、周边物业的性质、档次及交通条件、公用设施建设情况等因素都会对其产生影响。

（三）房地产的社会特点

1. 社会规划性

土地资源是有限的，因此用于房地产开发的土地也是有限的。国家作为城市土地的所有者，不仅要通过城市规划管理来影响一块场地上的建筑物的平面布置和空间布局，还要限定土地用途和房地产开发的产品类型、开发地点及具体坐落位置，即城市的空间布局。为实现社会的整体利益，基于经济和社会发展战略的城镇规划必然引导和约束房地产的开发投资活动，从而使房地产呈现出社会规划性的特点。

2. 法律关系上的复杂性

我国在过去三十年来很重视房地产业的发展，颁布了一系列的法律、法规和政府政策，如土地管理法及其实施条例、城市规划法、城市房地产管理法、建筑法、招标投标法、城市房屋拆迁管理条例、城市房地产开发经营管理条例、物业管理条例、建设项目用地预审管理办法、土地增值税征收条例、商品房销售管理办法、城市房屋权属登记管理办法、城市房地产抵押管理办法等。此外，各级地方政府也颁布了一系列有关房地产开发、经营、税费、管理的具体规定。这些法律、法规和政策对房地产开发商了解政府对房地产开发的管控提供了方便，同时也要求其房地产开发活动遵守这些法律、法规和政策。

3. 与生产生活密切相关

房地产开发是为人类的生活、生产活动提供入住空间或物质载体的行业。由于人口持续增长、技术进步、人类生活品位和工作方式的不断变化，社会对通过房地产开发来改善生产和生活环境的需求是永恒的。

4. 体现人文景观

随着社会经济的发展和人居环境意识的加强，人们对建筑景观的要求已经远远超出了种草种树以提高绿化覆盖率的范畴，而景观建筑师的工作，主要是在理解现有环境条件的基础上，通过各种道路、灯光、符号、水流、室外公共活动区域、小品、绿地、花园等的景观因素设计与布置，强化自然环境的特征，创造一个改善人类居住或工作的人工环境，做到与开发项目定位相吻合、与项目的自然环境、人文环境、时代气息相协调。因而房地产开发项目体现着特定的人文景观。

第二节　房地产投资及其特点

一、房地产投资的概念

房地产投资，是指经济主体以获得未来的房地产收益和资产增值为目的，预先垫付一定数量的资金或实物，直接或间接地从事或参与房地产开发经营活动的经济行为。

由于土地和房屋空间可以承载人类的生产和生活等社会经济活动，土地资源又是稀缺的资源，因此围绕持有房地产或房地产权益的投资活动是人类最早的投资活动之一，不管这种投资活动是源于自用还是出租经营目的。

二、房地产投资的种类

房地产投资可以根据不同的标准进行分类，不同投资类型既相互联系又有一定的区别。房地产投资除了与一般投资行为一样划分为短期投资和长期投资、直接投资和间接投资、金融投资和实物投资外，还可以按照如下标准进行分类。

（一）按房地产投资的形式可划分为直接投资和间接投资（图1-2-1）

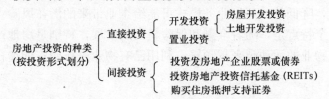

图 1-2-1 房地产投资的种类（按投资形式划分）

1. 直接投资

房地产直接投资是指投资者直接参与房地产开发或购买的过程，参与有关管理工作，包括从取得土地使用权开始的开发投资和面向建成物业的置业投资三种形式。

（1）开发投资

我国房地产开发投资统计中，开发投资包括从事商品房建设和土地开发经营活动的投资，即包括商品房建设投资和土地开发投资。

1）商品房建设投资是指房地产开发企业（单位）开发建设供出售、出租用的商品住房、厂房、仓库、饭店、度假村、办公楼等房屋工程及其配套的服务设施所完成的投资（含拆迁、回迁还建用房）。

房地产开发投资，是指投资者从获取土地使用权开始，通过在土地上的进一步开发投资活动，即经过规划设计和工程建设等过程，建成可以满足人们某种需要的房地产产品，然后将其推向市场进行销售，转让给新的投资者或使用者，并通过这个转让过程收回投资、获取开发利润。房地产开发投资通常属于中短期投资，它形成了房地产市场上的增量供给。当房地产开发投资者将建成后的房地产用于出租（如写字楼、公寓、仓储用房等）或经营（如商场、酒店等）时，短期开发投资就转变成了长期置业投资。

2）土地开发投资是指房地产开发企业（单位）进行的土地开发工程所完成的投资，如进行场地平整、道路、给水、排水、供电、供热、供气、通信等工程所完成的投资。

随着我国土地收购储备制度的建立和政府出让国有建设用地使用权方式的改革，以土地一级开发为主的土地开发投资活动，已经逐步发展为房地产开发投资的一种独立形式。在土地开发投资活动中，土地开发商通过政府授权或委托的方式获取土地开发项目，经过土地征收、地上物征收补偿、人员安置补偿、市政基础设施和公共配套设施工程建设，并通过规划策划等过程，使土地达到可供政府出让的条件，并在政府通过招标、拍卖或挂牌方式成功出让土地后，以获得的土地开发补偿费收回投资、获取土地开发投资收益。

（2）房地产置业投资

房地产置业投资，是指面向已具备了使用条件或正在使用中的房地产，以获取房地产所有权或使用权为目的的投资。其对象可以是市场上的增量房地产（开发商新竣工的商品房），也可以是市场上的存量房地产（旧有房地产）。

房地产置业投资的目的一般有两个：一是满足自身生活居住或生产经营的需要，即自用；二是作为投资将购入的房地产出租给最终使用者，获取较为稳定的经常性收入；三是在投资者不愿意继续持有该项物业时，可以将其转售给另外的置业投资者，获取升值收益。

随着房地产市场的发展，对房地产置业投资的需求不断增长，许多房地产企业，正在从单一的房地产开发模式发展为开发投资和置业投资相结合的业务模式，以提升企业投资经营活动的稳定性，降低单一开发业务模式可能给企业带来的潜在风险。

需要注意的一个特点是，随着金融和保险机构的发展，特别是房地产投资信托业的发展，置业投资持有物业的活动越来越频繁，利用已有物业进行融资的途径、方式也越来越丰富多彩。

2. 间接投资

房地产间接投资主要是指将资金投入与房地产相关的权益或证券市场的行为，间接投资者不需要直接参与房地产开发经营工作。

（1）投资房地产企业股票或债券

为了降低融资成本，越来越多的大型房地产开发投资企业希望通过资本市场直接融资，以支持其开发投资计划。房地产企业通过资本市场直接融资，有首次公开发行（IPO）、配股、公开增发或定向增发、发行可转换债券等形式。由于政策原因，大型房地产企业的直接融资多通过香港金融市场。如恒大地产、碧桂园等。

（2）投资房地产投资信托基金（REITs）

房地产投资信托基金（REITs），是购买、开发、管理和出售房地产资产的金融工具。REITs的出现，使投资者可以把资金投入到由专业房地产投资管理者经营管理的房地产投资组合中，REITs将其收入现金流的主要部分分配给作为投资者的股东。中国人民银行已经将房地产投资信托基金作为调整信贷结构的途径，不久的将来REITs将逐渐成为中国投资者的现实投资工具。

（3）其他形式

目前，我国信托融资规模越来越大，有债权、股权、基金等多种形式，成为很多开发商的融资形式。但这些名称上相似的形式上述的股票、债券及信托基金等融资方式并不相同。

（二）按投资经营活动的不同可划分为以下三种

根据房地产业经济活动类型的不同，可以将房地产投资划分为：从事土地开发活动的土地开发投资；从事各类房屋开发活动的房地产开发投资；从事各类房地产出租经营活动的房地产经营投资。与直接投资、间接投资分类相对应，前二种是直接投资，后一种是间接投资。

（三）按物业的类型划分

1. 居住性物业投资

居住性物业包括公共住房和商品住房。其中公共住房包括廉租住房、经济适用住房、公共租赁住房、限价商品住房等；商品住房包括普通住宅、高档住宅、公寓和别墅等。

(1) 廉租住房

廉租住房是指政府以货币补贴或实物配租的形式，向符合城镇居民最低生活保障标准且住房困难的家庭提供的具有社会保障性质的住房。廉租房制度将住房体系和社会保障体系很好地结合起来，只有真正的、确实存在住房困难的最低收入居民才能享有。从以往的经验来看，有效利用存量住房，运用货币补贴方式将是长远的发展方向。我国的廉租房只租不售，不许转租，无继承权。

(2) 经济适用住房

经济适用住房是指政府提供政策优惠，限定套型面积和销售价格，按照合理标准建设，面向城市低收入住房困难家庭供应，具有保障性质的政策住房，经济适用住房制度是解决城市低收入家庭住房困难政策体系的组成部分。

(3) 公共租赁住房

公共租赁住房是在廉租住房和经济适用房模式的基础上的一种政策性的、保障性的住房，主要运作方式是由政府持有一部分房源，并将这些房屋以低于市场价的方式租给特定人群，主要解决那些既不符合保障性住房供应条件又无力购买普通商品住房的"夹心层"群体的住房问题，是加快租赁市场建设的有益探索。

(4) 限价商品住房

限价商品房是指政府通过组织监管、市场化运作，以直接定价招标方式出让国有土地使用权，并限定房屋销售价格、建设标准和销售对象的普通商品房。限价商品房就是"四限两竞"商品房，"四限"是指限地价、限房价、限套型、限对象；"两竞"是指竞地价、竞房价。

限价商品房属政策性商品住房性质，截至目前并没有将其纳入保障性住房范畴，但其在一定程度上起到了保障作用。通过限定房价，以房价定地价，能够解决中等收入市民的居住问题，有利于保持房价平稳发展，抑制房价过快上扬，构架合理的房地产价格体系。

(5) 普通住宅

普通住宅是指户型最大面积不超过140m^2，住房容积率在1.0以上，房屋销售价格在同地段平均交易价格的1.2倍以内的商品房。根据2006年5月建设部、国家发改委、国土资源部等九部委颁发的《关于调整住房供应结构稳定住房价格的意见》，在"十一五"时期，要重点发展满足当地居民自住需求的中低价位、中小套型普通商品住房。

(6) 高档住宅

目前，各地在高档商品住房的界定方面尚无一个统一的标准，但是无论如何，高档商品住房在套型结构和销售价位上均超过普通商品住房的标准。从目前各地的房地产开发实践中看，高档商品住房的开发建设仍然很活跃。

(7) 公寓

公寓指包含有许多住宅单元的建筑物，通常不分割产权出售，供出租或短期居住。具体类型包括：①复式公寓，一套公寓住宅的诸房间在相连的两层楼上；②花园公寓，公寓建筑中底层能通向后院或花园的住宅；③单间公寓，由单独的多功能房间、厨房或小厨房及一间浴室组成的公寓住宅。国外对于需要分割产权出售的包含许多住宅单元的建筑物，称作共管式住宅。

公寓分为经营性公寓和公益性公寓。经营性公寓分为居住型、混合型、酒店型三种；公益性公寓包括学生公寓、老年公寓、军官公寓等。

公寓与住宅的区别，主要体现在以下几个方面：

1) 规划管理。经营性公寓的规划用地性质为公共设施用地，建筑外檐按公建标准控制建筑外部不得设置阳台，规划间距按公建标准执行，物业管理用房等相应配套服务设施按照相关规定在公寓内部安排。

2) 土地属性及年限。居住型公寓的用地类别归属为住宅用地，使用年限70年（有的地方50年）；混合型公寓的用地类别归属为综合用地使用年限50年；酒店型公寓的用地类别归属为商业用地，使用年限40年。

3) 设计及验收。经营性公寓按照公建设计标准执行，工程竣工验收执行非住宅技术规范，居住型公寓的空调室外机不得外露，混合型公寓须设置户式空调，酒店型公寓须设置中央空调。

4) 使用成本。居住型公寓的房地产权属登记参照住宅有关规定办理，水电费同普通住宅一样按民用计算；混合型公寓、酒店型公寓的房地产权属登记参照住宅的有关规定办理，水电费按商用计算。

总之，居住型公寓在土地性质和使用权属上跟普通住宅没有明显的区分，只是市场引入的一个概念而已，但是由于其使用功能上的特点（一般单位面积较小，人群显得相对密集，对防火和疏散有一定要求）有的地方性法规要求在设计及验收上参照公建设计和验收标准执行。

（8）别墅

传统意义上的别墅是指建于城郊或风景区内的功能较为齐全、带有前后花园或院落的单层或两至三层房屋，通常作为第二居所住宅或度假休息的场所。

按别墅所处的地理位置和功能的不同，可分为：山地别墅（包括森林别墅）、临水（江、湖、海）别墅、牧场（草原）别墅、庄园式别墅等；从建筑形态上又可以分为独栋别墅、联排别墅、双拼别墅、叠拼别墅等类型。

随着经济的发展和生活理念的转变，人们开始追求别墅所带来的纯朴自然的居住格调与高品质生活，然而，由于传统别墅远离城市，生活成本高、配套薄弱，一般只作为第二居所周末度假之用，其使用率一直不高。随着别墅开发理念和人们居住理念的成熟，集居家度日和休闲度假于一体的城市别墅悄然兴起，相比郊区别墅，城市别墅能享受更多的城市便利，目前城市别墅多见于联排别墅、双拼别墅、叠拼别墅等类型。

2. 商业物业投资

商业物业又称经营性物业、收益性物业或投资性物业；指通过出租经营获得经常性现金流入的房地产，包括：写字楼、零售商业用房、出租公寓。

商业物业投资经营模式有以下两种：

（1）开发—出售模式：表现出越来越缺乏生命力；

（2）开发—持有：越来越成为趋势。如济南万达广场就是开发—持有模式，很多有实力的开发企业正在接受这种模式。

商业物业市场的影响因素，主要与当地社会经济状况有关。特别是与工商贸易、金融保险、咨询服务、旅游等行业的发展状况密切相关。经营收入的高低决定价值。物业的使用者通常用经营收入的一部分来支付租金，能否吸引更多客户是决定使用者收益的重要因素。因此，位置、交通、停车等对这类物业有重要影响。

3. 工业物业投资

工业物业指为人类生产活动提供入住空间的房地产，包括工业厂房、仓储用房、高新技术产业用房、研究与发展用房等。

工业房地产项目既有出售的市场，也有出租的市场。需要指出的是，在我国，工业厂房受到生产工艺要求的限制和需求量的制约，相对住宅而言，目前其市场份额还较小。

（1）工业厂房

工业厂房主要类别有非标准工业厂房和标准工业厂房等。传统的建设方式是，工业厂房必须在生产规模、产品型号等确定后，才开始厂房建设，这主要是指非标准工业厂房的建设。非标准工业厂房由于其建筑物的设计需要符合特定工艺流程的需求和设备安装的需要，通常只适合特定用户使用，因此不容易转手交易。

随着经济的快速发展，在20世纪80年代初出现了为投资者提供的标准工业厂房，投资者购买或租用厂房后立即投入生产，缩短了投资回收期并早日实现经济效益。随后，在国内很多开发区都推出了各类标准工业厂房提供投资者购买和租赁。

（2）仓储用房

仓储用房主要是作产品和原材料的存放、保管之用。随着物流行业的发展，传统的以自用为主的仓储用房越来越多的用于出租经营，也成为工业房地产项目的重要组成部分。

（3）高新技术产业用房

高新技术产业用房不同于简单意义上的工业用房，它更多的是城市政府基于区域经济建设、社会发展、百姓就业等各种综合因素考虑下而进行的。它是目前中国各级地方政府最常使用的工业地产开发模式。

（4）研究与发展用房

研究与发展用房又称工业写字楼。它兼具了办公、管理和技术研发的功能，多作为工业园区的配套项目进行建设。一般来说，标准工作厂房和研究与发展用房相对于非标准工业厂房具有较大的市场发展空间。

工业物业的开发经营模式（受宏观环境影响）主要有以下两种：

1）开发——出售；

2）开发——持有—出租成为趋势和潮流。出租经营的工业物业常位于工业开发区、科技园区、高新技术产业园区。仓储用房也是出租经营的对象。

4. 酒店和休闲娱乐设施投资

为人们的商务或公务旅行、会议、旅游、休闲、康体娱乐活动提供入住空间的建筑。包括酒店、休闲度假中心、康体中心、高尔夫球场等。

三、房地产投资的特点

1. 投资数额巨大

不论是开发投资还是置业投资，所需的资金常常涉及几百万、几千万甚至数亿元人民币，即使投资者只需支付30%的资本金用作前期投资或首期付款。也大大超出了许多投资者的能力。大量自有资本的占用，使得在宏观经济出现短期危机时，投资者的净资产迅速减少，甚至像1998年亚洲金融危机时的香港、2007年次贷危机下的美国那样，使许多投资者进入负资产状态。

2. 投资回收期较长

除了房地产开发投资随着开发过程的结束在三至五年就能收回投资外置业投资的回收期少则十年八年，长则二三十年甚至更长。要承受这么长时间的资金压力和市场风险，一方面要求投资者具有很强的资金实力，另一方面也要求投资者能吸引机构投资者进行长期投资合作。

3. 变现性差

变现性是指房地产投资在短期内无损变现的能力差。房地产资产流动性差的原因，与房地产和房地产市场的本质特性密切关联。第一，由于房地产的各种特征因素存在显著差异，购买者也会存在对种种特征因素的特定偏好，因此通常需要进行多次搜寻才能实现物业与购买者偏好的匹配；第二，对于同一物业而言，不同卖方和买方的心理承受价格都存在差异，因此只有经过一段时间的搜寻和议价，实现买卖双方的心理承受价格匹配，才有可能达成交易；第三，由于价值巨大，很多买受人需要通过银行借款方式完成购买，这需要较长的交易时间；第四，产权的获得以产权登记为标志而非房屋的占有，而产权登记并非是公开信息，这使得交易双方格外谨慎，又进一步延长了搜寻时间。

房地产的变现性差会导致房地产投资者因为无力及时偿还债务而破产。

4. 适宜于进行长期投资

土地不会损毁，投资者在其上所拥有的权益通常在40年以上，而且拥有该权益的期限还可以依法延长；地上建筑物及其附属物也具有很好的耐久性。因此，房地产投资非常适合作为一种长期投资。

房地产既有自然寿命也有经济寿命。经济寿命是指地上建筑物对房地产价值持续产生贡献的时间周期。对于出租性房地产来说，其经济寿命就是从地上建筑物竣工之日开始，在正常市场和运营状态下，出租经营收入大于运营费用，即净收益大于零的时间。自然寿命是指从地上建筑物竣工之日开始，到建筑物的主要结构构件和设备因自然老化或损坏而不能继续保证建筑物安全，或非经重建和改造不能正常使用为止的持续时间。

自然寿命一般要比经济寿命长的多。如果物业维护状况良好，其较长的自然寿命可使投资者从一宗房地产投资中获取更长的经济寿命。因此，许多房地产投资者都把房地产投资作为一项长期投资，从开发建设开始，就重视其长期投资价值的创造、维护和保持，以使得房地产投资项目的全寿命周期利益最大化。

5. 区位选择很重要

房地产不可移动，房地产的使用、价值和市场等带有强烈的地域特征，这种地域特性深深影响着房地产开发投资的投向。从微观来看，开发项目受区位或地段的影响非常大，因为涉及诸如交通、购物、生态环境、配套设施等很多与项目有关的因素，决定着适宜开发何种产品；从宏观上看，房地产开发的地域性主要表现在投资地区的社会经济发展水平和需求能力。

6. 易受政策影响

房地产开发活动与社会经济密切相关，自然受到各级政府的高度关注，政府也常常把对房地产市场的调控行为作为重要的经济调节器。相对国外而言，我国房地产市场发展还不尽成熟和稳定，政府的宏观调控作用还很突出，政府常常在土地供应、金融政策、住房政策、城市规划、税收政策等对房地产市场开发活动进行调整，借此引导房地产开发活动的持续、健康发展。同时也通过设立市场准入制度、规范交易程序、加强产权产籍管理和营造诚信环境等方面对房地产开发行为进行规范。

7. 具有较好的保值、增值性

房地产项目具有比较好的抵抗通货膨胀的能力，投资房地产项目可以防止一般投资因为通货膨胀所导致的贬值。同时，由于我国城市化进程不断加快以及经济快速增长的影响，社会对房地产的需求也在不断地增加，房地产自然增值的能力也比较强。

当然，由于投机等因素以及经济周期的影响，短期内房地产的价值会发生波动，但是从长期的角度看，房地产的增值性是比较明显的。

8. 能抵消通货膨胀的影响

通货膨胀是反映一个经济体总体价格上涨水平的指标。研究通货膨胀对投资收益水平的影响时，通常将通货膨胀分为预期通货膨胀和非预期通货膨胀。有关研究成果表明，房地产投资能有效抵消通货膨胀，尤其是预期通货膨胀的影响。

从中国房地产市场价格的历史变化情况来看，房地产价格的年平均增长幅度通常会超过同期通货膨胀率水平。美国和英国的研究资料表明，房地产价格的年平均上涨率大约是同期年通货膨胀率的两倍。虽然没有研究人员就所有的房地产投资项目进行全面统计分析，但现实的经历几乎没有人会相信房地产价格的上涨率会落后于总体物价水平的上涨率。

房地产投资的这个优点，正是置业投资者能够容忍较低的出租或经营投资收益率的原因。置业投资所具有的增值性，还可以令投资者能比较准确地确定最佳投资持有期，以及在日后转售中所能获得的资本利得。通常地，房地产投资能够增值是指在正常市场条件下、从长期投资的角度来看的。短期内房地产市场价格的下降，并不影响其长期的增值特性，从房地产市场的长期景气循环规律来看，房地产价格总是随着社会经济的发展不断上升的。如有的城市的出租收益率只有2%～3%，但价格增长率达到8%～10%，达到10%～12%的收益率，足以抵消通货膨胀率，并高于一般理财产品的收益率，是收益率较高且比较安全的投资方式。

9. 存在效益的外溢（外部性）

房地产的相互影响性，反映出房地产的价值取决于周边环境的状况。一宗房地产的价值不仅仅取决于项目自身的品质，还往往受到所处的周边环境（例如空气质量、水域、绿化、噪声、空气污染状况等因素）的影响，也受到临近房地产的用途和开发利用状况（如周边物业的性质、档次）的影响，另外还受到所在区域的城市基础设施状况如交通条件，以及公用设施建设情况（如周边是否有公园、图书馆、学校等因素）的影响等。

政府在道路、公园、博物馆等公共设施方面的投资，能显著提高附近房地产的市场价值和收益水平。例如，城市快速轨道交通线的建设，使沿线房地产资产由于出租率和租金水平的上升而大幅升值；城市棚户区改造、城中村改造等大型城市更新项目的实施，也会使周边房地产的市场价值大大提高。可见如果能够预测城市规划和城市发展方向，并适宜地安排开发时机，就有可能够获得超额利润。

10. 易于获得金融机构的支持

由于可以将房地产作为抵押物，所以置业投资者可以较容易地获得金融机构的支持，得到其投资所需要的大部分资金。包括商业银行、保险公司和抵押贷款公司等在内的许多金融机构都愿意提供抵押贷款服务，给置业投资者提供了很多选择。

房地产抵押物不会像汽车等商品容易产生技术折旧，而且具有保值增值作用。金融机构以房地产作为抵押物，是保证其能按期安全收回贷款最有效的方式，并且通常情况下房地产的租金收入就能满足投资者分期还款对资金的需要。所以金融机构可以提供的抵押贷款价值比相当高，一般可以达到70%~80%，而且常常还能为借款人提供利率方面的折扣。在西方发达国家，投资者甚至可以获得超过90%甚至100%的融资，也就是说，投资者投入很少的自有资金，可以获得住房抵押贷款。当然，这样高的抵押率，当市场出现跌价时，金融机构就面临着较大的风险。

11. 能提高投资者的信用等级

由于拥有房地产并不是每个公司或个人所能做到的，所以拥有房地产成为占有资产、具有资金实力的最好证明。另外，房地产也是最好的抵押品之一。这对于提高投资者的信用等级、提高融资能力、获得更多更好的投资机会具有重要意义。

12. 具有相对较高的收益水平

房地产开发投资中，大多数房地产开发项目的成本利润率大约在20%~40%，不同城市的成本利润率有较大的差异。在有效使用信贷资金、充分利用财务杠杆的情况下，其权益投资收益率会更高。房地产置业投资中，考虑到持有期内的物增值收益，每年实现10%~20%的权益收益率也比较容易做到。这相对于储蓄、股票、债券等其他类型的投资来说，收益水平是较高的。

13. 需要专门的知识和经验

房地产市场是一个特殊的市场，由于房地产的交易复杂性、价格高昂性及其风险性，在进行房地产开发投资时，从项目的构思与筛选到交付及交付后的管理，都需要具备专门的知识和经验，对拟投资项目进行全面的规划、策划和评估、论证，降低投资风险，获取最大投资价值。置业投资者要想达到预期的投资目标，同样也需要对市场、融资、交易和经营具备较高的专业知识和经验。

四、房地产投资的作用

（1）从经济方面来看，房地产投资不仅对经济增长、就业、相关产业发展具有重要作用，而且对增加财政收入、提高城市空间利用效率都有重要意义。

（2）从社会、政治来说，房地产投资不仅对改善人民群众居住水平有重要影响，而且对社会公平、稳定也有着重要的影响作用。

（3）从家庭来说，房地产投资是最重要的资产之一。

（4）房地产投资与城镇化发展互为因果，城市化推动房地产投资步伐，房地产开发投资推动城市化进程。

我国2011~2012年国内生产总值　　　　　　　　　　　表1-2-1

年 份	国内生产总值（亿元）	人均国内生产总值（元）	全社会固定资产投资总额（亿元）	房地产开发投资（亿元）
2011	473104	35198	311485	61797
2012	519322	38354	374676	71804
增长比率（%）	9.8	9.0	20.3	16.2

注：本表按当年价格计算。

资料来源：我国2012年国民经济和社会发展统计公报

从表 1-2-1 可以看出，国内生产总值由 2011 年的 473104 亿元提高到 2012 年的 519322 亿元，比上年增长约 9.8%；房地产开发投资由 2011 年的 61797 亿元提高到 2012 年的 71804 亿元，比上年增长约 16.2%。由此可以看出，我国房地产投资增长速度保持着较高的水平，这与城镇化的发展是分不开的，二者相互促进、互为因果。

第三节 房地产开发投资关键影响因素

一、房地产开发投资关键影响因素

众所周知，房地产开发投资是一项投资大、回收期长的开发活动，同时也是一项风险极大的活动，究竟在开发过程中有哪些因素会对开发投资项目产生重大影响，我们有必要在这介绍一下，以让更多人知道在今后从事此项活动时，我们应多关注哪些方面的问题，从而提早做好应对措施，尽量减少投资者的成本，提高其收益，使其利润能够最大化。我们经过总结，将房地产开发投资的关键影响因素分为以下两个层面（宏观层面和微观层面，或者环境层面与企业自身方面），如图 1-3-1 所示。

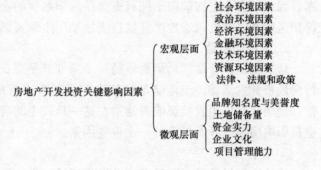

图 1-3-1 房地产开发投资关键影响因素

（一）宏观层面

(1) 社会环境因素。社会环境因素指一定时期和一定范围内人口的数量及其文化、家庭的数量及其结构、各地的风俗习惯和民族特征等因素对房地产开发投资的影响。

(2) 政治环境因素。政治环境因素指政治体制、政局稳定性、政策连续性以及政府和公众对待外资的态度等，它涉及资本的安全性，是投资者最敏感的因素。

(3) 经济环境因素。经济环境因素指城市或区域总体经济发展水平、支付能力、产业与结构布局、基础设施状况、利率和通货膨胀等经济因素对开发投资的影响。

(4) 金融环境因素。金融环境因素指金融机构所能提供的金融服务、金融支持的力度和现状等，这些金融机构对房地产业的支持与否，直接关系到项目的融资问题，因此也是影响房地产开发投资的一个关键因素。

(5) 技术环境因素。技术环境因素指技术水平、技术政策、新产品开发能力以及技术发展动向等因素对开发投资的影响。

(6) 资源环境因素。资源环境因素指影响房地产市场发展的土地、能源、生态等自然资源条件对房地产开发投资的影响。

(7) 法律、法规和政策。不论是从事房地产开发还是从事其他行业，首先都必须合乎法律规范；其次从宏观方面来讲，政府制定的相关政策代表了这一时期政府对某一地区的整体规划，对房地产行业具有一个引导性的作用，房地产开发商在开发过程中，认真考虑政府的政策导向，结合项目实际情况妥善处理，则不论对于企业还是社会，都是有益的。

（二）微观层面

1. 品牌知名度与美誉度

品牌代表的是一个企业的形象，代表了公众对其的印象及评价，因此一个企业，若其品牌知名度很高，公众对其的口碑很好，则这样的企业就会渐渐培养起顾客的忠诚度。

设想有两套在户型、环境条件及价格等方面相同的房屋，一家品牌知名度及顾客美誉度都很高，而另一家则品牌知名度很低，甚至很少有人听说过，假若你是买家，你会选择去购买哪套房屋？毋庸置疑，多数人都会去选择购买那套品牌知名度较高的房屋。因为他们已经在潜意识中对其产生了一种品牌忠诚度，他们相信若购买高知名度和美誉度品牌的商品，其质量是可以保证的，在购买之后不会出现较大的故障缺陷，而且其售后服务也可靠，因此顾客会更加倾向于拥有更高品牌知名度的企业的产品。从而可以看出开发商的品牌知名度及美誉度对房地产开发投资活动产生重要影响。

2. 土地储备量

从事房地产开发活动最重要的一个条件就是要获取土地的使用权，从而才能在其上进行房地产开发活动。土地储备量就决定了其可进行房地产开发活动的规模和能否持续经营，地块的好坏也直接影响着建造在这一地块上的房屋的价值及其销量，因此土地储备量也是影响房地产开发投资的一个重要因素。

3. 资金实力

房地产开发涉及环节较多，开发周期长，是一项投资比较大的活动，需要有强大的资金支持。譬如，在房地产开发前期，需要获取土地使用权，这就得花费很大一笔资金。

在现实生活中，许多大的房地产开发企业凭借其雄厚的资金基础，可以很低的价格购置规模更大、区位更好的地块，体现出明显的规模经济，他们的土地储备量非常的乐观，可以加快开发进程，提高市场占有率；相反，许多小企业，由于资金的缺乏，从而导致他们的土地储备量不足而且获得成本高昂，开发断断续续，市场占有率越来越低，开发量越来越萎缩。房地产开发业的市场结构很可能演变为：由少数几家大企业主导的寡头垄断竞争者和处于填补市场空缺地位的补缺者（少数小企业）构成。

4. 企业文化

每一个企业都会有属于他们自己的企业文化，房地产开发企业同样也不例外，企业文化在一定程度上影响着该企业的战略目标，影响着企业的战略定位，它对企业今后要开发什么类型，档次的产品都有着重要的影响，因此可以说有什么样的开发商，就会有什么样的开发产品。可见企业文化是进行房地产开发投资的一个重要影响因素。

5. 项目管理能力

社会在进步，房地产市场也在不断地发展，房地产开发活动已经变得越来越复杂，从而对开发商的能力要求也越来越高。它不仅需要开发商企业家能力（战略的眼光、市场的把握、投资决策），更需要开发商具备较强的项目管理能力，能够有效协调项目的各参与方，合理安排现有资源，充分发挥其作为一个整体的作用和效力，从而使得项目能够以更低的投资，更短的开发周期，更好的质量，稳定持续地将最终产品呈现给客户，从而使企业获得更多的投资收益。

二、房地产投资决策的原则

要使房地产投资决策科学化，必须要按科学原则办事。其基本原则主要包括：

1. 客观性原则

房地产投资决策者必须以科学的资料为依据，排除人的主观偏见和臆测。在社会化大生产相当发达的现代社会经济生活中，房地产投资项目规模越来越大，建设内容越来越繁多，技术越来越复杂、精细和严格，建设周期往往较长，内外协作关系面广而且错综复杂。因此，仅凭借个人的经验拍脑袋来选择项目，进行决策是不够的，必须依靠科学的分析方法来进行，保证其决策的客观性。

2. 民主化原则

房地产投资决策的制定，应充分发扬民主，广泛倾听各方面专家、学者等群众意见，集思广益。对不同的意见更要认真研究，从中吸取营养，采纳合理部分，防患于未然。

3. 程序化原则

房地产投资必须按科学的程序进行。决策者按照逻辑和严密的方式进行，可以在定量和定性方面的分析尽可能地达到精确。它可以改进决策后对于他自己的决策所抱的态度，尤其是当这些决策具有通常的直觉性质的时候更是如此。按照一定的程序办事，通过实践，反复检验，发现问题，再进行决策方法和程序的改进，有益于企业或项目决策质量的持续提高。

4. 经济效益原则

房地产投资项目建设实施的目的在于创造经济效益、环境效益和社会效益，其中经济效益是开发商投资的中心问题。提高经济效益是房地产投资决策的基本原则。

5. 责任制原则

房地产投资决策的合理与否，直接决定着房地产开发与经营效果，其成败往往在一念之间。必须建立明确的全方位的决策责任制，使参与项目决策与开发的机构和当事人，从各自不同的岗位和层次，不同的方面和角度承担与自己职权相称的风险和责任，避免作出盲目、轻率的投资决策。

第四节 房地产项目开发过程

房地产开发过程复杂、涉及知识面广，从而使得单一开发商难以应对项目开发中的所有工作，因此这就需要许多专业人士和机构协同工作，共同应对项目开发中所遇到的困难。但是不论开发商多么精明能干或开发队伍多么庞大，都必须遵守房地产项目开发的基本过程。

由于划分方法不同，因此对房地产开发过程的划分也不尽相同。为了便于房地产开发项目的管理，本书对房地产项目开发过程按时间顺序将其划分为如下五个阶段：项目选择与决策阶段；开发准备阶段；工程建设阶段；租售阶段和收尾阶段。五个阶段包含八个过程，如图1-4-1所示。

第一阶段：项目选择与决策阶段

1. 构思和筛选开发项目

项目构思是指对未来项目的目标、功能、范围以及项目涉及的各要素轮廓的设想与初步界定。房地产项目构思是房地产前期策划的主要内容之一。

一般地，在进行项目构思时首先要符合公司的战略目标，基于对市场的调查分析，在

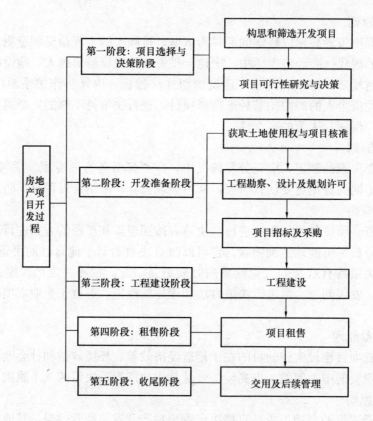

图 1-4-1　房地产项目开发过程

准确把握市场需求大势的前提下，再结合企业自身情况加以考虑，争取做到所做项目与自身能力相匹配，最后再综合考虑以上各种因素对方案进行筛选。

2. 项目可行性研究与决策

项目可行性研究与决策过程包括：

（1）项目可行性研究。对项目进行技术、市场、政策法规、建设方案、投资估算、融资方案、资源利用、社会影响、财务与国民经济评价等方面的可行性研究，所选择的项目应通过可行性研究。

（2）项目可行性研究报告评估。对可行性研究的客观性进行论证评价，提出修改意见和结论。

（3）决策。根据可行性研究报告及评估的结论，做出是否实施、何时实施的决策。首先是投资者的决策，进而是政府有关部门的决策。投资者决策的结果就是是否投资，政府相关部门决策的结果就是项目是否批准、核准和备案，即是否允许诞生投资者的投资项目。

第二阶段：开发准备阶段

1. 获取土地使用权与项目核准

土地规划立足现在，着眼未来。城市规划主管部门对土地管理只是土地使用方式的管理，土地的使用权属管理则由土地主管部门负责。开发商购置土地应向土地主管部门提出申请。我国法律规定，城镇土地属于国家所有，房地产开发项目必须在国有土地上进行，开发商购置的仅仅是土地使用权。

房地产开发项目用地的土地使用权出让或划拨前，政府相关部门将针对项目的性质、规模、开发期限、规划设计、基础设施和公共设施的建设、基础设施建成后的产权界定、拆迁补偿安置等提出要求，并出具书面意见，内容作为土地使用权出让或划拨的依据。

获取土地使用权的方式有划拨方式、招标出让、拍卖出让和挂牌出让等方式。开发商开发土地主要通过出让方式获得。出让方式不同，出让程序、对价格的影响也有较大差别。开发商需要研究获取土地使用权的策略。

获取土地使用权后办理开发项目核准手续。

2. 工程勘察、设计与规划许可

在获取土地使用权之后，就该考虑对项目进行准确定位和规划设计了。房地产项目必须通过规划设计成果反映出来，合理的规划设计不仅反映投资者的意图，而且决定了投资项目的价值，最大限度地影响着投资项目未来的增值。

3. 项目招标及采购

当开发商完成规划设计并获得规划许可后，他便会获取建设工程规划许可证，这时开发商便可以制定项目实施计划，接着进行工程的招投标，选定合适的施工承包商及材料、设备供应商等，然后开发商就可以申请办理开工许可手续，获得《建筑工程施工许可证》，随后项目进入工程建设阶段。

第三阶段：工程建设阶段

工程建设阶段是将开发过程中所涉及的原材料聚集在一定的空间和时间上，进行开发项目的施工建设。一般会经历以下几个步骤：

1. 项目管理及控制

施工阶段是设备、材料投入最集中，矛盾发生最突出的阶段。开发商的主要任务是如何加强合同管理，如何使工程成本支出不突破预算，如何使工程进度如期进行，如何使工程质量符合设计要求，确保工程建设按预期进度计划实施。

建设阶段存在成本增加和工期拖延的可能性，因此，开发商必须密切注意项目建设的进展加强现场巡视，严格变更程序，定期与驻地工程师会谈，控制整个建设过程的全局。

2. 项目竣工验收

项目完成后，要对项目进行验收。项目验收分为预验收和综合验收。

预验收是指在综合验收前，开发商与监理公司对工程质量进行全面检查，包括隐蔽工程验收资料、关键部位施工记录、按图施工情况等，并根据检查结果，明确需要返工的工程及其修理期限。综合验收是在预验收的基础上，经开发商组织申请，由建筑质量监督部门等参加的竣工验收。对于某些规模较大的开发项目，其中的单项工程竣工后，可分别进行竣工验收，开具竣工验收书，作为整个项目综合验收时的附件。工程项目经过竣工验收后，方可交付使用。

第四阶段：租售阶段

包括租售过程。按计划完成租售是项目实现开发目标的前提，租售阶段在房地产开发过程中具有重要地位。由于房地产开发需要大量资金，通常会在工程建设达到预售条件的情况下，通过将预售获得的销售收入投入到项目中去，减少筹资压力和项目的财务费用。

因此，由于预售的存在，租售阶段和建设阶段会有重叠。

第五阶段：收尾阶段

包括项目交用及交用后的管理。将房屋交付购房者、进行前期物业管理、工程保修、项目后评价等一系列工作。

需要指出的是，上述开发过程的每一阶段都对其后续过程产生重要影响。开发商在整个开发过程中对每一阶段或过程的决策，要有系统思维，系统全面地看待房地产开发的全过程，使各个阶段或过程相互协同，避免顾此失彼，这是项目成功的关键所在。

第五节　房地产开发投资知识体系

随着经济的发展和社会的进步，人们对房地产产品的要求越来越高，房地产开发变得越来越复杂，规划需要越来越精细。只有熟练掌握房地产开发的基础知识，并对房地产开发的知识体系有清晰的了解，才能更好地从事房地产开发投资工作。

房地产开发是一个综合的、复杂系统，因此要进行房地产开发投资，也需要了解很多的知识，这些知识有时会涉及很多方面，例如：房地产法律、法规、制度、政策；房地产开发的过程；房地产开发投资与实务；房地产规划与策划、美学、建筑学；市场调查与市场营销；组织行为学房地产估价、房地产项目管理；房地产融资、社会学、历史学；物业资产管理、投资组合管理等。现将房地产开发投资所要掌握的知识能力做了一下简要梳理，形成了图1-5-1这样的一个房地产开发投资知识能力需求三维系统。

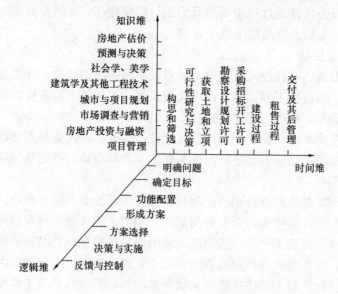

图1-5-1　房地产开发投资知识能力需求图

第六节　学习本课程的意义

通过对这门课的学习，可以掌握房地产开发过程中需要的主要知识，了解房地产开发投资的整个流程，包括怎样进行市场调查和分析、如何进行房地产策划、如何进行房地产项目融资、怎样进行投资估算和收入估算、风险管理等。通过对这些知识的学习，提高读者今后的投资开发决策水平和项目管理能力。

此外，通过本课程及相关主要课程的学习，可以具备从事房地产开发管理的技能，并有能力从事与房地产相关的工作。例如，从事房地产市场分析、房地产投资、房地产开发、房地产营销策划、房地产项目管理、房地产可研咨询、房地产资产管理与运营（含物业管理）、房地产评估、土地一级开发、房地产项目融资、房地产会计、造价咨询、房地产经纪、房地产教育与科研等方面的工作。

复 习 思 考 题

1. 房地产的概念和特点是什么？
2. 什么是房地产投资？其特点都有哪些？
3. 按投资形式划分，房地产投资的种类都有哪些？
4. 按物业类型划分，房地产投资又有哪些种类？
5. 居住性物业有哪些主要类型？
6. 公寓与住宅的区别主要表现在哪些方面？
7. 试说明开发商的成功因素有哪些？你认为的关键成功因素应该有哪些？
8. 房地产开发投资过程主要分为哪几个阶段，有哪些子过程？
9. 开发准备阶段，开发商主要有哪些工作？
10. 房地产开发投资主要需具备哪些方面的知识和能力？

第二章 房地产项目的开发过程

第一节 概 述

一、房地产开发的资源需求

房地产开发就是通过多种资源的组合为人类提供生产、生活的人工环境。所需资源的种类包括土地、城市基础设施、城市公用配套设施、建筑材料、专业技术人员的知识与经验、资金、管理才能。

由于城市化的推动和人们改善环境的需求的递进性，房地产的开发将是永恒的。

人们对房地产开发产品的功能要求越来越精细、要求越来越高；政府对城市空间的开发强度越来越高、房产的价值越来越大；开发商获取利润的代价和风险也越来越大。

与此相应，房地产开发活动变得越来越复杂，开发商需要完成的工作越来越多；越来越多的人员包括不同组织及知识背景的人参与到房地产开发中来。

二、房地产开发商

（一）开发商的概念和获利途径

房地产开发商就是通过房地产开发获取利润的企业组织。开发商开发机构的类型包括项目公司、区域公司、总部集团公司。

开发商获取利润的途径。通过开发活动建造的人工环境能够满足消费者在特定时段内对空间的需求。消费者支付资金获得对满足自己需要的空间的所有权或使用权。开发商通过租售收入补偿成本费用、支付相关税费后获取利润。

（二）房地产开发商是开发活动的发起者

开发任务的获得，可以起于政府政策的引导；也可以是自己的构思与选择；还可以是开发项目的招标。

开发商是项目的推动者，投资者意志的实行者、项目众多参与者中的协调者，是开发系统的管理者。

（三）开发商运营模式

1. 开发模式

主要有开发——销售、开发——持有（经营或租赁）、开发——持有（经营或租赁）——销售等模式。

开发商开发物业的类型。包括居住物业、商业服务业物业、工业物业、其他物业或以上几种物业的组合。一般说来，居住物业采用开发销售模式、商业服务业采用开发——持有或开发——持有——销售的经营模式。

2. 组织模式

（1）项目公司模式。开发商将规划设计、项目租售、物业管理等工作全部聘请专业公司完成，即全部采购外部资源来完成。这类公司往往没有可持续的项目开发，甚至整个公司就一个项目。公司的战略就没有把房地产开发作为长期战略。

(2) 区域性公司。总公司——项目公司(部)模式。总公司管理投资决策、规划设计、财务管理等工作,而将项目租售、物业管理等工作交由自己的专门机构来完成。各个项目的项目管理由项目公司或总公司的项目管理部来实施,成立项目公司而非项目管理部的目的,通常是为了融资的需要,希望将债权人的追索权限制在特定的项目上。

(3) 总部管理模式。总部——区域——项目三级管控体制。项目管理、规划设计、项目租售、物业管理等工作,分别交由不同的层级或下属专门机构来管理。

大型房地产公司,往往将项目的规划设计、项目租售、物业管理、开发项目管理等工作由自己的子公司或部门来完成。这样做,可以在降低交易成本、发挥规模经济和范围经济、贯彻标准设计、实施规范管理、更好地进行品牌维护等方面获取超额利润。这类企业的机制设计,既要做到总部对区域公司和项目的管控,又不丧失活力。这类公司的融资能力强,针对每个项目新设一个项目公司,同样是融资的需要,这些企业一般采用项目融资模式。

三、房地产开发过程的参与者

房地产产品的使用价值是各种资源投入的结果,凝聚了大量的资源、劳动、智力等方面的投入,因而需要众多的参与者。

(一) 土地所有者、当前的土地使用者

土地是房地产的组成部分,要开发房地产产品必须首先获取土地使用权。要获得土地的使用权,首先要有土地所有者的支持,不论是国有土地还是集体土地,没有土地所有者的参与,土地的收购或征收,都不可能顺利完成,虽然城市政府根据有关法律可以征收集体土地进行城市建设,但获得集体土地所有者的首肯是项目预审的前提条件。同样,在获取建设用地使用权的过程中,需要收购或征收土地,涉及拆迁、安置、补偿等方面的一些类费用,这也需要当前土地使用者的参与。

(二) 银行等金融机构

房地产开发的一大特点就是投资巨大,需要大量的资金。由于购买开发用地所需的资金越来越多,大多在开发成本的 $1/3\sim2/3$,一线城市土地成本在开发成本中的比例更高,绝大部分开发商投入土地资金后,没有多少资金用于工程建设了,甚至有的开发商购地资金的相当一部分也是借来的。除了少量的资本金外,房地产开发建设的资金主要通过从银行获取流动资金、获取房地产开发贷款、销售收入(通过银行给消费者提供住房抵押贷款)、其他金融机构融资、其他渠道融资等。所以,银行等金融机构的资金支持是房地产开发投资业发展的必要条件。

(三) 政府机构

政府及其机构在房地产投资开发过程中,是规则的制定者、也是监督和管理者,并提供一些服务。从获取开发用地使用权到项目交付后的管理,开发商要与政府的发展改革、国土资源、城市规划、建设管理、市政管理、房地产管理、城市消防、交通、环境等部门都对项目有管理或服务权。开发商要通过这些部门获得项目核准、建设用地使用权、规划许可、开工许可、市政设施和配套设施使用许可、销售许可和房地产产权。

(四) 建筑承包商

开发商往往将开发产品建造任务委托给承包商来完成。承包商将完成房屋建筑、基础设施、公共配套设施的施工建设任务。由于开发商通常在项目施工建设的前期缺乏资金，开发商往往要求承包商在资金不到位时的较长时间内做出继续施工的承诺，希望承包商通过自身的资金筹措保证工程施工的连续性。在这种情形下，开发商对工程造价的控制会放松一些，承包商在获得较高利润率的情况下，也承担着开发商的支付能力风险和自身的财务风险。同时，由于这些做法不符合有关管理规章的要求，开发商也增加了风险。当项目规模比较大时，开发商往往分成几个标段，有几个承包商参与工程施工任务，以此降低工程建设过程中的风险。

（五）专业工程公司

工程建设过程中，有些工程施工任务需要较特殊的专业资质，如桩基施工、桩基承载力检测等，由于这个阶段的质量、进度、造价控制比较困难，一般的承包商自身并不擅长这方面的施工管理，专业工程公司可能成为开发商的指定分包商。

（六）设备供应商

房地产开发项目需要采购大量设备，如变电设备、水暖设备、通风空调设备、各类电梯设备等。设备供应商经常要负责所供应设备安装任务。开发商按时完成设备采购、供应商按时供应设备并按时完成设备安装任务，是按时完成工程建设任务的重要一环。

（七）专业顾问

房地产开发管理过程中，需要众多专业人员提供智力支持。这些专业顾问包括：

1. 建筑师、规划师

在房地产产品的开发建设过程中，规划师、建筑师一般承担建设用地规划方案的设计、建筑设计等工作。开发商的规划师、建筑师一般不直接参与设计工作，而是委托专业建筑师事务所来完成。开发商的建筑师主要负责与所委托的设计顾问公司进行协调，使规划方案、建筑设计更好地实现开发商对开发产品的功能目标，并符合进度要求和投资控制要求。建筑师通常还要定期组织技术会议，提供施工所需的图纸资料、签发有关技术指令，协助解决规划、建筑设计及其他专业协调中的技术问题。

2. 工程师

房地产开发过程中需要结构工程师、建筑设备工程师、电气工程师。这些不同专业的工程师除了协调委托的顾问公司相关专业的设计工作外，还负责工程施工监理、建筑材料与建筑设备的采购，有时要协同解决专业交叉产生的矛盾和问题。特别指出，一些大型的房地产公司拥有自己的设计公司，其目的是更好地实现开发商的产品目标。

3. 会计师

会计师承担开发投资企业的经济核算等多方面的工作。从企业所承担全部开发项目的角度、结合具体开发项目的资金需求，提出财务安排和税收方面的建议、包括财务预算、工程资金需要预算、缴纳税金、合同监督、付款方式以及融资计划。并及时向开发投资企业的负责人通报财务状况。

4. 造价工程师

造价工程师可以服务于开发商、承包商、工程监理机构、造价咨询机构、招标服务机构。开发商的造价工程师主要负责工程建设的开发成本估算、工程成本预算、招标标底的编制、工程资金需求计划的编制、施工过程中的成本控制和合同管理，在工程竣工之后进行工程的结算工作。开发商的造价工程师可能对这些工作亲力亲为，也可能部分或全部委托给造价咨询公司等顾问公司,自己负责相关的协调工作。

5. 房地产估价师及房地产经纪人

房地产估价师在房地产交易工程中提供估价服务,在企业抵押贷款过程中,对抵押的土地、房产提供估价服务,在房地产产品租售之前进行估价,确定合理的租售价格。在项目前期或项目实施过程中,房地产估价师可以对房地产项目进行系统的经济评价,为项目决策者提供支持,在项目交用后可以进行项目的后评价,对项目进行系统的总结。房地产经纪人主要是利用自己的专业知识和经验,促进买卖双方达成交易,并在交易办理的过程中提供专业服务。房地产经纪人成立营销策划公司为房地产开发商提供租售服务时,一般承担了代理的角色,需要协助委托人制定和实施营销策略,预测租售价格、制订营销计划、实施租售过程的管理。

6. 律师

在项目的筛选、项目决策、获取土地使用权、项目的市场营销、工程采购、设备采购、物业租售、融资安排、前期物业管理等过程中,都需要签订一系列协议,这些协议的法律审核工作可以通过开发商的律师雇员或委托外部律师事务所来完成。

7. 咨询工程师等

房地产开发过程的专业顾问还包括咨询工程师、招标师、环境影响评估师等。他们从事项目可行性研究编制、工程招标及设备采购、环境影响评价报告编制等工作。

四、房地产开发的一般过程

对房地产开发的全过程划分为几个子过程、将项目的开发周期分为几个阶段,其目的是便于房地产开发项目管理。

(一)房地产项目开发过程

按照工作的性质,房地产的开发全过程分为以下八个子过程。

(1)构思和筛选开发项目;
(2)项目可行性研究与决策;
(3)获取土地使用权与项目核准;
(4)工程勘察、设计及规划许可;
(5)项目招标与采购;
(6)工程建设;
(7)项目租售;
(8)交用及后续管理。

(二)房地产项目开发过程的阶段划分

房地产的开发过程可以归为如下五个阶段:

1. 项目选择与决策阶段

包括构思和筛选开发项目、项目可行性研究与决策两个过程。其中项目可行性研究与决策过程包括

(1)项目可行性研究。对项目进行技术、市场、政策法规、建设方案、投资估算、融资方案、资源利用、社会影响、财务与国民经济评价等方面的可行性研究,所选择的项目应通过可行性研究。

(2)项目可行性研究报告评估。对可行性研究的客观性进行论证评价,提出修改意见

和结论。

（3）决策。根据可行性研究报告及评估的结论，做出是否实施、何时实施的决策。首先是投资者的决策，进而是政府有关部门的决策。投资者决策的结果就是是否投资，政府相关部门决策的结果就是项目是否批准、核准和备案，即是否允许诞生投资者的投资项目。

2. 开发准备阶段

包括获取土地使用权与项目核准过程、工程勘察设计与规划许可过程、项目招标与采购等工程开工前的一系列工作过程。

3. 工程建设阶段

工程建设过程是从项目开工至项目竣工验收通过的过程。为了完成工程建设过程的目标，要对项目的进度、质量、投资、进度进行管控；对合同、安全、信息进行管理；对项目的各方面的参与者进行协调。

4. 租售阶段

包括租售过程。按计划完成租售是项目实现开发目标的前提，租售阶段在房地产开发过程中具有重要地位。由于房地产开发需要大量资金，通常会在工程建设达到预售条件的情况下，通过将预售获得的销售收入投入到项目中去，减少筹资压力和项目的财务费用。

5. 收尾阶段

包括项目交用及交用后的管理。将房屋交付购房者、进行前期物业管理、工程保修、项目后评价等一系列工作。

第二节 项目构思与筛选

项目构思与筛选阶段坚持的原则是符合公司的战略、准确把握市场需求、与企业自身的能力匹配。

一、项目构思

（一）项目构思的含义

任何建设项目都源于项目的构思。当组织希望通过实施一个项目达到目的时，对这个项目的属性所进行的创意和设计过程就是项目构思。项目构思是项目概念产生的起点。

（二）项目构思的过程

1. 驱动项目构思产生的动力

或是为了解决上层系统（如国家、地区、企业、部门）的问题，或是满足上层系统的需要，或是为了实现上层系统的战略目标和计划等。这些驱动力可能源于产业多样化的目的、源于需要新的利润增长点、还可能源于拥有某种资源优势能够提高企业的竞争力。

2. 满足上层系统的问题和需要的途径

（1）途径的多样性。可以通过许多途径和方法来达到上层系统的要求，构思的项目可能丰富多彩。可以是不同的行业、不同的产品，不同的规模。由于不同行业的经营模式和盈利模式不同，所选择的项目属性就不会相同。

（2）项目目标的初步确定。项目目标的确定是基于对上层系统面临的情况进行分析、对遇到的问题进行定义的基础上。要满足上层系统的要求、解决上层组织面临的问题，需要确定项目的目标系统，由于项目的属性不同，目标系统不会相同。

3. 房地产项目的目标属性

当通过房地产开发项目来达到组织的目的时，由于房地产项目本身的特点，这个阶段选择房地产项目的目标应考虑如下内容，包括投资的区域、投资的产品档次、投资的规模、项目的开发周期、项目的盈利能力、项目的获取途径等方面。

（1）投资区域。选择投资区域时，要考虑拟投资区域的社会和经济发展状况、城市的规模和发展方向、房地产业的发展状况和发展前景、城市的产业发展政策、房地产开发的制度政策。基于上述分析，决定投资的城市是一线城市还是二线城市、是省会城市、计划单列市还是一般的地级城市或是县级城市。在确定了拟投资城市后，进而初步确定项目的拟选区域。

确定项目的投资区域，取决于企业的发展战略、外部环境、企业自身的资源和能力。

（2）投资的产品及档次。开发哪类产品、开发什么档次的产品，要考虑所在城市房地产开发供应结构、需求结构、开发成本、价格状况、自身能力（技术能力、管理能力、融资能力、资金能力）等因素。

（3）投资的规模。房地产项目的投资规模包括产品规模和投资规模。产品规模主要由用地规模（项目用地面积）和开发强度（建筑密度、容积率）等决定的，用地规模越大、开发强度越高，产品规模就越大。投资规模主要由土地投资额以及产品规模和产品档次来决定。一般情况下，期望的利润规模越大，需要的投资额越大。因此确定拟投资项目投资规模由土地规模、土地价格、产品档次、产品规模、工程造价水平等因素决定。投资规模是由可投入项目的自有资金和可为项目融资的规模决定的。

（4）开发周期。开发周期要依赖于目标市场的吸纳能力、开发商的资金能力、管理能力等因素决定。

项目构思阶段对拟投资项目的属性定义是初步的，甚至是模糊的。项目构思的结果是几个可选的处于概念状态的项目方案，是落实项目的路线图，构思是否有效，要看能否落到实处，要经过实践的检验。

（5）盈利能力。根据房地产项目的平均利润率指标（成本利润率、销售利润率、投资利润率等）估算项目的利润额，对项目的盈利能力做出初步判断。

项目构思的过程就是描述拟创建项目应具有的属性的过程。

二、项目寻找与筛选

（一）项目寻找的含义

项目寻找是依据项目构思，寻找开发项目的过程。房地产开发项目载体是土地，项目寻找也就是寻找房地产开发用地的过程。

土地选择过程中，应当了解土地用途的适用性。

1. 按照土地的位置，可将城市土地分为

（1）闹市区土地。处于城市的中心地带，交通极为方便，商业服务设施集中、齐全，市政设施完善。这些区位特别适合收益性物业的生存。闹市区主要用于发展零售商业、金融、信息服务业等第三产业，不适合工业用地和居住用地，换句话说，闹市区土地用作工业用地和居住用地不是土地的最佳利用。

（2）城市副中心区土地。大城市和特大城市的每个行政区都有自己的副中心区，在这个区域，交通方便、商业和服务业比较集中和齐全，市政设施比较完善，对城市居民购物和第三产业的吸引力较大。这类土地位于城市的区域中心，仅次于城市的闹市区，适合于发展商业零售、各种服务业、公寓类物业、无污染的小型工业的生存。

（3）闹市区边缘地带土地。闹市区边缘地带（亚中心区）土地由于靠近闹市区，距离市中心较近，通常交通条件较好、水电路等基础设施较为完善，人口密度低于闹市区，区位优势比较明显，土地具有更多的适用性。可用于发展商业、无污染工业、部分土地可用作公寓、住宅、学校、医院及机关用地。

（4）城市边缘区土地。城市边缘区土地位于亚中心和城区边缘之间，土地面积较大。距离城市中心较远、交通通畅，但交通线路较少，人口密度较低。这类土地可用了住宅建设、集贸市场、工厂、大专院校、工厂等。

（5）城市郊区土地。城市郊区位于城市建成区的周边地带，土地面积大。其特点是：距城市中心远、交通条件较差，人口密度小、市场设施不太完善，是城市土地中基础设施和配套设施较差的区域。适合于蔬菜生产和农副产品生产。在交通干线附近的土地，适合作为经济开发区用地和居住区用地。作为经济开发区附近区域的居住区用地，往往具有较大的升值潜力。

2. 按照土地利用的性质和功能进行分类

按照2012年1月1日实施的国家标准《城市用地分类与规划建设用地标准（GB 50137—2011）》，城乡用地分为建设用地（H）和非建设用地（E）。城市建设用地是指城市和县人民政府所在地镇内的居住用地、公共管理与公共服务用地、商业服务业设施用地、工业用地、物流仓储用地、交通设施用地、公用设施用地、绿地。

（1）居住用地（R）。住宅和相应服务设施的用地。按照等级分为一类居住用地（R1）、二类居住用地（R2）和三类居住用地（R3）。一类居住用地是公用设施、交通设施和公共服务设施齐全、布局完整、环境良好的低层住区用地；二类居住用地是公用设施、交通设施和公共服务设施较齐全、布局较完整、环境良好的多、中、高层住区用地；三类居住用地是公用设施、交通设施不齐全，公共服务设施较欠缺，环境较差，需要加以改造的简陋住区用地，包括危房、棚户区、临时住宅等用地。

（2）公共管理和公共服务用地（A）。公共管理和公共服务用地是指行政、文化、教育、体育、卫生等机构和设施的用地，不包括居住用地中的服务设施用地。

具体包括A1行政办公用地、A2文化设施用地、A3教育科研用地、A4体育用地、A5医疗卫生用地、A6社会福利设施用地、A7文物古迹用地、A8外事用地、A9宗教设施用地。

（3）商业服务业设施用地B。各类商业、商务、娱乐康体等设施用地，不包括居住用地中的服务设施用地以及公共管理与公共服务用地内的事业单位用地，包括以下小类：

商业设施用地（B1），包括零售商业用地、农贸市场用地、餐饮业用地、旅馆用地；

商务设施用地（B2），包括金融保险业用地、艺术传媒产业用地、其他商务设施用地；

娱乐康体用地（B3），包括各类娱乐、康体等设施用地；

公用设施营业网点用地（B4），零售加油、加气、电信、邮政等公用设施营业网点用地；

其他服务设施用地（B9），包括业余学校、民营培训机构、私人诊所、宠物医院等其他服务设施用地。

（4）工业用地 M。指工矿企业的生产车间、库房及其附属设施等用地，包括专用的铁路、码头和道路等用地，不包括露天矿用地。按照对居住和公共环境干扰、污染和安全隐患的严重程度，又分为一类工业用地（M1）、二类工业用地（M2）、三类工业用地（M3）。

（5）物流仓储用地 W。是指物资储备、中转、配送、批发、交易等的用地，包括大型批发市场以及货运公司车队的站场（不包括加工）等用地。按照对居住和公共环境干扰、污染和安全隐患的严重程度，又分为一类仓储用地（W1）、二类仓储用地（W2）、三类仓储用地（W3）。

（6）交通设施用地 S。是指城市道路、交通设施等用地。具体包括城市道路用地 S1、轨道交通线路用地 S2、综合交通枢纽用地 S3、交通场站用地 S4、其他交通设施用地（S9）。

（7）公用设施用地 U。公用设施用地是指供应、环境、安全等设施用地。具体包括供应设施用地（U1）、环境设施用地（U2）、安全设施用地（U3）、其他公用设施用地（U9）。

（8）绿地 G。公园绿地、防护绿地等开放空间用地，不包括住区、单位内部配建的绿地。包括公园绿地（G1）、防护绿地（G2）、广场用地（G3）。

3. 按照土地的开发程度，主要是基础设施的配套状况的不同，开发用地可以分为

（1）生地。完成土地征收或征用，未经开发，缺乏基础设施、不可直接作为建筑用地的农用地或荒地等土地。

（2）毛地。在城市旧区范围内，尚未经过拆迁安置补偿等土地开发过程、不具备基本建设条件的土地。

（3）熟地。熟地指已具备一定的供水、排水、供电、通讯、通气、道路等基础设施条件和完成地上建筑物、构筑物动拆迁的形成建设用地条件的土地。

（二）项目寻找的途径

项目的寻找的途径，就是找到符合项目构思的项目基地——拟开发土地的路线。获取这些土地，虽然最终都要经过土地交易中心的交易，但都需要和政府官员、土地所有者、土地使用者的良好沟通，从他们那里可以得到拟开发土地资源方面的一些信息。利益相关者的满意才能加快项目的进程，虽然项目不是一天长成的。

1. 城区中需要开发的土地

这类土地主要是城区中一些环境恶劣、基础设施缺乏的片区，或是一些使用性质不符合规划要求、使用效益低下的土地。如棚户区、城中村、城市规划已定为居住用地、商业服务业设施用地的厂区占地等。

城区中需要开发的土地，往往涉及拆迁安置工作，需要大量的前期投入，并进行大量的协调工作，需要被拆迁人的大力协作。

这类项目的获取，有的通过招标的方式获取；有的在国土部门的允许下，通过与土地所有者或使用者合作获取。

2. 城市边缘区的建设备用地

城市规划区内的建设备用地是指规划区内的一些国有的建设备用地以及尚未征用的集体所有的建设用地。

对于这类土地使用权的获取，特别是大规模的土地开发，城市政府领导、所在区的领导起着重要的作用。实际上，一些土地是否纳入年度开发计划，取决于这块土地是否有意向投资者，因此意向投资者跟政府官员的沟通是获取大型项目的关键。

3. 城市重点开发区域

城市政府在一个时期内有其自己的开发热点，如经济开发区、高新技术开发区、各类产业园、高铁新站等。

这类项目的土地一般经过土地储备中心（或城市投融资中心）进行土地的一级开发后，再向开发商出让。在前期往往有一些优惠政策，但由于基础设施等各个方面较差，开发商承担较大的风险。这种新区所在的城市越大，风险会减少，因为这种政府行政决定的新区在缺乏产业支持的情况下，有不成功的可能。

三、项目策划

（一）项目策划的意义

项目构思最后要落实到一个拟开发项目上，面对着一个具体的项目，项目开发什么产品、目标客户是什么、采用怎样的项目组织模式、采用什么样的项目资源、项目的资源如何获取、开发规模、开发周期的确定等一系列问题都要经过项目的策划过程，如图 2-2-1 所示。

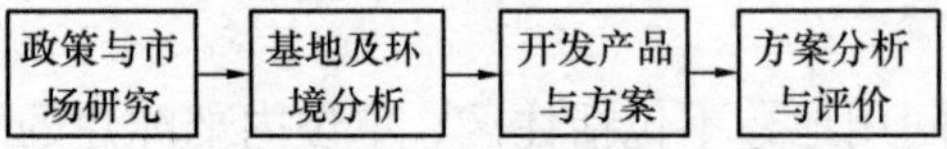

图 2-2-1 项目策划的过程

通过项目策划，提出可供选择的项目开发产品和项目的开发方案，对每个开发方案面对的威胁、可能的机会、项目的收益状况、对公司实施这个方案所具有的优势和劣势进行系统的分析和说明；对项目开发方案进行排序，并提出相应的建议。为项目定义进而进行项目可行性研究提供条件，这也就是项目策划研究的主要目的。

而确定开发产品和开发方案的一个重要前提，就是对项目所在城市、所在区域的房地产市场情况有比较深入的了解和判断，项目基地及环境进行分析（包括自然环境和产业环境、居住环境、人文环境等），对市场需求什么产品、基地适合建设什么产品，有一个比较清晰的判断。

（二）项目策划

（1）开发产品策划。开发产品策划就是通过策划，确定项目所开发产品的过程。

1) 要确定开发何种房地产产品即何种物业，如居住物业、商业服务业设施、工业物业等。

2) 要确定物业中的具体类型。如居住物业中的高层、多层还是联排别墅，或者是他们的组合；商业服务业设施中的零售商业、农贸市场、金融物业、办公物业、酒店物业、餐饮物业等等。

3) 要初步决定各种类型物业的组成比例。因而形成数个备选开发产品方案。

在决定开发产品的过程中，要进行政策研究和市场研究。基于政策研究和市场研究

政策包括房地产土地供应政策、房地产销售政策、信贷政策、房地产税收政策、城市规划、城市产业政策、土地开发规划等。

市场研究按照市场范围的大小,可以分为区域房地产市场分析、专业房地产市场分析和项目房地产市场分析。区域房地产市场分析即对研究区域内的所有物业类型及地区经济,对研究区域总的房地产市场及各种专业市场总的供需分析和预测;专业房地产市场分析是指对特定区域内某一物业类型房地产市场的分析,是在区域房地产市场分析的基础上对子市场的研究分析,基于目前的供需状况对市场发展趋势进行估算和预测;项目房地产市场分析,是对拟开发项目所面对的市场的研究。对项目拟开发各种产品的竞争能力、销售价格、吸纳速度进行分析和判断。

在决定开发产品的过程中要进行基地及其环境分析,政策与市场分析提供了市场的供求状况和发展趋势,找出了有市场需求的产品,即可开发的产品。而通过基地及其环境分析,可以判断拟开发地块可以开发什么产品,这些产品能够和基地状况、周边环境,包括土地的价格、公共服务设施、商业服务设施、交通设施、环境状况相匹配。

确定目标市场是决定开发产品的前提。选择目标市场的策略是基于上述研究分析的基础上,通常包括有市场集中化策略、选择专业化策略、产品专业化策略、市场专业化策略、全面覆盖策略和定制策略。

通过目标市场的选择,结合项目的自身资源和能力,进而确定项目的竞争性战略,即成本领先战略或差异化战略,开发商一般会选择差异化战略。由于房地产开发商的目的是获取投资利润,即使自己具有成本领先优势,也会使这种优势变成超额利润而不仅仅是市场份额,因为项目是一次性的,不是永续的。不同项目坐落的区位不同,就导致了项目完成后提供的产品就具有一定的差异,即使按同一套施工图施工。

差异化战略主要有以下途径,即通过产品差异化、服务差异化、人员差异化、形象差异化四个途径来实施差异化。通过实施差异化战略,使开发产品更具竞争力。

（2）开发方案策划。项目开发方案包括以下内容:

1）开发内容和规模

开发内容和规模是开发产品策划的结果,是制定开发方案的起点。包括开发的物业类型、档次（可从建筑平面布置、立面、剖面、装修标准做出判断）、占地面积、建筑面积及其构成。

规模既包括面积规模、土地规模还包括投资规模,因此需要对项目的投资进行投资估算。投资估算也是确定合作方式、融资方式及资金结构的前提。

2）建设计划

开工建设的时间、项目竣工交付的日期等里程碑事件的确定,必须考虑市场状况,希望在市场需求旺盛、价格高位的状态,将开发产品推上市场,也就能确定最迟开工时间,做出施工进度安排。大型房地产项目要考虑资金压力和市场吸纳速度两个方面,实行分期（批）开发。

项目的开工建设时间,取决于是否满足开工许可的条件,这在很大程度上取决于何时获得土地使用权和获得建设工程规划许可证以及建设所需要的资金。由于规划设计方案的编制可以在获取土地使用权之前并行进行,因此,获取开发用地使用权的时间成为最不可控制的因素。特别是征地拆迁的过程,可能出现很多导致工期拖延的情况发生。

3）开发合作方式

根据开发商在土地、资金、经营管理、与政府关系、品牌美誉度等方面的情况,从企业战略和项目自身的状况出发,为获取利益、防范风险对独资开发、合资开发、委托开发等开发合作方式作出选择。

4) 融资方式和资金结构

结合项目开发的合作方式作出资金结构设计。包括项目资本金构成、各方所占份额;也包括除资本金外的其他资金的资金来源和渠道。对需要从外部筹措的资金,是通过债务融资还是股权融资。对所需短期资金和长期资金做出安排。对资金的成本、风险、收益进行分析的基础上做出资金结构设计。

5) 产品经营方式

对出售、出租、自营等经营方式做出选择。在选择产品经营方式时,要考虑公司的发展战略、考虑物业的类型、考虑公司的资金压力、考虑公司自身的经营能力、考虑长远利益和近期利益。如持有零售商业物业会增加公司的资金压力,虽然获得的租金或自营收入较低,但可以增加未来的融资能力以及未来的增值收益。

6) 项目投资与租售收入及利润的估算

对项目的投资和收入进行估算是项目策划过程中必须完成的工作,在此基础上进行利润的估算。通过投资与收益的估算也是确定开发合作方式、决定融资方式的前提。通过分析,可以确定是否可以做、是否有能力做、是否值得做这个项目。

(3) 项目策划的成果和用途

项目策划提出了项目的开发方案,由于基于的信息不充分,策划的方案是初步的,目的是对不同的开发方案作出项目定义,为项目可行性研究提供项目方案,便于进一步的方案比选。

经过初步策划的项目,开发的思路逐步清晰,比构思的项目更贴近现实,有助于项目定义的完成。

项目策划的相关内容详见本书第四章。

四、项目定义

1. 项目定义与项目策划

项目定义是指以书面的形式描述项目目标系统,并对项目的开发方案予以描述。

由于房地产项目投资巨大、建设周期长,受外部环境和开发商自身实力的影响,房地产项目定义离不开房地产项目的策划过程,不经过房地产项目的策划,对项目的定义将缺乏针对性,缺乏可操作性。

2. 项目定义

经过项目策划后提出的项目定义,是更加具体、更加具有可操作性,但仍应该满足在项目构思过程中提出房地产项目目标。因为项目目标是基于满足组织的要求,解决组织的问题,否则,就因目标的漂移而失去意义。

(1) 不同地块的项目方案。不同地块,开发项目肯定是不同的,构成不同的项目。

(2) 同一地块的不同项目方案。不同项目方案,会产生不同的效果,目标和实施方案也不相同。要予以分别定义。

(3) 对项目的目标是否达到组织的要求对照检查,防止因为着眼于项目方案的具体过程,而忘记了项目的根本目的。

3. 项目策划与定义的目的

为项目的可行性研究提供比选的方案。通过可行性研究对不同地块上的项目进行比选，做出优劣判断；对同一个地块上的房地产项目，对开发方案的优劣做出判断。

第三节 项目可行性研究与决策

一、可行性研究

项目的构思与筛选到项目的确立，是一个过程，在这个过程中，对项目是否可行的研究一直在持续。因此，项目可行性研究是一个持续的过程，在不同的阶段，由于拥有的信息和关注点不同，会有不同的体现。

在项目构思与筛选阶段，主要是投资机会的选择，可研报告是以项目建议书的形式出现。项目的投资和收入估算是比较粗略的，通常参照类似项目的数据进行估算。

对筛选项目进行的初步的可行性研究，是对项目市场、建设方案、技术、经济、环境等方面进行的较全面但较初步的可行性研究。目的是判断项目是否具有生命力，是否值得投入更多地资金和人力进行可行性研究。

通常所说的可行性研究是指在初步可行性研究基础上进行的详细可行性研究。对项目的市场前景、项目的选址、建设方案、运营方案进行详细分析、论证、比较，提出相应的结论，为项目决策提供依据。可行性研究过程既是深入调查研究确定相关参数和数据的过程也是多方案比选的过程。

可行性研究的作用，主要包括三个方面，是投资决策的依据，是筹集资金和申请贷款的依据，是编制初步设计文件的依据。

二、可行性研究报告的评估

在项目决策之前，应该对项目的可行性研究报告进行冷静、客观的评估。分析项目目标、功能定位的合理性，采用科学的方法，对项目的市场、技术、财务、经济、环境与节能以及社会影响方面进行进一步的分析和在论证。权衡各种方案的利弊和潜在风险，判断项目是否值得投资，提出明确的评估结论。企业在决策前，需要对可行性研究进行评估（不一定聘请独立的评估机构）、政府在决策前也需要进行评估。他们关注的重点不同，因此评估的重点也不同。

三、项目决策

可行性研究评审的基础上，结合企业发展战略、并和其他投资项目比选的基础上做出是否投资的决策。

对于建设商品房的房地产开发项目来说，由于其土地为经营性土地，通过招、拍、挂的方式获得土地使用权，已列入年度土地利用规划，政府对这类房地产项目实行的是核准制，对项目申请报告、节能评估报告、环境评估报告的评估主要是要求开发商在项目实施过程中采用节能技术以及减少环境污染的技术和措施。对于涉及土地征收或收购、房屋拆迁、安置、补偿等内容的项目，开发方案必须照顾土地所有者、使用者、房屋所有者及使用者各方面利益，使利益相关者满意。

第四节　获取土地使用权与项目核准

一、土地使用权获取方式的演变

现在实施的国有土地使用权出让方式，是国家一系列土地出让管理政策调控的结果。

2002年5月9日，国土资源部颁布11号部长令《招标拍卖挂牌出让国有土地使用权规定》，严格禁止以协议的方式出让商业、旅游、娱乐和商品住宅等各类经营用地使用权。该文件叫停了已沿用多年的土地协议出让方式，要求从2002年7月1日起，所有经营性开发项目用地都必须通过招标、拍卖或挂牌方式进行公开交易。11号部长令的颁布，被房地产界称为新一轮"土地革命"的开始。

2004年3月31日，国土资源部颁布71号文件《国土资源部、监察部关于继续开展经营性土地使用权招标、拍卖、挂牌出让情况执法检查的通知》，要求各地严格执行经营性土地使用权招标、拍卖、挂牌出让制度，且在2004年8月31日前将历史遗留问题处理完毕，否则国家土地管理部门有权收回土地，纳入国家土地储备体系。8月31日后，禁止以任何借口将经营性土地协议出让。这个引起行业"地震"的文件，被称为"8.31"大限。

2007年9月28日，国土资源部颁布39号部长令《招标拍卖挂牌出让国有土地使用权规定》，该文件是对2002年国土资源部11号部长令的修订。第四条规定，工业、商业、旅游、娱乐和商品住宅等经营性用地以及同一宗地有两个以上意向用地者的，应当以招标、拍卖或者挂牌方式出让，将工业用地也纳入了招标、拍卖、挂牌出让的范畴。

这一系列的政策出台的背景，都是为了堵塞土地出让市场上的漏洞，进一步创造公平、公正的市场竞争环境。

目前，房地产开发企业只有通过招标、挂牌、拍卖的方式在一级市场上获取土地使用权。由于所有土地交易必须在土地储备中心经过招标、挂牌、拍卖的方式，在二级市场上，企业间的土地转让几乎不存在了，少量的交易往往通过股权交易获得。

二、土地储备与土地开发

（一）土地储备

1. 土地储备

土地储备是指市、县人民政府国土资源管理部门为实施调控土地市场、促进土地资源合理利用的目标，依法取得土地，进行前期开发、储备以备供应土地的行为。

2. 土地储备机构

由市、县人民政府批准成立、具有独立的法人资格、隶属于国土资源管理部门、统一承担本行政辖区内的土地储备工作的事业单位。

3. 土地储备的计划管理

土地储备计划由政府相关部门根据当地经济和社会发展规划、土地利用总体规划、城市总体规划、土地利用年度计划和市场供求状况等联合编制。

4. 土地储备的对象

依法收回的国有土地；

收购的土地；

行使优先购买权取得的土地；

已办理农用地转用和土地征收批准手续的土地；

其他依法取得的土地。

5. 土地储备的运作过程

土地储备的运作过程，如图2-4-1所示。

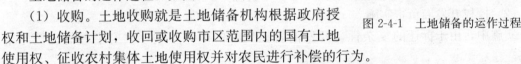

图 2-4-1　土地储备的运作过程

（1）收购。土地收购就是土地储备机构根据政府授权和土地储备计划，收回或收购市区范围内的国有土地使用权、征收农村集体土地使用权并对农民进行补偿的行为。

1）土地征收。征收土地是国家为了社会公共利益的需要，依照法定程序将农民集体所有的土地转变为国有土地，并依法给予被征收土地的单位和个人一定补偿的行为。

①土地征收的过程，就是将待征土地的集体所有权转变为国有土地全民所有权的过程，同时对原集体土地的集体和个人进行补偿及妥善安置。

②土地征收的程序，如图2-4-2所示。

图 2-4-2　土地的征收程序

③征地补偿与安置费用：

土地补偿费；

青苗补偿费；

地上附着物的补偿费；

安置补助费；

新菜地开发建设基金。

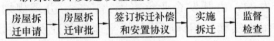

图 2-4-3　城市房屋拆迁的程序

2）城市房屋的拆迁。城市房屋拆迁的程序如图2-4-3所示。

（2）开发整理。根据城市总体规划、土地利用总体规划和经济发展的客观需要，对收购的土地通过行政、经济、技术和法律的手段有计划地进行旧城区综合改造，如房屋拆迁改造、土地平整归并、进行基础设施建设。

（3）储备。将已经完成土地整理和基础设施建设的土地储备起来，等待供应。

（4）供应。对纳入政府土地储备体系的土地，根据供应计划和市场实际需要，向市场供应，形成土地一级市场的土地供给。

（二）土地开发

1. 土地开发的概念

（1）土地开发。指对收购的土地，尤其是征收的土地，为使其具备供应条件而进行的前期开发活动。主要包括道路、供水、供电、供气、排水、通讯、照明等基础设施建设工作和绿化、土地平整工作，以及为完成前期开发进行的投融资活动。

（2）土地一级开发。土地一级开发，是指由政府或其授权委托的企业，对一定区域范围内的城市国有土地（毛地）或乡村集体土地（生地）进行统一的征地、拆迁、安置、补偿，并进行适当的市政配套设施建设，使该区域范围内的土地达到"三通一平"、"五通一平"或"七通一平"的建设条件（熟地），再对熟地进行有偿出让或转让的过程。

2. 土地开发的实施模式

土地开发的实施模式主要有以下两种。

(1) 政府土地储备机构负责实施；

(2) 授权开发商负责实施。

实施中，由于拆迁的复杂性，开发商管控风险的能力较弱，政府主导的比例原来越高。

3. 土地储备开发成本

(1) 征收、拆迁补偿费及有关税费；

(2) 收购、收回和置换过程中发生的有关补偿费用；

(3) 市政基础设施建设有关费用；

(4) 招标、拍卖和挂牌交易中发生的费用；

(5) 贷款利息；

(6) 土地开发供应过程中发生的审计、律师、工程监理等费用、不可预见费以及财政、土管部门核准的其他支出。

4. 土地储备机构负责实施土地开发

由土地储备机构负责筹措资金、办理规划、项目核准、征地拆迁及大市政建设等手续并组织实施。其中通过招标方式选择开发企业负责土地开发具体管理的，开发企业的管理费用不高于土地储备开发成本的2%。以招标方式确定开发企业后，土地储备机构应当与中标开发企业签订土地一级开发管理委托协议。

5. 政府授权开发商负责土地开发

通过招标方式选择开发企业实施土地开发的，由开发企业负责筹措资金、办理规划、项目核准、征地拆迁和大市政建设等手续并组织实施。招标底价包括土地储备开发的预计总成本和利润，利润率不高于预计成本的8%。通过招标方式确定开发企业后，土地储备机构应当与中标开发企业签订土地一级开发委托协议。

6. 土地开发过程中有关手续的办理

土地储备开发实施单位向市规划部门办理规划意见，向市国土部门办理用地手续，向市发展和改革委员会办理核准手续，涉及交通、园林、文物、环保和市政专业部门的，应按照有关规定办理相应手续。

如果开发项目涉及新增集体土地办理农用地征收、农转用手续或存量国有建设用地收回国有土地使用权的，土地储备开发实施单位依法办理相关手续，并获得市人民政府的批准。

7. 土地一级开发的程序

(1) 原土地所有者或使用者在征得区县和乡镇政府或上级主管部门得同意后向市国土局提出土地一级开发申请。

(2) 市国土局受理申请并进行土地开发项目预审。

(3) 通过土地预审的项目，根据项目的性质，委托市、区县土地储备机构负责组织编制土地储备开发实施方案。

开发实施方案主要包括：

待储备开发地块的范围、土地面积、控规条件、地上物状况、储备开发成本、土地收益、开发计划、实施方式等。

(4) 对编制了开发实施方案的项目,由市国土局会同市发展改革、规划、建设、交通、环保等部门参加的联审会进行会审,对通过会审的建设项目土地一级开发实施方案中的土地、产业政策、城市规划、建设资质、交通及环保等条件提出原则意见。

(5) 确定通过联审会会审项目的土地开发主体。

8. 土地一级开发的验收

建设项目的土地一级开发完成后由市国土局组织相关委办局进行验收,验收审核的内容:

(1) 审核土地一级开发成本;

(2) 组织验收土地开发程度是否达到合同的要求;

(3) 根据委托合同支付相应土地开发费或管理费;

(4) 纳入市土地储备库。

9. 土地储备资金的来源

(1) 财政部门从土地出让收入和国有土地收益基金中安排的资金;

(2) 土地储备机构的银行贷款或其他金融机构的贷款;

(3) 财政部门批准的其他资金;

(4) 上述资金的利息收入。

三、开发商获取土地的途径

1. 土地使用权的出让方式与范围

(1) 招标。招标出让国有建设用地使用权,是指市、县人民政府国土资源行政主管部门(以下简称出让人)发布招标公告,邀请特定或者不特定的自然人、法人和其他组织参加国有建设用地使用权投标,根据投标结果确定国有建设用地使用权人的行为。

(2) 拍卖。拍卖出让国有建设用地使用权,是指出让人发布拍卖公告,由竞买人在指定时间、地点进行公开竞价,根据出价结果确定国有建设用地使用权人的行为。

(3) 挂牌。挂牌出让国有土地使用权是指出让人发布挂牌公告,按公告规定的期限将拟出让宗地的交易条件在指定的土地交易场所挂牌公布,接受竞买人的报价申请并更新挂牌价格,根据挂牌期限截止时的出价结果或者现场竞价结果确定国有建设用地使用权人的行为。

(4) 商品住宅等经营性用地必须通过招拍挂方式获得。2007年9月28日的国土资源部令39号《招标拍卖挂牌出让国有建设用地使用权的规定》、2003年6月11日颁布的国土资源部令23号《协议出让国有土地使用权规定》文件规定:工业(包括仓储用地、但不包括采矿用地)、商业、旅游、娱乐和商品住宅等经营性用地及同一宗地有两个以上意向用地者的,应当以招标、拍卖或者挂牌方式出让。

(5) 不适合采用招标、拍卖或者挂牌方式出让的非经营性用地,才允许以协议方式出让。在公布的地段上,同一地块只有一个意向用地者的,市、县人民政府国土资源行政主管部门方可按照本规定采取协议方式出让;但商业、旅游、娱乐和商品住宅等经营性用地除外。

由于协议出让的土地不是经营性用地,这种方式不会成为开发商获取经营性土地的途径。

2. 土地使用权划拨

土地使用权划拨是指县级人民政府依法批准，在土地使用者缴纳、补偿、安置等费用后将该幅土地交付其使用，或者将土地使用权无偿交付给土地使用者使用的行为。

对于房地产开发商而言，以行政划拨方式获得土地使用权，通常涉及私人参与的城市基础设施用地和公益事业项目及国家重点扶持的能源、交通、水利等项目的用地。廉租住房和部分经济适用住房项目用地，目前也是通过行政划拨方式供应。以行政划拨方式供应廉租住房和经济适用住房建设用地时，也逐步开始采用以未来住宅租售价格、政府未来回购价格为标的的公开招标方式。廉租住房、经济适用房项目实际上是政府投资项目。

3. 原有划拨土地上存量房地产土地使用权转让

企业改制或兼并等行为导致产权变更时，需办理土地使用权出让手续。可协议通过出让、租赁、作价入股或授权经营方式，对原划拨土地资产进行处置。

土地储备制度的建立、存量划拨土地使用权成为优先收回入储的对象，当前开发商以此获取的机会很小。

4. 与当前土地使用权拥有者合作

这包括参股或者购买整个股权等方式。

（1）土地入股。如果土地没有在建工程，与拥有土地使用权的公司共同注册新的公司，土地使用权拥有者以土地使用权作价入股，一般会比从该公司获取转让的土地使用权更容易。这是因为，很多城市规定，所有的城市土地出让转让必须通过土地储备中心进行交易。所以拥有土地的一方和拥有资金、技术或品牌的一方找到双方可接受的方式，通过合作开发可降低交易成本及土地使用权拥有者的风险，达到双赢的目的。

（2）在建工程收购。通过工程转让的方式，获取项目所用土地的使用权、在建工程、行政批文及其他权利和义务。收购的价格一般通过土地估价师和房地产估价师的评估来决定，包括土地的价格和后续的投入。这种方式的手续比较复杂，但便于收购者或投资方对收购后项目的管控。

（3）项目公司入股。由于部分投资项目没有达到规定的投资比例或开发程度，不能进行在建项目的转让，或者考虑到在建项目收购的繁琐手续，在实际交易中，很多房地产开发企业（或个人）采用项目公司入股的方式，按照所占比例的不同，主要包括参股、控股和全资收购三种模式。

项目公司的所有股东不再进行投资，整体出售项目公司，收购方或投资方可对该项目公司全资收购。入股的方式手续简单、并节省土地使用权转让和在建工程转让引起的税费。

项目公司的部分股东转让部分股权或者从引进战略投资者的角度增加股东，由收购方或投资方对项目公司进行参股或控股。

四、可接受土地价格的估算

不论是通过出让方式获取土地使用权，还是通过转让方式获取土地使用权或入股项目公司获取土地使用权，都需要对土地的可接受价格做出评估。特别是参加土地招标或土地拍卖前，要进行认真的估算。

1. 评估土地价格要考虑的因素

（1）土地的用途和规划参数决定着土地使用权的价格。以出让方式获取土地使用权的项目，按规定要公布土地概况和规划参数。包括土地位置、面积、形状、用途、覆盖率、建筑层数、高度、容积率、设施配套要求等指标，这些指标在很大程度上决定着土地使用权的价格。

（2）土地的开发成本、政府的期望土地收益影响着土地价格。政府出让土地获得土地出让金，通过土地出让金弥补开发成本，并获取土地收益。各地城市政府的土地收益成为财政收入的重要部分，甚至被称为土地财政，获取土地收益成为城市政府土地开发的动力。在政府垄断土地一级市场的前提下，满足政府土地收益要求的土地价格成决定了出让价格的下限。

（3）可比实例土地的市场交易价格成为土地价格的参考。所谓可比实例土地是指，土地用途相同（使用用途相同、建筑物形式类似）、规划参数相近、成交日期贴近的土地、获取土地使用权的方式相同。这类地块的价格因具有可比性而具有参考价值。

（4）未来房地产市场价格走势判断影响着土地的价格。房地产项目的开发周期长，土地的价格是由开发完成后项目的价值减去各种开发成本、费用以及利息、税费和利润等所剩的数额。所以开发产品未来的市场价格和开发成本费用、利息、税费和利润都会影响土地的价格。由于房地产市场价格随市场波动较大，因而其对土地的价格影响也较大。

2. 可接受土地价格推算

（1）市场研究和预测。对市场进行研究，对项目可开发产品的价格走势做出判断、初步确定开发完成后开发产品的价格。

（2）拟定项目的开发方案和开发参数。通过规划策划、在符合土地出让公布的规划条件的基础上，提出拟选开发方案的技术经济指标。

（3）对项目不同开发方案的开发价值、开发成本、费用、可接受利润进行估算。

（4）估算各方案可接受地价。土地价格＝开发完成后的房地产价值－开发成本－管理费用－投资利息－销售税费－开发利润－开发商购买土地的税费。

（5）确定各方案可接受地价。将估算的可接受地价和可比实例土地价格进行比较，考虑机会、风险因素、确定可接受地价，供拿地时参考。

在研究的过程中，可针对市场的乐观、一般、悲观的不同情况分别计算可接受价格。综合做出决策。

五、项目核准

根据 2004 年 7 月发布的《国务院关于投资体制改革的决定》，政府对《政府核准的投资项目目录》以内的企业投资项目实行核准制度，对《政府核准的投资项目目录》以外的企业投资项目实行备案制度。

企业投资房地产项目，属于不使用政府投资的城建类投资项目，应通过项目核准。

需要指出，政府投资的房地产项目，如经济适用房项目、廉租住房项目，需要编写项目可行性研究报告并通过政府主管部门的项目审批。

（一）项目核准申请资料

各地在项目核准时，对开发商申请项目核准所提供的资料有所不同。北京市要求提交的材料包括：

（1）由具备甲级资质的工程咨询机构编制的项目申请报告一式 5 份。项目申请报告的主要内容包括：项目申报单位情况，拟建项目情况，建设用地与相关规划，资源利用和能源耗用分析，生态环境影响分析，经济和社会效果分析。

(2) 城市规划行政主管部门出具的规划意见。

(3) 通过招标、拍卖、挂牌方式取得国有土地使用权的项目，应提供土地出让合同或土地证，通过其他方式取得国有土地使用权的项目，应提供土地预审意见。

(4) 环境保护行政主管部门出具的环境影响评价文件的审批意见（除有特殊要求外，土地一级开发项目不需要提供）。

(5) 根据国家及本市有关规定需要进行交通影响分析评价的项目，应提供市交通行政主管部门出具的交通影响评价文件的意见（除有特殊要求外，土地一级开发项目不需要提供）。

(6) 房地产行业主管部门实行资质管理的，应提供资质证明文件。

(7) 中外合营项目，合营各方签署的合作意向书。

(8) 根据国家和本市规定需要进行节能评估与审查的项目需要提供发展改革部门作出的固定资产投资项目节能专篇审查批准意见或节能登记表。

(9) 区县发展改革委初审意见和请示。

(10) 项目单位身份证明（机构代码和营业执照复印件）。

(11) 项目单位经办人员的授权委托书（应注明：委托事项、委托权限、委托时限、委托人及被委托人姓名）。

(12) 其他应提交的材料。（项目单位一并提交招标方案核准申请的，应当依照"事项11—依法必须招标项目的招标范围和招标方式等有关招标内容核准"提交相关材料）。

（二）项目申请报告的主要内容

按照《国家发展改革委关于发布项目申请报告通用文本的通知》要求，项目申请报告的主要内容包括：

(1) 申报单位及项目概况；

(2) 发展规划、产业政策和行业准入分析；

(3) 资源开发及综合利用分析；

(4) 节能方案分析；

(5) 建设用地、征收补偿及居民安置分析；

(6) 环境及生态影响分析；

(7) 经济影响分析；

(8) 社会影响分析（社会影响效果分析、社会适应性分析、社会风险及对策分析）。

（三）项目核准评估的重点

政府对企业投资项目进行核准的过程，实际上由投资管理部门组织或授权给有资质的工程咨询或投资咨询机构或有关专家，代表国家对开发建设单位提交的项目申请报告进行全面审核和再评估的过程。

与过去不同的是，政府只是从公共管理的角度审核企业的投资项目，审核内容主要是：维护经济安全、合理开发利用资源、保护生态环境、优化重大布局、保障公共利益、防止出现垄断和不正当竞争等方面，而不再代替投资者对项目的市场前景、经济效益、资金来源和产品技术方案等进行审核。

受托咨询机构或专家编写企业投资项目咨询评估报告，报送委托机关，作为核准项目时的重要参考依据。

第五节　勘察、设计与规划许可

一、工程勘察

（一）城市规划工程地质勘察

1. 城市规划工程地质勘探的概念

为不同阶段的城市规划和规划管理进行的区域性工程地质勘察，主要针对场地稳定性和工程建设适宜性，进行工程地质、水文地质和相关岩土工程及环境岩土工程分析评价，其结论是城乡规划科学选址的关键决策依据之一。

（1）场地稳定性

通过对场地地震效应与活动断裂、不良地质作用和地质灾害等方面的分析，得到场地所处的稳定状态，作为场地工程建设适宜性评价的前提条件，是制约规划场地功能分区、用地布局、场址选择的关键因素。

（2）场地工程建设适宜性

通过分析地形地貌、水文、工程地质、水文地质、不良地质作用和地质灾害、活动断裂和地震效应等影响因素，从地质的角度评价场地内工程建设的适宜程度。

（3）评价单元

规划区场地稳定性分析和工程建设适宜性评价的基本空间单位和基本分析评价对象。同一评价单元评价要素的属性基本一致。评价单元的划分应遵守以下原则：依据地形地貌单元、工程地质与水文地质单元、水系界线、洪水淹没线、活动断裂带展布范围以及规划用地功能类别区的界线等进行综合划分；对已存在不良地质作用并且发生过地质灾害的规划区，按其影响范围及影响程度划分评价单元。

（4）规划勘察工作区

城市规划工程地质勘察的工作区（简称"规划勘察工作区"）应包括城市规划区以及对规划区场地稳定性和工程建设适宜性评价有影响的外围邻近区域。

2. 城市规划工程地质勘察的等级和阶段

（1）工程地质勘察等级。可根据规划编制任务、地质环境复杂程度等级、场地复杂程度等级，将城市规划地质勘察任务进行分级。

（2）阶段划分。城市规划工程地质勘察应按总体规划勘察、详细规划勘察两个阶段进行。各种专项规划或建设工程项目规划选址，可根据规划编制需求和任务要求进行专项规划勘察。

3. 城市总体规划地质勘察的规定和要求

（1）一般规定。总体规划勘察应以工程地质测绘与调查为主，并辅以必要的物探、勘探、测试和室内试验工作。

总体规划勘察应调查规划区的基本地质条件，对规划区各评价单元的场地稳定性和工程建设适宜性进行总体评价，提出地质灾害防治建议。

（2）主要工作。

搜集、整理和分析相关的已有资料、文献；调查规划勘察工作区内的地形地貌、地质构造、地层结构、岩土特征等条件，划分工程地质单元；调查规划勘察工作区内地下水的类型、埋藏条件、补给径流和排泄条件、动态规律、历史和近期最高水位，采取具代表性的地表水和地下水试样进行水质分析；调查规划区场地的开发使用概况，对污染场地应采取具代表性岩土样本进行土壤质量分析；调查规划勘察工作区内存在的不良地质作用、地质灾害及特殊性岩土的成因、类型、分布等基本特征，分析对规划建设项目的潜在影响并提出防治建议；对地质构造复杂且抗震设防烈度等于或大于 7 度的强震地区，分析地震后可能诱发的地质灾害；按评价单元对规划区范围进行场地稳定性和场地工程建设适宜性评价。

（3）分析评价。应根据总体规划阶段的编制要求，结合各场地稳定性、工程建设适宜性的分析与评价成果，对规划区内城市建设与发展用地的空间布局、功能分区、建设项目以及各类配套基础设施的布置等提出相关建议和要求。

4. 详细规划勘察

（1）一般规定。详细规划勘察应根据场地复杂程度、详细规划编制对勘察的要求，采用工程地质测绘与调查、物探、勘探、测试和室内试验等综合勘察手段。

详细规划勘察应在总体规划勘察成果的基础上，查明规划区的工程地质与水文地质条件，对规划区的场地稳定性和工程建设适宜性做出分析评价。

（2）工作要求。搜集、整理和分析相关的已有资料、文献；查明规划区的地形地貌、地质构造、地层结构及岩土主要工程性质；查明不良地质作用和地质灾害的成因、类型、分布范围、发生条件，提出防治建议；查明特殊性岩土的类型、分布范围及其工程地质特性；查明地下水的类型和埋藏条件，调查地下水动态和周期变化规律，判定水和土对建筑材料的腐蚀性；对季节性冻土地区，调查土的最大冻结深度；在抗震设防烈度等于或大于 7 度的地区，评价场地和地基的地震效应；对各评价单元的场地稳定性和工程建设适宜性做出工程地质评价；根据场地稳定性和工程建设适宜性的评价分析，对规划方案和规划建设项目提出合理化建议。

（3）分析与评价。详细规划勘察资料的整理应采用定性与定量相结合的综合分析方法，对场地稳定性和工程建设适宜性应进行定性或定量分析。基于规定的内容进行分析的基础上对以下方面提出建议：拟建重大工程地基基础设计方案选择的建议、各类建设用地内适建、不适建或有条件允许建设的建筑类型和土地开发强度控制指标等分析和建议、城市地下空间和地下资源开发利用建议、拟建的各类建筑、市政工程、园林绿化和其他公共服务设施等总平面布置方案建议。

（二）建设工程勘察

1. 岩土工程勘察

各项工程建设在设计和施工之前，必须按基本建设程序进行岩土工程勘察。

岩土工程勘察，根据建设工程的要求，查明、分析、评价建设场地的地质、环境特征和岩土工程条件，编制勘察文件的活动。

由于岩土工程是建设工程勘察的对象，对于一般工业与民用建筑工程来说，岩土工程勘察和建设工程勘察的的作用是一致的。

岩土工程勘察应按工程建设各勘察阶段的要求，正确反映工程地质条件，查明不良地质作用和地质灾害，精心勘察，精心分析，提出资料完整、评价正确的勘察报告。

2. 岩土工程勘察的阶段划分

岩土工程勘察可分为可行性研究勘察、初步勘察和详细勘察。各个阶段的要求深度不同，不同类型的工程在不同阶段关注的重点也不相同。

3. 岩土工程勘察分级

（1）根据工程的规模和特征，以及由于岩土工程问题造成工程破坏或影响正常使用的后果，可分为三个工程重要性等级：一级工程、二级工程、三级工程。

（2）根据场地的复杂程度，可按规定分为三个场地等级：一级、二级、三级。

（3）根据地基的复杂程度，可按下列规定分为三个地基等级：一级、二级、三级。

具体分级办法见《岩土工程勘察规范》。

4. 房屋建筑和构筑物的勘察

（1）主要工作内容

房屋建筑和构筑物（以下简称建筑物）的岩土工程勘察，应在搜集建筑物上部荷载、功能特点、结构类型、基础形式、埋置深度和变形限制等方面资料的基础上进行。其主要工作内容应符合下列规定：

①查明场地和地基的稳定性、地层结构、持力层和下卧层的工程特性、土的应力历史和地下水条件以及不良地质作用等；

②提供满足设计施工所需的岩土参数，确定地基承载力，预测地基变形性状；

③提出地基基础、基坑支护、工程降水和地基处理设计与施工方案的建议；

④提出对建筑物有影响的不良地质作用的防治方案建议；

⑤对于抗震设防烈度等于或大于6度的场地，进行场地与地基的地震效应评价。

（2）分阶段勘察

建筑物的岩土工程勘察宜分阶段进行，可行性研究勘察应符合选择场址方案的要求；初步勘察应符合初步设计的要求；详细勘察应符合施工图设计的要求；场地条件复杂或有特殊要求的工程，宜进行施工勘察。

场地较小且无特殊要求的工程可合并勘察阶段。

当建筑物平面布置已经确定，且场地或其附近已有岩土工程资料时，可根据实际情况，直接进行详细勘察。

1）可行性研究勘察应对拟建场地的稳定性和适宜性做出评价

应符合下列要求：

①搜集区域地质、地形地貌、地震、矿产、当地的工程地质、岩土工程和建筑经验等资料；

②在充分搜集和分析已有资料的基础上，通过踏勘了解场地的地层、构造、岩性、不良地质作用和地下水等工程地质条件；

③当拟建场地工程地质条件复杂，已有资料不能满足要求时，应根据具体情况进行工程地质测绘和必要的勘探工作；

④当有两个或两个以上拟选场地时应进行比选分析。

2）初步勘察应对场地内拟建建筑地段的稳定性做出评价

进行下列主要工作：

①搜集拟建工程的有关文件、工程地质和岩土工程资料以及工程场地范围的地形图；

②初步查明地质构造、地层结构、岩土工程特性、地下水埋藏条件；

③查明场地不良地质作用的成因、分布、规模、发展趋势，并对场地的稳定性做出评价；

④对抗震设防烈度等于或大于6度的场地，应对场地和地基的地震效应做出初步评价；

⑤季节性冻土地区，应调查场地土的标准冻结深度；

⑥初步判定水和土对建筑材料的腐蚀性；

⑦高层建筑初步勘察时，应对可能采取的地基基础类型、基坑开挖与支护、工程降水方案进行初步分析评价。

3）详细勘察应按单体建筑物或建筑群提出详细的岩土工程资料信息

详细勘察应按单体建筑物或建筑群提出详细的岩土工程资料和设计、施工所需的岩土参数；对建筑地基做出岩土工程评价，并对地基类型、基础形式、地基处理、基坑支护、工程降水和不良地质作用的防治等提出建议。主要应进行下列工作：

①搜集附有坐标和地形的建筑总平面图，场区的地面整平标高，建筑物的性质、规模、荷载、结构特点、基础形式、埋置深度、地基允许变形等资料；

②查明不良地质作用的类型、成因、分布范围、发展趋势和危害程度，提出整治方案的建议；

③查明建筑范围内岩土层的类型、深度、分布、工程特性、分析和评价地基的稳定性、均匀性和承载力；

④对需进行沉降计算的建筑物，提供地基变形计算参数，预测建筑物的变形特征；

⑤查明埋藏的河道、沟浜、墓穴、防空洞、孤石等对工程不利的埋藏物；

⑥查明地下水的埋藏条件，提供地下水位及其变化幅度；

⑦在季节性冻土地区，提供场地土的标准冻结深度；

⑧判定水和土对建筑材料的腐蚀性。

(3) 勘察报告的编制要求

岩土工程勘察报告应根据任务要求、勘察阶段、工程特点和地质条件等具体情况编写，并应包括下列内容：

①勘察目的、任务要求和依据的技术标准；

②拟建工程概况；

③勘察方法和勘察工作布置；

④场地地形、地貌、地层、地质构造、岩土性质及其均匀性；

⑤各项岩土性质指标，岩土的强度参数、变形参数、地基承载力的建议值；

⑥地下水埋藏情况、类型、水位及其变化；

⑦土和水对建筑材料的腐蚀性；

⑧可能影响工程稳定的不良地质作用的描述和对工程危害程度的评价；

⑨场地稳定性和适宜性的评价。

二、城市规划与房地产开发

(一) 城市规划的相关概念

1. 城市规划的概念

城市规划是对一定时期城市的经济和社会发展、土地利用、空间布局以及各项建设的综合部署、具体安排和实施管理。

按照 2007 年颁布的《中华人民共和国城乡规划法》，城乡规划包括城镇体系规划、城市规划、镇规划、乡规划和村庄规划。

城市规划与镇规划分为总体规划和详细规划。详细规划分为控制性详细规划和修建性详细规划。

城市总体规划、镇总体规划以及乡规划和村庄规划，应当依据国民经济和社会发展规划，并与土地利用总体规划相衔接。

2. 城市规划管理

城市规划管理包括城市规划编制管理、城市规划审批管理和城市规划实施管理。

城市规划编制管理主要是组织城市规划的编制，征求并综合协调各方面的意见，规划成果的质量把关、申报和管理。

城市规划审批管理主要是对城市规划文件实行分级审批制度。

城市规划实施管理主要包括建设用地规划管理、建设工程规划管理和规划实施的监督检查管理等。

城市和镇应当依照城乡规划法制定城市规划和镇规划。城市、镇规划区内的建设活动应当符合规划要求。

经依法批准的城乡规划，是城乡建设和规划管理的依据，未经法定程序不得修改。

任何单位和个人都应当遵守经依法批准并公布的城乡规划，服从规划管理，并有权就涉及其利害关系的建设活动是否符合规划的要求向城乡规划主管部门查询。

3. 城市规划的层级

（1）城市总体规划。城市总体规划是指城市人民政府依据国民经济和社会发展规划以及当地的自然环境、资源条件、历史情况、现状特点，统筹兼顾、综合部署，为确定城市的规模和发展方向，实现城市的经济和社会发展目标，合理利用城市土地，协调城市空间布局等所作的一定期限内的综合部署和具体安排。

城市总体规划的内容应当包括：城市的发展布局，功能分区，用地布局，综合交通体系，禁止、限制和适宜建设的地域范围，各类专项规划等。规划区范围、规划区内建设用地规模、基础设施和公共服务设施用地、水源地和水系、基本农田和绿化用地、环境保护、自然与历史文化遗产保护以及防灾减灾等内容，应当作为城市总体规划的强制性内容。

（2）城市分区规划。在城市总体规划的基础上，对局部地区的土地利用、人口分布、公共设施、城市基础设施的配置等方面所作的进一步安排，以便与详细规划更好的衔接。

城市分区规划的内容包括：

1）原则确定分区山土地使用性质、居住人口分布、建筑用地的容量控制；

2）确定市、区级公共设施的分布及其用地规模；

3）确定城市主、次干道的红线位置、断面、控制点坐标和标高，以及主要交叉口、广场、停车场的位置和控制范围；

4）确定绿化系统、河湖水面、供电高压线走廊。对外交通设施、风景名胜的用地界线和文物古迹、传统街区的保护范围，提出空间形态的保护要求；

5）确定工程干管的位置、走向、管径、服务范围以及主要工程设施的位置和用地范围。

（3）城市详细规划。城市详细规划是以城市总体规划或分区规划为依据，对一定时期内城市局部地区的土地利用、空间环境和各项建设用地所作的具体安排。可分为控制性详细规划和修建性详细规划。

控制性详细规划，以城市总体规划或分区规划为依据，确定建设地区的土地使用性质和使用强度的控制指标、道路和工程管线控制性位置以及空间环境控制的规划要求。

修建性详细规划，以城市总体规划、分区规划或控制性详细规划为依据，制订用以指导各项建筑和工程设施的设计和施工的规划设计。

1）控制性详细规划

①详细规定所规划范围内各类不同使用性质用地的界限，规定各类用地内适建、不适建或者有条件地允许建设的建筑类型；

②规定规划地区各类用地的建筑高度、建筑密度、容积率、绿地率等控制指标；规定交通出入口方位、停车泊车、建筑后退红线距离、建筑间距等要求；

③提出各地块的建筑体量、体型、色彩等要求；

④确定各级支路的红线位置、控制点坐标和标高；

⑤根据规划容量，确定工程管线的走向、管径和工程设施的用地界限；

⑥制定相应的土地使用与建筑管理规定细则。

2）修建性详细规划

①建设条件分析及综合技术经济论证；

②建筑、道路和绿地等的空间布局和景观规划设计，布置总平面图；

③道路交通规划设计；

④绿地系统规划设计；

⑤工程管线规划设计；

⑥竖向规划设计；

⑦估算工程量、拆迁量和总造价，分析投资效益。

（二）城市规划与房地产开发的关系

城市规划区内的建设活动应当符合规划要求，房地产开发是在城市国有土地上进行基础设施建设和房屋建设的活动，从而创造供人们生产和生活使用的人工环境。可见房地产开发应当符合城市规划要求。

1. 城市规划指导房地产开发项目的区位选择

城市规划布置了城市体系；确定了城市性质、规模和布局；统一规划、合理利用城市土地；综合部署城市经济、文化、基础设施等各项建设；保证城市有秩序地、协调地发展，使城市的发展建设获得良好的经济效益、社会效益和环境效益。可以说城市总体规划规定了城市各类建设用地区位、布局和发展方向及时序。

房地产项目的区位可以分为三个层次来描述：（1）宏观区位，指在一定地域范围内，城市之间的区位差异，不但包括城市的地理位置，更重要的是城市与区域的自然、经济和交通条件的相互关系；（2）中观区位，城市内部不同地段的用途和相互关系；（3）微观区位，土地在城市中的具体位置以及周边的自然、经济、交通、文化环境。

2. 城市规划规定了开发项目用地的用途

城市规划对城市土地用途的分类决定了房地产开发项目的区位选择和用途,房地产开发项目用地应该按照规定的用途进行开发。城市开发用地的出让过程中,竞标者的出价的高低是对这种用途认可程度的表决。

此外,由于不同行业的用地,其竞标租金的高低不同,开发企业倾向于进行有益高的用途开发,有可能使收益高的行业的用地规模膨胀,导致用地结构失衡、项目功能配套不健全,最终降低土地的实际收益。

3. 城市规划控制房地产的开发强度

控制指标中,与房地产开发关系最为密切的是建筑密度、建筑高度和建筑容积率。在一定程度上,容积率是一个综合指标,决定了项目开发建筑面积。

开发商追求利润最大化,也就是收益和支出的差额最大。利润最大化的条件是边际收益等于边际成本。根据边际收益递减原理,随着开发强度的增加,边际收益呈现递减态势,另一方面随着开发强度的增加,建筑的高度要增加,产品的边际成本随着增加,当两者相等时,即容积率为 R 时达到最大利润时的开发强度,如图 2-5-1 所示。

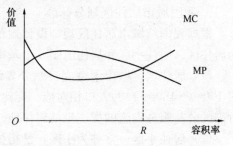

图 2-5-1 容积率和开发效益的关系

要是控制性详细规划的容积率上限高于容积率 R,本项目的最佳容积率取 R,反之取规划条件的限定容积率。

4. 城市规划控制建设用地的供应总量

城市规划的编制要与土地利用总体规划、年度土地利用计划相衔接。土地利用总体规划是在一定区域内,根据国家社会经济可持续发展的要求和当地自然、经济、社会条件,对土地的开发、利用、治理、保护在空间上、时间上所作的总体安排和布局。通过土地利用总体规划,国家将土地资源在各产业部门进行合理配置,严格限制农用地转为建设用地,控制建设用地总量,对耕地实行特殊保护。因此,土地利用总体规划限定了土地供应总量,规划的修编与调整造成规划区的变动,将会改变某类用途土地的供应总量。

根据城市总体规划,土地利用总体规划和年度土地利用计划,控制新增建设用地的供应总量,进而控制了房地产开发市场的总量与结构。年度土地供应计划一般会优先考虑政府统一组织的开发建设项目用地和闲置土地的消化,统筹安排增量用地和存量用地,在综合平衡基础上确定土地供应增量,细化供应的类别和结构。

三、房地产开发项目设计

城市中的房地产开发多为居住地产,因此,房地产开发项目设计过程说明,以居住项目为例。

(一)住区规划

1. 影响住区规模的因素

住区的规模包括人口和用地两个方面,一般以人口规模作为主要标志。住区的合理规模受以下因素决定:

(1)公共设施的经济性和合理服务半径。商业服务、文化、教育、医疗卫生等公共服务设施,具有与规模相对应的经济性和合理的服务半径,是影响住区人口规模的重要因素。合理服务半径也就是合理的步行距离，一般最大为800~1000米。

（2）城市道路交通的影响。城市干道合理距离一般为600~1000米之间，城市干道之间的用地规模为36~100hm^2，这成为大型居住区的基本规模。路网间距小的城市或受传统道路、水网系统影响的城市，住区规模往往较小。

（3）行政管理体制方面的影响。在我国，住区规划和建设不仅解决住的问题，还要满足居民的物质文化生活需要，组织居民的生产和社会活动。我国一些大城市街道办事处管辖的人口一般在3~5万人，成为"街道社区"建设与管理的基本单元。

（4）其他影响。住宅层数对人口和用地规模有较大影响，高强度的开发使人口增加；自然地形、传统文化也有一定的影响。

2. 我国城市居住区划分标准

根据我国《城市居住区规划设计规范》（GB 50180—93，2002）的划分，城市住区分为居住区、居住小区和居住组团3个基本层次。

（1）居住区。城市干道或自然分界线所围合，并与居住人口规模30000~50000人，约10000~16000户的人口相对应。配建一套较完善的，能满足该区居民物质与文化生活所需的公共服务设施的居住生活聚住地。

（2）居住小区。常称为小区，是指被城市道路或自然分界线所围合，并与居住人口规模10000~15000人，约3000~5000户的人口相对应。配建一套能满足该区居民基本的物质与文化生活所需的公共服务设施的居住生活聚住地。

（3）居住组团。常称为组团，指一般被小区道路分隔，并与居住人口规模（1000~3000人）、300~1000户的人口相对应。配件有居民所需的基层公共服务设施的居住生活聚住地。

3. 住区规划的内容

按照目前的土地供应制度，在获取土地使用权之前，应该进行项目策划，包括规划策划，定义的项目能够满足企业的发展战略和企业实力。经过可行性研究，做出拿地决策。如果拿地决策得以实施并获得成功，项目的规划就是对已获土地的规划设计问题。这个过程经历拿地决策中的选择和拿地后的重新评估过程。

住区规划编制包括以下内容：

（1）选择或评估用地的位置和范围。在城乡地域尺度的范围内考虑住区用地选址的适当性。是否满足城市功能布局、就业岗位和公共设施布置的总体要求，是否考虑不同家庭居住需求的多样性；对用地的适宜性进行评价。包括可达性、防灾减灾、配套设施服务、基础设施服务和设施服务延伸的成本、环境保护等方面。

（2）确定住区项目的功能和目标。根据基地特征、公共中心系统、交通系统、城镇设施系统和开放空间系统等方面的综合分析确定功能和目标。提出规划的概念模式和初步方案。

（3）确定与用地规模相适用的建筑规模、人口规模、设施规模。根据控制性规划，确定与用地规模相适用的住宅规模，估算各类居住单元的容量和相应的设施规模。确定住宅套数和类型构成，进行人口规模，设施配置估算。

（4）拟定居住建筑的布置方式。

（5）拟定公共服务设施的内容、规模、数量、标准、分布和布置方式。

(6) 拟定各级道路的宽度、断面形式、布置方式、出入口位置、车位设置。

(7) 拟定绿地、活动、休憩等室外场地的数量、分布和布置方式。

(8) 工程设施规划方案。

(9) 各项技术经济指标和造价估算。

4. 住区的组成、功能和规划结构

(1) 住区的组成要素和工程内容。住区的组成要素可以分为物质和精神方面。在规划设计理念中，既要牢记物质因素，又要牢记精神因素，应注意两者协调，不可偏废。物质方面既包括地形、地质、水文、气象、植物等方面，也包括建筑物与工程设施。

工程内容方面，包括扩建筑工程和室外工程。建筑工程有居住建筑、公共建筑、生产性建筑、市政设施用房（泵站、调压站、锅炉房等）以及小品建筑。室外工程主要指基础设施工程，也包括挡土墙和护坡等。

住区用地：住宅用地（R01）、公建用地（R02）、道路用地（R03）、公共绿地（R04），还有其他用地（规划范围内除住区用地以外的其他用地）。

(2) 住区环境。除了对住宅本身的内部环境关注外，对外部生活环境要特别重视。外部生活环境既包括空间环境、空气环境、声环境、热环境、光环境、视觉环境、生态环境，也包括邻里和社会环境。设计的过程就是通过设计师的努力将住区内居民的一种美好生活方式描述出来。

(3) 住区功能。除了居民自身因素外，支持居民美好生活方式的是住区的功能。这些功能包括：1) 居住功能。提供配套齐全、与居民生活方式和经济水平相一致的住房、提供安全有保障并增进个人及邻里社区的健康与福利的环境；2) 完善高效的配套设施和基础设施；3) 环境保护、生态得到维持与改善；4) 社会互助功能。在社区内居民的交往、互助、教育、卫生等方面提供互助服务；5) 对多样性的包容。住区应赋予居民归属感、自豪感和满足感。

(4) 住区规划结构的基本形式。1) 住区规划结构影响因素。住区的功能要求决定住区的规划结构。在多项具体功能中，安全、方便、休憩是最重要的功能，公共配套设施的布置方式和城市道路是最影响住区规划结构的因素。

居民的户外活动，可以分为日常生活最频繁的活动和经常必需的活动。最频繁的活动当属上下班、孩子上学、幼儿接送、游憩、采购日常必需品等，而银行、邮局、医院、酒店、餐饮、专业性商品采购是经常必需的活动。日常生活必需的公共服务设施应尽量接近居民；小学生上学不应跨越城市干道。

2) 住区规划结构基本形式。住区的基本结构形式包括：①以居住小区为规划基本单位来组织社区；②以居住组团为基本单位组织社区；③以居住组团和居住小区为基本单位来组织社区；④独立组团。

住区的结构会随着生活方式的改变而变化。

3) 住区功能结构划分。①住宅及其组群系统；②公共配套设施系统；③道路交通系统；④绿地系统；⑤空间与景观系统

5. 住区的规划设计

(1) 基本原则。住区规划应该贯彻以人为本的理念，按照项目定位、在前期项目规划策划成果的基础上，进行规划设计工作。住区规划中体现系统的整体性、经济性、生态

性、健康性和安全性以及领域性和社会性。

1) 符合项目定位原则。规划设计应与项目定位相符合，服务于项目定位，实现项目的目标。

2) 满足目标客户的居住需求。住区的设计，满足住户的居住需求是首要的。满足目标客户的需求，使项目更有价值。

做到目标客户居住的卫生、安全、舒适、方便。

3) 追求建筑与自然的和谐。视自然为母体，建筑与自然维持共存共生的关系。建筑与地理环境、气候环境的协调。

4) 追求建筑与社会的和谐。人的社会属性决定了人与社会的共生关系。建筑是家庭的物质载体，规划设计要追求建筑与社会的和谐，促进人与邻里、社会、群体、社会的和谐，增强归属感和自豪感。

5) 增加住宅的适用性原则。随着家庭生命周期的变化、技术进步和社会的发展，人的居住模式、家庭的结构会发生变化，采用满足住宅适用性和灵活性的结构设计、房间分隔、设备安装技术。

6) 突出项目的个性与特色原则。个性与特色是实现差异化的途径之一。在建筑的外形、绿化、景观以及文化等方面满足客户的美学需求。

(2) 基本要求。住区规划设计的基本要求主要包括：

1) 使用要求。满足消费者家庭结构对房间构成的要求、对楼型的要求，满足对公共配套的项目、规模及分布方式的要求，合理组织户外活动、休憩场地、绿地和住区的内外交通等。

2) 卫生要求。为居民创造一个有利于健康的居住环境。主要良好的日照、通风条件、防止噪声和空气污染等。

3) 安全要求。创造安全的居住环境，对各种可能的灾害进行分析。防止灾害的发生或减少灾害损失。主要指防火、防震灾、防空等方面。

4) 美观要求。要创造一个优美的居住环境。不仅取决于建筑单体的设计、更取决于群体的组合、建筑与环境的融合。生动宜居、明朗大方、体现特色的建筑。

5) 经济要求等。住宅的标准、公共建筑的项目、规模要与目标客户群的经济承受能力相匹配。在规划布局、节能等方面都要贯彻经济目标。

(3) 住区规划的工作要点。1) 住宅及其组群的规划布置。住宅类型的选择。根据规划设计的理念、原则、要求，结合不同住宅类型的特点、建筑经济与用地的关系、地形特点、气候特点和生活习惯、城市建筑面貌和特色，更要考虑目标客户的需求，确定住宅标准、套型和套型比、住宅建筑层数和比例，进而对住宅类型做出合理的选择。

住宅的规划布置。住宅的规划布置应建立在建筑群体组合的基础上，与住区总的规划结构相结合，从平面到空间的不同视角来审视住宅的规划布置。

住宅群体的组合可从三个方面描述，一是住宅群体平面组合，有行列式布置、周边式布置、混合式布置和自由式布置等布置方式；二是住宅群体的组合方式有成组成团组合方式、成街成坊的组合方式、整体式组合方式等；三是住宅群体的空间组合，这种组合的对象包括住宅、公建、绿化种植、道路和建筑小品等，通过有机组合成为统一的建筑空间群体。常用的构成方法包括对比、韵律和节律、比例和尺度、色彩、绿化、建筑小品、道路等。

住宅群体组合应满足日照、通风和噪声防治的要求并遵循节约用地要求。

2）公共服务设施及其用地的规划布置。公共服务设施也称配套公建。包括教育、医疗卫生、文化体育、商业服务、金融邮电、社区服务、市政公用等八类。按照《城市居住区规划设计规范》分级配建。便捷、安全、少干扰是公共服务设施设计中的重点。

第一级（居住区级）：公共服务设施包括专业性商业服务设施和影剧院、俱乐部、图书馆、派出所、邮电、银行等全区居民服务设施；

第二级（小区级）：包括菜市场、餐馆、物业管理、会所、幼托、中小学等；

第三级（组团级）：青少年活动室、老年活动室、服务站、小商店等。

第二级、第三级公共服务设施是居民日常必需的，称为基层公共服务设施。

不同的服务设施，如文化设施、教育设施、商业设施、医疗卫生设施，其影响配置的因素不同，在配置过程中应该根据其特点和消费者的需求、认真研究。

3）住区道路和交通的规划布置。为保证区内居民的安全和安宁，不应有过境交通穿越住区。不宜将出入口直接通向交通干道，机动车对外出入口的间距不应小于150米。小区内的主要道路至少应有两个出入口，人行出口的距离不宜超过80米，建筑物超过80米时，应加底层交通通道。尽端式道路应设置回车场地，单车道每隔150米左右设置车辆避让处。

住区道路可分为居住区级道路（道路红线宽度不宜小于20米）、居住小区级道路（路面宽不小于6～9米）、组团级道路和宅前小路（路面宽不小于3～5米）。

道路交通的基本形式。人车分行道路系统、人车混行道路系统、人车共存道路系统

对于汽车停车设施来说，一般采用集中与分散相结合的方式。车位比例符合控制性规划要求。

4）绿地规划布置。绿地具有改善小气候、净化空气、遮阳、隔声、防风防尘、杀菌防病及美化居住环境的功能。

绿化设计过程中，应考虑绿化的系统性，包括组合的系统性和功能的系统性，更好地发挥效果，设置采用分级设置的原则。绿地系统主要包括公共绿地（居住区公园、居住小区游园以及结合组团布置的小块公共绿地）、公建和公用设施附属绿地（如幼儿园的绿化布置）、宅旁和庭院绿地、道路绿地。

对大量而普遍的绿化，宜选择宜管、宜长、少虫害、具有地方特色的树种，一般以乔木为主；应考虑绿化功能，沿道路选遮阳效果好的落叶乔木，运动场地避免大量扬花、落花、飘絮的树种；树种的选择宜考虑四季景色的变化，可采用乔木与灌木、常绿与落叶以及不同树姿和色彩的树种搭配结合。概括起来，就是乔木是骨干因素，形成空间骨架；灌木是协调者，适合空间的连接和围合；花卉是活跃者，适合点缀和装饰；草皮是背景因素，用于铺垫和衬托；藤蔓属于跨越因素，用于攀附和垂直绿化。

5）外部环境规划设计。外部环境设计的内容包括：住区整体环境的色彩（包括建筑的外部色彩）、绿地设计及道路广场的铺设材料和方式、各类场地及其设施的设计（儿童游戏场地、老年活动场地、垃圾储运场地等）、室外照明设计、环境设施小品的布置和造型设计、住区的竖向设计等。

通常住区门口的设计、环境设施小品的规划设计、室外水体环境设计以及室外场地的

设计是外部环境设计的重点。应体现整体性、生态型、艺术性、经济性、健康性等，在设计过程中要集思广益，反复讨论完善。

建筑小品。休息亭、廊等建筑小品，大多结合住区的公共绿地及儿童游戏场地配置，可以遮阳、休息。景观钟塔可结合建筑物设置或设置到广场上，在空间关系上起到连接、坐标等作用。

工程设施小品。这类设施首先要满足有关的工程技术规定。在地形起伏的地区，通常需要设置挡土墙、护坡、坡道和踏步等工程设施，如能巧妙运用，将起到丰富空间环境的作用。

装饰小品。雕塑、喷水池、壁画等一般结合公共绿地、活动中心、广场等来布置，使小区显得活泼和有文化。

6. 住区规划设计的技术经济指标

规划设计指标可以分为五类：用地平衡指标、规模指标、居住密度指标、环境质量指标和其他指标。

(1) 用地平衡表。1) 作用。对土地使用现状进行分析，作为调整用地和制定规划的依据之一；进行方案比较、检验设计方案用地分配的经济性和合理性；审批居住区规划设计方案的依据之一，见表2-5-1。

2) 用地平衡表及人均用地平衡指标。以下为用地平衡表、用地平衡控制指标，见表2-5-2。

居住用地平衡表　　　　　　　　　　　　　　　表 2-5-1

项　目		面积（hm²）	所占比例（%）	人均面积（m²/人）
一、居住区用地（R）		▲	100	▲
1	住宅用地（R01）	▲	▲	▲
2	公建用地（R02）	▲	▲	▲
3	道路用地（R03）	▲	▲	▲
4	绿化用地（R04）	▲	▲	▲
二、其他用地（E）		△		
居住区规划总用地		△		

注："▲"为参与平衡项目。

用地平衡控制指标（%）　　　　　　　　　　　表 2-5-2

用地构成	居住区	小区	组团
住宅用地（R01）	50～60	55～65	70～80
公建用地（R02）	15～25	12～22	6～12
道路用地（R03）	10～18	9～17	7～15
绿化用地（R04）	7.5～18	5～15	3～6
居住区用地（R）	100	100	100

(2) 规模指标：

居住人口规模；

住宅建筑面积；

公共服务设施建筑面积。

(3) 居住密度指标:
1) 人口密度指标:
人口毛密度＝规划总人口/居住用地面积（人/万平方米）；
人口净密度＝规划总人口/住宅用地面积（人/万平方米）。
2) 住宅建筑套密度:
住宅建筑套密度（毛）＝住宅建筑套数/居住区用地面积（套/万平方米）；
住宅建筑套密度（净）＝住宅建筑套数/住宅用地面积（套/万平方米）。
3) 建筑密度:
建筑密度＝各类建筑的基地总面积/居住用地面积（%）；
住宅建筑净密度＝住宅基地面积/住宅用地面积（%）。
4) 建筑面积密度:
住宅建筑毛密度＝住宅建筑面积/居住用地面积（%）；
住宅建筑净密度＝住宅建筑面积/住宅用地面积（%）。
5) 容积率:
容积率＝总建筑面积/居住用地面积。
(4) 环境质量指标:
1) 空地率；
2) 绿地率；
绿地率＝总绿地面积/居住用地面积。
3) 人均绿地；
人均绿地面积＝总绿地面积/规划总人口（平方米/人）；
人均公共绿地面积＝公共绿地面积/规划总人口（平方米/人）。
4) 停车率；
停车率＝居民汽车停车位数量/居住户数；
地面停车率＝居民汽车地面停车位数量/居住户数；
公共服务设施的停车指标＝配建停车位数/公建建筑面积（百平方米）。
(5) 其他指标:
拆建比＝拆除的原有建筑总面积/新建的建筑总面积；
是旧区改造中的一个必要指标，一定程度上反映了开发的效益。

四、开发过程中的规划管理

开发过程的规划管理，包括建设用地的规划管理、建设工程规划管理、工程规划批后管理。

(一) 建设用地的规划管理

按照先后顺序，包括选址意见书和建设用地规划许可证两个阶段。

1. 选址意见书（选址意见函）

建设项目的选址，必须通过城市规划主管部门的许可。

(1) 需办理选址意见函的范围。按照国家规定需要有关部门批准或者核准的建设项目，以划拨方式提供国有土地使用权的，在办理建设用地规划许可证前需办理选址意见书（选址意见函）。

由市发展改革委批准或者核准的新选址建设项目,由市发展改革委统一受理后,向市规划局出具项目前期工作联络函,市规划局向市发展改革委出具建设项目规划选址意见函。

(2) 提交的材料。建设单位向规划主管部门提交的申报材料包括《建设项目选址意见书申报表》、经批准的项目建议书、规定比例的地形图等资料。城市规划主管部门经过勘察、查询、核对等过程,对已经有相关部门意见的,提出规划审查意见后,提报市城市建设项目审批小组审定。具体时限要求,各地会有不同。

(3) 房地产开发项目不需要办理选址意见函。房地产项目用地大多为经营性用地,通过出让方式获得土地使用权,不需要经过规划主管部门的《建设项目选址意见书》、国土资源主管部门的建设项目用地预审等。实际上,出让土地在出让前的开发阶段已经获得相关部门的许可。

2. 建设用地规划许可证

(1) 划拨方式建设用地规划许可证的办理。依据《中华人民共和国城乡规划法》,以划拨方式提供国有土地使用权的建设项目,经有关部门批准、核准、备案后,建设单位应当向城市、县人民政府城乡规划主管部门提出建设用地规划许可申请,由城市、县人民政府城乡规划主管部门依据控制性详细规划核定建设用地的位置、面积、允许建设的范围,核发建设用地规划许可证。

(2) 出让方式获取土地使用权的建设用地规划许可证办理。

1) 出让的必要条件。对于拟出让的国有土地使用权,在国有土地使用权出让前,城市、县人民政府城乡规划主管部门应当依据控制性详细规划,提出出让地块的位置、使用性质、开发强度等规划条件,作为国有土地使用权出让合同的组成部分。未确定规划条件的地块,不得出让国有土地使用权。

2) 办理手续。以出让方式取得国有土地使用权的建设项目,在签订国有土地使用权出让合同后,建设单位应当持建设项目的批准、核准、备案文件和国有土地使用权出让合同,向城市、县人民政府城乡规划主管部门领取建设用地规划许可证。

3) 提交资料。办理《建设用地规划许可证》,需要提供《建设用地规划许可证》申请表、经发展改革部门批准的可行性研究报告(含项目申请报告)及批准文件、当年年度建设计划等资料。划拨土地需提供《建设项目选址意见书》及附件、建设项目用地预审意见等;涉及商业、旅游、娱乐、经营性房地产的四类经营性用地的,需附具土地出让合同。

(3) 建设用地规划许可证的作用。《建设用地规划许可证》是建设单位在向土地管理部门申请征用、划拨土地前,经城市规划行政主管部门确认建设项目位置和范围符合城市规划的法定凭证,是建设单位用地的法律凭证。

(二) 建设工程规划管理

1. 建设工程规划设计要求通知书

(1) 办理的范围。城市规划区内的各类建设项目(包括住宅、商业、工业、仓储、办公楼、学校、医院、市政公用设施等,下同)在编制修建性详细规划或进行建设工程设计前,需办理建设工程规划设计要求通知书。

(2) 出具"招、拍、挂"规划条件的无须办理。城市规划部门已出具"招、拍、挂"规划条件或出具规划策划方案要求通知单的建设项目,申请人可直接委托设计部门进行方案设计，无须办理建设工程规划设计要求通知书。

通过"招、拍、挂"获得的房地产项目用地，规划主管部门已出具规划条件，因而，不需要经过申请建设工程规划设计要求通知书的程序。

(3) 建设工程规划设计要求通知书的用途。申请人根据建设工程规划设计要求通知书或"招、拍、挂"规划条件、规划策划方案要求通知单及其附图，委托有相应资质的设计单位进行修建性详细规划或建设工程方案设计。

建设工程规划设计要求通知书或"招、拍、挂"规划条件、规划策划方案要求通知单是设计单位进行设计的依据，也是申请办理建设工程规划许可证的依据。

(4) 申报材料。书面申请（含建设要求和内容）、经计划部门批准的当年度建设计划、1∶500地形图、核对无误的土地使用权属证件复印件等。

2. 规划设计方案审批通知书

报审内容包括：方案报审表；规定比例的总平面图、平、立、剖面图；透视图、电子文档等。

(1) 修建性规划方案审核。

1) 编制与审定的范围。对于可能涉及周边单位或者公众切身利益，或成片开发建设地段，则由城乡规划主管部门决定可由建设单位编制，然后对其修建性详细规划进行审定。

需要建设单位编制修建性详细规划的建设项目，比如房地产商对居住区成片开发建设项目，由建设单位委托据有相应规划资质的规划编制单位编制完成修建性详细规划后，应当提交城乡规划主管部门审定。城乡规划主管部门根据控制性详细规划和规划条件，以及现行的《城市居住区规划设计规范》等，对该居住区修建性详细规划进行审核。

如济南市规划局规定，除工业、仓储、物流、基础设施类建设项目和可规划建设用地面积5公顷以下的建设项目外，其他建设项目在编制建设工程设计方案前，还应当委托有相应资质的设计单位编制修建性详细规划。除外项目的范围，各地规定不同。

2) 居住房地产项目审查的内容。规划设计基本原则审核、用地平衡指标审核、规划总体布局审核、空间环境审核、住宅、公建、道路、绿地的审核等。

通过此步骤，项目的修建性规划获得通过。

(2) 审定建设工程设计方案。审核建设工程设计方案是实施建设工程规划管理的关键环节。

1) 建设工程设计方案的提交。建设单位或者个人，申请办理建设工程规划许可证，应当提交根据控制性详细规划、规划条件和经审定的修建性详细规划所编制的该项目的建设工程设计方案（2个以上的设计方案）。

2) 审核及审核的内容。规划主管部门经过对建设工程设计方案技术经济指标分析以及比较和选择，经一定工作程序审定建设工程设计方案和提交规划设计修改意见。

对于建筑工程，主要审核建筑物的使用性质、容积率、建筑密度、建筑高度、建筑间距、建筑退让道路红线以及建筑体量、造型、风格、色彩和立面效果等。同时，审核建筑设计是否符合消防、人防、抗震、防洪、防雷电等要求。对于办公、学校、商业、医疗、教育、文化娱乐等公共建筑的相关部位还应审核无障碍设施的设置等。如果是重大建筑工程项目，还需要听取有关部门和专家的意见。

（3）审查工程设计图纸文件。建设单位提交经审定的建设工程设计方案所确定的建设工程总平面图，单体建筑设计的平、立、剖面图及基础图，地下室平立、剖面图等施工图纸，道路交通工程和市政管线工程应提交相应的设计图纸等有关文件。

3. 建设工程规划许可证

（1）一般规定。城市规划区内各类建设项目的新建、改建、扩建、翻建，均需依法办理建设工程规划许可证。

申请人根据建设工程规划设计要求，组织编制建设工程设计方案后申办建设工程规划许可证。并在申办建设工程规划许可证时一并报审。

对不符合规划要求的项目，核发建设工程规划许可审查通知，申请人按照审查通知的要求修改完善后，重新申报建设工程规划许可证。

（2）作用。建设工程规划许可证及附件是进行施工图设计的依据，是建设工程办理施工许可证、规划验线、规划核实的法定要件。

（3）申报材料。《建设工程设计规划要求通知书》、《建设工程设计方案规划审查意见书》复印件及其所要求的相关部门审查意见、已批方案资料、许可证申报表、建筑施工图及结构施工图中的基础平面图、经计划部门批准的当年度建设计划、核对无误的土地使用权属证件复印件、拆迁验收证明等。申报资料各地可能略有差别。

（4）办事程序。受理申报后，对施工图符合规划要求和原审定设计方案的，在30个工作日内，经施工图联合审查完毕并具备相关部门审查意见的项目，交齐相关费用后，在3个工作日内核发《建设工程规划许可证》。时限要求各地也会有所不同。

需现场放线校核的，须经验线无误后核发。

（三）批后管理

1. 施工图备案

建设单位依据《建设工程规划许可证》及附件要求，组织建设项目施工图设计及备案，严格按照备案施工图规划放线和施工建设。

市城乡规划主管部门参与建设项目施工图联合审查办公室组织的施工图联审，并履行部门职责对施工图是否符合建设工程规划许可证及其附件的要求进行审查。对不符合规划要求的，建设单位按照规划审查意见修改后再报审。建设单位应当在施工图通过联合审查后的规定期限内到规划主管部门申请办理施工图备案手续。

2. 建设工程规划验线

已取得建设工程规划许可证并已履行施工图规划备案手续的建设工程，申请人在施工现场醒目位置设置规划批后公示牌（除法律、法规规定的涉密内容）后，委托具有相应测绘资质的测绘单位进行建设工程放线，形成规划放线测量成果。

申请人持建设工程规划放线测量成果等资料向市规划局相应部门申请规划验线。地下管线等隐蔽工程在覆土前申请规划验线。规划验线合格的，核发《建设工程规划验线合格通知书》。

3. 建设工程规划核实

已取得建设工程规划验线合格通知书的建设工程，在竣工后，申请人委托具有相应测绘资质的测绘单位进行建设工程竣工规划测量，形成竣工规划测量成果。

建设工程竣工规划测量完成后，申请人应持竣工规划测量成果等资料申请规划核实。

经规划核实符合规划要求的，核发《建设工程规划核实证》。

建设工程规划核实证和建设工程规划许可证是建设工程办理房屋产权证件的法定要件。

第六节 招标、采购与施工许可

一、概述

对房地产开发项目来说，从项目构思与选择、前期策划与可行性研究、获取土地使用权、规划设计、项目建设、项目销售直至物业管理，整个过程就是利用各种资源的过程，为了获得优质资源并节省投资，招标与采购的过程伴随着项目开发的全过程。

按提供产品的形式不同，可以分为工程招标、货物招标和服务招标。各类招标，由于采购的产品或服务的性质不同，招标的程序、周期会有所不同，但基本的原理是相通的，鉴于篇幅所限，这里主要阐述工程招标的内容，设备等的采购招标不作介绍。

《中华人民共和国招标投标法实施条例》规定，按照国家有关规定需要履行项目审批、核准手续的依法必须进行招标的项目，其招标范围、招标方式、招标组织形式应当报项目审批、核准部门审批、核准。

二、工程招标

工程招标主要指确定承担产品建造任务的承包商，选择有能力的承包商，对于保证工程质量、按时完成工程建设任务至关重要。工程招标，首先要成立招标机构、确定招标方式，确定项目的招标范围、合同形式和发包内容、编制工程量清单和招标控制价等活动。

按照国家发展改革委《工程建设项目招标范围和规模标准规定》，商品住宅，包括经济适用住房属于关系社会公共利益、公众安全的公用事业项目，包括项目的勘察、设计、施工、监理以及与工程建设有关的重要设备、材料等的采购，达到下列标准之一的，必须进行招标：施工单项合同估算价在 200 万元人民币以上的；重要设备、材料等货物的采购，单项合同估算价在 100 万元人民币以上的；勘察、设计、监理等服务的采购，单项合同估算价在 50 万元人民币以上的；单项合同估算价低于上述各项规定的标准，但项目总投资额在 3000 万元人民币以上的。需要说明的是，各地可以规定比上述更严格的范围要求。

可以看出，由于房地产项目投资巨大，一般房地产项目都属于必须招标的项目。

建设项目的勘察、设计，采用特定专利或者专有技术的，或者其建筑艺术造型有特殊要求的，经项目主管部门批准，可以不进行招标。

下面就招标方式、招标机构、招标程序等分别予以叙述。

(一) 招标方式

1. 公开招标

指招标人以招标公告的方式邀请不特定的法人或者其他组织投标。

依法必须进行招标的项目，全部使用国有资金投资、国有资金投资控股或占主导地位的，应采用公开招标方式确定承包商。《中国日报》、《中国经济导报》、《中国建设报》、《中国采购与招标网》（http://www.chinabidding.com.cn）为发布依法必须招标项目的招标公告的媒介。其中，依法必须招标的国际招标项目的招标公告应在《中国日报》

发布。

2. 邀请招标

指招标人以投标邀请书的方式邀请特定的法人或者其他组织投标。邀请招标也称为选择性招标。实行邀请招标的项目应符合国家招标投标法及有关法规和规章的要求，并经过有关部门的核准。

可以进行邀请招标的情形：技术复杂、有特殊要求或者受自然环境限制，只有少量潜在投标人可供选择；采用公开招标方式的费用占项目合同金额的比例过大。因公开招标的费用占合同金额比例过大而采用邀请招标的，应经过项目审批或核准单位的审批或核准。

邀请招标时，由开发商或招标代理机构向拟邀请投标的具备能力的承包人发出投标邀请函，拟邀请投标人应在3家及以上。

（二）招标机构

当采用招标方式确定工程承包商时，应成立招标工作小组。招标单位有能力编制招标文件和组织评标工作的，可以自行招标，否则可以委托招标代理机构，与招标代理机构成立联合招标工作小组，负责招标过程的组织工作、决策工作、日常事务工作。

1. 招标过程的决策工作

（1）确定招标范围和发包方式。即确定标段的划分，每个标段的工作范围。划分标段是为了便于项目的控制和管理，满足项目的进度要求，规避承包商生产能力不足及其他可能的风险。发包方式是指总承包方式还是分包方式，一般说来，在指定的标段内，采用总承包模式。

（2）确定合同方式。固定价格合同，总价和单价在约定的风险范围内不调整；可调价格合同，在合同履行过程中，根据合同约定的办法进行总价或单价的调整；成本加酬金合同；采用工程量清单招标的，宜采用单价合同方式。

（3）编制工程量清单、招标控制价或标底。《建设工程工程量清单规范》（GB 50500—2008）规定全部国有资金或国有资金控股的项目，必须采用工程量清单计价。采用工程量清单方式招标的，工程量清单必须作为招标文件的组成部分，招标人为工程量清单的准确性负责。工程量清单应符合有关标准，并与投标人须知、有关合同条款相衔接。标底可以编制也可以不编制，由项目特点决定。但为防止串标、陪标等不法现象出现，同时也为了客观、公正、合理地评审投标报价，应编制招标控制价。

工程量清单招标是建设工程招标投标活动中按照国家有关部门统一的工程量清单计价规定，由招标人提供工程量清单，投标人根据市场行情和本企业实际情况自主报价，经评审低价中标的工程造价计价模式。价格调整的特点是量变价不变。

（4）确定评标委员会。评标委员会通常由招标人代表有关技术、经济方面的专家组成，成员为5人单数组成，其中经济、技术专家不少于成员总数的三分之二。

（5）确定中标人并签订合同。评标委员会负责评标活动，向招标人推荐中标候选人（通常提供候选人顺序表），也可以根据招标人的授权，直接确定中标人。招标人跟中标人签订合同。

2. 招标中的日常事务工作

（1）拟定招标方案，编制和出售招标文件、资格预审文件；

（2）审查投标人资格；

(3) 编制标底或招标控制价；
(4) 组织投标人勘探现场；
(5) 组织开标、评标和定标等。

(三) 招标程序

工程建设项目招标程序如下：

1. 申请招标

依法必须招标的工程项目，在招标前项目应具备已经审批或核准项目，应有批准备案的设计图纸，资金已经到位等条件。具体说来，申请招标时应满足以下条件。①招标人已经依法成立；②初步设计及概算应当履行审批手续的，已经批准；③招标范围、招标方式和招标组织形式等应当履行核准手续的，已经核准；④有相应资金或资金来源已经落实；⑤有招标所需的设计图纸及技术资料。

2. 编制招标文件

招标文件是供应商准备投标文件的依据，也是招标机构评标的依据，因为评标标准和方法是招标文件的内容。招标文件也是签订合同的重要依据，因为很多合同条款已经作为招标文件的内容，对招标文件的响应，也是接受这些合同条款的表示。

招标文件包括：①招标公告（投标邀请书）；②投标人须知（包括密封、签署、盖章要求、投标截止时间、开标时间及地点、投标人应当提交的资格、资信证明文件等）；③投标报价要求、投标文件编制要求和投标保证金交纳方式；④招标项目的技术规格、要求和数量，包括附件、设计图纸等；⑤合同主要条款及合同签订方式；⑥交货和提供服务的时间、工程的工期要求；⑦评标方法、评标标准和废标条款。

3. 确定招标方式、发布招标公告或邀请招标函

招标人完成招标文件，经招标管理部门审核批准并备案后，即可按核准的方式进行招标：公开招标或邀请招标。

公开招标的招标公告或者邀请招标的投标邀请书通常包括下列主要内容：①招标人的名称和地址和联系方式；②招标项目的内容、规模、资金来源；③招标项目的实施地点和工期；④获取招标文件或者资格预审文件的地点和时间；⑤对招标文件或者资格预审文件收取的费用；⑥对招标人的资质等级的要求；⑦投标截止时间、开标时间及地点。

采用邀请招标方式时，应当向三个以上具备承担招标能力、资信良好特定法人或其他组织发出投标邀请书。

4. 投标人资格审查

资格审查分为资格预审和资格后审。资格预审，是指在投标前对潜在投标人进行的资格审查；资格后审，是指在开标后对投标人进行的资格审查；进行资格预审的，一般不再进行资格后审，但招标文件另有规定的除外。投标人资格审查的目的在于限制不符合条件的单位盲目参加投标，以减少评标的工作量，保证评标的质量。

资格审查的依据主要有①具有独立签订合同的权利。提供经过年检的企业营业执照和税务登记证及组织机构代码证；②具有合同履约能力。企业有相关的施工承包资质、财务状况、类似项目业绩、企业信誉、项目经理和技术负责人的资格及团队其他成员能力、可以投入的设备能力；③近三年发生的诉讼及仲裁情况；④法律、行政法规规定的其他资格条件。

5. 投标

投标人应当按照招标文件的要求编制招标文件。投标人应当按照招标文件的要求编制投标文件，并对招标文件提出的实质性要求和条件做出响应。投标文件构成可以分成两部分，即商务部分和技术部分。包括的内容有①投标函及投标附录；②投标报价；③施工组织设计；④商务和技术偏差表。投标人根据招标文件载明的项目实际情况，拟在中标后将中标项目的部分非主体、非关键性工作进行分包的，应当在投标文件中载明。

6. 开标、评标和定标

开标应在招标文件确定的提交投标文件截止时间的同一时间公开进行；开标地点应为招标文件中确定的地点。

开标要按规定的程序进行。

评标由依法组成的评标委员会负责。按评标程序进行评审：初步评审；详细评审、招标文件的澄清与补正和提交评标结果。投标文件中有不符合招标要求的，由评标委员会初审后按废标处理。

在评标过程中，不得改变招标文件中规定的评标标准、方法和中标条件。评标委员会按照招标文件确定的评标办法进行评审，完成评审后提出书面评审报告。评标报告由评标委员会全体成员签字。评标委员会提出报告后的 15 天内，招标人应确定中标人并发出中标通知书。

7. 签订合同

招标人和中标人应当在中标通知书发出之日起的 30 日内，按照招标文件和中标人的投标文件订立书面合同。依法必须进行施工招标的项目，招标人还要在中标通知书发出之日起的 15 日内，向有关行政监督部门提交招标投标情况书面报告，报告招标情况。

三、开工申请与审批

（一）施工许可证的办理范围

建设工程招标工作完成后，开发商就可以申请开工许可。根据 2001 年 7 月 4 日修订的《建筑工程施工许可管理办法》在中华人民共和国境内从事各类房屋建筑及其附属设施的建造、装修装饰和与其配套的线路、管道、设备的安装，以及城镇市政基础设施工程的施工，建设单位在开工前应当依照本办法的规定，向工程所在地的县级以上人民政府建设行政主管部门（以下简称发证机关）申请领取施工许可证。

建设单位申请领取施工许可证的工程名称、地点、规模，应当与依法签订的施工承包合同一致。

施工许可证应当放置在施工现场备查。

（二）申请领取《建设工程施工许可证》应具备的条件

1. 已经办理该建筑工程用地批准手续。
2. 在城市规划区的建筑工程，已经取得建设工程规划许可证。
3. 施工场地已经基本具备施工条件，需要拆迁的，其拆迁进度符合施工要求。
4. 已经确定施工企业。按照规定应该招标的工程没有招标，应该公开招标的工程没有公开招标，或者肢解发包工程，以及将工程发包给不具备相应资质条件的，所确定的施工企业无效。
5. 有满足施工需要的施工图纸及技术资料，施工图设计文件已按规定进行了审查。

6. 有保证工程质量和安全的具体措施。施工企业编制的施工组织设计中有根据建筑工程特点制定的相应质量、安全技术措施,专业性较强的工程项目编制了专项质量、安全施工组织设计,并按照规定办理了工程质量、安全监督手续。

7. 按照规定应该委托监理的工程已委托监理。

8. 建设资金已经落实。建设工期不足一年的,到位资金原则上不得少于工程合同价的50%,建设工期超过一年的,到位资金原则上不得少于工程合同价的30%。建设单位应当提供银行出具的到位资金证明,有条件的可以实行银行付款保函或者其他第三方担保。

9. 法律、行政法规规定的其他条件。

(三) 申请办理《建设工程施工许可证》的程序

1. 建设单位向发证机关领取《建筑工程施工许可证申请表》。

2. 建设单位持加盖单位及法定代表人印鉴的《建筑工程施工许可证申请表》,并附本办法第四条规定的证明文件,向发证机关提出申请。

3. 发证机关在收到建设单位报送的《建筑工程施工许可证申请表》和所附证明文件后,对于符合条件的,应当自收到申请之日起十五日内颁发施工许可证;对于证明文件不齐全或者失效的,应当限期要求建设单位补正,审批时间可以自证明文件补正齐全后作相应顺延;对于不符合条件的,应当自收到申请之日起十五日内书面通知建设单位,并说明理由。

建筑工程在施工过程中,建设单位或者施工单位发生变更的,应当重新申请领取施工许可证。

第七节 工 程 建 设

一、概述

建设阶段是指项目从开工到竣工验收所经过的过程。开发商在建设阶段的主要目标,就是在投资预算内、按照开发进度的要求和质量要求完成建筑安装工程。开发商的项目管理,就是从业主的角度,对建设过程中的质量、进度、投资、合同、安全等内容进行项目管理。

对于房地产项目来说,当获取土地使用权,经过了规划设计和方案审定、获得了建设工程规划许可证后,项目的不确定性大大降低,由于房地产项目建设阶段的管理的对象、任务比较明确,项目建设基本程序清晰、市场机制成熟,法律法规比较完备,这个阶段的项目管理也可以委托专业的项目管理公司进行管理。

开发商项目管理的模式有两类,即自行管理和受业主委托的项目管理。前者为开发商自身筹建项目管理队伍,对建设过程进行管理;后者为开发商委托项目管理公司进行项目建设过程进行管理。

二、项目管理的目标与项目管理模式

不管是开发商自行管理还是受业主委托的项目管理,在项目上的目标是基本一致的,就是对各项目参与方予以激励、协调,确保项目安全,在满足时间、投资及质量要求的条件下,完成项目任务。

一个项目要通过市场化的方式委托项目管理公司进行管理，就必须对项目的范围、管理的范围、项目管理公司的责任和义务、委托人的责任和义务等一系列问题梳理清楚并协商达成一致，这个过程比较漫长，甚至不易达成一致，目前业主全面委托的项目管理很少，可能还需要经过一个时期的发展，但发展趋势是肯定的。

监理公司的项目管理，属于受业主委托的项目管理，通常是建设阶段的项目管理，受委托的管理内容往往是质量和安全的管理，责权不对等，甚至成为某些项目法人推卸安全和质量责任的对象。其市场需求很大程度上源于我国实行强制监理的规定。

国外工程项目管理模式主要是 CM 模式（Construction Management，分为代理型和风险型）、EPC 模式（Engineering-Procurement-Construction 即设计—采购—建造的总承包模式）、Partnering 模式、项目控制模式（Project Controlling）等。基本上分为业主管理、委托项目管理公司的管理和某一实施方的管理。

我国的项目管理模式主要有以下几种

（1）项目管理服务（PM）。工程项目管理企业按照合同约定，工程项目管理是指从事工程项目管理的企业（以下简称工程项目管理企业）受业主委托，按照合同约定，代表业主对工程项目的组织实施进行全过程或若干阶段的管理和服务。工程项目管理企业不直接与该工程项目的总承包企业或勘察、设计、供货、施工等企业签订合同，但可以按合同约定，协助业主与房地产开发过程的各参与方签订合同，并受业主委托监督合同的履行。对房地产项目来说，在各个阶段分别提供项目构思与筛选、拿地策略、项目定位、规划策划与设计管理、招标采购、建设施工和竣工交付与试运行等阶段的管理服务。

这种管理模式与传统的项目承包模式 DBB 模式相适用，在房地产项目中普遍采用。

（2）项目管理承包（PMC）。项目项目管理企业按合同约定除完成（PM）的全部工作内容外，还可以完成合同约定的工程初步设计等工作。对于能完成初步设计的项目管理公司来说，应具有相应的资质。

（3）代建制模式。代建制是指政府通过招标的方式，选择专业化的项目管理单位（以下简称代建单位），负责项目的投资管理和建设组织实施工作，项目建成后交付使用单位的制度。代建期间，代建单位按照合同约定代行项目建设的投资主体职责，有关行政部门对实行代建制的建设项目的审批程序不变。代建制应用在公共事业中比较多。实践中出现了三种合同形式。一是投资者与项目管理单位签订代建合同，二是建设产品的使用单位或管理单位与项目管理单位签订代建合同；三是投资方、使用单位、代建单位三方的代建合同。如，经济适用房、廉租房、公共租赁用房可以采用代建制的形式。

（4）共同开发管理模式。代建制模式下，投资商或开发商要依据代建合同的对项目实施管控，作为代建方的项目管理企业风险主要是自身利润的降低问题，项目投资方风险就是项目失控的风险。项目投资方感觉自身的风险较大，但又深感自身管理能力的不足。既希望获得项目管理服务，又希望能管控公司，出现了共同开发管理模式。这种情况下，开发商和项目管理公司作为大小股东组织新的房地产项目公司，开发商控股，项目管理公司出股很少或不出，项目管理公司以新组建公司的名义管理项目，项目开发过程中的项目管理费用或酬金由新设项目公司承担。新组建的项目公司是形式上，是开发商或投资者担心丢失控制权的一种工具。

三、项目管理的主要任务

1. 投资控制

（1）在工程招标、设备采购的基础上对项目建设阶段投资目标进行详细的风险分析、制订防范性对策；

（2）编制施工阶段各年、季、月度资金使用计划，注意资源供应的均衡，并控制其执行；

（3）审查工程变更方案、协商确定工程变更价款；

（4）审核各类工程支付款和材料、设备采购款的支付申请；

（5）组织重大项目施工方案的科研、技术经济比较论证；

（6）对投资管理的绩效进行评价，进行实际值和计划值的比较、完成各种投资报表和报告。

2. 进度控制

（1）对施工进度目标进行可行性论证，制订风险对策；

（2）编制各子系统及各专业施工进度计划，并控制其执行；

（3）编制年、季、月工程综合计划，落实资源供应和外部协作条件；

（4）审核项目参与方在施工阶段的施工进度计划和供应计划，并控制其执行；

（5）定期进行施工进度计划值与实际值的比较，分析进度偏差和原因；

（6）编制施工进度控制报告，必要时对进度计划进行修改。

以下是一个简单示例：某房地产项目开发全过程的进度安排，如图 2-7-1 所示。

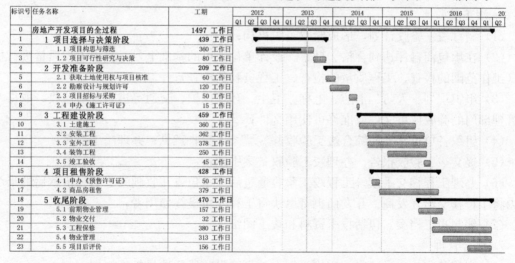

图 2-7-1　某房地产开发项目全过程的进度安排

3. 质量控制

（1）确定质量目标和标准、审查承包单位的质量管理体系；

（2）向施工提供"三通一平"的场地、包括工程地质勘察资料、地下管线资料、提供水准点和坐标控制点；

（3）图纸会审和技术交底、审查批准施工组织设计；

（4）对隐蔽工程、各分部、分项、单位工程质量的监督检查、严格的流程和完备的

资料;

(5) 保证进场原材料、构配件和设备的出厂证明、技术合格证、质量保证书及按规定送检的检验报告;

(6) 对质量管理的绩效进行评估,对照标准、分析原因并提出质量控制措施。

4. 安全控制

(1) 审查承包商质量保证体系、首先落实安全生产的组织机构、建立安全责任制,合格安全人员到岗到位;

(2) 审核进入工地的各单位的安全资质和证明文件、人员的安全上岗资格、检查施工过程中的安全设施、设备及防护用品、临时用电设施等;

(3) 审查施工方案的安全技术措施、审查并签署有关安全技术签证文件;

(4) 督促承包商对员工的安全教育、员工的交流等;

(5) 参与事故的调查与处理。

5. 合同管理

(1) 合同结构分解、合同类型确定、合同界面划分和合同形式的选择;

(2) 合同文件的起草、谈判和签约与交底;

(3) 合同的履行状况与合同管理报告;

(4) 在项目管理的组织的建立设置合同管理部门;

(5) 规定工程变更、工程验收、工程质量验收、进度延误等流程模式;

(6) 合同后评价。

6. 竣工验收

(1) 制订竣工验收计划,形成验收组织机构;

(2) 在承包商自评达到合格、勘察、设计单位认可的基础上,对竣工工程质量进行检查(工作范围的检查、工程质量的检查、工程资料的检查);

(3) 组织规划、人防、消防、电梯、卫生、环境保护、交通等进行专项验收,取得专业管理部门的验收认可文件或准许可使用文件;

(4) 组织各单位参加的综合竣工验收并签署竣工验收意见;办理竣工决算;

(5) 提交竣工验收报告、办理竣工验收备案手续;

(6) 办理工程移交手续。工程竣工验收通过后,承包方在收到竣工结算价款后的半个月内将工程移交给开发商。开发商也将尽快将工程交付最终使用者;

(7) 编制竣工档案。包括技术资料和竣工图纸。

7. 综合管理

(1) 审核各方的建设阶段的实施计划,制订建设阶段的项目管理规划;

(2) 组织各项目参与方协同工作;

(3) 组织协调与政府部门之间的关系、与社会各方的关系;

(4) 建立建设各参与方协同工作的激励机制。

第八节 项目的租售

租售阶段是项目开盘租售到完成项目租售计划的阶段。虽然市场营销过程贯穿房地产项目从选择到交付业主的全过程,项目租售阶段是市场营销活动中最重要的阶段,是检验项目定位决策及市场营销策略正确与否的关键。

这个阶段,项目定位已经完成并实施、规划设计已经确定,项目已开工建设并达到租售条件,租售阶段就是实施租售计划的过程。一个成功的房地产租售合同的签订通常经过三个阶段,一是为潜在租售者了解物业状况进行的宣传沟通阶段;二是对有关价格及合同条件而进行的谈判阶段;三是协商一致后的签约阶段。租售计划的主要内容如下。

一、租售方案

(一)租售形式

从开发商是否直接从事房地产产品的租售过程来看,租售形式有两种,就是开发商自行租售还是委托代理机构租售。委托代理机构租售,代理机构的代理费用根据项目产品的不同、项目租售的难易,由开发商和代理机构谈判决定,一般在0.5%~3%之间。确定租售形式时考虑的主要因素如下。

1. 开发商自行租售

(1) 大型开发商有自己的营销队伍和销售网络,对自己的产品租售积累了丰富的经验,甚至比委托外部的代理机构更有效;

(2) 市场行情看好,规模有限,不需要聘请专业代理机构;

(3) 开发商的开发项目已有明确的团购租售意向时;

(4) 开发商处于发展战略的要求,要创立并培养自己的市场营销队伍。

2. 委托代理机构租售

代理机构可以给开发商以更多的信息和建议,有利于做出正确的决策。宜采用招标方式选择合适的代理机构。

选择代理机构的开发商往往出于以下考虑。

(1) 开发商开发项目有限,没有必要组建自己的销售公司;

(2) 开发商缺乏该类产品的租售经验;

(3) 开发商需要借助于代理机构的专业特长,提供产品定位到租售的全过程顾问支持;

(4) 代理机构可以带来比代理费用大得多的服务价值。

(二)确定租售比例

租售比例有关项目的经营模式,就是出租还是销售,销售多少、出租多少。出租是长期出租、还是短期。各类物业的租售比例及租期策略要和企业财务资金状况、市场走势的假设、企业融资策略、企业发展战略综合考虑。

(三)租售进度

租售进度的确定要基于市场吸纳速度的预测,并与项目的工程建设进度、融资需求、营销策略等相协调。

(四)租售价格

在营销努力一定的情况下,销售价格高低影响着产品的吸纳速度。

开发商制定价格时,不仅仅是以利润为目标,还要考虑资金回收速度、考虑产品的市场占有率等一系列问题,目标是多元的,不是单一的。此外,代理机构也是租售价格高低的利益相关者。

租售价格的确定,一般由三种定价法,就是成本导向定价法、购买者导向定价法、和竞争导向定价法。销售实践中的定价是综合考虑这三种定价方法的结果。

在租售期内采取合适的过程价格策略,有利于租售目标的实现。

二、广告、宣传策略

广告宣传策略是为了租售方案的实现进行策应活动。其目的是使投资者了解租售产品的功能、投资价值、区位信息,引起投资者的关注。

广告计划中,要对沟通的目标、预算、传递的信息、传递的媒体进行决策,并根据反馈评估广告的效果。

在开发过程中注意捕捉利用公共媒体对项目进行宣传的机会。

三、项目租售管控

要根据租售的目标、租售任务特点,建立销售组织机构、建立租售工作流程、制订销售工作制度,管控租售计划的实施,实现租售目标。

第九节 物业交付与交付后的管理

一、物业交付

物业交付行为有二次。一次是承包商向开发商的交付,另一次是开发商向最终业主的交付。这两次交付,就是常说的竣工交付和业主入住(收房)。

承包商将经过竣工验收的房屋交给开发商,标志着开发商完成了工程建造任务并停止照管责任。这次交付标志着项目建设阶段的结束。

开发商将房屋交付给最终的业主,业主经过验房、接收过程,拥有房屋的占有权,再经过相关产权登记手续,可实现对房屋的所有权。业主收房或业主入住(入伙),一般由开发商聘用的前期物业管理公司负责完成。业主入住,标志者该套住房二次交付的完成,往往也是房屋保修任务的开始。

二、物业管理

(一)前期物业管理

1. 前期物业管理的概念

前期物业管理,是指在业主、业主大会选聘物业管理企业之前,由开发建设单位选聘物业管理企业实施管理服务的物业管理活动。前期物业管理是整个物业管理活动中的初始阶段与基础阶段,也是实施物业管理非常重要的环节,是后期物业管理的前提。

前期物业管理的一个重要特点就是"由建设单位选聘物业管理企业实施的物业管理"。前期物业管理(preceding stage of property management)的时间范围是指房屋自售出之日起至物业管理委员会与物业管理企业签订的《物业管理合同》生效时止的物业管理。

2. 前期物业管理的任务

建设单位之所以委托前期物业管理,就是委托前期物业管理企业承担本应属于建设单位应完成的工作。前期物业管理涉及的主要工作是起草业主临时公约、物业承接验收手续、物业资料移交、物业管理用房、物业保修组织等。

具体包括:房屋共用部位的维护和管理、房屋共用设施设备及其运行的维护和管理、环境卫生、保安、交通秩序与车辆停放、房屋装饰装修管理。为了提供更有效的物业管理服务，在实施前期物业管理过程中注意一下几个方面：

(1) 早期介入。物业管理企业在开发商早期策划小区建设规划方案时，就要积极参与。这个阶段主要是注意小区规划设计方案中，配套项目是否齐全，档次是否与小区定位相符，物业管理的房屋设施及功能是否满足要求等。从物业管理的角度，对规划设计、设备选择提供建议。

(2) 签订前期物业管理协议。在业主、业主大会选聘物业管理企业之前，建设单位选聘物业管理企业的，应当签订书面的前期物业服务合同。

物业管理合同，应该对委托物业管理企业的管理和服务的范围做出说明，并说明双方的权利和义务。

(3) 销售阶段。业主临时公约，即对有关物业的使用、维护、管理，业主的共同利益，业主应当履行的义务，违反公约应当承担的责任等事项依法作出约定。

在物业销售前将业主临时公约向物业买受人明示，并予以说明。物业买受人在与建设单位签订物业买卖合同时，应当对遵守业主临时公约予以书面承诺。应公开收费标准，签订前期物业管理协议。

前期物业管理企业应该协同开发商制订业主临时公约，并确保以下事项的落实：在销售过程中告知买受人有关信息、销售合同中有买受人接受业主临时公约和接受前期物业管理的条款、与买受人签订前期物业管理协议。

前期物业管理企业还应及时了解业主的具体情况，剖析该小区购房群体的收入水平、文化程度、政治素质和承受能力，有针对性地拟定该小区收费标准和物业管理方案，有利于今后物业管理展开。

(4) 项目验收

首先在施工单位向建设单位交付过程中，协助建设单位进行竣工验收；二是建设单位将整个项目及相关资料、钥匙全权交给物业公司代管，此过程中，须由物业公司为明确物业的真实状况，对所有物业组织全面的再验收工作，俗称二次验收。主要验收项目有房屋室内工程设备验收及小区配套设施验收，资料验收，设施计量验收，钥匙验收等等。

在办理物业承接验收手续时，建设单位应当向物业管理企业移交下列资料：

1) 竣工总平面图，单体建筑、结构、设备竣工图，配套设施、地下管网工程竣工图等竣工验收资料；

2) 设施设备的安装、使用和维护保养等技术资料；

3) 物业质量保修文件和物业使用说明文件；

4) 物业管理所必需的其他资料。

物业管理企业应当在前期物业服务合同终止时将上述资料移交给业主委员会。

(5) 清场封闭小区

小区验收移交之日就是清场封闭之时，此时小区内外来人员、设备、材料、车辆一律退场，需要进入小区的一律凭证通行。

(6) 业主入住

这个阶段主要由业主与物业管理业公司对室内工程质量和设备使用功能进行验收移

交。同时要检查水、电、气的计量表使用情况,界定业主交费的起始度量。移交房屋时,所有钥匙要一次性全部交给业主,未经业主同意不得擅自预留和复制。至此房屋所有权和自用部位的使用管理责任,正式转移到业主。

业主入住一般按如下程序进行。

1)发放入伙通知书;2)收楼须知;3)入住程序指南、住户手册;4)收取有关费用:如煤气开户费、物业管理费等;5)办理入住手续;6)办理交楼手续。验楼、发放钥匙等物品、完成物业交付。

(7) 装修管理

按照有关法规和条例、业主公约等对管辖区内的物业装修过程进行监督,使施工符合结构安全、物业管理、消防、供水、燃气、环境保护等方面的有关要求,同时明确物业管理企业与业主的责任义务。制订装修管理程序、按程序进行审查和监督管理。

(8) 组织保修

在保修期内,保修的主体是建设单位,建设单位对保修范围的内容向业主负责保修,保修的范围和内容,建设单位和房屋买受人在售房合同中约定。建设单位在建设工程承包合同中,通常约定承包商向建设单位承担保修的责任,达到转移风险的目的。

在保修期内,对住户反映的问题,物业管理企业要依照开发商委托合同的要求,立即组织维修。维修情况住户要签字认可,物业管理公司要登记备案,对维修结果要组织回访。凡因用户使用不当或擅自改动结构、设备位置和不当装修等造成的质量问题,不在保修之列,由责任人承担责任。常见保修工作内容如下:

1) 水、电、暖、燃气的维修;2) 门窗与墙面的维修;3) 地面的维修、地面防水的维修;4) 屋面防水的维修;5) 地下室的维修;6) 保修沟通。保修过程中,业主会对开发商产品的质量、维修的及时性、维修的质量等方面产生不满,保修沟通可以降低不满的强度。

根据《建筑工程质量管理条例》,建筑工程实行质量保修制度。在正常使用条件下,建设工程的保修期限:基础设施工程、房屋建筑的地基基础工程和主体结构工程,为设计文件规定的该工程的合理使用年限;屋面防水工程、有防水要求的卫生间、房间和外墙面的防渗漏,为 5 年;供热和供冷系统,为 2 个采暖期和供冷期;电气管线、给排水管道、设备安装和装修工程,为 2 年;其他项目的保修期由建设单位和施工单位约定。建设工程的保修期,即施工单位对建设单位负责的保修期,自竣工验收合格之日起计算。建设工程在保修范围和保修期间内发生质量问题的,施工单位应该履行保修义务,并对造成的损失承担赔偿责任。

由于工程保修阶段的保修服务对于协调房屋所有者和开发商的关系至关重要,开发商一般让物业公司负责报修服务,并提出严格的服务要求。

(9) 维修养护

保修期满后,物业管理企业依照与开发商签订的委托管理合同和与业主签订的前期物业管理协议,对房屋和配套设施进行日常维修保养。为保证业主正常的生活秩序,物业管理企业要建立二十四小时值班制度,随时处理维修事务。

(10) 整理小区档案资料

完整的档案资料是日后物业管理的基础,前期物业管理阶段是接收、收集整理资料的最佳时机。小区资料应按综合文书图表、房屋栋号、公共设施、物业管理分类立卷按序号归档，专柜存放。按规定建立全宗简介，查卷目录和卷内目录便于日后查阅使用。

3. 前期物业管理企业的选聘

国家提倡建设单位按照房地产开发与物业管理相分离的原则，通过招投标的方式选聘具有相应资质的物业管理企业。

住宅物业的建设单位，应当通过招投标的方式选聘具有相应资质的物业管理企业；投标人少于3个或者住宅规模较小的，经物业所在地的区、县人民政府房地产行政主管部门批准，可以采用协议方式选聘具有相应资质的物业管理企业。

（二）物业管理的组织

1. 业主大会

业主大会是指在物业所在地的区、县人民政府房地产行政主管部门的指导下、由同物业管理区域内所有业主组成，对关系到整体业主利益的事情进行决议；并通过选举建立业主委员会。

物业管理区域内，已交付的专有部分面积超过建筑物总面积50%时，或者首套住宅交付使用满两年的，该物业所在地的区房地产主管部门会同街道办事处、乡镇人民政府组织业主成立业主大会筹备组，选举产生业主委员会。

2. 业主大会的职责

（1）制定和修改业主大会议事规则；

（2）制定和修改建筑物及其附属设施的管理规约；

（3）选举业主委员会或者更换业主委员会成员；

（4）选聘和解聘物业服务企业或者其他管理人；

（5）筹集和使用建筑物及其附属设施的维修资金；

（6）改建、重建建筑物及其附属设施；

（7）有关共有和共同管理权利的其他重大事项。

决定前款第五项和第六项规定的事项（"筹集和使用建筑物及其附属设施的维修资金" "改建、重建建筑物及其附属设施"），应当经专有部分占建筑物总面积三分之二以上的业主且占总人数三分之二以上的业主同意。决定前款其他事项，应当经专有部分占建筑物总面积过半数的业主且占总人数过半数的业主同意。

3. 业主委员会

业主委员会，是指由业主选举产生，代表业主利益的组织，是业主行使共同管理权的一种特殊形式。业主委员会由业主或者业主大会会议选举产生，一般由5至11人单数组成。

业主委员会的权力基础是其对物业的所有权，它代表该物业的全体业主，对该物业有关的一切重大事项拥有决定权。

4. 业主委员会的职责

《物业管理条例》规定业主委员会执行业主大会的决定事项，履行下列职责：

（1）召集业主大会会议，报告物业管理的实施情况；

（2）代表业主与业主大会选聘的物业服务企业签订物业服务合同；

（3）及时了解业主、物业使用人的意见和建议，监督和协助物业服务企业履行物业服务合同；

(4) 监督管理规约的实施；

(5) 业主大会赋予的其他职责。除依法履行职责外，同时履行下列职责：

1）拟订选聘物业服务企业的方案；2）拟订业主委员会的年度财务预算方案、决算方案，报业主大会决定；3）拟订业主大会议事规则和管理规约修改方案，报业主大会决定；4）拟订物业管理区域内公共秩序和环境卫生的维护等方面的规章制度的方案，报业主大会决定；5）拟订物业管理区域内物业共有部分和共用设施设备的使用、收益方案，报业主大会决定；6）拟订专项维修资金使用、续筹方案，报业主大会决定；7）拟订改建、重建建筑物及其附属设施的方案，报业主大会决定；8）对违反管理规约的行为进行处理。

5. 物业服务合同

业主委员会应当与业主大会选聘的物业管理企业订立书面的物业服务合同。物业服务合同应当对物业管理事项、服务质量、服务费用、双方的权利义务、专项维修资金的管理与使用、物业管理用房、合同期限、违约责任等内容进行约定。

物业管理企业应当按照物业服务合同的约定，提供相应的服务。物业管理企业未能履行物业服务合同的约定，导致业主人身、财产安全受到损害的，应当依法承担相应的法律责任。

(三) 物业管理的范围

1. 住宅物业的管理范围

住宅小区物业管理，是指对住宅小区的房屋建筑及其设备、市政公用设施、绿化、卫生、交通、治安和环境容貌等管理项目进行维护、修缮与整治，包括管理、经营与服务三个方面的工作：

(1) 住宅小区内房屋及设备的维护与修缮管理；

(2) 住宅小区环境的维护管理；

(3) 开展多种形式的便民有偿服务；

(4) 住宅小区的精神文明建设。

2. 写字楼物业的管理范围

写字楼是指用于商务、办公楼及其配套的设备、设施、场地。特点是位于城市繁华地段；建筑规模宏大；有大量的现代化设备；配套齐全；人员的流动性和使用的集中性。

写字楼物业的特性和使用要求，决定了写字楼日常管理的工作内容与工作重点主要在以下几个方面：

(1) 营销推广。市场调研、营销推广计划的制订、形象设计与塑造等。

(2) 商务中心的服务与管理。传真、票务、小型会议室等。

(3) 前台服务。问询、留言、递送、行李搬运、寄件寄存等。

(4) 设施设备管理。这是保证写字楼办公环境、办公效率的重要因素，包括供配电、给排水、电梯、空调、照明、消防、电信等方面的设备检修、保养管理。

(5) 保安与消防管理。对业主与使用人安全教育和宣传、来访人员登记、人员监控、消防监控、保安巡逻等方面的管理。

(6) 清洁卫生管理。
(7) 租赁管理。租户的选择、租金的确定、租约的谈判与签订、客户关系管理等。

租赁管理包括如下几个方面：①承租户选择。包括声誉、财务状况、所需面积及对物业管理的要求。②租金管理。租金的形式有商品租金、成本租金、基础租金、市场租金。商品租金，折旧＋维修＋管理＋地租＋利息＋税金＋保险费＋利润；成本租金，商品租金－（利润＋保险＋房产税）；基础租金，租用每平方米可出租面积需按月或按年支付的最低金额；市场租金，在商品租金基础上对利润等进行调整，反映了供求关系。③可出租面积。一般按套内面积加上公摊面积计算：套内面积×（1＋公摊系数），公摊系数＝总可出租面积/总套内面积。

3. 商业场所物业管理的范围

(1) 一般性物业综合管理。包括前台服务、物业安保、保洁绿化、设备设施维修养护、建筑维修养护以及公共环境管理。

(2) 租赁管理。商业场所的租赁管理一般包括招租管理、租赁关系管理、租金管理、租赁合同管理四个方面的管理。

(3) 推广宣传管理。商业场所的推广宣传包括租赁市场调查、广告宣传、促销宣传、人员推广等方面的内容。

(4) 物业营销管理。商业场所的营销管理包括营销人员培训、营销计划制订、营销渠道选择、营销活动实施几个方面。

(四) 物业管理的费用构成

1. 开办费测算

物业合理的开办费（主要包括：行政、保洁、绿化、工程、秩序维护、客户服务中心）。由物业管理企业向开发商申报物业开办费预算，经开发商审查同意后，由物业管理单位组织采购，开办费资金由开发商拨付；开办费购进形成固定资产的，建立固定资产卡片，按固定资产管理。

2. 物业日常管理费

(1) 物业管理服务人员的工资、社会保险和按规定提取的福利费；
(2) 物业共用部位、共有设施设备的日常运行、维护费用；
(3) 物业管理公共区域清洁卫生费；
(4) 物业管理公共区域绿化养护费用；
(5) 物业管理公共区域秩序维护费用；
(6) 行政办公费；
(7) 物业管理企业固定资产折旧费；
(8) 物业共用部位、共用设施设备及公众责任保险费用；
(9) 物业公司利润：按上述1-8项费用的3%计算；
(10) 法定税费：经营税金及附加，合计营业额的5.6%。

物业管理费＝每月管理费用支出/总建筑面积

以上测算未考虑收费率问题，应根据入住率等风险因素进行调整。

3. 电梯费用测算

由于不是所有的物业均包含电梯，也不是所有业主均享受电梯服务，因此最新出台的物业管理收费标准规定，电梯费用应单独核算，不能统一划归在物业设施管理费中。

核算的主要依据为：电梯功率、电价、使用率、电梯年检费、每月维保费、分摊户数。

4. 地下车库费用测算

地下车库的费用由于不是所有的业主均需摊派，因此在物业管理收费标准规定中也明确指出，地下车库的管理费用应单独核算，不能统一划归在物业公共部位管理费中。

核算的主要依据为：地库建筑面积、车位数、人工费、照明用电、动力用电、维修费、营业税金及附加、采暖费、其他费用。

5. 其他费用

物业管理费用的构成是由服务的范围决定的。对于租赁型物业管理服务来说，除了日常管理费外，由于服务范围中还包括营销宣传、招商、租赁管理等方面的服务，可通过双方的协商，参照市场价格确定这部分费用的收费标准。

（五）物业管理企业的选聘

1. 物业管理企业

物业管理企业又称物业公司。物业公司是专门从事地上永久性建筑物、附属设备、各项设施及相关场地和周围环境的专业化管理的，为业主和非业主使用人提供良好的生活或工作环境的，具有独立法人资格的经济实体。作为独立的企业法人，物业管理公司必须有明确的经营宗旨和经行业主管部门认可的公司章程，能够独立承担民事和经济法律责任。物业公司须自主经营、自负盈亏、自我约束、自我发展的机制运行。

2. 物业管理企业资质

物业管理企业资质是企业执业的资格认证。分为三类资质，没有资质的企业不能从事物业管理经营。每类资质对从业人员需要拥有的职业资格证书的类型和人数，对已管理项目的类型、面积及品质都有具体的要求。

我国物业管理资质分为一、二、三级和暂定资质四个级别。其中一级资质由住房和城乡建设部审批，二级资质由省建设厅审批，三级和暂定资质由市住建局审批。

3. 物业管理企业的选聘

（1）物业管理招标的类型：

可以分为三种类型：1）管理服务型物业管理招标，即服务内容只有物业管理服务；2）租赁型物业管理招标，不仅包括物业管理服务，还包括租赁经营；3）专项型物业管理招标，即针对某些管理项目进行招标，如保安、保洁等。

（2）招标方式：

包括公开招标、邀请招标和协商招标。

（3）招标文件、投标文件：

文件的构成与工程招标项目没有什么大的区别。物业管理招标的关键内容是服务内容和服务标准，与此相对应的评标的标准和方法和工程招标的侧重点大不相同。

投标文件是对招标文件提出的实质性要求和条件作出响应。通常包括以下内容：1）投标函；2）投标报价；3）物业管理方案；4）招标文件要求提供的其他文件。

(4) 招标程序：

与一般招标程序相似。1) 招标人成立招标机构；2) 招标人编制招标文件；3) 招标人发布招标公告或招标邀请书。招标公告除在规定媒体发布外，还要在中国住宅与房地产信息网和中国物业管理协会网上发布免费公告。邀请招标将招标邀请书发给3个以上的拟邀请招标人；4) 接受投标申请、发布项目招标文件。公开招标资格预审合格申请人较多时，可选择不少于5家参加投标；5) 组织物业勘察、召开标前会议；6) 接受投标书、开标、评标；7) 确定中标人、签订物业服务合同。

三、项目后评估

（一）项目后评估的含义

项目后评估是在项目建成并投产使用后的一段时间后，对投资项目的投入与效益进行系统评估。除财务评估外，还要对项目技术、经济、社会、环境、组织等方面的效益与影响进行全面、科学的评估。

项目后评估选择在项目建成正常使用时的时间段进行。根据项目的实际数据及未来的预测数据，对技术、设计、市场、环境、节能、投资和效益等方面进行系统评价，与项目前期决策评估想呼应，比较、分析，找出差距的原因和影响因素。

（二）项目后评估的目的

1. 通过项目后评估，总结项目管理的经验教训，提高项目管理水平

通过项目后评估，发现项目管理过程中的不足，分析产生误差的原因或影响因素，提高项目管理水平。

2. 通过项目后评估提高项目决策的科学化水平

项目前评估是项目决策的依据，但前评估过程中对市场定位、市场预测、投资估算等是否存在偏差，在后评估中得到反馈，有利于今后的决策水平的提高。

3. 通过后评估提出完善项目经营管理的建议

通过后评估，会发现项目本身的实际情况和项目所处的环境与项目前评估有所不同，前期提出的经营管理建议可能不是最适宜的，根据新的信息，提出完善项目经营管理的建议。

（三）项目后评估的内容

1. 项目目标后评估

评定项目目标的实现程度，是项目后评估的主要任务。对比目标系统，进行对比，评定实现程度，并对未实现的原因进行分析，提出弥补措施。

项目目标后评估的另一个任务，是对原定目标的正确性、合理性及实践性进行分析评价。

2. 项目实施过程的后评估

对项目实施过程中各子过程进行评估。对项目构思与筛选、项目可行性研究、获取土地使用权与项目核准、勘察设计与规划许可、项目招标与采购、建设阶段、租售阶段、交付与交付后的管理等各阶段进行评估。

对项目实施过程中的管理内容进行评估。包括项目的内容和建设规模、项目的进度和实施情况、项目的投资与控制情况、项目质量和安全、配套设施和服务情况、利益相关者的反应、项目管理的组织、财务执行情况等内容的评估。

3. 项目效益评估

对项目取得的实际效益进行财务评价和国民经济评价。财务评价包括盈利能力指标、清偿能力指标。采用的指标通常与前期经济评价指标一致,便于比较分析。

4. 项目影响评价

包括经济影响、环境影响、交通影响、环境影响、社会影响等评价内容。

5. 项目持续性评价

对项目的可持续能力进行评价。从法规政策、经济、社会、环境、项目本身等各个方面进行评价。

(四)项目后评估的类型

通常项目评估有以下类型:项目管理后评估、项目可行性研究后评估、项目节能后评估、项目环境影响后评估等。进行何种评估以及对何种内容进行评估、根据相关政策规定以及评估的必要性来选择。

物业由前期物业管理转为日常的物业管理后,在完成有关结算任务,协助完成业主房屋所有权证与土地使用权证的办理、项目后评价等工作后,项目的开发阶段的工作便告结束。

复 习 思 考 题

1. 什么是土地的一级开发、成本构成有哪些?
2. 房地产开发的资源需求有哪些?
3. 房地产开发的参与者有哪些?为房地产服务的专业人员主要有哪些?
4. 说明房地产开发过程八个子过程的主要工作。
5. 在构思和筛选房地产项目过程中,开发项目的目标属性有哪些?
6. 按照《城市用地分类与规划建设用地标准(GB50137-2011)》,城乡用地分为哪几类?商业服务业设施用地主要有哪些小类?
7. 按开发程度的不同,土地分哪几类?
8. 在项目定义和可行性研究之前进行项目策划的目的是什么?开发方案的内容有哪些?
9. 可行性研究与决策阶段的工作有哪些?
10. 房地产开发用地使用权的获得方式有哪些?
11. 说明土地储备的概念和土地储备的运作过程。
12. 说明土地的征收程序。
13. 说明土地开发的概念、说明土地一级开发的概念和包含的成本。
14. 说明项目核准的主要申请资料。
15. 说明控制性详规的主要内容和修建性详规的主要内容。
16. 住区规划设计的基本原则有哪些?
17. 配套服务设施是指哪些类型的公建?
18. 小区级居住项目的配套公建有哪些?
19. 以出让方式获得的开发用地,如何办理《建设用地规划许可证》?
20. 建设工程规划管理包含哪些内容?说明办理《建设工程规划许可证》的过程。

21. 规划的批后管理有哪些内容？
22. 说明招标控制价的概念，为什么要编制招标控制价？
23. 说明工程招标的程序。
24. 说明申领《建设工程施工许可证》的条件。
25. 我国常见的工程项目管理模式有哪些？
26. 说明租售方案的内容有哪些？
27. 物业交付及交付后的工作主要有哪些？

第三章 房地产市场调研

第一节 房地产市场研究概述

一、房地产市场调查的涵义

从广义上说,房地产市场调查是指为了了解和预测房地产市场的产品供给和需求信息、正确判断和把握市场现状及其发展趋势,同时为制定科学决策提供可靠依据的一项市场调查活动。其中,市场调查的使用者可以是政府相关机构,也可以是投资者或开发商、市场分析机构、营销机构、贷款机构、设计人员以及购房者等。

从狭义上说,房地产市场调查是指开发商为了项目开发的需要而进行的市场调查活动,本书所讲的房地产市场调查是狭义上的概念。

房地产市场调查,是指为实现房地产项目特定的经营目标,运用科学的理论以及现代化的科学技术方法和手段,以客观的态度,有目的、有计划、系统地通过各种途径收集有关房地产市场的信息资料,通过对资料的整理和分析,力求对房地产市场的现状和发展趋势有正确的判断和预测,从而为开发商把握市场趋势、制定科学决策提供可靠依据。

房地产市场调查是房地产项目定位、规划设计、经济评价和市场营销等工作的前提和基础。

二、房地产市场调查的重要性

(一)房地产项目定位的需要

房地产开发企业要在竞争中立于不败之地,就需要寻找自己的目标市场,通过房地产开发项目产品的差异化,即通过准确地满足市场需求的产品类型,提供质量好、价格低、产权安全、物业管理完善、设计新、功能符合消费者要求的产品,才能为房地产开发企业创造价值。而准确的产品定位需要大量的市场数据和信息作为基础,房地产市场调查正是收集和分析数据信息的有利手段。

(二)制定正确营销策略的需要

通过了解分析市场信息,可以避免企业在制定营销策略时发生错误,或可以帮助营销决策者了解当前营销策略以及营销活动的得失,以作适当策略修正。只有在实际了解市场的情况下才能有针对性地制定企业经营发展战略和市场营销策略。在企业管理部门和有关人员要针对某些问题进行决策时,如进行产品策略、价格策略、分销策略、广告和促销策略的制定,通常要了解的情况和考虑的问题是多方面的,主要有:本企业产品在什么市场上销售较好,有无发展潜力;如何才能扩大企业产品的销售量;如何制定产品价格,才能保证在销售和利润两方面都能上去;怎样组织产品推销;销售费用又将是多少等。这些问题都只有通过具体的市场调查,了解市场环境影响、了解消费者的购买行为、了解产品供求状况,了解竞争对手的目标、策略、措施、效果等,才可能做出有的放矢的决策。否则，就会形成盲目、脱离实际的决策。

（三）企业健全决策机制实现可持续发展的需要

当今世界，科技发展迅速，新发明、新创造、新技术、新产品以及新的经营管理模式不断涌现。这些进步自然会在商品市场上以其提供的产品和服务予以反映。通过市场调查，可以有助于我们及时地了解市场经济动态和科技信息，为企业提供最新的市场情报和技术生产情报，以便更好地学习和吸取同行业的先进经验和最新技术，结合自身的情况，改进企业的生产、技术和管理水平，从而提高产品的质量和功能，增强企业的竞争力和可持续发展能力。

（四）企业发展新的市场机会的需要

提高正确的市场信息，可以了解市场可能的变化趋势以及消费者潜在的购买动机和需求，有助于营销者识别最有利的市场机会，为企业提供发展新契机。影响市场发展的因素不断变化，企业为适应这种变化，就只有通过广泛的市场调研，及时地了解各种市场因素和市场环境因素的变化，发现和利用市场机会并规避发展过程中的外部威胁。

三、房地产市场调查的内容

（一）市场宏观环境状况

市场环境总是处在不断地变化之中，总是不断地在产生新的机遇和危机，企业家必须敏锐地看待这些变化，要看到这些变化带来的风险，更要看到这些变化给企业发展带来的新机遇。而房地产市场调研最重要的任务，就是摸清企业当前所处的环境，为科学决策提供宏观依据。房地产市场宏观环境主要包括：

1. 政治、法规和政策环境

主要包括政府管控体制、办事效率、法律法规与政策等。政权的稳定性、政府的管控能力、法律法规与政策等属于该范畴。与房地产市场有关的政策主要包括财政税收政策、金融政策、产业政策、土地政策、住房政策、户籍政策等。一个国家、地区和城市的政治、法规和政策环境直接影响房地产企业生产经营活动生存和发展。

2. 经济环境

主要包括国民经济发展、国民收入发展状况以及产业结构；能源和资源状况；城市发展总体规划、城市基础设施建设、城市人口分布、区域划分状况；社会固定资产投资状况、金融、证券市场状况；商业零售与贸易状况；居民消费结构；居民储蓄和信贷状况等。

3. 社会文化环境

包括居民受教育程度、文化水平、职业构成、民族分布、宗教信仰、风俗习惯、审美观念、家庭观念等。社会文化往往对整个社会有深刻影响，尽管文化有相对稳定性，但不是固定不变的，特别是生活习惯、审美观念往往随着社会生产力的发展而产生一定程度的变化。

4. 其他环境因素

宏观环境还包括技术环境等。在房地产市场调研中，同一个城市的类似项目，技术发展水平、技术需求、技术供给在一个时间段内通常保持相对稳定，可以参考类似项目的调查。市场调查的重点是变动因素，即变量的变化。

（二）城市房地产市场概况

市场概况是项目所在城市的房地产市场状况,包括以下方面:

(1) 市场整体情况。包括城市房地产开发投资量、房地产新开工面积、竣工面积、商品房供销量、销售额、商品房价等;

(2) 土地市场情况。包括城市土地供应数量及规划用途、土地供应方式、土地供应类型及其比重、土地成交量、土地价格、土地出让金收缴情况等;

(3) 商品房市场概况。包括商品房施工面积、竣工面积、销售面积、销售金额、空置面积及结构、市场区域分布、不同住宅供应比例、商品住宅平均价格等;

(4) 区域内房地产价格走势,不同区域和物业类型的价格变化情况;

(5) 区域内主要发展商开发销售情况,包括开发量、竣工量、销售面积及销售金额;

(6) 二手房市场交易情况;

此外,分析过程中注意将当地房地产业相关政策法规与房地产市场概况相联系,对城市宏观环境下的行业发展和竞争情况的了解和分析,有助于企业判断未来的市场发展前景。

(三) 消费者行为与市场需求容量调研

1. 消费者行为调研

消费者包括房地产商品的现实购买者与潜在购买者。房地产产品的销售要满足目标消费者的需要和欲望。具体来说,对消费者行为的调研,包括以下几个方面:

(1) 消费者的购买力水平。消费者的购买力水平是影响住房消费最重要的因素,它直接决定了消费者的购买承受能力。消费者购买力水平主要的衡量指标是具有稳定性的家庭收入水平;

(2) 消费者的购买倾向。消费者的购买倾向主要包括房地产类别、品牌、户型、面积、位置、预期价格、物业管理、环境景观、入住人群等;

(3) 消费者的共同特征。主要包括消费者的年龄、文化程度、家庭结构、职业、原居住地等。这些消费者的个性特征是划分客户群的常用指标。

2. 市场需求容量调研

需求容量,是指有支付能力的市场需求容量。只有有支付能力的需求,才是现实的市场容量。商品住宅市场需求容量调研,主要包括以下几方面:

(1) 城市人口、家庭数量及变化趋势;

(2) 购买力,包括居民收入水平、储蓄余额、财产状况;

(3) 居民居住现状及改善目标,包括自有住房成套率、居住房型、人均居住面积等;

(4) 居民日常消费支出水平与消费结构;

(5) 不同社会阶层和收入水平的居民数量及其对不同类型房地产商品的数量、品质、功能、价格的需求特点;

通过对消费者行为和市场容量的调查研究,有利于进行市场细分和选择目标市场,同时描述目标市场特征和规模,可以为项目市场定位、产品设计、营销策略提高全面准确的决策信息,是规划和建筑设计及营销策略赖以成功的基础。

(四) 项目所在区域环境状况调研

区域环境调研是对项目所在区域的城市规划、景观、交通、人口构成、就业中心、商圈、公建配套与生活服务设施等区位条件进行分析,对项目地块所具有的区位价值进行判断。具体包括：

（1）结合项目所在城市的总体规划，分析项目的区域规划、功能定位、开发现状及未来定位；

（2）进行区域的交通条件研究；

（3）对影响区域发展的其他因素和条件进行研究，如历史因素、文化因素、发展水平等；

（4）对区域内楼盘的总体价格水平与供求关系进行分析；

（5）竞争对手调研。包括竞争对手的经营管理水平、资源状况、市场竞争地位、产品地理位置、种类、开发规模、产品品质、成本、价格、营销模式、销售状况、物业管理水平、创新能力与发展新产品的动向。

（五）项目基本情况调研

项目的基本情况即项目所处的微观环境，项目的微观环境调研又称为项目开发条件分析。其目的是分析项目自身的开发条件及发展状况，对项目自身价值提升的可能性与途径进行分析，同时为以后的市场定位做准备。具体包括：

（1）对项目的用地现状及开发条件进行分析。宗地基本状况资料包括宗地界址、面积、土地附着物分布、权属、地形、地貌、水文地质条件、项目历史与现状资料、项目合作开发条件、土地获得成本、用地规划条件、与项目有关的投资及开发经营税费政策。

（2）对项目所在地的周边环境进行分析。主要指地块周围的物质和非物质的生活配套情况，包括：水、电、气等市政配套，公园、学校、医院、邮局、银行、超市、体育场馆、集贸市场等生活配套情况，以及空气、卫生、景观等生态环境，还包括由人口数量和素质所折射出来的人文环境等。

通过对以上数据和信息的收集，对当前整体市场状况进行描述，对未来行业趋势进行定性或定量预测，对具体项目影响进行分析评估，对开发决策的指定提供信息支持。

四、房地产市场调查的原则

（一）真实性原则

真实、准确是调查研究的生命。科学的决策建立在准确的预测基础之上，而准确预测又依据真实的市场调研资料。只有在真实的市场调研资料基础上进行科学的分析，才能得出正确的结论。数据的真实性取决于市场调研人员的技术水平、市场调研人员的敬业态度、资料提供者的客观态度等。市场调研的客观性还强调了职业道德的重要性。应当采用科学的方法去设计方案、定义问题、采集数据和分析数据，并从中提取有效的信息资料。

（二）时效性原则

一方面，调研资料应是最新的反映市场现实状况的信息，这样才可以成为企业制定市场经营策略的客观依据。在市场调研工作开始后，要充分利用有限的时间，尽可能在较短时间里收集更多的所需资料和信息，避免调研工作的拖延。

另一方面，不能拿过往的与现在状况不符的信息，作为决策的依据。

（三）全面性原则

这一原则是根据调研目的，全面系统的收集有关市场经济信息资料。市场环境影响因素很多，各因素之间的变动互为因果，如果单纯就事论事调查，而不考虑周围环境等因素的影响，就难以抓住关键因素得出正确结论。这一点在房地产市场调研中显得尤为突出。

房地产开发项目是生存于一个城市的政治、经济、社会文化系统中的一个子系统,一个全面的房地产市场调研应包括房地产的宏观环境、区域环境和微观环境等内容。

（四）计划性原则

在调研前要做出调研计划,要清晰定义要解决的问题,明确调研的目标,建立调研的组织和资源供应,对如下事项做出详细的进度计划安排：

（1）总体方案的论证、设计；

（2）抽样方案的设计,调研实施的各种具体细节的制定；

（3）问卷的设计、测试、问卷的修改和最后的定稿；

（4）问卷的印刷,调查员的挑选和培训；

（5）调研实施；

（6）调研数据的计算机录入和统计分析；

（7）调研报告的撰写。

计划的进度安排要留有一定的余地,确保项目按时完成。

五、房地产市场调查的方法

房地产市场调查可以采用多种方法,房地产企业必须依据自身的实际情况,正确地选择市场调查的类型和方法。调查方法是科学研究中最常用的方法之一。它是有目的、有计划、系统地搜集有关研究对象现实状况或历史状况材料的方法。

（一）市场调查的类型

按照调查样本和范围大小,可以将市场调查分为全面调查、重点调查和抽样调查。

1. 全面调查

全面调查法是指对调查对象总体所包含的全部单位无一例外地逐个进行调查。对市场进行全面普查,可获得全面的数据,正确反映客观实际,效果明显。普查工作量很大,要耗费大量人力、物力、财力,调查周期较长,一般只在较小范围内采用。另外,有些资料可借用国家权威部门的普查结果。

2. 重点调查

重点调查法是在进行市场调研时所采用的传统方法之一。它是在调查对象中选择一部分对全局具有决定性作用的重点单位所进行的调查。重点调查常用于产品需求调查,有时还用于对竞争楼盘、竞争对手等方面问题的调查。

3. 典型调查

典型调查是在调查对象中选择一些具有典型意义或具有代表性的市场区域或产品进行专门调查。典型调查的调查企业较少或范围较小,人力和费用开支较省,运用比较灵活。

搞好典型调查的关键在于把握调查对象的代表性,它直接关系到调查效果。典型调查对象代表性的具体标准应根据每次市场调查的目的和调查对象的特点来确定。

4. 抽样调查

抽样调查简称抽查,它是指从调查对象全体（总体）中选择若干个具有代表性的个体组成样本,对样本进行调查,然后根据调查结果推断出总体情况的一种调查方法。在市场调查的实践中,更多地采用抽查而不采用普查。

（二）市场调查的方法

市场调查的目的就是为搜集相关市场资料,以为决策提供相关信息支持。因此市场调查的过程其实也就是市场资料的收集过程，市场调查所用的方法主要也是指资料收集的方法。市场资料收集是房地产市场调研的主要工作，包括原始资料的收集和二手资料的收集。研究人员进行原始资料收集前，应先评估是否有现成的二手资料可利用，以节省资源。

1. 原始资料的收集方法

原始资料的收集方法是依据特定目的，遵循完整的研究设计和调研设计，并通过调研执行、资料处理与分析，获得所需资料的方法。原始资料的收集方法包括访问法、观察法、实验法和定性调查法，如图3-1-1所示。

（1）访问法：

访问法是通过直接询问被调查者的方式了解市场情况和客户需求的一种方法。采用访问法进行调查时，通常要将需要了解的信息做成问题的形式列在表中，按照表格的顺序和要求询问被调查者，所以通常又被称为调查表法。根据调查人员与被调查者的接触方式，访问法又可以分为人员访问、电话访问、邮寄访问和网上访问四种类型。

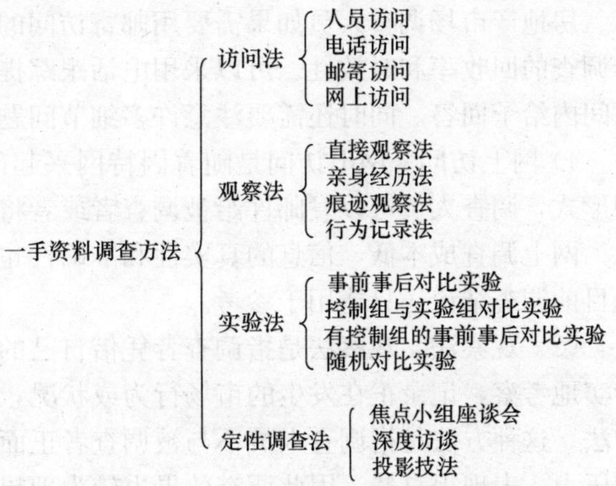

1）人员访问。人员访问是指房地产调查人员直接与被调查者面对面交谈以收集资料的一种调查方法，又称面谈调查，是市场调查中较为灵活和通用的一种调查方法。

图 3-1-1　一手资料调查法

这种方法也可分为两种方式：一种是入户面谈，调查人员按照抽样方案的要求，到抽中的家庭或单位中按事先规定的方法选取适当的被访者，在依照事先拟定好的问卷或调查提纲顺序，对被调查者进行面对面的直接访问；另一种是拦截式面谈调查，指调查人员根据调查方案，在指定的地点如商场、展览会上，按照规定的调查程序在路人中选取访问对象，进行较为简短的调查。另外也可以在事先选定的场所如教室或展厅内，根据组织被选中的调查者按照一定的程序和要求集中进行问卷测试调查。

人员访问由于采用与客户面对面交谈的方式进行调查，所以需要调查者具有一定的技巧，使被调查者能够较为真实地表达他对调查问题的看法。这就需要房地产市场调查人员在进行面谈调查之前统一培训，悉心研究客户心理，妥善处理调查时出现的各种情况。

2）电话访问。电话访问是通过电话中介与选定的被调查用户交谈以获得市场信息的一种方法，它是一种间接地方法。

电话访问前，需要对调查人员进行培训，使其口齿清楚、语气亲切、语调平和，可在不长的时间（15分钟左右）内完成调查。调查人员需要根据被调查者的情况进行安排，还需要在电话调查前设计好问卷调查表，由于受到通话时间和记忆规律的限制，大多采用是非选择法向被调查者询问，以保证调查的顺利进行。电话访谈只适合于某些目的较为明确简单并且急需得到结果的房地产市场调查，如房地产公司调查购房者对房屋的满意度，居民购买房屋的价格信息等。

3) 邮寄访问。邮寄访问是房地产市场调查中一个比较特殊的收集资料的方法。它是将调查者事先准备好的调查问卷邮寄给被调查者,再由被调查者根据要求填写好后寄回的一种调查方法。

邮寄调查法的特点是调查范围广、成本低,在能够通邮的地方都可以实施,它给了被调查者充分的考虑时间,避免受到时间限制,也不受调查人员的倾向影响,它可以节省调查人员的数量,不需要对调查人员进行专门的培训。但缺点是征询问卷回收率一般偏低,反馈信息时效性较差,可靠度较低。另外它要求被调查者有一定的文字理解能力和表达能力,对文化程度较低者不宜使用。

房地产市场调查人员如果需要用邮寄访问的方式时,需要采取一些附加的措施提高问卷调查的回收率和时效性。可以采用电话跟踪提示或者抽奖刺激等方式,使被调查者在短时间内给予回答。同时还需要注意许多细节问题,如附上回信的信封和邮票等。

4) 网上访问。网上访问是随着因特网兴起而出现的一种新型的访问形式。它有很多种形式,调查人员可以发邮件给被调查者或者将问题答卷放在网上供被调查者填写。

网上调查成本低,信息的真实性和准确性也不能够保证,虽然它是以后调查的趋势,但目前调查结论还只能用于参考。

(2) 观察法:观察法是指调查者凭借自己的眼睛或摄像、录音等器材,在调查现成进行实地考察,记录正在发生的市场行为或状况,以获取各种原始资料的一种非介入式调查方法。这种方法是指调查人员不与被调查者正面接触,而是在旁边观察。这样做被调查者无压力,表现得自然,因此调查效果也较为理想。观察法有四种形式:

1) 直接观察法。直接观察法就是调查人员去现场直接察看市场情况。例如,派调查人员去房地产展销会或到各大楼盘的售楼部,观察顾客对哪些房地产产品最喜欢,对哪些房地产产品不感兴趣;又如,要了解一个楼盘的实际入住情况,可以在白天观察该小区楼宇的空调安装数量,或者在晚上观察该小区住户的亮灯数量;又比如,要判断一个顾客的收入水平与购买能力,可观察其在看楼时采用的交通工具等等。

2) 亲身经历法。亲身经历法就是调查人员亲自参与某项活动来收集有关资料。如调查人员要了解某代理商服务态度的好坏和服务水平的高低,可以伪装顾客,到该代理商处去咨询、买楼等。通过亲身经历法收集的资料,通常信息都是真实的。

3) 痕迹观察法。调查人员不是直接观察被调查对象的行为,而是观察被调查对象留下的一些实际痕迹。例如,想了解一个商场的销售情况,调查人员不需要在每个柜台上调查具体的销售情况,可以观察从商场门口出来的客户手中是否有商场提供的纸袋或塑料袋即可。

4) 行为记录法。有些情况下,为了降低调查者的记录负担,可以通过录音机、摄像机、照相机及其他一些监听、监视设备记录客户的行为。如在房地产市场调查中,用录音机和摄像机将客户问的问题和参观楼盘时的行为记录下来,分析客户购房的心态,有针对性地进行楼盘营销的策划。在使用这种方法时,应尽量保证观察的隐蔽性,提高资料的可信度。同时,应该注意不要侵犯个人隐私权,避免法律风险。

观察法也有它的缺点,由于它不与客户进行交流,无法深入探究客户的态度和动机,只能获得表面性的资料;调查人员也需要进行培训,具有较高的业务水平和敏锐的观察力;同时,观察法还需要一些观察器具和较长的观察时间,因而花费较大。所以,观察法最好是和其他的调查方法一起使用。

(3) 实验法：

实验法是指通过实验对比来取得市场情况第一手资料的一种市场调查方法。调查实验法是把物理、化学自然科学中用实验求证理论、结论成立的研究方法移植到市场调查实验中来，在给定的条件下，对市场经济活动加以验证，从而获得市场调查资料。市场实验法比较客观、可信程度高，但只适用对当前市场的实验，而对历史或未来的市场实验则不可能。

1) 事前事后对比实验。事前事后对比实验是在同一市场内，先对正常经营情况下进行测量，然后改变实验参数后再进行市场测量，最后将前后两期收集到的资料进行对比观察，得出实验变数效果的一种实验方法。其表达式为：

$$\text{实验变数效果} = \text{事后测量值} - \text{事前测量值} = y_2 - y_1 \quad (3\text{-}1\text{-}1)$$

2) 控制组与实验组对比实验。控制组与实验组对比实验是指以非实验单位作为控制组与以实验单位作为实验组，两组同时（同起始、同终止）进行测量、对比的一种实验方法。此法因控制组与实验组在同一时间内进行实验对比，可以排除由于前后两期对比因时间不同而产生的实验误差，从而提高实验结果的准确性。另外，要注意控制组与实验组之间的可比性，即两组的主客观条件要基本相同或相似，两组在规模、类型、经营产品的种类、品质、购销环境等方面要大体一致，以增强实验效果的可信度。

控制组与实验组对比实验的公式如下：

$$\text{实验变数效果} = \text{实验组事后测量} - \text{控制组事后测量} = y_2 - y_1 \quad (3\text{-}1\text{-}2)$$

3) 有控制组的事前事后对比实验。有控制组的事前事后对比实验是指分别对控制组事前事后实验结果与实验组事前事后实验结果分别进行测量，然后再进行对比的一种实验调查方法。这种方法既不同于在同一个市场上进行的事前事后对比实验，也不同于在同一段时间内进行的控制组与实验组的对比实验。而是在同一段时间内，在两个不同（组）市场上分别进行事前事后测量的基础上，再进行对比，以得到实验变数效果。这种方法由于实验的变数多，有利于消除外来因素变动的影响，从而大大提高实验变数效果的准确性。其计算公式为：

$$\text{实验变数效果} = \text{实验组变动结果} - \text{控制组变动结果} = (x_2 - x_1) - (y_2 - y_1) \quad (3\text{-}1\text{-}3)$$

式中　x_1、x_2——分别为实验组的事前、事后测量值；

y_1、y_2——分别为控制组的事前、事后测量值。

4) 随机对比实验。随机对比实验是指按随机原则确定实验单位而进行的实验调查方法。若实验单位数目多且情况复杂时，采用前面介绍的分层或分群随机抽样法来选定实验样本，可以提高实验结果的代表性、准确性。

实验法在研究因果关系时能提供询问法和观察法所无法得到的材料，它具有独特的使用价值和应用范围。试销是一种重要的实验方法，这包括一项新产品或服务在推向扩大的市场之前，先在局部水平推广或测试。在投入大笔资金之前，局部水平的推广将有助于消除可能出现的问题。

需要注意的是，每一项实验完成后都要检测其有效性，这里包括检测实验的内部有效性和外部有效性。客观地说，内部有效性和外部有效性很难达到绝对一致，这需要权衡二者之间的关系，同时检测其有效程度，从而决定是否值得推广。

(4) 定性研究法：

定性研究法是对研究对象质的规定性进行科学抽象和理论分析的方法，这种方法一般选定较小的样本对象进行深度、非正规性的访谈，发掘问题的内涵，为随后的正规调查做准备。目前国内常用的定性研究法有：焦点小组座谈会、深度访谈法和投影技法。

1) 焦点小组座谈会。焦点小组座谈会就是以会议的形式，就某个或几个特定的主题进行集体讨论，集思广益的一种资料收集方法。一般由主持人引导对某个主题进行深入的讨论。它在国外已经得到广泛的应用，目前在国内也逐渐开始采用这种调查研究的方法。

焦点小组座谈会的特点在于它所访问的不是独立的被调查者，而是同时访问若干个被调查者，通过与若干个被调查者的集体座谈来了解市场信息。因此，小组座谈过程是主持人与多个被调查者相互影响、相互作用的过程，要想取得预期效果，还需要主持人做好座谈会的各种准备工作，熟练掌握主持技巧，并且要求有驾驭会议的能力。

2) 深度访谈法。深度访谈法是一种无结构的、直接的一对一的访问，在访问过程中，由掌握高级访谈技巧的调查员对调查对象进行深入的访谈，用以揭示被访问者对某一问题的潜在动机、态度和情感等。此方法最适于做探测性调查。深度访谈包括自由式访谈和半控制性访谈两类，前者对交谈内容没有控制，而后者则需要对每个问题的讨论时间和内容加以控制。

自由式访谈一般适用于平级关系或工作时间弹性较大（机动时间较多）的被调查对象。半控制性访谈一般适用于工作很忙的被调查对象，由于半控制性调查的特殊性，它一般用来了解基本市场情报、经济法规和竞争行为等。

3) 投影技法。投影技法是一种无结构的非直接的询问形式，可以鼓励被调查者将他们对所关心问题的潜在动机、信仰、态度或情感投射出来，适合于对动机、原因及敏感性问题的调查。投影技法的目的是探究隐藏在表面反应下的真实心理，以获知真实的情感、意图和动机。在投影技法中，调查对象被要求解释别人的行为而不是描述自己的行为，在解释别人的行为时，调查对象就间接地反映了在此情景下他们自己的动机、信仰、态度或感受。这样，通过分析调查对象对于有意非结构化的、模糊的、不明确的情节的回答来揭示他们的态度。

通过上述三种基本的定性调查研究方法的介绍，我们可以看出定性研究方法样本小，而且结果较为依赖调查者和被调查者的主观感受。在实际调查中定性调查研究方法需要与定量调查研究方法结合使用。定量结果对于决策的支持更大，但没有定性研究的定量研究结果是毫无意义的，所以在具体的项目调查中，对两种方法要有针对性地加以选择和综合。

2. 二手资料的收集方法

二手资料是公司内部或外部现成的资料。二手资料的来源包括：

（1）内部来源。本人资料库、企业档案（会计记录、销售报告、其他数据资料）、企业内部专家。

（2）外部来源。组织机构，包括图书馆、外国使团、国际组织、本国政府机构、商会或贸易促进机构、行业公会、出版社、研究所、银行、消费者组织、其他公司（例如：调研人员可以向市场调研公司购买相关商业资料，以增加市场调研的深度和广度）；文献资料，包括文献目录、工商行名录、贸易统计资料、报纸和期刊、综合性工具书；电脑数据库、互联网；企业外部专家；营销调研公司等。

二手资料的收集程序如下：第一步应确定需要什么资料；第二步是从企业内部搜寻二手资料；第三步是从企业外部进行搜寻；第四步是对拟收集或已收集的二手资料进行评估，即评估资料的可用程度；第五步是确定需要收集的原始资料。只有二手资料不能满足要求时才需要收集一手资料。

第二节 抽 样 设 计

一、抽样调查的基本概念

由于市场是一个庞大、复杂的总体，采用普查不仅耗费资金多、时间长不能满足时效要求，甚至无法调查某些个体，所以市场调查经常采用抽样调查的方法，房地产市场调查也不例外。目的是通过抽取部分个体或单位进行调查，取得所需要的指标，以样本性质推断对象全体。因此，在抽样调查中，抽取的样本是否具有代表性，就成了抽样调查是否准确、可靠的重要衡量标准。在进行抽样设计时，首先要清楚一些相关概念。

1. 全及总体和样本总体

全及总体也称目标总体，是指所要调查对象的全体。全及总体有有限总体和无限总体之分。有限总体是指总体的数量是可以确定的；无限总体是指总体的具体数值无法准确确定。调查的目标总体必须定义精确，才能保证调查的有效性。

样本总体是目标总体的一部分。它是指从目标总体中抽选出来所要直接观察的全部单位，每一个被抽到的个体或单位，就是一个样本。

2. 重复抽样和不重复抽样

重复抽样又称回置抽样，是指任何一个样本单位被抽出进行登记以后，再放回去参加下一次的抽取，总数始终不变。

不重复抽样又称不回置抽样，是指各样本单位被抽出进行登记，不再放回去参加第二次抽取。被抽中的样本不会再有第二次被抽取的可能性。

3. 抽样框

在抽样设计时，必须有一份全部抽样单元的资料，这份资料就叫抽样框，也即全及总体的数据目录或名单，从中可以抽取到样本。比如，人员名单、人员所在地理位置、电话号码、户口档案、企业名录等都可以作为抽样框。例如，从 1000 名大学三年级的学生中抽取 200 名学生，则这 1000 名学生的名册就是抽样框。在抽样框中，每个抽样单元都应该有自己唯一对应的位置或序号，这常常通过编号来实现。

准确的抽样框包括两个含义：完整性和不重复性。但实际中很难设计出准确的抽样框。但是，如果抽样框选择错误，就会大大增加调查的误差，严重的情况下会误导决策。

4. 大样本和小样本

大样本和小样本是根据市场调查中所抽选的样本数量不同而划分的。一般当样本数大于 30 时称为大样本，当样本数小于 30 时称为小样本。在市场调查中，只有抽样方法选择适当，样本数足够大，抽样结果才具有一定的代表性，这是由大数法则所决定的。

二、抽样调查的基本类型

随着抽样理论研究的不断深化和抽样实践的发展，多种抽样方式被创造出来并运用于市场调查中。如果按抽样的随机性划分，抽样调查包括随机抽样和非随机抽样，其详细分类如图 3-2-1 所示。

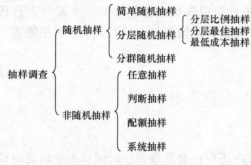

图 3-2-1 抽样调查分类图

（一）随机抽样调查

随机抽样是按随机原则在调查的母体中进行抽样。这里的随机原则是指保证母体内每个样本被抽取机会都均等的原则。随机抽样排除了抽样的主观随意性，使抽取样本更具客观代表性。因此，抽查结果比较准确、可信，抽查误差可以计算、检验、修正与调控等优点。

随机抽样的方法多种多样，其中最主要的有简单随机抽样、分层随机抽样与分群随机抽样三种。

1. 简单随机抽样

简单随机抽样是指在抽样过程中，抽样人员完全排除了任何有目的的选择，采取纯粹偶然的方法从调查母体抽样。当调查母体容量不大，母体内各个样本的同一性较高时，那么对被调查母体内全部样本可不做任何分类，通过抽签法或查随机数表法，在母体中抽样。

（1）抽签法。母体内全部样本从 1、2……n 统一编号用丢骰子法确定被抽查样本的号码数。这种方法虽简单，但可以保证每个样本都有均等的机会被抽取。

（2）随机数表法。随机数表又称乱数表。它由摇码机逐个摇出或电子计算机自动生成的一组按二位数（或三位），从 0～9 十个自然数的组合表。表内任何号码的出现都具有等可能性。利用随机数表可以方便地进行简单随机抽样。

2. 分层随机抽样

分层随机抽样是指按某种划分标准将调查母体先分为若干层，然后再从各层中按简单随机抽取若干样本的方法。由于事先对调查母体进行分层，所以，这种抽样的方法实质是分层加简单随机抽样，它可以提高抽样结果的代表性。

（1）分层比例抽样。分层比例抽样是指分层以后，按各层占母体的比例份额，用简单随机抽样方法进行抽样的一种方法。计算公式如下

$$n_i = \frac{N_i}{N}n \tag{3-2-1}$$

式中 n_i——第 i 层应抽取的样本数；

N_i——第 i 层样本总数；

N——调查母体的样本总数；

n——设定的抽样数。

分层比例抽样法适用于各层具有明显差异，各层内部具有较好的一致性，各层在母体中所含比例不过分悬殊的市场母体的调查之中。

（2）分层最佳抽样。分层最佳抽样是指在分层比例的基础上，再根据各层标准差的大小，而调整各层样本数的一种抽样方法。其实质是指既按各层比例，又按各层样本标准差大小进行抽样。其计算公式为：

$$n_i = \frac{N_i S_i}{\sum N_i S_i}n \tag{3-2-2}$$

式中：S_i 为第 i 层的样本标准差。

【例 2-1】 某地区百货商店为 10000 户，其中大型、中型与小型百货商店分别为 1000、2000、7000 户，其中大型、中型与小型百货商店的样本标准如表 3-2-1 所示，当抽取样数为 200 户时，试依据分层最佳抽样法，计算各层应抽取的样本数各为多少？

分层随机抽样数据表　　　　　　　　　　表 3-2-1

层次	样本数 N_i（户）	标准差 S_i（万元）	乘 积 N_iS_i	调查费用 $\sqrt{C_i}$（百元）	乘 积 $N_iS_i/\sqrt{C_i}$
大型	1000	300	300000	20	15000
中型	2000	180	360000	30	12000
小型	7000	60	420000	30	14000
合计	10000		1080000		41000

大型百货商店：$n_{大} = \dfrac{300000}{1080000} \times 200 = 55$（户）

中型百货商店：$n_{中} = \dfrac{360000}{1080000} \times 200 = 67$（户）

小型百货商店：$n_{小} = \dfrac{420000}{1080000} \times 200 = 78$（户）

（3）最低成本抽样。最低成本抽样是指在考虑调查结果的统计效果（即调查结果准确行）前提下，再根据抽样费用指出来确定各层抽取样本数的方法。其目的是兼顾调查结果准确性与抽样调查经济的矛盾。其计算公式为

$$n_i = \frac{N_iS_i/\sqrt{C_i}}{\Sigma N_iS_i/\sqrt{C_i}} n \tag{3-2-3}$$

其中 C_i 为第 i 层调查费用。

【例 2-2】 资料如例 2-1 所示，其中大型、中型与小型百货商店的样本调查费用如表 3-2-1 所示，试根据最低成本抽样法，计算各层应抽取的样本数分别为多少（请读者自己完成）？

3. 分群随机抽样

分群随机抽样是将市场调查母体划分为若干群体，然后对细分群体采用单纯随机抽样方法确定若干群体作为调查样本，并对选定群体内的全体样本进行普遍调查的一种方法。

分群随机抽样与分层随机抽样的区别在于：分层随机抽样要求层间异质，层内同质（如图 3-2-2 所示）；而分群随机抽样正好相反，它要求群间同质，群内异质（如图 3-2-3 所示）。

以居民家庭收入为例，分层随机抽样为：

而分群随机抽样示意图为：

图 3-2-2 分层随机抽样　　　　图 3-2-3 分群随机抽样

分群随机抽样的优点在于被抽取群体内的样本比较集中,因此调查方便、省时,节约人力、财力资源。分群应注意个群体要对同质,各群体差异越小,被抽中的群体代表性越好。在市场调查中,地区调查宜采用分群随机抽样法。

(二)非随机抽样调查

在市场调查活动中,并非所有调查都可以采用随机抽样。相对于非随机抽样,随机抽样要求调查人员具有熟练的技能与丰富的工作经验,而且花费时间长,费用指支出高。所以,在市场调查中也经常采用非随机抽样法。

非随机抽样是指市场调查人员在选取样本时并不是随机抽取,而是先确定某个标准,然后再选取样本数,因而每个样本被选择的机会并不是相等的。它可以分为四种:任意抽样法、判断抽样法、配额抽样法和系统抽样法。

1. 任意抽样法

任意抽样法又称便利抽样法,它是一种完全根据调查人员自身工作方便来确定的一种方法。任意抽样的基本假设:被调查的总体中任一个样本都是同质的,随意选取任一样本进行调查,结果都是一样的。然而,并非每一个样本都是同质的,往往是异质的。所以,任意调查偏差大,结果可信度低,资料价值也低。

2. 判断抽样法

判断抽样法是指由调查人员根据主管经验判断而选择调查样本的一种非随机抽样方法。判断抽样法适用于样本数目不多、各个体构成不同的场合,适用于调查者对调查母体的有关特性比较了解的场合。判断抽样法具有抽样简便易行、调查回收率高的优点,但这种抽样的代表性完全取决于调查人员对调查母体的熟悉程度、个人工作经验及判断能力。

3. 配额抽样法

配额抽样法是指调查人员根据调查母体某些属性特征进行分层,对分层后的各副次母体进行配额,配额内的样本抽取是由调查人员主观判断抽样的一种非随机抽样方法。它与分层随机抽样法的区别在于:分层随机抽样采用随机抽样,而配额抽样则按判断抽样。

4. 系统抽样法

系统抽样法又称等距离抽样法。它是将调查内全体样本统一编号、分段后,在每段构成的副次母体中抽取一个样本,从而保证相邻两个样本间的距离相等。系统抽样法的基本步骤为:

(1) 编号。对母体内 N 个单位进行编号:1、2……N;

(2) 计算区间 K。若拟抽样样本数为,则区间数为:

$$K = \frac{N}{n} \tag{3-2-4}$$

（3）抽样。在第一个区间内，按判断抽样法（或单纯随机抽样法）抽取一个样本，则第2、3……K段的抽样号码分别为第1段的抽样号码加上1K、2K……（K-1）K即可。

【例2-3】 某城市有个人电话簿500页，每页200人，现拟用系统抽样法，分别用判断抽样法或简单随机抽样法抽取500个样本进行电话调查，问如何抽样？

设每页有200人作为1段，500页也共分为500段，在第一页（001-200）用判断抽样抽取一个样本，假设是第5号即为系统抽样法抽取的样本，这样500页可刚好抽取500个样本。若第一页用简单随机抽样法抽取的是第15号样本，则以后各页的15号即为系统抽样法的样本。所以，系统抽样法是介于随机抽样与非随机抽样之间的一种方法。

三、抽样实施

抽样实施包括建立抽样框和确定调查对象等。

（一）建立抽样框

一个抽样框是构成总体的全部党员的"家庭聚会"，样本由此抽选出来。在市场调查中，不同的调查对象，其抽样框资料是不一样的。目前最常用的建立抽样框的方法是住宅的区域抽样框。其方法是：以居委会的行政区为界限，画出该居委会的住宅分布路线图，同时依一定的顺序，抽写出区域内各住户的详细地址。这些地址和线路图就是一份完整的抽样框。在画住宅分布图和线路图时，通常要注意标出该区域内的标志性建筑物以及公共汽车站，以便于人员查找。

（二）确定抽样对象

在随机抽样调查的实际操作中，常以户为最小单位进行随机抽取。被抽到的对象的信息是事先确定好的。这样在样本确定后，所面临的问题是，一户中往往包括若干个符合调查条件的成员，在这些成员中应该具体对哪一位进行调查呢？可以对每户分别采取抽签法和随机数值法来抽取，但是比较麻烦，实际中常用的方法是用一组现成的表格来决定各户内的抽取对象，其效果与简单随机抽样相似，但使用起来却方便多了，详见表3-2-2。

入户随机抽样调查表　　　　　　　表3-2-2

家庭人口（　　）人
家庭符合调查条件人口（　　）人编号（　　）号

序号	姓名（按年龄从大到小填）	抽中人	符合条件人口数＼编号尾数	1	2	3	4	5	6	7	8	9	0
1			1	1	1	1	1	1	1	1	1	1	1
2			2	1	2	2	1	2	2	1	2	2	1
3			3	2	1	3	1	2	3	2	1	3	2
4			4	2	2	4	3	4	1	3	4	2	1
5			5	2	5	3	3	4	1	1	5	5	3
6			6	3	1	4	5	2	6	2	3	6	6
7			7	4	5	6	7	3	2	5	7	7	3
8			8	4	5	6	2	8	7	8	3	5	4
9			9	2	4	9	5	8	3	7	6	1	8
10			10	5	2	3	4	10	7	9	8	9	1

使用表 3-2-2 的操作步骤如下：
（1）先写清表头的编号，核实好家庭人口和符合调查条件的人口数。
（2）将符合条件的家庭成员姓名按年龄从大到小的顺序填写在"姓名"一栏。
（3）取编号的尾数和家庭符合条件人口数交叉的数字，确定抽中人序号。
（4）按序号选出调查对象的姓名，并在"抽中人"栏打"√"，开始调查。
（5）调查结束后，将此表保存好。

第三节　房地产市场调研实施

一、调查实施队伍的组织

（一）实施主管的职责

对于一般规模不大的市场调查机构，市场调查的实施主管往往就是项目负责人，其职责主要有以下几个方面：
（1）深入了解调查研究项目的性质、目的以及具体的实施要求；
（2）负责选择合适的实施公司，并与之进行联络；
（3）负责制订实施计划和培训计划；
（4）负责挑选实施读到和调查员；
（5）负责实施过程中的管理和质量控制；
（6）负责评价督导和调查员的工作。

（二）实施督导的职责

实施督导是调查机构的入门职位。对于决心投身调查业的大学毕业生来说，督导工作，现场的实施，数据的边际和编码，数据的分析，是入门的最基础性的工作。

1. 公开或隐蔽地对调查人员实行监督

实施督导的具体的项目运作监督人员，负责实施过程的检查监督和结果的检查验收。监督的方式可以是公开的，也可以使隐蔽的。但是对于训练有素的调查员和动机明确的调查员，在没有任何迹象表明其可能存在欺骗或错误的情况下，公开的监督是没有必要的。隐蔽的监督之所以有必要，是因为如果调查员知道受到（公开的）监督时，其行为表现可能会有所差别。隐蔽的监督可以有两种方式：在访问的名单中或在访问的现场组织一些调查员不认识的人士，要求这些人士将受访的情况向督导报告，或是在调查员不知道的情况下对访问进行监听或录音。如果在实施的过程中有可能进行隐蔽的监督，那么一定要事先通知调查员，说明可能会有不公开的检查监督发生。否则，如果过后调查员发现他们收到暗中监督时，肯定会产生极大的不满。

2. 现场指导调查人员进行调查

实施有一个良好的开端非常重要，而且督导很有必要经常到实施现场去，以确保调查员没有变的松懈，没有养成什么坏习惯，也没有投机取巧走捷径。例如，对于面访调查，督导应该对调查员开始进行的几个试调查实行陪访，并在整个实施的过程中有计划地进行陪访。对于电话调查，开始的几个访问应当有督导在场，督导可以通过分级聆听访问的对话，一边进行必要的帮助。

3. 对实施情况进行检查

督导最好要求调查员每天都将当天完成的访问结果（完成的问卷）上交督导。督导对实施的情况可以一天一检查，一天一报告。

（三）调查员的挑选

调查员是调查事实的具体执行者，因此，调查员自身素质是调查事实能够成功的最重要的保证。调查员一般都是从申请者中经过认真的挑选后确定的。

挑选调查员应考虑一下因素：

1. 访问对象的人口特征（性别、年龄、文化程度、职业等）和社会经济特征，要尽量选择能与之相匹配的调查员。

2. 调查员完成访问工作的有效性和可靠性。

3. 是能够按照访问指南的要求去进行调查，并有持之以恒的具形。

4. 善于交流：调查员的工作是与被访者进行交流。因此，能干的调查员应该善于向他人做有效的询问，又能悉心地倾听、正确地领会和理解他人的回应。虽然一般都希望调查员就是比较合群、善于交际、性格外向、愿意并喜欢与他人接触的，但是调查员不能过于活跃。

5. 调查员的信念和个人的道德是避免作弊的最重要的因素。所以，申请者应该具有诚实和勤奋的品质。比如，到申请者以往的雇主哪儿去了解情况，包括申请者旷工的记录。最好获取一些的个人的参考资料，以及其他任何能表示其个人责任感和社会责任感的有关信息。

二、现场准备与管理

（一）编写手册

1. 调查员手册

调查员手册主要的工作指南是主要的工作指南，通常包括以下内容：

（1）一般信息：陈述调查的目的和重要性、数据的用途及机构收集数据的原则；

（2）简介；

（3）问卷说明：问卷调查中所用的概念和术语的定义；

（4）问卷的审核与整理：调查员在访问期间或访问结束之后应立即对问卷进行现场审核。单个样本单元的管理：主要内容是对无回答的被调查者的再访、调查员为了得到答案应尝试的次数；

（5）作业管理：主要内容是管理的细节；

（6）问题与答案：手册的最后一部分列出调查员会遇到的问题和正确的解决办法。

一般的调查技能和技术。

2. 督导手册

督导手册包括以下内容：

（1）招聘和培训调查员；

（2）向调查员分配任务；

（3）质量和执行控制；

（4）后勤服务；

（5）特殊情况下替代数据的收集方法；

（6）被调查者的安全和隐私保密承诺；

(7) 说服拒访者。

(二) 调查人员的培训

1. 调查人员的培训方法

(1) 自学。认真学习调查员手册并完成书面作业。

(2) 课堂培训。课堂培训主要学习如何与被调查者建立良好的关系。

(3) 模拟访问。即模拟访问练习。

(4) 实习访问。

2. 对调查人员培训的内容

(1) 思想道德方面的教育：

1) 实事求是，决不弄虚作假；

2) 诚实守信，保守秘密；

3) 谦虚谨慎，礼貌待人。

(2) 性格修养方面的培养：

1) 耐心细致，不急不躁；

2) 克服畏难心理，遇挫不妥；

3) 愿意与人交流，深入实际，了解社会。

(3) 市场调查业务方面的训练内容：

1) 总体方案介绍；

2) 问卷的解释和试填写；

3) 对调查员的要求；

4) 调查实施的一般技巧，包括进行最初接触的技巧、提问的技巧等；

5) 现场可能遇到的问题及处理方法；

6) 解答被调查员不清楚的问题。

3. 培训的途径

对调查员培训的途径主要有两种，即业余培训和离职培训。

(三) 对调查员的监督管理

对调查员监督管理的目的是要保证调查员能按照培训的方法和技术来实施调查。要搞好对调查员的监督管理，首先要了解调查员在调查过程中由于自身的原因可能出现的问题，其次要掌握监控的各种方法和手段，对调查员的工作过程和质量实施监督管理。

1. 常见问题

调查员在调查过程中容易出现以下问题：

(1) 调查员自填问卷，而不是按要求去调查被访者；

(2) 没有对指定的调查对象进行调查；

(3) 调查员执行修改已完成的问卷；

(4) 调查员没有按要求向被访者提供礼品或礼金；

(5) 调查过程没有按调查要求进行，比如，调查员将本当由调查员一边问一边记录的问卷交由被访者自填；

(6) 调查员在调查过程中带有倾向性；

(7) 有些问题答案选择过多，不符合规定的要求；

(8) 调查员为了获取更多报酬，片面追求问卷完成的数量，而不重视质量；
(9) 家庭成员抽样没有按抽样要求进行。

2. 监控的手段

对调查员的监督管理，重点在于保证调查的真实性，同时也是衡量调查员的工作业绩、实行奖优罚劣的需要。对问卷质量的监控是应做到每天会数当天完成的问卷，并且每天对每份问卷做检查，看是否所有该回答的问题都回答了，字迹是否清楚，跳答的问题是否按要求跳答了，等等。对检查中发现的问题，督导应及时对调查员进行正面反馈。

3. 调查员的评价和报酬支付

（1）调查员的评价。对调查员进行评价是一件非常重要的工作。调查员评价的准则主要有：

1）费用和时间；
2）回答率；
3）访问的质量；
4）数据的质量。

（2）调查员的报酬支付。调查员的报酬支付主要有两种方式，即按完成调查问卷的数量支付和按工作的实际小时支付。有些情况下，也按月支付工资或根据全部工作量付费。

（四）调查进度的监督管理

调查进度安排是否合适，直接影响到调查的完成情况和调查工作的质量。而且调查进度表经双方一致认可后，市场调查公司就必须严格按照这个进度表来执行，保证市场调查的所有工作在进度表规定的时间内完成。

1. 确定调查进度

调查进度与调查质量密切相关，切记要防止调查员为了赶进度，讲求经济效益，片面追求完成问卷的数量，而忽视调查的质量。为此很有必要对调查员每天完成问卷的份数作出规定。进度的安排要综合考虑所有的相关因素。确定调查进度主要考虑的因素有：客户的要求、兼职调查员和督导的数量和比例、调查员每天所完成的工作量等。

（1）客户的要求。客户的要求是市场调查公司安排调查进度时必须考虑的第一重要因素。

（2）兼职调查员和督导的数量和比例。实施期间可以工作的兼职调查员的人数以及督导的数量和比例也直接影响到调查进度。

（3）调查员每天所完成的工作量。主要从下面几个方面考虑：

1）调查员的工作能力；
2）调查员的责任心；
3）调查问卷的复杂程度；
4）调查的方式；
5）调查的区域和时段。

（4）调查进度控制图。调查进度控制图是进行调查进度控制的有效工具。督导每天记录调查员所做的工作（完成的问卷数），以便掌握实际进度与计划进度的差距，以及调查员存在的问题。调查员在调查过程中必须按规定进度开展调查，以确保问卷质量的情况下，每天完成的问卷数不能突破规定的上限。

2. 调查质量监控

(1) 概念。调查质量监控是以调查结果为对象,以消除调查结果的差错为目标,通过一定的方法和手段,对调查过程进行样监控,对调查结果进行严格审核和订正的工作过程。

(2) 调查质量控制。应根据调查工作的不同阶段分别进行。具体分为:

1) 设计阶段的质量控制;

2) 调查实施阶段的质量控制;

3) 资料整理阶段的质量控制。

(3) 寻踪抽样框的更新包括:

1) 进行寻踪的目的:对样本单元进行定位;更新抽样框中单元的基本信息;确认样本党员是否仍在调查范围内。

2) 常用的寻踪工具:当前的电话簿和其他辅助目录;从其他抽样框获得的信息;从其他政府机构的卷宗得到的信息;重复性调查中提供的信息。

三、访谈技巧

调查员与被调查者建立良好关系的基础是介绍。拒绝访问是市场调查中常见的情况,研究发现,拒访率因调查方法的不同而不同,因地区、收入、职位的不同而不同。市场调查要努力降低拒访率。

(一) 介绍的内容

介绍的主要内容如下:

(1) 调查员的姓名和调查组织机构的名称;

(2) 调查名称和目的;

(3) 数据的用途;

(4) 数据收集的权威性;

(5) 对数据安全及保密性的保证;

(6) 示意礼品。

(二) 有效访谈的关键

有效访谈的关键点如下:

1. 信心:调查员要相信自己的能力。

2. 倾听技巧:这要求调查人员在受访者回答问题时,一是不要随便打断受访者的话题,即使受访者答非所问或说话啰嗦。如果记录中有不清楚的地方,也要等受访者讲完以后再做询问。二是要集中精力、专心致志,注意用体态语言来表现自己对受访者谈话的高度重视。

3. 语言的表达。询问问题时要注意用问卷中的此语来询问,大多受访者出于礼貌,或者为图省事,细化按调查人员所期望的回答问题。因此,调查人员绝不要通过自己的面部表情或声音提示受访者答案"正确"或"错误"等。

4. 洞悉问卷,适当追问。设计开放式问题时,为了获得更多的信息,经常要采用追问的方式。

5. 记录回答。记录回答要注意几点:意思应在访问期间记录回答;而是使用受访者语言;三十记录包括与问题的目标相关的一切事物;四是记录下所有的追问;五是记录答案时重复一遍。

6. 结束访谈。结束访谈时，调查人员要感谢受访者抽出时间给予合作，并使受访者感受到自己对这项调查研究做出了贡献。调查人员应在受访者离开之前迅速检查问卷，看有没有遗漏。

（三）入户访谈拒访率高的原因及可采取的应对措施

1. 开始就拒访的原因

（1）主观的原因：

1）怕麻烦：随着市场调查越来越普及，受访者以前有过不愉快的经历或怕麻烦拒绝接受访问。应对方式是耐心解释。

2）怕露底：由于社会治安方面的问题，受访者担心随便让人入户会不安全。应对方式是在门外访问。

3）感到调查对自己没有意义。应对方式是说明此次调查的重要性。

（2）客观的原因：

1）调查人员行为不当：调查人员的仪表、态度、语言、举止等让受访者感到不舒服。这就要求调查员从以下几个方面加强注意：一是持介绍信取得居委会的帮助或支持；而是注意掌握窍门的声音和节奏；三十注意整体形象。比如一标段真、穿着整齐、用语得体、口齿伶俐、态度谦和、给人亲切感。

2）受访者担心文化程度低看不懂问卷、不理解问卷的意思等。应对方式是从自己的调查经历中安慰被访者。

3）有事不顺心而无法配合。应对方式是直接再见有空再访。

2. 访问过程中拒访

（1）问卷太长。在回答提问过程中，受访者发现问卷太长，完成问卷花费的时间过多，因而产生厌烦情绪，没有了耐心。

（2）问题不好回答。问卷上的提问是受访者不太熟悉的领域，与受访者的生活经历相差太远，或者有些问题需要受访者极力去回忆。

（3）问题不便回答。问卷中涉及一些不便回答的问题，如隐私等。影响对方保证保密。

（4）有其他事情打扰。比如有人拜访、电话打扰、突然有事需要处理。

（四）提问的一些指导原则

提问时在措辞、顺序和态度上的微小差异都可能影响问题的含义以及得到的回答。以下是关于提问的一些指导原则：

（1）对问卷做到完全熟悉；

（2）按照问卷设计的顺序提问；

（3）使用问卷中的措辞；

（4）慢慢读出问题；

（5）如果调查对象不明白问题的意思，请重复问题；

（6）对每个问题都要提问，不要遗漏；

（7）按照问卷说明和要求的跳跃模式提问，并且仔细地追问。

（五）追问的技巧

追问的目的是鼓励调查对象进一步说明、澄清或解释其答案。追问不应该存在任何误导倾向。常用的追问技巧如下：

（1）重复问题。用同样的措辞重复问题能够有效地引出答案。

（2）重复调查对象的回答。通过逐字地重复调查对象的回答，可以刺激调查对象给出进一步的信息，这可以在调查员做记录的时候进行。

（3）使用短暂停顿或沉默式追问。沉默式追问，或者期待性的停顿或眼光，都可以按时调查对象完整的回答。但是，注意沉默不要变成尴尬的局面，应当引导话题的方向。

（4）鼓励或打消调查对象的疑惑。如果调查对象表现出疑惑，调查员就应该大小调查对象的疑虑，可以说"答案不分对错，我们只是想了解您的看法"等。如果调查对象需要调查员对一个词或短语做出解释，调查员不应该进行解释，而应该要求调查对象自己做出解释。

（5）引导调查对象说明。调查员可以通过提问提高调查对象配合和给出完整答案的积极性。

四、市场调研程序

房地产市场调研的流程，是指从调研准备到调研结束全过程工作的先后次序。在房地产市场调研中，建立一套系统的科学程序，有助于提高调研工作的效率和质量。房地产市场调研的流程可以分为4个阶段，包括13个方面的内容：准备阶段、调查阶段、分析研究阶段、整理归档阶段（见图3-3-1）。

（一）准备阶段

准备阶段主要包括明确调研目的、分析初步情况、设计调研方案、确定资料来源、确定资料收集方法、设计调查表及调查问卷等内容。

1. 明确调研目的

市场调研首先应确定调研目的，即调查人员应明确为什么要进行市场调查，通过调查要解决哪些问题，有关调查结果对企业来说有什么作用等。只有当研究的问题被仔细、准确地定义后，才能设计研究计划，获取切合实际的信息。每一项目应有一个或多个目标，在这些目标未被明确建立之前，是无法进行下一步研究的。

2. 分析初步情况

调研人员对初步提出来需要调查的课题，要搜集有关资料作进一步分析研究，必要时还可以组织非正式的探测性调查，以判明问题的症结所在，弄清究竟应当调查什么。初步情况调查的目的是了解产生问题的一些原因，通常有如下三个过程：

（1）研究收集的信息材料，包括研究企业外部材料和分析企业内部材料。

（2）与企业有关领导进行非正式谈话，从领导谈话中寻找市场占有率变化的原因。

（3）了解市场情况，分析消费者对本公司所开发经营的房产的态度等。

3. 设计调研方案

根据前面信息资料收集以及上面初步调查的结果，可以提出调研的命题，确定调研方法，制定并实施调研计划。房地产市场调研方案是对某项调研本身的设计，目的是调研有秩序、有目的地进行，它是指导调查实施的依据，对于大型的市场调研显得更为重要。调研方案设计的内容如下：

（1）为完成调研的课题需要收集哪些信息资料。

（2）信息资料从哪里取得，用什么方法取得。

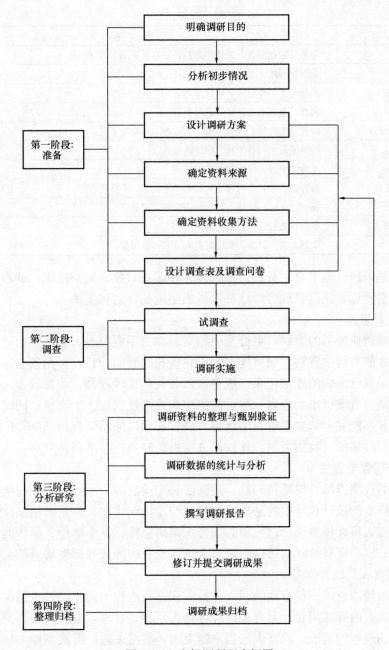

图 3-3-1　市场调研程序框图

(3) 明确获得答案及证实答案的做法。
(4) 怎样运用数据分析问题。
(5) 评价方案设计的可行性及核算费用的说明。
(6) 方案进一步实施的准备工作。

房地产市场调研工作计划是指在某项调查之前，对组织领导、人员配备、考核、工程进度、完成时间和费用预算等做出安排，使调查工作能够有计划、有秩序地进行，以保证调查方案的实现。例如，可按表 3-3-1 设计调研计划。

调研计划表　　　　　　　　　　　表3-3-1

项　目	内　容
调查目的	为何要做此调查，需要了解些什么，调查结果有何用途等
调查方法	采用询问法、观察法或实验法等
调查区域	被调查者居住地区、居住范围等
调查对象、样本	调查对象的选定、样本规模的等
调查时间、地点	调查所需时间、开始日期、完成日期、地址等
调查项目	访问项目、问卷项目（附问卷表）、分类项目等
分析方法	统计的项目、分析和预测方法等
提交调查报告	报告书的形式、份数、内容、中间报告、最终报告等
调查进度	策划、实施、统计、分析、提交报告书等
调查费用	各项开支数目、总开支额等
调查人员	策划人员、调查人员、负责人姓名和资历等

总之，市场调研计划书必须具有可操作性，在调查对象、调查范围、调查内容、调查方法、调研经费预算、调研日程等方面都应做出明确的计划和安排。

4. 确定资料来源

房地产市场调研所需的资料，可分为原始资料和二手资料两大类。原始资料是指需要通过实地调查才能取得的资料。取得这部分资料所花的时间较长，费用较大。二手资料是指企业内部记录或已出版的外部记录。取得这部分资料比较容易，花费较少。在实际调查中，应当根据调查方案提出的内容，尽可能组织调查人员收集二手资料。同时，为解决问题所需的资料并不能完全从二手资料中获得，研究必须以原始资料为基础，原始资料是专门为项目研究而收集的。收集资料，比较保证资料的时效性、准确性和可靠性。

5. 确定资料收集方法

原始资料的收集方法可包括访问法、观察法和实验法等。原始资料的收集过程中，必然进行对调查样本的设计和样本的采集。在房地产市场调研中，广泛采用抽样调查法获得原始资料。研究人员在样本设计过程中必须考虑调研总体、样本单位、抽样框、抽样设计和样本规模等。二手资料的收集可以由调查人员从企业内部或外部搜集或购买。

6. 设计调查表及调查问卷

调查表是市场调查的一种常用的调查工具。调查表也称为问卷，是根据调查目的所设计的反映具体调查内容的问卷。调查表设计得是否科学、合理，直接关系到调查结果的质量，决定着市场调查的成效。调查表应当主题突出，紧凑关联；形式多样，易读易懂；设计严密，用语标准；编码规范，便于整理。问题是调查表的核心，在设计调查表时，必须对问题作精心的设计。提问和作答方式的设计，关系到调查人员与被调查者之间信息的相互传递是否明确。调查表设计应注意，提问要具体、客观、准确，备选答案要完整并互斥。

（二）调查阶段

调查阶段主要包括试调查和调研实施等内容。

1. 试调查

试调查是任何一类实质性研究的一个至关重要的部分，是一个真正调查项目的缩影。试调查常采用小规模问卷调查的形式进行，用来检验问卷设计中始料未及的缺漏，以便修正，并同时与客户讨论再修改后，需要好几次试调查。试调查的另一意义是训练没有经验的调查员，使调查员对实际调查工作有一个初步的准备（包括心理上的），有一个熟悉的过程。

2. 调研实施

实施阶段是市场调研工作的主要阶段，是市场调研的中心工作。这一阶段的任务是实施调研计划，通过对市场信息的搜集和分析，得出调研结论。首先，在进行现场实施工作之前，要在人员、文件、物品上有充分的准备。实施进行中是现场实施中最难控制也是最容易出现问题的阶段，这就需要实施人员在充分准备的同时还应具有处理各种突发问题的能力。其次，监控调查活动的整个过程，把握项目进度，给予访问员从始至终的指导和鼓励。这一阶段不仅需要项目人员和访问员精诚合作，还需要项目人员有丰富的实践经验和足够的调控全局的能力。最后，实施后工作，主要包括数据的回收（比如问卷）、访问工作的复核及总结，访问员工作记录单、卡片、抽样图、入户情况登记表等各种文件及测试样品的收回、访问员劳务单的制作、项目经验总结等。

（三）分析研究阶段

分析研究阶段主要包括调研资料的整理与甄别验证、调研数据的统计与分析、撰写调研报告，以及修订并提交调研成果等内容。

1. 调研资料的整理与甄别验证

对市场调研的两类资料进行整理分析，有助于了解整个市场的宏观信息。一手资料首先要经过整理和甄别验证。资料的校验即调查表回收后，可先进行检查，确定其有效性。具体包括三项内容：（1）检验所有的问卷的完整性；（2）检验访问工作的质量；（3）检验有效问卷的份数是否符合调研方案要求达到的比例。对于有遗漏的资料，如果遗漏项太多或漏选关键项太多，可作废卷处理；留用时，一般将漏项用空白表示或以其他代号表示，对含义模糊的答复，根据情况，要么作废问卷，要么参考前后几个问题的回答来判断。

2. 调研数据的统计与分析

进行资料分析，可以使用的方法很多。调查研究人员须先选择分析方法，才能对调查结果作出正确的分析和解释。数据分析包括对采用的抽样方法进行统计检验，以及对数据的编辑、编码和制表。大多数研究过程中，都要涉及编辑、编码和制表程序，而统计检验应该成为一个调查研究须论述的内容。在可能的情况下，在数据搜集和分析前就进行统计检验，以保证所得到的数据与意欲研究的问题密切相关。

3. 撰写调研报告

调研报告是整个调查工作，包括计划、实施、收集、整理等一系列过程的总结，是调研人员劳动与智慧的结晶，也是最重要的书面结果之一。它是一种沟通、交流形式，其目的是将调查结果、战略性的建议以及其他结果传递给管理人员或其他担任专门职务的人员。因此，认真撰写调研报告，准确分析调研结果，明确给出调研结论，是报告撰写者的责任。

4. 修订并提交调研成果

调研报告要如实反映市场情况和问题，对报告中引用的事例和数据资料，要反复核实，必须确凿可靠。调研结论切忌模棱两可，不着边际，要善于发现问题，敢于提出建议，以供决策参考，结论和建议可归纳为要点。调研报告经过修订和完善后，可以印刷装订提交。

（四）整理归档阶段

房地产市场调研全过程结束后，应该对调研过程中形成的各种原始资料、二手资料、整理资料和调研报告等成果进行归档，为以后的调研工作总结经验，同时完善同一类型市场的资料库，方便以后的信息查找。

第四节 问 卷 设 计

一、问卷的定义和作用

（一）问卷的定义

问卷是指调查者根据调查目的与要求设计的，由一系列问题、备选答案及说明等组成的用于从调查对象获取信息的一种工具。在数据收集过程中，问卷起着核心作用，也是影响数据质量的主要因素。

根据市场调查方法的不同，调查问卷可分为：访问调查问卷、座谈会调查问卷、邮寄调查问卷、电话调查问卷、网上调查问卷等。根据问卷填写方式的不同，调查问卷可分为自填式问卷和代填式问卷。

问卷设计的最大弱点是没有能保证设计出最优的或理想的问卷的具体科学原理。问卷设计是一门通过经验获得的技巧，它是一门艺术而非科学。

（二）问卷的作用

1. 实施方便，提高精度

问卷提供了标准化和统一化的数据收集程序。它使问题的用语和提问的程序标准化。每一个访问员按照问卷上的问题提问，每一个应答者看到或听到相同的文字和问题。只要被调查者有一定的文化水平和语言表达能力，就能完成问卷。由于此种方法简单、方便，因此，问卷调查的适用面非常广泛。

如果没有问卷，应答者的回答可能受到访问员用词的影响，而不同的访问员会以不同的方式提问，导致的结果是所收集的资料精度下降。这会严重影响调查报告的质量。另外，如果问卷设计得不好，那么所有精心设计的抽样方案、训练有素的访问人员、合理的数据分析技术和资料的编辑和编码都将是资源的浪费。

2. 便于对资料进行统计处理和定量分析

问卷调查的结果可以用计算机进行汇总、归类。问卷设计不仅将人们实际的购买行为以提问和回答的方式设计出来，而且还可以将人们的态度、观点、看法等定性的认识转化成定量的研究，这样研究者除了对调查对象的基本状况有一定的了解外，还可以对各种现象进行相关分析、回归分析和聚类分析等。如果没有问卷，对不同应答者进行比较的有效基础就不存在了，一堆混乱的数据从统计分析的角度看也难以处理。从这个意义上讲，问卷是一种控制工具。

3. 节省调查时间，提高调查效率

由于许多项目设计成由被调查者以选择答案的形式回答，因此，调查人员对调查对象只需稍作解释，说明意图，调查对象就可以答卷。而且一般不需要被调查者再对各种问题作文字方面的解答，只需对所选择的答案做上记号即可，因此节省了许多时间，使被调查者能在较短时间内回答更多的对研究者有用的信息，且不需要访问人员做大量记录。

（三）问卷的标准

一份优秀问卷应该满足以下条件：

1. 能提供必要的决策信息

任何问卷的主要作用都是提供管理决策所需的信息，任何不能提供管理决策重要信息的问卷都应被放弃或加以修改。所以，在进行问卷调查之前，问卷的设计者必须与将要利用数据的高层进行反复沟通，直到问卷被高层主管所认可为止。

2. 问卷设计简洁、有趣、具有逻辑性

据估计，由于问卷设计欠佳，超过40%的被联系者拒绝参与调查。应答者不会专门等着来回答问题，他们可能在忙于其他事先有所安排的事务，当他们对问卷的题目感觉乏味或不重视时，就不会参与调查。如果问卷设计得简洁、有趣，比如针对的应答者是儿童，就使用儿童的语言进行询问，那么，应答者会考虑给予合作。

3. 应满足的其他条件

（1）与调查目标相一致。问卷设计是为调查目标服务的。一份优秀的问卷必须是将所要调查的内容全部涉及，而且没有遗漏。同时，也尽量避免多余的问题，尽量使问卷不要过于冗长。

在考虑调查目标的同时，市场研究人员必须将调查目的转化为应答者能理解的形式，并将其转化为满足管理者信息要求的调查结果和建议。

（2）与应答者沟通，获得合作。问卷设计要考虑应答者的智力水平，这样才能与应答者沟通，获得合作。

（3）便于访问员记录。

（4）便于快捷编辑和检查已完成的问卷，易于编码和数据输入。

二、问卷基本结构

一份完整的调查问卷通常包括问卷编号、问卷标题、问卷说明、甄别问卷、主体问卷、背景资料和作业记载等部分。如示例所示。

问卷编号：_____

山东齐河住房需求调查问卷

尊敬的先生/女士：

您好！我是山东建筑大学的学生，正在进行开发区住宅需求状况的社会调查。您所提供的信息对我们非常的重要，请您如实认真回答。对您的支持深表感谢！

填写说明

（1）请您在所选答案序号上画√；多选题写序号。

被访问者的性别：①男 ②女 民族：_____

A. 受访客户背景资料

（1）问卷编号与问卷标题。问卷标题用于概况说明调查研究的主题，可使被调查者对将要回答哪方面的问题有一个方向性的了解。问卷的标题应简明扼要，使被调查者容易辨识，比如"区域房地产市场消费习惯调研问卷""区域房地产市场需求调查问卷"等。此外，在问卷标题上方，一般还有问卷编号，以方便调研结束后的统计工作。

（2）问卷说明。问卷说明是调查问卷不可缺少的部分，应在问卷首页体现，其包含的内容主要有：调查员身份、调查目的、调查单位名称、调查信息的保密承诺以及致谢等内容。问卷说明应语言精练，直接点题，使被访者在短时间内消除顾虑的同时，又有兴趣并配合调查员完成访问工作。

（3）甄别问卷。甄别问卷的主要目的是对调查对象进行筛选，而是否对被调查者进行筛选（如继续访问和终止访问）是由调查目的和市场环境等所决定的。

通常在房地产市场的消费习惯调查中，需要排除以下一些人员：

1）地居住时间较短的人员，一般他们对当地房地产市场的了解程度不深，问卷调查结果容易产生偏离；

2）短期内没有购房意愿的人，这样的对象访问结果存在失真的可能；

3）并非家庭购买决策者或决策影响者，比如家里的年老者或不能自食其力的年幼者；

4）行业从业人员，比如业内的市场研究、项目策划、规划设计、建筑施工、监理以及营销人员等，这些人员对行业、市场和项目的判断及消费心理有时不能与普通消费者等同；

5）最近一段时间内接受过同类主题的访问或参与过同类主题座谈的，该类人员的意见有可能会受到前次调查的影响而产生偏见。

除此之外，根据调查的目的，有时还需要对被访者的其他信息进行筛选，这些问题都会在甄别问卷里出现。

（4）主体问卷。主体问卷是使调查者所要了解的核心内容，因此，主体问卷的设计质量直接决定着调查工作的成败。如在消费者习惯调研中，主体问卷一般包括被访者的消费区域、消费场所、消费频率、消费偏好、消费能力、消费方式以及各种意见或建议等内容。

（5）背景资料。背景资料主要调查被访问者的基本情况，从中可以侧面观测问卷调查的质量，以及是否可以成为潜在客户等。比如在消费者研究中，背景资料主要包括被访者的性别、年龄、职业、文化程度、收入、婚姻状况等信息。背景资料的问题设置应根据调查目的和要求而设定。

（6）作业记载。作业记载一般放在首页，也可以放在最末页。作业记载主要包括两部分，第一部分是访问员填写的相关资料，主要包括被访者姓名、联系电话、被访者住址，以及访问员姓名、访问日期、访问时长、访问地点等基本资料；第二部分是审核和复核记录，由公司审核人员填写，主要是对问卷进行质量控制。如示例所示。

以下内容在访问结束后填写
被访者姓名：联系电话：
住址：
访问员姓名：访问日期：
访问开始时间：时分访问结束时间：时分
访问长度：分钟访问地点：
以下由公司人员填写
一审审核结果：□合格□补问□作废□作弊一审签名：
二审审核结果：□合格□作废□作弊二审签名：
质控复核结果：□合格□作废□作弊复核（F、T）：

三、问卷设计的程序

设计问卷包括一系列逻辑步骤,具体如下所示。

(一) 确认所需信息

问卷设计的第一步是确认所需信息。随着研究项目的进行,所需信息变得越来越清晰。这时,应该根据调查方案中所提出的问题和假设,确定目标人群的特点,拟定问卷设计提纲。

(二) 确定数据收集方法

数据收集的方法主要有:面访、电话调查、邮寄调查、留置调查、互联网调查、观察法、实验法等。不同的调查方法对问卷设计的要求是不同的。比如,街头拦截式的调查,访谈时间应尽量控制在15分钟或更短的时间内,因为路上行人一般有事在身,不会花太多的时间来接受访谈,就要求问卷内容尽量简短。又如,电话调查经常需要丰富的词汇来描述一种概念,以肯定应答者理解了正在讨论的问题。而在入户访谈中,访问员可以给应答者出示图片以解释或证明概念。在邮寄调查中,有关说明要写得非常详细,因为访问人员不在现场,没有澄清问题的机会。

比如,想要调查被访者对一些商店的偏好程度,各种调查方法的提问如下:

1. 邮寄问卷:请按照您在下列商店购物的偏好为它们排序。从挑出您最喜欢的一家商店并填入数字1开始,然后找出第二偏爱的百货商店并填入数字2,继续这一过程直到您按偏好为所有的商店排好顺序,最不喜欢的商店应该填10。任何两家商店不应该得到同样的序位数字。偏好的标准完全取决于您,没有正确或错误的答案。

2. 电话问卷:我将向您读出一些百货商店的名字,请根据您在这些商店购物的偏好为它们评分。采用10分制,其中1表示不太偏爱,10表示非常偏爱。从2~9的数字反映了偏好的中间程度。此外,请记住数字越大,偏爱的程度越高。现在,请告诉我您对下列商店购物的偏好程度(请一次读一行)。

3. 入户访谈问卷:(给调查对象递上百货商店卡片)这里是一组百货商店的名称,每一家写在一张单独的卡片上,请仔细查看这些卡片(给调查对象时间)。现在,请再次查看这些卡片,并挑出写有你最喜欢的商店,也就是你最爱去购物的商店名字的卡片(记录下商店名字并将卡片留下)。现在,请查看剩下的卡片,在剩下的这些商店中,您最爱去购物的是哪一家(依次重复这一程序直到调查对象只剩下一张卡片)?

(三) 确定提问类型

在市场调查中,有两种主要的提问类型:开放式提问和封闭式提问。

1. 开放式提问

开放式提问也称自由问答题,只提问题或要求,不给具体答案,要求被调查者根据自身情况自由回答,调查者不对被调查者的选择进行任何限制。被调查者使用自己的语言或提供精确的数字来回答。

(1) 开放式提问的优点:

1) 比较灵活,可以使被调查者充分表达自己的意见和想法,有利于被调查者发挥自己的创造性。开放式提问适合于收集更深层次的信息,特别适合于那些尚未弄清各种可能的答案或潜在答案类型很多的问题,可以得到一些意外的信息。

2) 应答者是以自己的体会和感想来回答问题的。他们可能用生活中的语言而不是用实验室或营销专业术语来讨论有关问题。这样有助于帮助设计广告主题和促销活动，使文案创作更接近于消费者的语言。

3）能作为解释封闭式问题的工具。在封闭式提问后再进行追问，经常可在动机或态度上有出乎意料的发现。例如，在产品特性的重要性研究中，通过封闭式提问，可得知颜色排在第一位，但知道为什么颜色排在第一位也许更有价值。

（2）开放式提问的缺点：

1）花费被调查者的时间和精力较多，如果被调查者缺乏心理准备，就容易放弃回答。

2）应答者表达能力的差异易形成调查偏差。答案很多，而且很难对答案进行归类，给调查后的资料整理带来一定的困难。

3）得到的信息可能有所偏重。一个能够阐述其观点而且有能力表达自己意思的应答者也许会比一个害羞、不善言辞的应答者输出更多的信息。而后者可能一样是产品的潜在购买者。

4）收集到的资料可能包括大量无价值或不相干的信息。

从以上优缺点可以得出结论：开放式提问不适合在问卷中占有太大的篇幅，而且也不太适合于应答者自己记录答案（比如邮寄问卷、留置问卷）的方式，比较适合于对新生事物的探索性研究。因为新生事物潜在答案比较多，答案比较复杂，设计者自己也不能穷尽其答案。

2. 封闭式提问

封闭式提问是指对问题事先设计出各种可能的答案，由被调查者从中选择。优点是被调查者能更快、更容易地回答问题，更可能按设计者希望的意图来回答问题，收集起来的数据更容易分析。与开放式问题相比，封闭式问题的编码和数据录入也更容易，花费也更低。如果一个问题被用于多项调查中，运用相同的回答选项将有助于对调查结果进行比较。缺点是封闭性问题对答案的要求较高，对一些比较复杂的问题，有时很难把答案设计周全。

传统上，市场调查人员把封闭式提问分为两种类型：两项选择题和多项选择题。

（1）两项选择题：

回答项目只有对立的两项。两项选择法也称真伪法或二分法。如"是"或"否"、"有"或"没有"、"喜欢"或"不喜欢"、"想"或"不想"等。被调查者只能选择其中一项，要么否定，要么肯定，答题性质相反。对这种提问常见的说明是：请选择两者中其一作为回答，用"√"表示。

例如：请问您是否打算今年内买房？

□是 □否

在抽样设计的样本量的确定中以比率作为研究的基本目标时，所涉及的比率的提问项目都是两项选择题。

这种回答项目的优点是回答比较容易，答案明确，调查后的数据处理也很方便。缺点是得到的信息量较少，当被调查者对两项答案均不满意时，很难做出回答。在涉及对被调查者的态度调查时，不能反映应答者在态度上的细微差异。所以，对于态度方面的调查很少用两项选择题。

总之，此方法适合于互相排斥的两项选一的问题以及询问较简单的事实性问题。

（2）多项选择题：

多项选择题是指在设计问卷时，对一个问题给出两个以上的答案，让被调查者从中选择进行回答。根据要求选择的答案多少不同，又有三种选择类型：

1）单项选择型。要求被调查者对所给出的多项问题答案只选择其中的一项，用"√"表示。

例如：您在购房时比较喜欢哪一种楼型？
　　　　□多层（4－6层）无电梯
　　　　□多层（4－6层）有电梯
　　　　□小高层（7－11层）
　　　　□高层（12层及以上）

2）多项选择型。是指让被调查者选择自己认为合适的回答，数量不限。

例如：请问您在购房时，主要考虑哪些因素？
　　　　□地段□价格□配套□环境□设计□服务□品牌□其他____

3）限制选择型。是指要求被调查者在所给出的问题答案中，选择自己认为合适的答案，但数量要受到一定限制。比如在上面提到的问题中，可要求被调查者限选三项。

多项选择题的优点是比两项选择题的强制性低，答案有一定的范围，可区分被调查者在态度上的差异程度，易于了解消费者的购买动机及对商品的评价，也便于统计处理。多项选择题是常用的方式之一。

在多项选择题中要注意以下三种情况：

一是要求考虑全部可能出现的结果，其答案不能出现重复或遗漏，在回答项目中可能设计者不能表达被调查者所有的看法，在问题的最后可设"其他"项目，以便被调查者表达自己的看法。

二是要注意答案的排列顺序应没有规律性。因为有些被调查者习惯选择第一个答案，如果排列顺序有规律性，这样就会产生次序误差。次序误差可以通过在选项上打"×"来消除，第一张问卷的"×"打在第一个，第二张问卷的"×"打在第二个，依此类推，并指导被调查者从打"×"的选项开始读。

三是答案选择不能太多，当样本有限时，答案太多，容易使结果分散，缺乏说服力。而且所列的选项太长，应答者可能会被搞糊涂或失去兴趣。一种克服的方法是向应答者出示卡片或与他们一起读下去。

（四）提问和答案的设计

一旦决定了提问类型，下一步就是实际设计问题。设计一般遵循以下八条指导原则。

1. 定义清楚所讨论的论题

一个提问是否清楚地表达了问题的主题，可以根据人物（Who）、事件（What）、时间（When）、地点（Where）、原因（Why）和方式（Way）6W来进行检查。

比如：您使用哪种牌子的洗衣粉？

表面上看，这似乎是一个定义得很好的问题，但是，当我们提供6W来检查时就会发现：时间不清楚，不同时间可能使用的洗衣粉牌子是不一样的；地点也不清楚，问题暗示着在家中使用，但是并没有清楚地表达出来。

涉及人口统计学的内容，如年龄有实数、虚数，家庭人口有常住人口和临时人口，经济收入的含义是否包括奖金、补贴、其他收入在内等，如果调查者对此没有很明确的界定，调查结果也很难达到预期要求。

2. 用词清楚、简单、通俗易懂

如果研究人员认为问题是绝对必要的，那么，问题的表达对每个人来说必须意味着同样的意思。所以，用词必须清楚、通俗易懂。

例如，美国宝洁公司曾以两块品质相同仅颜色不同的肥皂，询问消费者的意见。其中一个问题是："您认为哪一种肥皂比较温和一些？"结果是：认为A肥皂温和些的占57%，认为B肥皂温和些的占23%，无意见的占20%。后来换成"您认为哪种肥皂对您的皮肤刺激性较小？"结果是：认为A肥皂对皮肤刺激性较小的占41%，认为B肥皂对皮肤刺激性较小的占39%，无意见的占20%。两种问法的回答差异很大，其原因一方面是由于部分被调查者猜测答案和随便回答，另一方面的原因在于"温和"的含义模糊。

因此，在问卷中词汇选择应当尽量具体而不抽象使问题清楚、明确、具体、特定，使回答者熟悉回答的范畴。在语义能表达的前提下，句子要尽量简洁、无冗余。

3. 尽量少使用副词

"一般"、"经常"、"普遍"、"目前"、"很多"、"最近"等都属于过于笼统、含义不确切的词，不同的人可能有不同的理解，从而造成回答的偏差。如"您最近是否打算购买新房子？"每个人对"最近"的含义可能有不同的理解，可以改成"您本月内是否打算购买新房子？"

4. 用词应避免对应答者的诱导

问卷提问不能带有倾向性，而应保持中立。词语中不应暗示出调查者的观点，不要引导被调查者作特定的回答。例如："很多专家都认为上海的房价超出了正常水平，你同意吗？"这个问题就明显带有倾向性，暗示了上海房价超出了正常水平，对被调查者的选择具有引导作用，使被调查者有从众心理，应改为"您认为上海房价怎样？"诱导性提问会使回答者产生顺从心理，导致回答结果不客观。

5. 应考虑到应答者回答问题的能力

在某些情况下，应答者可能对所要回答的问题本身一无所知。比如，询问应答者从来没听说过的品牌，得到的答复多半是瞎猜，对研究毫无价值可言，而且还产生测量误差。

另外，问句要考虑时间性。时间太久的问题人们会想不起来，例如："您第一次购买皮鞋是在什么商店？""您去年六月份家庭的生活费开支是多少？"等，除非被访问者有记录的习惯，否则人们很难准确记住。所以，如果改问"您家上月生活费支出是多少？"显然回答更容易些，答案也比较准确些。

6. 应考虑到应答者回答问题的意愿

有些尴尬的、敏感的、有威胁的或有损自我形象的问题，这类问题要么得不到回答，要么容易朝符合社会准则的方向倾斜。解决的方法是：用第三人称提问或先说明事实，声明这种行为很正常。例如：许多人的信用卡都透支，您对此持什么态度？

7. 避免一问多答

在问卷中，一个题目应该只包括一个问题，否则，会使受访者不知所措。例如："您觉得这种新款轿车的加速性能和制动性能怎么样？"这实际上包含了两个方面的问题，如果被调查者认为加速性能好，而制动性能不好，或者反过来，那么他很难做出回答。所以，应该分开提问，改为："您觉得这种新款轿车的加速性能怎么样？"和"您觉得这种新款轿车的制动性能怎么样？"

（五）确定问题的顺序

在系统阐述问题后，下一步就是将其排序并形成编排的问卷。心理学研究表明：调查表排列的前后顺序有可能影响被调查者的情绪。同样的题目，安排得合理、恰当，有利于有效地获得资料。若编排不妥当，可能会影响被调查者作答，影响问卷的回收率，甚至影响调查的结果。所以，在设计问卷时，应站在被调查者的角度，顺应被调查者的思维习惯，使问题容易回答。下面是题目编排的一般原则：

1. 问题的编排应具有逻辑性

这是指问题的编排应该符合人们的思维习惯，否则，会影响被调查者回答问题的兴趣，不利于其对问题的回答。一般采用当面访问时，开头宜采用开放式的问题，先造成一个良好、和谐的谈话气氛，保证后面的调查能够顺利进行。采用书面调查时，开头应是容易回答且有趣味性的问题，核心的调查内容应放在中间部分，专门或特殊的问题放在最后。比如，对百货商店项目的调查，第一个问题是："您家中谁到百货商店购物的次数最多？"这个提问因其简单、易答能赢得被调查者的合作。

2. 问题的编排应该先易后难

这是指将容易回答的问题放在前面，难以回答的题目放在后面。问卷的前几道题容易作答能够提高回答者的积极性，有利于他们把问卷答完。如果一开始就让他们感到费力，容易使他们对完成问卷失去兴趣。

一般对公开的事实或状态的描述要容易一些，因此放在问卷的前面。而对问题的看法、意见等需要动脑筋思考，因此放在问卷靠后一点的位置。

另外，从时间的角度来考虑，一份问卷可能包含有不同时间段的问题，如近期的事情（最近一周、最近一个月）、远期的事情（前几个月、上一年等）。由于近期的事情容易回想，便于作答，因此放在问卷较前一点的位置，至于远期的事情，由于记忆容易受到干扰，不容易回想，因此放在问卷较后一点的位置。例如，可先问"您现在使用的是什么牌子的洗发水？"然后再问"在使用这种牌子的洗发水之前您使用过什么品牌？"

3. 敏感性问题、开放性问题和背景部分的问题置于问卷的最后

敏感性问题如收入、婚姻状况、政治信仰等一般放在问卷的后面，因为这类问题容易遭到被调查者的拒答，从而影响后继问题的回答。如果将这类问题放在后面，即使这些问题被拒答，前面问题的回答资料仍有分析的价值。并且，此时应答者与访问者之间已经建立了融洽的关系，从而增加了获得回答的可能性。

开放性问题一般需要较长时间来作答，而一般的被调查者是不愿意花太多时间来完成一份问卷的。如果将开放性问题放在问卷前面的位置，会使被调查者觉得答问卷需要很长时间，从而拒绝接受调查。

（六）预调查及修改

预调查是将编排好的问卷用于小规模的调查。目的是及时发现问卷设计集中存在的问题并加以修改，避免将来大规模的返工，浪费人力、物力、财力。

一般来说，如果有两个以上的受访者对同一问题有同样的批评，那么设计者就应该对题目进行删除或修改；对于大量没有回答的问题，要检查是什么原因造成的，并努力去克服；如果有些题目大多数回答者都选择同一答案，要检查一下答案是否在同一维度上，不同的答案是否相互包含等。

预调查所选取的样本一般是一些比较容易找到的受调查者（15~30人不等）。比如，熟悉的同事、朋友、同学、家庭成员等。预调查的样本不一定与研究对象具有完全相同的特征，只要基本特征相符合即可。但预调查的方法要与将来实际进行调查的方法一致，比如，调查方案设计的是采用拦截访问的方式，那么，预调查也要采用拦截访问的方式。

一次预调查通常是不够的，问卷的每一次重大修正之后，应该使用一个不同的调查对象来进行另一次预调查，如此下去，直到不再需要对问卷进行进一步的修改为止。从预调查中获得的答案应该被编码和分析。

（七）问卷的印刷

此程序包括将预调查后删除、修改的问卷进行整理，编制出正式调查的问卷，并印刷出来。这时，问卷应该有一个专业的外观。

四、市场调查中有关态度的测量量表

态度是一种与我们周围环境的某些方面相关的包括动机、情感和认知过程的持久结构，是对某一客体所持有的一种比较稳定的赞同或不赞同的内在心理状态。态度测量是调查被调查者对本人及他人（或事件）的能力、兴趣、意见、评价、情感、动机等方面的资料。对人们的态度测量比较困难，而且极少用精确刻度。在许多情况下，测量态度的量表属于类别量表或顺序量表，一些更精细的量表使研究人员可以在等距水平上测量。一般态度量表达不到等比量表的程度。态度量表有以下几种类型。

（一）评比量表

评比量表是市场调查中最常用的一种顺序量表。调查者在问卷中事先拟定有关问题的评比答案量表，由回答者自由选择回答。量表两端为极端性答案，在两个极端之间划分为若干个阶段，阶段可多可少，少则3个，多则5~7个。

设计评比量表时应注意以下几个方面：

（1）量表的阶段划分一般不超过7个阶段，划分过细，会使回答者难以评价。

（2）如果研究人员以往的调研或预先研究已查明，大多数的意见是肯定的，那么量表的设计就应该有偏向肯定的倾向，这能使研究者确定对于被测概念的肯定程度。常用偏向肯定倾向的回答项目为：

非常好、很好、好、一般、差。

评比量表又分为以下两种：

1. 列举评比量表

列举评比量表是指对某一对象的各项指标进行列表评比。这种量表容易制作，使用方便，可靠性较高，能对各项指标进行直观比较。

例如：顾客对某住宅产品满意度评比量表如表3-4-1所示。

住宅产品满意度评比量表　　　　表3-4-1

测评指标	满意（5）	较满意（4）	一般（3）	较不满意（2）	不满意（1）
户型设计					
地理位置					
环境绿化					
物业服务					

2. 等级评比量表

等级评比量表是将有关的回答项目按要求进行比较后排序。

例如：将您购买房屋时所考虑的前三位的因素按重要程度从大到小进行排列，3 表示非常重要，2 表示其次，1 表示重要性居第 3 位。

□地理位置□价格□户型□环境□交通□物业服务□其他请注明

(二) 语义差异量表

语义差异量表是由美国心理学家查尔斯奥斯古德等人研究出来的。语义差异量表是用成对的反义形容词来测试回答者对某一项目的态度。语义差异量表可以迅速、高效地检查产品或公司形象与竞争对手相比所具有的长处和短处。它主要用于市场比较、个人及群体差异的比较以及人们对事物或周围环境的态度的研究等，而且制作非常简洁、直观，因而受到市场研究人员的青睐，经常被用来作为测量形象的工具。

具体做法是：将被测量的事物放在量表的上方。然后，将对该事物加以描述的各种反义形容词列于两端，中间可分为若干等级，每一等级的分数从左到右为 7、6、5、4、3、2、1 等，由回答者按照自己的感觉在每一量表上适当的位置画上记号。

例如：以某地区新开发楼盘为目标让受访者来评价 A 楼盘和 B 楼盘的情况，语义差别量表如图 3-4-1 所示。

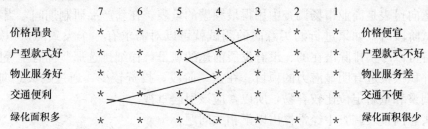

图 3-4-1 某地区新开发楼盘的语义差异轮廓图

实线代表 A 楼盘，虚线代表 B 楼盘。

通过语义差异量表，我们得出结论：除了小区绿化要改进外，A 楼盘其他指标均比 B 楼盘好，即从综合指标看，A 楼盘比 B 楼盘强。

(三) 李克特量表

李克特量表是美国心理学家李克特在 1932 年提出来的，它要求被调查者对一组与测量主题有关的陈述语句发表自己的看法，如图 3-4-2 所示。

李克特量表的建立步骤如下：

(1) 拟定若干条正、负态度语句，两者的数目不一定要相等。每条语句的答案可分为非常同意、同意、一般、不同意、非常不同意五类。

(2) 对被调查者所选的答案，都给予一个分值。由于语句有正、负态度之分，它们的给分办法也不同。对于正态度语句，给的分值应是 5（非常同意）、4、3、2、1（非常不同意）；对于负态度语句，给的分值应是 1（非常同意）、2、3、4、5（非常不同意）。如表 3-4-2 所示。

(3) 统计被调查者的得分。被调查者的分数越高，正态度就越高；分值越低，负态度也就越低。最后可以对每一类型的被调查者进行人口统计或其他特性方面的分析，从中发现同类被调查者存在哪些方面的共性。

为舞厅出入者和上夜校的人所设计的李克特量表 表 3-4-2

	完全同意	同意	无所谓	不同意	完全不同意
我能胜任现在的工作	5	4	3	2	1
我不在意工作中的成绩	1	2	3	4	5
学习知识对于找工作没多大的用处	1	2	3	4	5
拿文凭可以改变工作环境	5	4	3	2	1
看书实际上完全是为了消遣	1	2	3	4	5
下班以后应该好好地轻松	1	2	3	4	5
我对自己未来的目标有明确的考虑	5	4	3	2	1
我独自能干出一番事情	5	4	3	2	1
……					

通过计算总得分，我们可以发现舞厅出入者和上夜校的人对工作、生活、学习等的态度是不是真的存在差异，差异是否显著等。

（四）购买意向表

购买意向量表是商业市场调查中用得最频繁的量表。在新产品研制期间，当新产品处于概念测试阶段时，如果进行购买意向的测试就可以对需求有一个大致的认识。通过调查，决策者可以尽快排除潜在的、没有发展前途的项目，仔细挑选那些拥有中等购买意向的项目，并积极推进有明显潜力的项目。在这一阶段，投资较少，通过购买意向的调查，进行产品调整和重新定位比较容易，所以，应该引起重视。

在购买意向量表调查中经常提出以下相关问题：

Q10：如果在同一小区中小高层建筑的价格/平方米，比 6 层砖混建筑的价格高 500 元，您将：

□肯定买□可能买□可能不买□肯定不买

有些公司使用购买意向量表不是为了测量市场份额，而是为了帮助做出产品开发的可行性决策。一般情况下，决策者将回答"肯定买"和"可能买"的人数的百分比相加，用来作为决策的依据。比如，对于消费品制造商，可能要求在概念测试阶段这一比例达到80%以上，在试用阶段这一比例要达到85%以上才考虑试销。

第五节 常用数据分析方法

一、市场预测方法

预测是决策分析与评价的基础，是指对事物未来或未来事物的推测，是根据已知事件通过科学分析去推测未知事件。市场预测是在市场调查取得一定资料的基础上，运用已有的知识、经验和科学方法，对市场未来的发展状态、行为、趋势进行分析并做出推测与判断。预测的方法很多，常用的也有二三十种，大致可以分为以下三大类。

①判断预测法。它是由预测者根据已有的历史资料和现实资料，依靠个人判断和综合分析能力，对市场未来的变化趋势做出判断。②时间序列预测法。它是以历史的时间序列

数据为基础，运用一定的数学方法向外延伸，来预测市场未来的发展变化趋势。③因果分析法。它通过分析市场变化的原因，找出原因和结果之间的联系方法，并据此预测市场未来的发展变化趋势。

（一）判断预测法

常见的判断预测法有很多，比如专家会议法、德尔菲法、联测法、转导法和类比法。其中，联测法是以某一个企业的普查资料或某一地区的抽样调查资料为基础，进行分析、判断、预测、联测，进而确定某一行业以致整个市场的预测值。转导法，是根据政府公布的或调查所得的经济预测指标，以某种经济指标为基础，转导推算出市场预测值的方法。类比法，在市场预测中，一般是通过对预测产品与类似产品的对比分析，来判断、预测产品的市场预测值。这种方法一般用于新产品销售预测。下面主要介绍专家会议法和德尔菲法。

1. 专家会议法

专家会议法，就是邀请有关方面的专家，通过会议的形式，对某些预测事件及其发展前景做出评价，并在专家分析、判断的基础上，综合各种意见，借以对调查分析事件做出质和量的结论。根据会议议程的不同和专家交换意见的要求，可将其分为三种：

（1）交锋式会议。交锋式会议是指每个与会专家围绕调查事件各抒己见、引发争论，经过会议讨论达成共识，做出较为一致的预测结论。

（2）非交锋式会议。非交锋式会议是指每个与会专家都可以独立地、任意地发表意见，但不相互争论，不批评他人意见，也不带发言稿，以便充分发挥灵感，鼓励创造性思维。这种非交锋式会议法也称头脑风暴法。

（3）混合式会议。混合式会议的方法，又称质疑式头脑风暴法，是非交锋式会议和交锋式会议的混合使用。具体讲，在第一阶段实施头脑风暴法，在第二阶段对前阶段的各种设想进行质疑，在质疑中可争论、批评，也可提出新的设想，不断交换意见，互相启发，最后取得一致的结论。

2. 德尔菲法

德尔菲法（Delphi method）系以一系列问卷向各类专家征询意见，依据所有专家对原问卷的答复，再拟订下一份问卷，再次向各类专家征询意见，直到大多数专家的意见看法趋于一致并得出结论。此法预测通常较适合做长期预测，其主要步骤如下：

（1）成立一个团体委员会确定问题及设计研究问卷；

（2）选择专家匿名质问预测；

（3）把质问的问题回答收回做成结果；

（4）反复再预测，把问题重新修整再做预测，如此反复预测至少两次以上。

德尔菲法本质上是一种反馈匿名函询法。其做法是，在对所要预测的问题征得专家的意见之后，进行整理、归纳、统计，再匿名反馈给专家，再次征求意见，再集中，再反馈，直至得到稳定的意见。其过程如下：匿名征求专家意见——归纳、统计——匿名反馈——归纳、统计……若干轮后，停止。总之，它是一种利用函询形式的集体匿名思想交流过程。

（二）时间序列预测法

时间序列预测法主要包括移动平均、指数平滑、成长曲线分析、季节变动分析等，适用于具有时间序列关系的预测。下面主要介绍移动平均法和指数平滑法。

1. 移动平均法

移动平均法是对时间序列观察值由远及近、按跨越期计算平均值的一种预测方法。随观察值向后推移,平均值也向后移动,形成一个由平均值组成的新的时间序列。对新时间序列中的平均值加以调整,可作为观察期内的估计值。最后一个平均值是预测值计算的依据。

移动平均法能够较好地修匀时间序列,消除不规则变动和季节变动,因而得到了广泛应用。常用的移动平均法有如下两种:

(1) 简单移动平均法可以表述为:

$$F_{t+1} = \frac{1}{n}\sum_{i=t-n+1}^{t} x_i \tag{3-5-1}$$

其中,F_{t+1} 是 $t+1$ 时的预测数,n 是在计算移动平均值时所使用的历史数据的数目,即移动时段的长度。

为了进行预测,需要对每一个 t 计算出相应的 F_{t+1},所有计算得出的数据形成一个新的数据序列。经过两到三次同样的处理,你是数据序列的变化模式将会被揭示出来。这个变化趋势较原始数据变化幅度小,因此,移动平均法从方法论上分类属于平滑技术。

简单移动平均法只适用于短期预测,在大多数情况下只适用于以月或周为单位的近期预测。简单移动平均法的另外一个主要用途是对原始数据进行预处理,以消除数据中的异常因素或出去数据中的周期变动成分。

【例 5-1】 房地产销售面积预测

问题:某房地产公司某年 1~12 月商业地产销售量如表 3-5-1 所示,用简单移动平均法预测下一年第一季度同样情况下的销售面积($n=3$)。

某商业地产销售量移动平均法计算表　　　　表 3-5-1

月 份	序 号	实际销售面积(m²)	3 个月移动平均预测
1	1	3800	—
2	2	3100	—
3	3	1300	—
4	4	2000	2733
5	5	3300	2133
6	6	3500	2200
7	7	2300	2933
8	8	1900	3033
9	9	4300	2567
10	10	4900	2833
11	11	3000	3700
12	12	2700	4067

解:根据 1~12 月的销售面积,采用 3 个月移动平均法来预测下一年 1 月的销售面积:

$$Q_1 = \frac{x_{10} + x_{11} + x_{12}}{3} = \frac{4900 + 3000 + 2700}{3} = 3533 (\text{m}^2)$$

2月的销售面积：

$$Q_2 = \frac{x_{11} + x_{12} + Q_1}{3} = \frac{3000 + 2700 + 3533}{3} = 3078 (\text{m}^2)$$

3月的销售面积：

$$Q_3 = \frac{x_{12} + Q_1 + Q_2}{3} = \frac{2700 + 3533 + 3078}{3} = 3104 (\text{m}^2)$$

则下一年第一季度该房地产公司销售面积预测为：

$$Q = Q_1 + Q_2 + Q_3 = 3533 + 3078 + 3104 = 9715 (\text{m}^2)$$

（2）加权移动平均法。加权移动平均法是根据跨越期内时间序列数据资料重要性不同，分别给予不同的权重，再按移动平均法原理，求出移动平均值，并以最后一项的加权移动平均值为基础进行预测的方法。其计算公式为：

$$F_{t+1} = \frac{\sum_{i=t-n+1}^{t} w_i x_i}{\sum_{i=t-n+1}^{t} w_i} \tag{3-5-2}$$

其中，F_{t+1} 是 $t+1$ 时的预测数，x_i 是第 i 期的实际值，w_i 是第 i 期的实际值的权重，n 是在计算移动平均值时所使用的历史数据的数目，即移动时段的长度。

同样以【例 5-1】为例，为了使预测值更符合当前的发展趋势，采用加权移动平均法。

解答：对预测的前 1、2、3 期分别赋予 3、2、1 权重，根据 1~12 月的销售面积来预测下一年 1 月的销售面积：

$$Q_1 = \frac{x_{10} + 2x_{11} + 3x_{12}}{6} = \frac{4900 + 2 \times 3000 + 3 \times 2700}{6} = 3167 (\text{m}^2)$$

2月的销售面积：

$$Q_2 = \frac{x_{11} + 2x_{12} + 3Q_1}{6} = \frac{3000 + 2 \times 2700 + 3 \times 3167}{6} = 2984 (\text{m}^2)$$

3月的销售面积：

$$Q_3 = \frac{x_{12} + 2Q_1 + 3Q_2}{6} = \frac{2700 + 2 \times 3167 + 3 \times 2984}{6} = 2998 (\text{m}^2)$$

则下一年第一季度该房地产公司销售面积预测为：

$$Q = Q_1 + Q_2 + Q_3 = 3167 + 2984 + 2988 = 9139 (\text{m}^2)$$

2. 指数平滑法

指数平滑法又称指数加权平均法，实际是加权移动平均法的一种变化，各时期权重数值为递减指数数列的均值方法。指数平滑法解决了移动平均法需要 n 个观测值和不考虑 $t-n+1$ 前时期数据的缺点，通过某种平均方式，消除历史统计序列中的随即波动，找出其中主要的发展趋势。

根据平滑次数的不同，指数平滑有一次指数平滑、二次指数平滑、三次指数平滑和高次指数平滑。对时间序列 $x_1, x_2, x_3, \cdots\cdots x_t$，一次平滑指数公式为：

$$F_t = \alpha x_t + (1-\alpha) F_{t-1} \tag{3-5-3}$$

其中，α 是平滑系数，$0 < \alpha < 1$；x_t 是历史数据序列 x 在第 t 期的观测值；F_t 和 F_{t-1} 是 t 期和 $t-1$ 的平滑值。一次指数平滑法适用于市场观测呈水平波动，无明显上升或下降趋势情况下的预测。

(1) 平滑系数 α 的选择。研究表明，大的 α 值导致较小的平滑效果，而较小的 α 值会产生客观的平滑效果。在指数平滑中，平滑系数 α 的选择尤为重要。

一般情况下，观测值呈较稳定的水平发展，α 值取 0.1~0.3 之间；观测值波动较大时，值取 0.3~0.5 之间；观测值波动很大时，α 值取 0.5~0.8 之间。

(2) 初始值 F_0 的确定。从指数平滑法的计算公式可以看出，指数平滑法是一个迭代计算过程，用该法进行预测，首先必须确定初始值 F_0，实质上它应该是序列起点 $t=0$ 以前所有历史数据的加权平均值。由于经过多期平滑，特别是观测期较长时，F_0 的影响作用就相当小，故在预测实践中，一般采用这样的方法处理：当时间序列期数在 20 个以上时，初始值对预测结果的影响很小，可用第一期的观测值代替，即 $F_0 = x_1$；当时间序列期数在 20 个以下时，初始值对预测结果有一定影响，可取前 3~5 个观测值的平均值代替，如：$F_0 = (x_1 + x_2 + x_3)/3$。

(3) 指数平滑法的程序。指数平滑法的程序如图 3-5-1 所示。

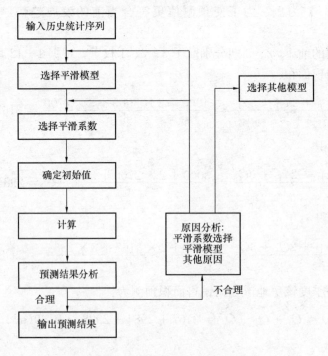

图 3-5-1 指数平滑法工作流程图

【例 5-2】 某地区钢材消耗量预测。

问题：1~12 月，某地区钢材消耗量见表 3-5-2，请用一次平滑指数法预测明年一月的钢材消耗量（α 值取 0.3）。

某地区钢材消耗表　　　　　　　表 3-5-2

月份	时序 t	月消耗量 x_t（万吨）	月份	时序 t	月消耗量 x_t（万吨）
1	1	42.22	7	7	43.25
2	2	39.66	8	8	45.56
3	3	46.33	9	9	47.36
4	4	46.33	10	10	48.94
5	5	47.01	11	11	51.37
6	6	47.22	12	12	58.70

解：首先，计算初始平滑值：

$$F_0 = \frac{x_1 + x_2 + x_3}{3} = \frac{42.22 + 39.66 + 46.33}{3} = 42.74（万吨）$$

按照指数平滑法的公式，得出：

$$F_1 = \alpha x_1 + (1-\alpha)F_0 = 0.3 \times 42.22 + (1-0.3) \times 42.74 = 42.58（万吨）$$
$$F_2 = \alpha x_2 + (1-\alpha)F_1 = 0.3 \times 39.66 + (1-0.3) \times 42.58 = 41.71（万吨）$$
$$F_3 = \alpha x_3 + (1-\alpha)F_2 = 0.3 \times 46.33 + (1-0.3) \times 41.71 = 43.09（万吨）$$

……

$$F_{12} = \alpha x_{12} + (1-\alpha)F_{11} = 0.3 \times 58.70 + (1-0.3) \times 48.12 = 51.30（万吨）$$

于是，明年 1 月钢材需求量 $x'_{13} = F_{12} = 51.30$（万吨），见表 3-5-3。

指数平滑表　　　　　　　表 3-5-3

月份	时序 t	月消耗量 x_t（万吨）	一次指数平滑值 F_t（万吨）	预测值（万吨）
	0		42.74	
1	1	42.22	42.58	42.74
2	2	39.66	41.71	42.58
3	3	46.33	43.09	41.71
4	4	46.33	44.06	43.09
5	5	47.01	44.95	44.06
6	6	47.22	45.63	44.95
7	7	43.25	44.92	45.63
8	8	45.56	45.11	44.92
9	9	47.36	45.78	45.11
10	10	48.94	46.73	45.78
11	11	51.37	48.12	46.73
12	12	58.70	51.30	48.12
明年 1 月	13			51.30

（三）因果分析法

因果分析法包括回归分析法、消费系数法和弹性系数法，主要适用于存在关联关系的数据预测。下面主要介绍回归分析法。

回归分析法是处理变量之间相关关系的一种数理统计分析方法。它是通过预测对象的变量统计资料，找出自变量与因变量的因果关系，并建立变量之间的经验公式，即回归方程式，最后再根据该方程或自变量的数值变化，去推算预测因变量未来发展状态的一种定量预测分析方法。用回归方式建立的模型很多，这里仅介绍一元线性回归方法。

1. 一元线性回归分析

一元线性回归分析法，是在观察两个变量之间相互依存的线性关系形态后，借助回归分析方法推导出该变量之间线性关系方程式，以描述两变量之间的平均变化关系，并运用该回归方程对市场的发展变化趋势进行预测与控制。一元线性回归模型表示为如下形式：

$$y = a + bx + e \tag{3-5-4}$$

其中，a 和 b 是揭示 x 和 y 之间关系的系数，a 为回归常数，b 为回归系数，e 是误差项或称回归余项。

对于每组可以观察到的变量 x、y 的数值 x_i、y_i 满足下面的关系：

$$y_i = a + bx_i + e_i \tag{3-5-5}$$

其中，e_i 是残差项，是用 $a+bx_i$ 去估计因变量 y_i 的值而产生的误差。

在实际预测中，e_i 是无法预测的，回归预测是借助 $a+bx_i$ 得到预测对象的估计值 y_i。通过确定 a 和 b，从而揭示变 y 与 x 之间的关系，式（3-5-4）可以表示为：

$$y = a + bx \tag{3-5-6}$$

式（3-4-6）是式（3-4-4）的拟合曲线。可以利用普通最小二乘法原理（OLS）求出回归系数。最小二乘法基本原则是对于确定的方程，使观察值对估算值偏差的平方和最小。由此求得的回归系数为：

$$b = \frac{\sum x_i y_i - \bar{x} \sum y_i}{\sum x_i^2 - \bar{x} \sum y_i} \tag{3-5-7}$$

$$a = \bar{y} - b\bar{x} \tag{3-5-8}$$

其中，x_i、y_i 分别是自变量 x 和因变量 y 的观察值，$\bar{x}$、$\bar{y}$ 分别为 x 和 y 的平均值。

$$\bar{x} = \frac{\sum x_i}{n} \tag{3-5-9}$$

$$\bar{y} = \frac{\sum y_i}{n} \tag{3-5-10}$$

其中，n 为样本数。

对于每一个自变量 x 的数值，都有拟合值：

$$y'_i = a + bx_i \tag{3-5-11}$$

y'_i 与实际观察值的差，便是残差项：

$$e_i = y_i - y'_i \tag{3-5-12}$$

2. 一元线性回归预测流程

一元线性回归的预测程序如图 3-5-2 所示。

3. 回归检验

在利用回归模型进行预测时，需要对回归系数、回归方程进行检验，以判定预测模型的合理性和适用性。检验方法有方差分析、相关检验、t 检验等。对于一元线性回归，这

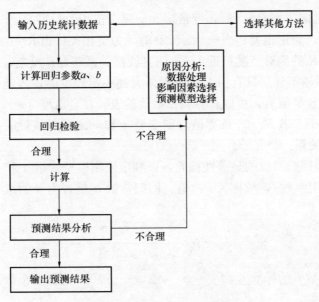

图 3-5-2 一元线性回归预测流程

些检验效果是相同的。在一般情况下,选择其中一项检验即可。

(1) 方差分析。通过推导,可以得出:

$$\Sigma(y_i - \overline{y})^2 = \Sigma(y'_i - \overline{y})^2 + \Sigma(y_i - y'_i)^2 \tag{3-5-13}$$

其中,$\Sigma(y_i - \overline{y})^2 = TSS$,称为偏差平方和,反映了 n 个 y 值的分散程度,又称总变差;$\Sigma(y'_i - \overline{y})^2 = RSS$,称为回归平方和,反映了 x 对 y 线性影响的大小,又称可解释变差;$\Sigma(y_i - y'_i)^2 = RSS$,称为残差平方和,根据回归模型的假设条件,$ESS$ 是由残差项 e 造成的,它反映了除 x 对 y 的线性影响之外的一切使 y 变化的因素,其中包括 x 对 y 的非线性影响及观察误差。因为它无法用 x 来解释,故又称未解释变差。

所以

$$TSS = RSS + ESS \tag{3-5-14}$$

其实际意义是总变差等于可解释变差与未解释变差之和。

在进行检验时,通常先进行方差分析,一方面可以检验在计算上有无错误;另一方面,也可以提供其他检验所需要的基本数据。

定义可决系数 R^2:

$$R^2 = RSS/TSS \tag{3-5-15}$$

R^2 的大小表明了 y 的变化中可以用 x 来解释的百分比,因此,R^2 是评价两个变量之间线性关系强弱的一个指标。可以导出:

$$R^2 = \frac{\Sigma(y'_i - \overline{y})^2}{\Sigma(y_i - \overline{y})^2} = 1 - \frac{\Sigma(y_i - y'_i)^2}{\Sigma(y_i - \overline{y})^2} \tag{3-5-16}$$

(2) 相关系数检验。相关系数是描述两个变 fi 之间的线性相关关系的密切程度的数据指标,用 R 表示。

$$R = \frac{\sum_{i=1}^{n}(x_i - \overline{x})(y_i - \overline{y})}{\sqrt{\sum_{i=1}^{n}(x_i - \overline{x})^2 \sum_{i=1}^{n}(y_i - \overline{y})^2}} \tag{3-5-17}$$

R 在 -1 和 1 之间，当 $R=1$ 时，变量 x 和 y 完全正相关；当 $R=-1$ 时，为完全负相关；当 $0<R<1$ 时，为正相关；当 $-1<R<0$ 时，为负相关；当 $R=0$ 时，变量 x 和 y 没有线性关系。所以 R 的绝对值越接近 1，表明其线性关系越好；反之，R 的绝对值越接近 0，表明其线性关系越不好。只有当 R 的绝对值大到一定程度时，才能采用线性回归模型进行预测。在计算出 R 值后，可以查相关系数检验表。在自由度（$n-2$）和显著性水平 α（一般取 $\alpha=0.05$）下，若 R 大于临界值，则变量 x 和 y 之间的线性关系成立；否则，两个变量不存在线性关系。

(3) t 检验。即回归系数的显著性检验，以判定预测模型变量 x 和 y 之间线性假设是否合理。因为要使用参数 t，故称为 t 检验。回归常数 a 是否为 0 的意义不大，通常只检验参数 b。

$$t_b = \frac{b}{S_b} = b\sqrt{\frac{\sum(x_i-\bar{x})^2}{\sum(y_i-y_i')^2/(n-2)}} \tag{3-5-18}$$

其中，S_b 是参数 b 的标准差，$S_b = S_y/\sqrt{\sum(x_i-\bar{x})^2}$，$n$ 为样本个数。S_y 为回归标准差，

$$S_y^2 = \sum(y_i-y_i')^2/(n-2) \tag{3-5-19}$$

也可以表达为

$$t_b = \frac{b\sqrt{\sum(x_i-\bar{x})^2}}{S_y} \tag{3-5-20}$$

t_b 服从 t 分布，可以通过 t 分布表查得显著性水平为 α，自由度为 $n-2$ 的数值 $t(\alpha/2, n-2)$。与之比较，若 t_b 的绝对值大于 t，表明回归系数显著性不为 0，参数的 t 检验通过，说明变量 x 和 y 之间线性假设合理。若 t_b 的绝对值小于或等于 t，表明回归系数为 0 的可能性较大，参数的 t 检验未通过，回归系数不显著，说明变量 x 和 y 之间线性假设不合理。

4. 点预测与区间预测

点预测是在给定了自变量的未来值 x_0 后，利用回归模型式（3-5-21）求出因变量的回归估计值，y_0'，也称为点估计。

$$y_0' = a + bx_0 \tag{3-5-21}$$

通常点估计的实际意义并不大，由于现实情况的变化和各种环境因素的影响，预测的实际值总会与预测值产生或大或小的偏移，如果仅根据一点的回归就做出预测结论，这几乎是荒谬的。因此预测不仅要得出点预测值，还要得出可能偏离的范围。于是，以一定的概率 $1-\alpha$ 预测的 y 在 y_0' 附近变动的范围，称为区间预测。

数理统计分析表明，对于预测值 y_0' 而言，在小样本统计下（样本数据组 n 小于 30 时），置信水平为 $100(1-\alpha)\%$ 的预测区间为：

$$y_0' \pm t(\alpha/2, n-2)S_0 \tag{3-5-22}$$

其中，$t(\alpha/2, n-2)$ 可以查 t 检验表得出。通常取显著性水平 $\alpha=0.05$。

$$S_0 = S_y\sqrt{1+\frac{1}{n}+\frac{(x_0-\bar{x})^2}{\sum(x_i-\bar{x})^2}} \tag{3-5-23}$$

此外，根据概率论中的 3α 原则，可以采取简便的预测区间近似解法，当样本 n 很大时，在置信度为 68.2%，95.4%，99.7% 的条件下，预测区间分别为：$(y_0'-S_y, y_0'+$

S_y),($y'_0 - 2S_y$, $y'_0 + 2S_y$),($y'_0 - 3S_y$, $y'_0 + 3S_y$)。

【例 5-3】 2017 年某地区钢材需求预测。

问题：2012 年某地区房地产行业的钢材消耗量 45.96 万吨，2003～2012 年当地钢材消耗量及同期固定资产投资如表 3-5-4 所示。据相关机构预测，未来 5 年内，当地固定资产投资增长速度为 10%。请用一元线性回归方法预测 2017 年当地房地产行业的钢材需求量。

2003～2012 年某地房地产行业的钢材消耗量与固定资产投资额　　表 3-5-4

年份	钢材消耗量（万吨）	固定资产投资额（千亿元）
2003	10.35	6.018
2004	10.50	6.714
2005	12.60	7.560
2006	16.20	8.700
2007	21.30	9.162
2008	22.50	10.086
2009	25.50	11.316
2010	33.00	11.586
2011	40.35	13.248
2012	45.96	13.644

【解答】

(1) 建立回归模型。经过分析，发现该地区房地产业钢材消耗量与固定投资额之间存在线性关系，将钢材消费量设为因变量 y，以固定投资额为自变量 x，建立一元回归模型：

$$y = a + bx$$

(2) 计算参数。采用最小二乘法，计算出相关参数：

各年固定投资额 x 的平均值 $\overline{x} = \dfrac{\sum\limits_{i=1}^{10} x_i}{n} = 9.803$（千亿元）

各年钢材消费量的平均值 $\overline{y} = \dfrac{\sum\limits_{i=1}^{10} y_i}{n} = 23.83$（万吨）

$$\sum x_i y_i = 2623.60$$

$$\sum x_i^2 = 1023.76$$

$$b = \frac{\sum x_i y_i - \overline{x} \sum y_i}{x_i^2 - \overline{x} \sum x_i} = 4.591$$

$$a = \overline{y} - b\overline{x} = -21.181$$

(3) 相关检验：

相关系数 $R = \dfrac{\sum\limits_{i=1}^{10}(x_i - \overline{x})(y_i - \overline{y})}{\sqrt{\sum\limits_{i=1}^{10}(x_i - \overline{x})^2 \sum\limits_{i=1}^{10}(y_i - \overline{y})^2}} = 0.971$

在 $\alpha = 0.05$ 时，自由度 $= n - 2 = 8$，查相关系数表，得 $R_{0.05} = 0.632$

因 $R = 0.971 > 0.632 = R_{0.05}$，故在 $\alpha = 0.05$ 的显著性检验水平上，检验通过，说明固定资产投资额与房地产业钢材消耗量线性关系合理。详细计算见表 3-5-5。

相关计算表　　　　　　　　　　　　　表 3-5-5

年份	固 x_i	钢 y_i	$x_i-\bar{x}$	$y_i-\bar{y}$	$(x_i-\bar{x})(y_i-\bar{y})$	$(x_i-\bar{x})^2$	$(y_i-\bar{y})^2$	x_iy_i	x_i^2	$y_i'=a+bx_i$	$(y_i-y_i')^2$
2003	6.018	10.35	−3.79	−13.48	51.01	14.33	181.60	62.29	36.22	6.45	15.23
2004	6.714	10.50	−3.09	−13.33	41.17	9.54	177.58	70.50	45.08	9.64	0.74
2005	7.560	12.60	−2.24	−11.23	25.18	5.03	126.02	95.26	57.15	13.53	0.86
2006	8.700	16.20	−1.10	−7.63	8.41	1.22	58.16	140.94	75.69	18.76	6.56
2007	9.162	21.30	−0.64	−2.53	1.62	0.41	6.38	195.15	83.94	20.88	0.18
2008	10.086	22.50	0.28	−1.33	−0.37	0.08	1.76	226.94	101.73	25.12	6.88
2009	11.316	25.50	1.51	1.67	2.53	2.29	2.80	288.56	128.05	30.77	27.78
2010	11.586	33.00	1.78	9.17	16.35	3.18	84.16	382.34	134.24	32.01	0.98
2011	13.248	40.35	3.44	16.52	56.92	11.87	273.04	534.56	175.51	39.64	0.50
2012	13.644	45.96	3.84	22.13	85.01	14.75	489.91	627.08	186.16	41.46	20.27
合计	98.034	238.26			287.84	62.70	1401.42	2623.60	1023.76	238.26	79.96
均值	9.803	23.83									10.00

(4) t 检验：

$$t_b = \frac{b}{S_b} = b\sqrt{\frac{\sum(x_i-\bar{x})^2}{\sum(y_i-y_i')^2/(n-2)}} = 11.498$$

在 $\alpha=0.05$ 时，自由度 $=n-2=8$，查 t 检验表，得 $t(\alpha/2,n)=t(0.025,8)=2.306$ 因 $t_b=11.498>2.306=t(0.025,8)$，故在 $\alpha=0.05$ 的显著性检验水平上，t 检验通过，说明固定资产投资额与房地产业钢材消耗量线性关系明显。

(5) 需求预测：

据相关机构预测，未来 5 年内，当地固定资产投资增长速度为 10%，则 2017 年地区的固定资产投资总额将达到：

$$x_{(2017)} = (1+r)^5 x_{(2012)} = (1+10\%)^5 \times 13.644 = 21.974（千亿元）$$

于是，2017 年当地房地产业钢材需求量点预测为：

$$y_{(2017)} = a+bx_{(2017)} = -21.181+4.591\times 21.974 = 79.701（万吨）$$

区间预测：

$$S_0 = S_y\sqrt{1+\frac{1}{n}+\frac{(x_0-\bar{x})^2}{\sum(x_i-\bar{x})^2}} = 5.905$$

于是，在 $\alpha=0.05$ 的显著性水平上，2017 年钢材需求量的置信区间为：

$$y_0' \pm t(\alpha/2,n-2)S_0 = 79.701 \pm t(0.025,8)S_0 = 79.701 \pm 2.306\times 5.905$$
$$= 79.701 \pm 13.617$$

即有 95% 的可能性在 (66.084，93.318) 的区间内。由于估计的因变量是 5 年以后的，所以误差比较大。

(四) 其他分析方法

其他方法则包括经济计量分析、投入产出分析、马尔科夫方法等，这些预测法主要借助较复杂的数学模型模拟现实经济结构或市场状态，分析经济现象的各种数量关系，从而提高人们认识经济现象的深度、广度和精确度，适用于现实经济生活中的中长期市场预测。由于篇幅所限，这里不再做专门介绍。

二、常用统计图表

（一）常用统计表

在对收集到的资料进行整理之后，就到了对数据进行分析处理的阶段了。一般在对数据进行分析的过程中，要借助统计表对其进行资料的统计分析。一般常用统计表有如下几种：简单频数表与分组频数表、二维列联表和多维列联表。

1. 简单频数表与分组频数表

频数表是统计描述中经常使用的基本工具之一。在观察值个数较多时，为了解一组同质观察值的分布规律和便于指标的计算，可编制频数分布表，简称频数表。它可以揭示资料分布类型和分布特征，以便选取适当的统计方法；便于进一步计算指标和统计处理；便于发现某些特大或特小的可疑值。最常用的是简单频数分布表，它是由每一分数值在一列数据中出现的次数或总数资料编制成的统计表，如表 3-5-6 所示。

简单频数表 表 3-5-6

	车位价格	频 率	百分比	有效百分比	累积百分比
有效	5 万元以下	21	26.6	26.6	26.6
	5～7 万元	35	44.3	44.3	70.9
	7～10 万元	20	25.3	25.3	96.2
	10 万元以上	3	3.8	3.8	100.0
	合计	79	100.0	100.0	

2. 二维列联表

列联表是观测数据按两个或更多属性（定性变量）分类时所列出的频数表

一般，若总体中的个体可按两个属性 A 与 B 分类，A 有 r 个等级 $A_1, A_2 \cdots A_r$，B 有 c 个等级 $B_1, B_2 \cdots B_c$，从总体中抽取大小为 n 的样本，设其中有 n_{ij} 个个体的属性属于等级 A_i 和 B_j，n_{ij} 称为频数，将 $r \times c$ 个 n_{ij} 排列为一个 r 行 c 列的二维列联表，简称 $r \times c$ 表，如表 3-5-7 所示。

二维列联表 表 3-5-7

		欲购买面积 * 车位价格交叉制表				
		计 数				
		车位价格				合计
		5 万元以下	5～7 万元	7～10 万元	10 万元以上	
欲购买面积	≤85m²	2	1	0	0	3
	86～100m²	2	3	2	0	7
	101～120m²	8	19	7	0	34
	121～135m²	7	8	5	1	21
	≥136m²	2	4	5	2	13
	6	0	0	1	0	1
	合 计	21	35	20	3	79

3. 多维列联表

若所考虑的属性多于两个，也可按类似的方式作出列联表，称为多维列联表，如表3-5-8所示。由于属性或定性变量的取值是离散的，因此多维列联表分析属于离散多元分析的范畴。

三维列联表　　　　　　　　　　　表 3-8-8

职业＊月收入＊学历　交叉制表

学 历			月收入					合计
			2000元以下	2001～4000元	4001～6000元	6001～8000元	10000元以上	
大专以下	职业	事业单位工作人员	1	2	0		0	3
		外企、私企人员	7	0	0		1	8
		教师、律师、医生	2	3	0		0	5
		其他	7	8	2		3	20
	合 计		17	13	2		4	36
大专	职业	政府机关工作人员	1	0	0	0	0	1
		事业单位工作人员	4	4	0	0	0	8
		外企、私企人员	1	1	1	0	0	3
		国企人员	3	0	0	0	0	3
		教师、律师、医生	0	1	0	1	0	2
		其他	3	3	0	0	1	7
	合 计		12	9	1	1	1	24
本科	职业	政府机关工作人员	1	0	0		0	1
		事业单位工作人员	0	1	0		0	1
		教师、律师、医生	4	7	0		1	12
		其他	1	2	1		0	4
	合 计		6	10	1		1	18
硕士及以上	职业	教师、律师、医生		1				1
	合 计			1				1

（二）常用统计图

在对收集到的资料进行统计分析时，除了会用到以上所说的一些常用统计表外，还会用到一些统计图，这些统计图可以更直接、形象的反映出资料中所拥有的信息。常用统计图有以下几种：直方图、饼形图和态度对比图。其他统计图还有网络图、圆环图、雷达图、三维直方图等等，在此就不一一列举了。下面仅介绍几种最常用的统计图。

1. 直方图

直方图（Histogram）又称柱状图，是一种统计报告图。它是表示资料变化情况的一种主要工具。用直方图可以解析出资料的规则性，比较直观地看出调查对象的分布状态，对于调查对象资料分布状况一目了然，便于判断其总体分布情况。一般用横轴表示数据类型，纵轴表示分布情况，如图3-5-3所示。

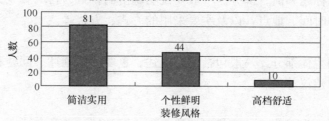

图 3-5-3　直方图

2. 饼形图

饼形图也是一种统计报告图。它是通过分析、计算得出每一类所占总体的比重来绘制的。它形象直观，常用于各类的统计调查数据分析中，如图 3-5-4 所示。

3. 态度对比图

态度对比图也是一种统计报告图。例如，通过对某地居民进行调查，来分析其对所在城市的喜欢程度，分析结果可用态度对比图来形象、直观地反映，如图 3-5-5 所示。

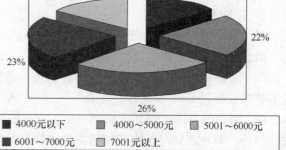

图 3-5-4　饼形图

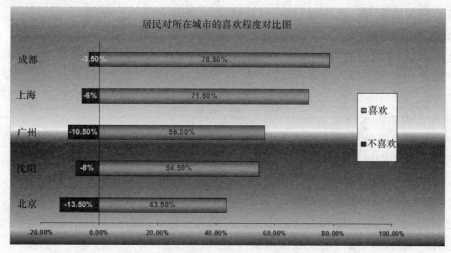

图 3-5-5　态度对比图

第六节　市场调研报告

一、调研报告的内容

（一）报告的构成

1. 导言

导言主要包括标题和前言部分。一般要说明调研的背景、目的和意义，以及调研的计划和安排，调研的时间、地点，以及主要采用的方式、方法等。

2. 正文

正文是报告的主体部分。一般包括情况概述、重要问题阐述、问题和原因分析、发展形势展望、结论和建议等内容。

3. 结尾

结尾是报告的结束部分。一般是对调研报告主要结论的总结和说明，以强调重要性。

4. 附件

附件主要包括图表和附录部分，是调研报告不可缺少的重要内容。

(二) 正文的主要内容

1. 基本情况概述

概述部分是对具体调研的简明介绍，这部分应该包括：

(1) 说明该项调查的目的和范围；

(2) 简要介绍调查对象和调查内容，包括调查时间、地点、对象及所要解答的问题，样本特征及容量等；

(3) 调查的方法，例如市场调查中，资料收集的方法，是用询问法还是观察法或实验法。另外，对在资料分析中使用的方法如回归分析等方法做简要说明，并对选用方法的原因作说明。

2. 房地产市场环境概述

房地产市场环境概况包括调研地区的人口概况、经济发展概况、居民生活水平、城市规划及政府相关政策等。这些内容是进行调研结论判断和决策的依据。

3. 房地产市场供给特征

房地产市场供给特征包括房地产市场供给总体状况，区域供给特征，相同产品开发经营企业的特征和竞争力等，是进行房地产项目策划、市场定位分析以及制定营销策略的重要基础。

4. 房地产市场需求特征

房地产市场需求特征包括房地产市场需求总体状况、区域需求特征及消费群体特征与购房行为等，它为项目市场定位、产品设计、营销策略提供全面准确的决策信息，是建筑设计和营销策略赖以成功的基石。

5. 房地产市场形势及发展趋势

通过对房地产市场环境和市场供求特征的调查分析，判断房地产市场形势和房地产未来发展趋势，为房地产项目定位提供依据。

6. 结论和建议

提出结论和建议是撰写调查报告的主要目的。调查人员必须花费大量的实际和精力来分析、解释调查资料，并使用结构严谨和有效的方法得出调查结论。结论是调查人员在仔细研究和分析所有资料后得出的判断。

在准备建议时，调查人员应有明确的态度，持实事求是的观点，应以调查结果为基础，不能受感情或预感所支配，应尽可能简洁、准确地说明建议，使之易于被决策者理解。

二、报告的撰写原则

（一）以调研目的为核心的原则

市场调研要明确调研目的，不同目的的调查其内容不一样，得到的结论不一样，因此应以调研目的为核心撰写调研报告。

（二）前后逻辑合理的原则

房地产市场调研是对相关的市场信息进行系统的收集、整理、记录和分析，进而对房地产市场进行研究和预测的过程。这要求调研报告前后应当互相承接，逻辑合理，结论是基于调研基础上的判断和预测。若前后矛盾，逻辑错误，结论也就不可信，对企业决策没有参考价值。

（三）层次鲜明性原则

房地产调研涉及的信息量巨大，需要在报告中表现出来的内容繁多，若不加整理分层，会使内容混乱，不利于报告使用者抓住重点。这就需要调研报告层次鲜明，让报告使用者对整个调研过程和相关信息一目了然，从而增强调研结论的可信度。

（四）图文并茂的原则

市场调查过程会涉及大量数据信息，光以文字的形式表示往往不能表现数据的全貌和规律。图文并茂强调调研中获得的各种数据信息不但要以文字的形式表示出来，还应当配合一定的图表，使数据的整理和分析显现的更加清晰。尤其是进行定量分析的信息，更应该通过图表表现结果。

复 习 思 考 题

1. 为什么要进行房地产市场调查？
2. 房地产市场调查的主要内容有哪些？
3. 简述房地产市场调查的过程。
4. 房地产市场调查常用方法有哪些？
5. 设计房地产市场调查问卷应注意哪些问题？
6. 说明常用的抽样方法有哪些。
7. 房地产市场调查实施主要分哪几个阶段，每一阶段的主要工作都有哪些？
8. 说明一元线性回归 t 检验的意义和统计量的计算。
9. 试说明住房购买力调查法的思路。
10. 如何撰写房地产市场调研报告？

附：调查问卷

问卷编号：

山东齐河住房需求调查问卷

尊敬的先生/女士：

您好！我是山东建筑大学的学生，正在进行开发区住宅需求状况的社会调查。您所提供的信息对我们很重要，请您如实认真回答。对您的支持深表感谢！

填写说明

（1）请您在所选答案序号上画√；多选题写序号。
被访问者的性别：①男②女民族：

A 受访客户背景资料

A1. 您的职业是：
①政府机关工作人员②事业单位工作人员③外企、私企职员④国企职员
⑤教师、律师、医生⑥其他

A2. 您的学历：
①大专以下②大专③本科④硕士及以上

A3. 您的户口所在地：
①济南②齐河③德州④其他

A4. 您的年龄区间是：
①28岁及以下②29～35岁③36～40岁④41～50岁
⑤51～55岁⑥56岁以上

A5. 您的月收入（包括工资、奖金及各种补贴）大约在：
①2000元以下②2001～4000元③4001～6000元
④6001～8000元⑤8001～10000元⑥10000元以上

A6. 您的家庭构成是：
①单身②两口之家③三四口之家（1～2个孩子）④三代及以上

A7. 您对现在的住房不满意的之处：
①住房太小②非自己的房子③离工作单位太远④小区或周边公共配套差⑤房屋陈旧、设施落后⑥其他方面：

A8. 您获得房产信息主要靠哪种渠道？
①电视广告②报纸广告③户外广告牌④网络⑤房展会⑥其他

B 客户对住房的需求

B1. 您计划在多长时间内购房：
①1年以内②1～2年内③2～3年内④3年以后

B2. 您比较认同的户型是：
①一居室②二居室③三室一卫④三室二卫⑤四室及以上

B3. 您在购房时比较喜欢哪一种楼型？
①多层（4～6层）无电梯②多层（4～6层）有电梯
③小高层（7～11层）④高层（12层及以上）

B4. 您能接受的房屋价格（元/平方米）最高额是：
①2500～3000　②3001～3500　③3501～4000
④4001～4500　⑤4501～5000　⑥5001以上

B5. 你打算购买房屋的总价款属：
①30万元以内②30万元～35万元以下③35万元～40万元以下
④40万元～50万元以下⑤50万元～60万元以下⑥60万元以上

B6. 在首付款交完后，您愿接受的银行月还款额为？
①1000元以下②1001～1500元③1501～2000元

④2001～3000元⑤3001及以上

B7. 您在购房时倾向于选择：

①普通住宅②公寓③别墅④二手房⑤小产权房

B8. 填写您在购房时着重关注的因素：

(B8-1) 最重要：_____

(B8-2) 第二位：_____

(B8-3) 第三位：_____

(B8-4) 第四位：_____

①位置、交通②价格③户型合理性④小区及周边配套设施

⑤周边环境的安静和清新⑥开发商的形象⑦小区规模

⑧项目的形象与知名度⑨物业管理与安全

B9. 填写您最希望小区配有的前四个设施的序号？

(B9-1) 第一位：_____

(B9-2) 第二位：_____

(B9-3) 第三位：_____

(B9-4) 第四位：_____

①运动场所②健身器材

③医院④幼儿园及中小学校

⑤超市⑥小区拥有中心花园

⑦餐饮⑧农贸市场

B10. 您买房对装修的期望要求是：

①厨卫精装修②全部精装修③毛坯房

B11. 您对车位的需求是：

①不需要②一个③二个及以上

B12. 您对购买固定车库或车位的最高出价是：

①5万元以下②5～7万元③7～10万元④10万元以上

B13. 您决定购房的原因是：

①用于自住

②用于投资

B14. 银行升息后，您的资金投向的首选是：

①购房②购车③择机进入股市④储蓄⑤等待观望⑥其他投资

B15. 您认为未来2年齐河县的房价将如何变化？

①大跌②跌③基本不变④涨⑤大涨

C 齐河黄河中学地块房地产市场调查

在黄河中学北侧，旺旺集团东南侧的地块上建设高档住宅小区，请您发表宝贵意见！

C1. 如果您购买商品房，您将会选择以下哪个区域？

①开发区　②县城中心区域　③晏城镇　④其他

C2. 您认为在该社区买房人的收入水平：

①很低②低③一般④高⑤很高

C3. 您知道开发区黄河中学的位置吗?

①知道②不知道

C4. 您认为在开发区黄河中学附近买房:

①大贬值②轻度贬值③无多大升值潜力,但不会贬值

④有升值潜力⑤升值潜力很大

C5. 您认为意愿在黄河中学附近买房的人会:

①很少②少③一般情况④较多⑤很多

C6. 对黄河中学附近住房,您认为哪个价格可以接受?

①2500 元以下②2501~3000 元③3001~3501 元

④3501~4000 元⑤4001~4500 元⑥4501 元及以上

C7. 黄河中学附近区域,建小高层楼型可以接受吗?

①很不合适　②不合适　③无所谓　④合适　⑤很合适

C8. 您认为在开发区黄河中学附近的买房者最看重的可能是 _____ (可多选)

①教育设施配套②离工作单位近③具有升值潜力

④小区良好的水系、绿化等景观 ⑤永锋企业职工住宅区

C9. 您认为在该社区买商业用房的投资价值 _____

①很低　②低　③一般情况　④高　⑤很高

C10. 您认为该社区各户型比例最合适的比例是:

①10∶20∶60∶10(一室∶二室∶三室∶四室及以上)②30∶70(二室∶三室)

③20∶60∶20(二室∶三室∶四室及以上)

④30∶60∶10(二室∶三室∶四室及以上)⑤其他:

第四章 房地产开发项目策划

第一节 概 述

一、房地产开发策划的概念

（一）策划的含义

为了更好地理解房地产开发策划的概念，我们先来了解一下策划的概念。

"策划"一词，在古汉语中亦作"策画"，最早出现于公元2世纪前后。东晋学者干宝在《晋纪总论》中引《晋纪》注云："魏武帝为丞相，命高祖为文学掾，每与谋策画，多善。"其中"画"与"划"相通互代，"策画"即"策划"，意思是计划、打算。策最主要的意识是指计谋，如：决策、献策、下策、束手无策。划指设计，工作计划、筹划、谋划，指"划"，意思为处置、安排。

日本策划家和田创认为：策划是通过实践活动获取更佳效果的智慧，它是一种智慧创造行为；美国哈佛企业管理丛书认为：策划是一种程序，"在本质上是一种运用脑力的理性行为"；更多人说策划是一种对未来采取的行为做决定的准备过程，是一种构思或理性思维程序。

从本质上讲，策划就是一项立足现实，面向未来而进行的筹划或者谋划的精神活动。它是为了实现特定的项目发展目标，在充分获取相关有价值信息的基础上，借助一定的科学思维方法，对项目的未来发展方向进行判断，为项目的决策、执行而构思、设计、制作工作方案的过程。

（二）房地产项目策划的含义

房地产项目策划就是为达成一定的目标，在尽可能获得相关有价值信息的基础上，借助科学的思维方法，在项目构思与筛选、获取土地使用权、项目定位、项目建设、市场营销以及交用后的管理等各个阶段或其各个环节，为获得更好的实施方案所进行的构思、设计、制作并选择方案的过程。

广义的房地产开发项目策划是指房地产开发项目的全程策划。从项目的孕育到项目交用后管理的各个阶段或者过程。包括项目筛选策划、获取土地使用权的策略策划、项目定位策划、项目开发方案策划、项目市场营销策划、建设阶段项目管理策划、项目交用后的管理策划等等。

狭义的房地产项目策划，是指在获取土地使用权或确定了项目基地后，为获得最佳的项目定位所进行的策划。如下面的定义：

房地产项目策划是在明确的原则和目标下，以拟开发房地产项目为对象，在市场调研基础上，基于项目宏观环境、微观环境和企业资源实力的系统分析，综合运用各种策划手段、整合各种资源，对房地产开发项目进行创造性的构思，选择最佳、可行的项目市场定位的过程。

对房地产项目策划的理解应当从以下六个方面来进行：

（1）房地产项目策划应具有明确的目标；

（2）房地产项目策划是在客观真实的市场调研基础上进行的；

（3）房地产项目策划要优选最佳的项目市场定位；

（4）房地产项目策划要综合运用各种策划手段以及创新性思维（如主题策划、建筑策划、营销策划等；还可以运用房地产领域外的其他手段，如体育、游泳、教育等概念）；

（5）房地产项目策划要遵循特定的科学程序；

（6）房地产项目策划最终要提供具有可操作性的策划文本。

二、开发策划的目的作用

房地产项目策划在房地产企业中充当着智囊团、思想库的角色，是企业决策者的重要助手。在房地产项目开发建设的每一个环节，项目策划活动都参与其中，通过概念设计及各种策划手段，提高产品价值，促进市场销售，提升企业品牌，创造经济与社会效益。房地产开发策划的作用主要表现在以下几个方面：

（1）能创造显著的经济效益和社会效益。在新知识经济时代，房地产项目策划属于典型的创意产业，能产生极高的经济附加价值，为房地产企业创造显著的经济效益和社会效益。

（2）能为项目决策指明方向。房地产项目策划方案是在对房地产市场的深入调研后形成的，是策划机构深入市场而总结出来的智慧结晶，能够作为房地产企业的参谋，为项目决策指明方向，避免项目运作中出现大的偏差。

（3）能使房地产开发项目增强竞争力。随着房地产市场竞争越来越激烈，开发模式与产品理念在不断创新，房地产项目策划能够发挥市场研究、项目构思的特点项目的竞争能力，使企业赢得市场主动权。

（4）能有效地整合房地产资源。房地产项目开发是多资源的组合，需要多种资源协调发展，如人力资源、物力资源、社会资源等。这些资源在项目策划开始以前，往往是分散的、凌乱的。通过房地产项目策划能够分析它们特有的功能，梳理各种资源直接的逻辑关系，有助于将它们整合在一起，发挥资源组合的优势从而为项目展开服务。

此外，房地产项目策划还有预测未来市场、满足购房者需求等作用。

三、房地产开发策划的原则

（一）独创原则

无论房地产项目的定位、建筑设计的理念、策划方案的创意、营销推广的策略，没有独创、毫无新意，要在市场竞争中赢得主动地位是不可能的。独创就是独到、创新、差异化、有个性。独创具有超越一般的功能，它应贯穿房地产策划项目的各个环节，使房地产项目在众多的竞争项目中脱颖而出。

（二）整合原则

房地产开发项目中有各种不同的客观资源，大体可分为两大类：一是从是否明显看出来，有显性资源、隐性资源。二是是从具体形式来分，有主题资源（或称概念资源）、社会资源、人文资源、物力资源、人力资源等。这些资源在没有策划整合之前，是松散的、凌乱的、没有中心的，但经过整合以后就会团结一起，为整个项目的发展服务。

（三）客观原则

客观原则是指在房地产策划运作的过程中，策划人通过各种努力，使自己的主观意志自觉能动地符合策划对象的客观实际。要遵循客观原则做好房地产策划，必须注意以下几点：①实事求是进行策划，不讲大话、空话；②做好客观市场的调研、分析、嫌；③策划的观念、理念既要符合实际，又要有所超前。

（四）定位原则

所谓"定位"，就是给房地产策划的基本内容确定具体位置和方向，找准明确的目标。房地产开发项目的具体定位很重要，关系到项目的发展方向。一个目标定位错了，会影响其他目标定位的准确性。

（五）可行性原则

可行性原则是指房地产策划运行的方案能够达到并符合切实可行的策划目标和效果。可行性原则就是要求房地产策划行为应时时刻刻地为项目的科学性、可行性着想，避免出现不必要的差错。

（六）全局原则

全局原则从整体、大局的角度来衡量房地产策划的兴衰成败，为策划人提供了有益的指导。从房地产策划的整个过程来讲，它分为"开局、析局、创局、选局、布局、运局、馈局和结局八大过程，每个过程都跟全局有密切的联系，每个局部的运作好坏都会对整个全局造成影响。奇门作局，就是要从现有的诸要素形成的格局面中，找到并整合出特别的创新出奇的局，达成策划的目标。全局原则不仅仅是策划过程，也是一个项目资源系统运作过程的原则。

（七）人文原则

人文原则是强调在房地产策划中要认真把握社会人文精神，并把它贯穿到策划的每一个环节中去。人文精神包括人口及文化的意识：人口意识是指人口的数量和质量水平、人口的局、年龄结构、家庭婚姻等表现出的社会思想；文化意识包括人们在特定社会中形成的特定习惯、观念、风俗及宗教信仰等表现出的社会思想。

第二节 房地产开发项目策划的内容

房地产开发项目策划通常包括以下几个方面的内容：房地产项目产品定位策划、开发方案策划、项目管理策划、营销策划和融资策划。这里只阐述最常见的房地产项目定位策划和项目市场营销策划的内容。

一、房地产项目定位策划

房地产前期定位策划是一种辅助决策的综合性活动，目的是帮助房地产开发企业做出合适的定位决策，控制和减少项目的开发风险。

房地产前期定位策划就是根据房地产前期策划预期目标，经过对市场的深入研究和分析，整合各种资源，达到帮助房地产开发企业决策在哪里开发、开发什么项目、怎样开发、开发后卖给谁等一系列问题。

房地产项目定位策划虽然由于项目的具体用途不同而有一定的差异，但一般都包含以下几个方面的内容：

（一）市场调研

房地产市场的区域性特征明显，各地社会、经济、文化发展情况不同，所形成的房地产市场存在较大差异。因此，任何项目策划都是从项目所在区域的房地产市场调查入手。房地产项目市场调查的内容在第三章中有详细说明。

1. 宏观环境调查与分析。从宏观层面上把握环境现状与走势，把握社会经济发展现状及未来的发展趋势。包括经济环境调查、政策环境调查、行业环境调查、人口环境调查、文化环境调查等。

2. 区域环境调查与分析。对项目所在区域环境（市场）主要调查房地产项目所在区域（或城市）的经济发展水平、区域规划、房地产市场供需状况、社会文化环境、竞争性房地产企业情况、城市区域的交通条件、影响区域发展的其他因素和条件。

3. 项目微观环境调查，又称项目开发条件分析。目的是分析项目的自身开发条件及发展状况，对项目自身价值提升的可能性与途径进行分析，为市场定位提供直接依据。主要包括项目用地的现状和开发条件、控制性规划（或详规条件）、周边环境分析（各种配套设施、生态环境、人文环境景观等）、项目的对外联系程度、交通组织、周边的竞争性项目等。

（二）项目定位分析

1. 项目SWOT分析。SWOT分析是为项目分析做准备，通过市场调研，将项目从宏观到微观进行全面综合的考虑，对项目进行优势分析、劣势分析、项目机会分析与威胁分析，梳理出项目的基本定位。

2. 客户定位。客户定位就是开发商为自己的项目确定潜在客户的过程，确定房地产项目的目标消费群体及其特征。

3. 产品定位。产品定位就是在市场细分、客户需求分析、客户群确定的基础上，确定房地产项目的主要技术参数、模式等。

4. 形象定位。形象定位主要是找该房地产项目所特有的、不同于竞争对手、能进行概念化描述、通过广告表达能为目标客户所接受而产生共鸣的特征。

5. 价格定位。价格定位要达到与项目形象定位、产品定位、客户定位之间的匹配。

（三）产品定位策划

1. 规划布局。规划布局主要是根据项目所处的周边自然环境状态、地块状态、区域社会经济形态、人文形态及客户定位、形象定位等因素来确定项目发展方向，提出规划布局的总体思路，进行项目概念性规划。

2. 建筑与公共设施策划。建筑与公共设施策划是结合市场调研结果，主要从建筑类型、建筑风格、空间动线、户型结构、绿地与景观、道路交通系统、公共设施配套系统（公共服务设施、市政公用设施、停车设施、安全设施、户外场地设施、服务管理设施）、物业管理等方面提出可操作性建议，以指导下一步的规划设计。

3. 产品功能。基于客户需求，对产品的功能进行定义。对于居住建筑来说，包括产品的类型、档次、套型比例、面积等。

（四）项目投融资分析

在前期市场调研的基础上，根据当地房地产市场走势作出基本判断，对市场的供求关系、竞争楼盘、价格走势、地块区位条件、周边市场特征、本项目定位等进行深入分析和把握,在此基础上,针对项目进行投融资分析。

二、营销策划

近年来,随着我国国民经济的发展,人民生活水平持续提高,房地产市场已经逐渐迈向成熟,在总体上已经结束了"卖方市场时代",营销成败事关企业的存亡也已成为业界的共识。因此,房地产营销策划是房地产策划的一个重要组成部分。

房地产项目营销策划主要包括以下六个方面的内容:选择销售渠道、确定房地产主题与广告策划、目标客户群分析与定位、房地产价格定位、房地产市场推广策划、房地产公共活动策划。

(一)销售渠道策略

房地产主要由两种销售渠道:开发商自行销售和委托代理。

1. 开发商自行销售

开发商自行销售的特点是通过与消费者的直接接触,有利于收集消费者对产品的意见,改进企业的工作,建立企业的良好形象,从而提高企业的市场竞争力。一般在下述情况下,开发商可选择自行租售。

(1)大型房地产开发公司。大型房地产开发公司内部一般设有专门的销售部门和销售公司,往往有自己成熟的销售网络和较高的业务水平,因此应选择自行销售。

(2)处于卖方市场。当市场为卖方市场时,楼盘供不应求,开发商往往不需要聘请代理机构就可以忽的丰厚的利润。

(3)定向开发。有些项目投资决策或前期工作阶段就已经有了确定的销售对象,定向为某些业主开发,这种情况下一般就无须委托代理了。

(4)节约成本。委托租售代理要支付相当于售价1%~3%的佣金,从节约成本的角度考虑,有时开发商更愿意自行销售。

2. 委托代理

房地产开发的市场推广活动中,很多开发商借助销售代理机构的帮助,利用代理机构所拥有的优势。这也是未来的发展趋势,是社会分工更加精细化的结果。这是因为优秀的房地产代理机构往往有熟悉市场情况、具备丰富的租售知识和经验的专业人员,对其所擅长的市场领域有充分的认识,对市场当前和未来的供求关系非常熟悉,或就某类房地产的销售有专门的知识和经验。

(二)房地产销售主题与广告策划

1. 确定项目主题的方法与步骤

(1)确立一个核心思想。主题保持不过时才是最有效的,所以主题有时需要常常变化。因此,一定要给主题一个核心思想,让跟着时尚变动过的主题始终围绕着核心思想。核心思想主要从全面分析企业、客户、竞争对手3个领域的具体情况来确定。

(2)围绕核心思想确定一个或多个主题。"顾客是最健忘的",所以很多开发商会持续不断地对目标客户进行吹风宣传,生怕他们忘了自己,但是开发商业需要注意,顾客是很容易厌烦的,若整天向他们灌输毫无变化的信息,就会激起他们的逆反心理。

(3)使主题富于表现力和感染力。楼盘利用主题可制造精神支柱和基准点,这些基准可以令顾客在更大的范围内联想到该楼盘并辨别出它的地位。如果主题能够满足以下条件:被用来表达某一楼盘的核心价值或某一品牌特征,在较长的时间内得到重复和改善,被发展为整套相关联的观点,那么主题就可以被鲜明地再表达出来。

2. 房地产广告策划

对于任何一个房地产项目,在经过营销策划推出市场前,都需要通过广告来将项目的有关信息传递给目标客户群。房地产广告具有信息量大、时间性强、投入区域明显等特点,因此在进行广告策划时要综合考虑多方面的因素:竞争程度、广告频率、房地产的销售进度、楼盘的替代性和企业品牌等,并且选择合适的广告媒体。

此外,在对房地产进行广告宣传时,要对房地产的主题进行提炼。我们可以从形象定位中寻找广告主题,广告主题是广告所要表达的重点和中心思想,是通过一两句精炼的广告语体现出来的,提高消费者对项目的期望值,使其产生许多美好的联想和希望。例如,深圳招商房地产海月花园的主打广告语"海风一路吹回家",让人不仅明白交通的便捷,更体验到了海边生活的幸福和温馨。应当注意的是,广告主题作为信息的焦点,在一个广告中不能有太多的诉求主题,而应根据不同的情况进行筛选。

(三)公共关系策划

公关活动不仅向目标客户传递楼盘产品的信息,还向公众传递地产企业其他有关信息,如品牌、形象、成就等,直接目的在于提高企业知名度,引起公众对企业的信赖、好感与兴趣。

公共关系活动形式可以有多种选择,如:广告,新闻媒介,各种招待会、座谈会、联谊会,提供各种优惠服务,开展公益性的社会活动,楼盘的展销会与展览会。

同时,选择合适的公共活动的时机也是非常重要的。既要把握企业内部的机遇,如楼盘开盘、庆典及业主联谊会等,也要把握企业外部的机遇。

(四)房地产销售推广策划

房地产销售推广策划的要点可归纳为以下几点:

1. 让利性。房地产销售推广策划的关键是房地产企业的让利,让顾客确实感受到优惠和实惠,而不是花哨的促销噱头。

2. 补偿性。房地产企业让利有一定的限度,亏本的买卖很难维系。

3. 多元性。房地产销售推广策划虽然着眼于实质性让利,给予顾客优惠和实惠,但应注意给予顾客的利益可以是多元化的,即不仅是价格,也可以是其他方面的。例如某房地产企业过去和将来已经建造和将要建造大批楼盘,购买该企业的楼盘,保证在10年之内可以调换该集团开发的其他楼盘,手续简便,补价合理。

4. 综合性。房地产销售推广策划需要考虑销售推广和广告以及公共关系策划的综合效应。

房地产客户定位和价格定位将在本章第四节详细介绍。

第三节 房地产开发策划的流程

一、明确策划的目的

明确房地产项目策划的目的,在房地产项目策划中是非常重要的。一方面,它要服务于项目目标,另一方面,其要为以后的项目策划工作提供指导和依据。

房地产项目策划工作为项目开发提供科学的决策支持,是项目开发成功的重要因素。

房地产项目策划的目的是为房地产项目寻找自己的需求空间;投资策划为开发商提供决策和确定利润空间;设计策划为房地产项目获得个性空间;文化策划为房地产项目找到自己的内涵空间;营销策划为房地产项目拓宽市场销售空间;经营策划为房地产项目赢得未来的发展空间。

二、确定主要影响因素

房地产策划的影响因素主要包括三方面内容:房地产市场环境、房地产市场需求和项目自身的因素。

(一)房地产市场环境

1. 宏观环境

(1)政治法律环境。房地产开发必须要有政策和法律保障,因此政治法律环境是非常重要的。

(2)宏观经济环境。经济环境对房地产项目的市场营销有着直接影响。经济发展速度快,人民收入水平高,购买力增强,市场需求增大;反之则小。

(3)房地产市场总体运行状况。对房地产市场总体运行状况的分析判断和预测,是项目前投资决策工作的重要环节,对项目开发有着根本影响。

(4)人口环境。人口是构成市场的主要因素之一。一般来说,人口越多,收入越高,市场需求量就越大。

(5)技术环境。技术环境主要包括有关建筑设计和建筑材料等方面的新技术、新工艺、新材料的技术现状、发展趋势、国内外先进水平、应用前景等。

(6)对外开放程度。对外开放,是我国进行对外房地产交流、房地产合作的重要举措,对外开放的程度对于加速我国房地产业的发展有着深刻的影响。

2. 区域环境

(1)经济发展水平。经济发展水平主要包括城市或区域的经济总体水平、主要产业及分布、居民收入水平、购房消费能力等,这些因素都是影响房地产购买力的因素。

(2)城市发展规划。城市发展规划对项目选址有重要影响,关系着项目的潜力和增值的可能性。

(3)房地产市场供求状况。

(4)社会文化环境。社会文化环境会对人们的生活方式产生影响,从而对人们的购买意愿产生影响。

(5)房地产企业情况。其余的竞争对手的实力对房地产开发项目是否成功也有关键影响。

3. 微观环境

(1)用地现状。用地现状对于项目定位、规划设计、拆迁安置等工作都具有重要的参考价值。

(2)项目周边的环境。房地产位置的固定性决定了周边环境对项目开发具有重要的影响作用。

(3)竞争性楼盘。竞争性楼盘有一个清晰的认识才能在竞争中取胜。

(二)房地产市场需求

1. 市场容量需求

市场需求容量，是指对房地产产品有购买欲望且具有购买能力的市场需求总量。市场需求量对房地产销售量有着重要的影响，市场需求量大时，房地产销售量就大，反之则小。

2. 消费者行为

（1）消费者个人特征。消费者个人特征包括消费者的年龄、文化程度、家庭结构、职业、原居住地、宗教信仰等，这些特征决定了消费者对购房的需求量及需求种类。

（2）消费者购买动机和偏好。消费动机是引起人们购买房地产产品的愿望和意念，是产生购买行为的内在原因。消费者的购买倾向对某类物业及其特性有个人偏好，这种偏好决定了消费者对不同物业的喜厌态度，是决定消费者行为的重要原因。这些都是进行房地产策划时要考虑的重要因素。

（3）消费者购买水平。消费者购买水平是指消费者对某房地产的最大支付能力，这是影响房地产消费的最重要因素，它决定了消费者的购房承受能力。

（三）项目自身因素

（1）项目目标。一般的房地产项目的目标是实现利润的最大化并且快速铸造企业品牌。但是具体到不同的项目会有更加具体的目标，这些都是影响房地产策划的因素。

（2）开发商能力。开发商自身的资金能力，例如拥有的资本金和融资能力，决定着开发企业能够开发项目的规模，这也是策划中要考虑的一个重要因素。企业的营销能力决定着房地产项目的营销方式，企业的品牌影响力也是项目成功与否的关键，这些因素都是在进行房地产项目策划要考虑的影响因素。

三、开发策划流程

（一）房地产项目策划组织与工作流程

房地产项目策划组织主要有两种形式：开发商内部组建或外聘专业房地产策划机构。随着房地产业内社会化分工越来越精细，越来越多的开发商开始与专业化的房地产策划机构合作，来充分发挥专业策划机构熟悉市场、精于策划的优势。

但是，无论哪种形式，房地产项目策划一般都要经历如下的工作流程，才能形成一个较为深入的项目策划方案。图4-3-1为房地产项目策划的基本工作流程。

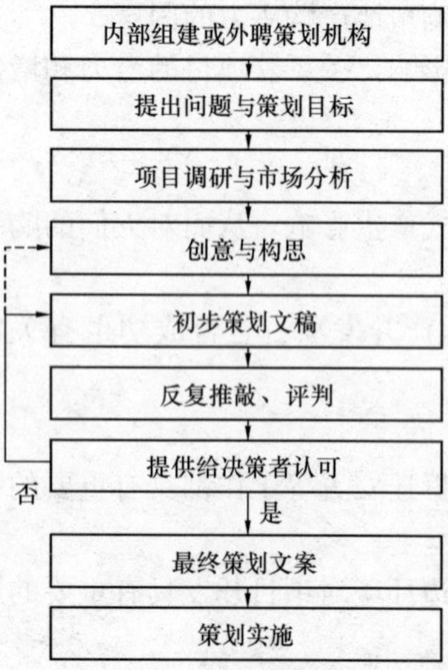

（二）房地产策划项目的阶段划分

房地产项目策划一般要经历三个阶段，即前期策划阶段、营销执行阶段及策划总结阶段，在不同的策划阶段都有不同的侧重点。

前期策划阶段侧重于项目区位分析、项目定位以及规划设计与物业发展建议、资金运作与经济分析等；营销执行阶段侧重于项目筹备期、项目入市期及持续热销期的主要工作安排；策划总结阶段是对项目全部收完后进行的工作总结，包括项目整个过程的描述，全过程销售走势及策略分析，并进行效果评估，以及本项目值得

图4-3-1 房地产项目策划基本工作流程图

借鉴之处。

第四节 房地产开发项目定位策划

一、客户定位策划

（一）目标客户群的含义

所谓目标客户群，是指楼盘销售时所针对的那部分客户群体。也就是说，一个楼盘建成后是要卖出去的，那么谁来买呢？针对谁来建造呢？如果项目或楼盘把这两个问题弄清楚，目标客户群体也就确定了，楼盘销售就没有问题。因此，目标客户群是开发商寻找的客户对象。在房地产营销策划中，寻找目标客户群或者说给目标客户定位，是营销策划的重头戏，要对项目的各方面情况了如指掌才能轻松自如地掌握，才能真正地解决项目的享受对象问题，所以马虎不得。

（二）目标客户群分类

目标客户的类型有很多，针对某个类型而言，不一定能反映楼盘销售的具体情况，一般可从年龄、收入、阶层、职业进行划分。对楼盘销售的目标客户而言，主要是从从事职业和收入水平来划分，这样比较容易反映房地产行业的具体情况。

从收入划分：高收入阶层、中等收入阶层和低收入阶层。

从职业划分：三资企业高级白领人士、个体私营企业主、国有企业高级管理人员、IT人士等高收入职业、其他低收入职业。

从年龄划分：18～25岁收入较低，26～50岁收入最高，51岁以上收入中等。

从学历划分：高中收入较低，大学生收入居中，研究生以上收入较高。

从行业划分：电信、金融、科技、房地产、烟草等行业收入较高。

从以上可以看出，在5个方面的分类中，都有高收入阶层、中等收入阶层和低收入阶层，因此，在进行目标客户分析时应综合考虑这几个方面的因素，才能真正反映社会客户群体的具体特征。

（三）目标客户群体分析

目标客户类型定位是有很多原因的，对一个楼盘来说，不外乎为项目的市场、位置、特征、环境及居住氛围等等，但是楼盘的价格起决定作用。优越的位置、高尚的社区、恬静的环境以及潜在的升值能力必然是价格不菲的住宅，因而价格也就决定了适合哪些人购买。弄清楚目标客户定位的具体原因，也就使所定位的客户不会出错，防患于未然。

目标客户类型定位原因的分析一般从以下几个方面进行：目标客户类型组成分析；目标客户类型购买力分析；目标客户类型购买动机分析；目标客户类型背景分析；目标客户类型消费行为习惯分析；目标客户类型心理因素分析等方面。

（四）目标客户群定位

目标客户的定位或者说是确定，对楼盘的销售推广至关重要，在没有弄清楚该楼盘目标客户具体内容的情况下贸然销售楼盘，最终还是要回头重新进行这项工作的。

二、产品定位策划

（一）房地产项目产品定位的内涵

从产品形象上看，房地产项目的产品定位是在市场细分、客户需求分析、客户群确定的基础上,对房地产项目的主要技术参数、模式等的确定,对产品效用、产品形式、产品功能的设计与创新,最终目的是反映产品独特的市场形象。

从客户需求看,房地产项目产品定位是建立在客户需求的基础之上,以客户为先导,以"需求为导向"的定位;是开发商针对一个或几个市场目标的需求并结合企业差异化优势,在目标客户群体的心中占有特定位置的过程。

从策划过程上看,房地产产品定位是一项科学的策划过程,通过这种策划确定土地的用途和产品规划的方向。以往的开发商往往凭直觉或主观判断进行产品定位,这种方式风险较大,也无法真正体会到科学的产品定位带来的益处。

(二)房地产项目产品定位的原则

房地产产品定位应该遵循以下四个方面的原则:

(1)市场化原则。任何房地产产品,要期望获得市场的、消费者的认同,就应该是符合市场需求的,因此,市场化的原则是定位的基础。

(2)差异化原则。当商品都一样的时候,客户很难去决定他选择。现在房地产产品的同质化很严重,这边要求开发商在充分分析市场的基础上,需要选择自己的产品定位,在产品主题、概念、规划设计等方面有所不同,在环境、配套、外立面、色彩、户型结构等方面有其特色。差异化原则具体体现在房地产策划观念要独创,房地产策划主题要独创,房地产策划主题要独创等方面。

(3)前瞻性原则。房地产项目定位,实质上是在一个静止的时点,去把握以后某一年度特定时点的市场,是对未来生活的预测,是在考验开发商对未来市场的推理和预测能力,需要用前瞻性的思维方式进行项目定位。

(4)产品之间的不可替代性原则。产品之间的不可替代性,指房地产项目内部的各类产品如各类户型、楼型的不可替代性。如果产品的可替代性强,那么客户可能因为选择某一户型或楼型而使其他的户型或楼型滞销。比如小区内如果150平方米的三室和四室住宅同时存在,而且独栋别墅与联排别墅面积及价格相仿,那么会致使销售过程中出现障碍:三室和四室住宅的可替代性较强,独栋别墅与联排别墅的可替代性较强,消费者在购买中一般只选其一,导致另一产品难以消化。产品之间的不可替代性可以吸引更多不同需求的消费者的,避免只能满足单一消费群体的需求,同时可以避免导致项目内部产品之间的竞争。

(三)房地产项目产品定位的方法

1. 房地产市场分析方法

(1)房地产市场分析法的概念。房地产市场分析方法是指运用市场调查方法,对房地产项目市场环境进行数据搜集、归纳和整理,形成项目可能的产品定位方向,然后运用数据进行竞争分析,利用普通逻辑的排出、类比、补缺等方法形成项目的产品定位的方法。

(2)房地产市场分析方法的流程。市场分析方法如图4-4-1所示。

(3)房地产项目市场环境研究的内容。

1)外部市场环境。外部市场环境是指经济环境、政策环境等。例如在经济环境中,不同人群的收入对产品定位有直接的影响,银行个人住房抵押贷款制度的变革对住宅房地产产品定位和开发也有重要影响。在政策环境中,有关政策的出台和变化也是房地产产品定位的重要依据,例如政府的土地政策、城市规划的调整等。

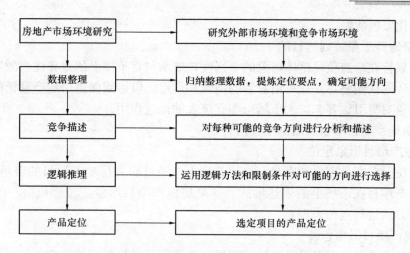

图 4-4-1　房地产项目市场分析方法流程图

2）竞争市场环境。竞争市场环境主要指同类项目的开发结构、市场供应量、潜在需求、开发规模、城市及区域价格分布规律、产品级别指数、客户来源和客户资源情况。竞争市场环境分析是在外部市场环境的基础上进行的市场状况研究，它的主要目的是明确项目的直接竞争市场，确定产品定位的策略。

2. SWOT 分析方法

SWOT 是优势（strength）、劣势（weakness）、机会（opportunity）和威胁（threats）的合称。SWOT 分析方法即对项目面临的内部、外部各方面条件进行概况和总结，分析项目自身具备的优势和劣势因素、勉励的外部发展机会和存在威胁等因素，将调查得出的各种因素根据轻重缓急或影响程度等用排序方式，构造 SWOT 矩阵，以此为基础，从而提出项目解决方案。

三、价格定位策划

房地产价格定位就是确定与项目的其他定位相匹配，能实现项目盈利目标、并有市场竞争力的价格。其方法和策略将在本书第六章中详细介绍，在此就不赘述。

四、形象定位策划

（一）房地产项目形象策划的含义

楼盘形象来自于人们对项目固有的建筑形态，是人们心目中形成的、对该楼盘的总体印象和评价；但更深层面上楼盘形象是从楼盘物质形态中折射出来的文化表征，如建筑文化、居住文化等，是建筑学和社会学、艺术学等学科交织后所体现出来的建筑美感和公众心理感受。因此，也就不难理解形象策划对提升楼盘市场竞争力有很大的影响。

项目形象策划是对楼盘的形象定位、开发理念、企业行为、视觉标志等各要素的规范与整合的过程，开发理念、企业行为、视觉标志等工作通过项目识别系统——CIS（corporate identity system）来完成。

CIS 是企业理念、企业行为和视觉标志三者的有机统一体。CIS 的出现，解决了企业形象或项目形象的传达难题，它通过对构成形象的各要素进行系统化、统一化处理，使复杂抽象的形象具体化、符号化，再接着全方位的信息传达将其清晰、准确地展示出来，从而形成符合 CIS 设计的、具有企业或项目个性的形象。CIS 可以帮助树立企业形象、楼盘形象，提升项目在公众中的知名度，提高消费者对项目的认知度，是指是帮助项目实施个性化、差异化发展战略。

（二）房地产形象策划的目的

形象策划旨在塑造项目整体形象的个别性，展示与竞争楼盘的差异性，激发消费者对项目产生一致的认同感，并赢得消费者的信赖和肯定，以达到促进房地产营销的目的。良好的项目形象对吸引顾客、扩大市场份额有极大的促进作用。

（三）房地产项目形象策划的主要内容

1. 房地产项目形象定位

形象定位是在产品定位和客户定位的基础上，通过研究房地产项目的市场表现方式，以确定房地产项目在市场上的表达形式。一个房地产项目形象定位形成后一般要通过广告、活动等方式进行宣传表现。

2. 房地产项目形象包装

形象包装主要包括案名设计、工地现场、售楼部以及样板房的形象包装等，其主要目的是为了提升项目形象，促进市场销售。

（四）房地产项目形象定位的原则

1. 项目形象易于展示和传播。例如项目命名和广告主题，应有丰富的内涵和优美的表现，应该有利于该项目的展示和传播。

2. 项目形象定位应与项目产品特征符合。一个好的形象定位可以产地产品品质特征，引发消费者的联想。与产品特征毫无联系的形象定位，或牵强附会的形象定位，对项目销售绝无益处。

3. 项目形象定位与周边的资源条件相符合。例如项目位于国际化社区必须与周边的资源条件如国际学校、国际俱乐部等匹配。

4. 项目形象定位与目标客户群的需求特征符合。项目定位应呼应目标客户的需求，向客户传递产品信息，在顾客心目中引发"这就是我所要的"触动和共鸣。

5. 项目形象定位应充分考虑市场竞争的因素，与其他楼盘有明显的差异和区别。

五、项目定位的一致性

房地产项目客户定位策划、产品定位策划、价格定位策划和形象定位策划这四个方面之间并不是孤立存在的，而是构成了一个有机的系统，在系统中它们之间是相互统一、相互影响的。它们的关系如图4-4-2所示。

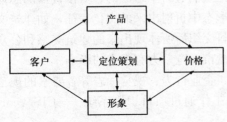

图4-4-2 房地产定位策划关系示意图

例如，在进行产品定位的时候，要关注目标客户群体的需求，从客户群体的定位出发来考虑进行产品的定位，因为不同的目标客户有不同的需求；同时，而客户定位也受到产品定位的影响，在进行目标客户定位时要考虑项目本身的产品适合哪个客户群体。

此外，价格是受到成本影响的，而在产品定位时是一定要考虑成本因素的，因此产品定位也受价格定位的影响。

产品的形象一定要与产品的价格相匹配，若价格定位较高，必须要让消费者觉得物有所值才能顺利销售，因此产品的形象要使消费者觉得高档，所以在进行产品形象定位时也要参考产品的价格定位。

同时，在进行形象定位时也要考虑产品的客户定位，我们知道不一样的目标客户群对产品形象的需求是不同的等。

所以可以得到这样的结论，项目的定位策划是一个有机的系统，在进行定位策划时，只有将产品定位、客户定位、价格定位和形象定位这四个方面有机结合、相互统一，才可能做出一个优秀的房地产项目定位策划。

第五节 房地产定位策划案例
——深圳"中海·月朗苑"项目定位研究

深圳"中海·月朗苑"项目定位研究[1]

"中海·月朗苑"项目位于深圳市龙岗区坂田雅园路南侧，距离主干道五和南路约500米，距离梅林关口约4公里。周边主要为南坑村农民房、中石化职工宿舍及部分工业厂房，东侧毗邻25万m²的"万科·第五园"地块。项目定位时期，该片区经济发展迅猛，高新技术企业云集，城市化进程如火如荼，项目周边交通便利，但其他商服配套相对缺乏。本文依据项目定位的基本理论并借鉴相关的成功经验，对该项目的定位进行系统研究。

一、项目所在区域市场分析

"中海·月朗苑"项目行政上隶属龙岗区布吉镇，但从地缘上来讲，因为其邻近福田区的梅林关口，与宝安区龙华镇的关系也相当密切。因此，关注宝安、龙岗的区域市场发展趋势对该项目至关重要。项目定位时期，宝安、龙岗两区域的商品房价格相比特区内住宅具有明显的价格优势。从成交户型面积区间来看，宝安、龙岗两区以面积为79~101m²的户型需求量最大。从坂田周边区域在售项目以及即将推出项目的调查（见表4-5-1、表4-5-2）可以看出，坂田区域市场呈现以下特点：

项目定位时期周边区域在售项目规模及楼型情况　　　　表4-5-1

项目名称	占地面积（m²）	总建筑面积（m²）	建筑类型	容积率
家和花园	25000	43000	8栋6层（局部7层）	1.70
新阳丽舍	7743	14712	7层带电梯	2.00
华美丽苑一期	23451	33140	8栋多层	1.64
纯白领域（汇龙苑）	19967	39474	11栋6~7层，多层	1.80
皓月花园	68627	96155	6层多层	1.29
书香门第	104709	150143	多层、小高、高层	1.50
金洲嘉丽园二期	29443	47110	多层	1.60
世纪春城二期	45227	81456	6~11层多层，小高层	1.52

---

[1] 根据李挺．深圳"中海·月朗苑"项目定位研究［J］．工程管理学报，2012，26（2）：100—104，内容改编

项目定位时期周边区域即将推出项目情况　　　　　表 4-5-2

项目名称	占地面积（m²）	总建筑面积（m²）	建筑类型	容积率
中航香水郡	36390	79675	6 层多层，11 层小高层	2.00
日出印象	74003	96130	21 栋 6 层，9 栋 11 层	1.30
潜龙鑫茂花园	57000	196000	6~17 层多层小高层	2.80
锦绣江南三期	—	60000	9 栋小高层	—
万科四季花城	397883	437670	TOWNHOUSE，多层，小高层	1.10
万科第五园	111958	142304	TOWNHOUSE，多层，小高层	1.27
成龙山庄	270000	423000	多层	1.56
中海·日辉台	47881	71800	多层，小高层	1.50

1. 在售项目大多规模较小，且开发商的品牌影响力、知名度均不高，开发水平一般。

2. 即将推出的项目中，万科四季花城为坂田大盘，整体素质较好，但在项目定位时期该楼盘已基本售罄。随着万科城的启动，坂田的总体开发水平将出现较大提升。

3. 建筑容积率较低，建筑类型主要为多层和小高层，多层和小高层的销售价格相近。除潜龙鑫茂花园容积率为 2.8 外，其他楼盘的容积率均在 1.1~2.0 之间，并且新推出项目的容积率有进一步走低的趋势。

4. 未来区域供应量剧增，局部竞争扩大为区域竞争。万科凭借其在四季花城建立的良好口碑，致力于在坂田再造一座城。根据深圳地铁 4 号线原则协议，香港地铁公司获得沿线总建筑面积 290 万 m² 土地开发权，可开发约 2.6 万个住宅单位。这些物业预计将于 2~8 年间相继落成，每年将为深圳市房地产市场提供约 42 万 m² 建筑面积的商品房供应量。在未来 2~3 年内，随着万科城、第五园项目、地铁 4 号线沿线物业的陆续推出，片区供应量将达到 277 万 m² 以上。巨大的供应量促使发展商必须从特区内、宝安区域、龙岗区域，甚至于罗湖、盐田区域争夺客源，坂田的区域市场将面临来自更广泛区域内的市场竞争。此外，从以上项目所推出的户型来看，均以三室户型为绝对主力户型，最小至 81m²，最大至 118m² 不等，比例占到 40%~63%，且基本能平稳销售完毕。其次则为 75m² 左右两室，比例占 30%~40%。另外，规模越大的项目，如四季花城、世纪春城、锦绣江南等项目，户型面积定位略大于中小规模楼盘，亦是考虑大社区对三代同堂有老人小孩的客户更具有吸引力，而中小型楼盘由于自身环境的限制则更多的瞄准年轻的单身及两口之家家庭。

二、项目 SWOT 分析及项目定位整体策略

1. 项目 SWOT 分析

优势（S）和劣势（W）主要是从与企业或项目相关以及企业与项目可以控制的因素的角度来考虑的；机会（O）和威胁（T）主要是从外部企业或项目不可控制的因素角度来考虑的。

（1）优势（S）。交通便利是该项目的主要优势。二线关改革进一步促进关外楼盘的热潮，项目紧邻梅林关口，对特区内白领客户具有较大吸引力，区域前景较好。本地块处于龙华、布吉、观澜、梅林关口的中心地带，周边为大型工业、高科技产业园区，消费者资源丰富。同时为中心区一级辐射圈，发展前景看好；地块方正，东、南向植被情况较好，空气清新，具有一定的景观优势；中海地产在深圳品牌影响力较好。

（2）劣势（W）。相对于一路之隔的万科第五园项目，本项目土地成本较高。同时，受羊群效应的影响，目标客户可能出现集体跟风追捧万科第五园项目，忽略中小规模项目的情形。万科如采取低价策略，将对本项目形成极大冲击；规模及容积率限制，规划设计的发挥空间有限，营销推广上也难以形成规模影响力；自身配套相对缺乏。从少年宫延伸至龙华镇中心的地铁4号线不经过本地，使本项目在吸引福田区的普通客户上处于劣势。

（3）机会（O）。特区内土地供应有限，特区内房价高企与关外房价低形成了强烈的价格落差，政府力推城市化进程，关外置业大势所趋。龙华卫星城、布吉卫星城已经进入实质性的大规模开发建设期。福田中心区大规模建设将带来大量的就业人口，由于市内住宅供给有限，房价高企，本项目区位优势和性价比优势，将成为该置业群体的重要选择；私家小汽车高速增长，推动住房关外消费。根据发达国家的发展经验，随着城市的发展和居民生活水平的提高，住宅郊区化将成为一种趋势；可共享万科开发的社区配套资源，共享万科第五园项目推广期带来的来访客流。

（4）威胁（T）。与万科第五园项目形成直面竞争，对手具有的地价成本、规模、容积率优势以及区域内较好的客户资源及品牌影响力，均形成对本项目的重大威胁，如产品定位及推广策略稍有不慎，有可能带来较大销售风险；来自片区内其他项目，尤其是地铁4号线沿线物业的竞争。

将以上内容在SWOT分析矩阵中列出，以便于对项目进行更准确的定位。

"中海·月朗苑"SWOT分析矩阵　　　　表4-5-3

战略组合\机会威胁	优势S 1. 交通便利 2. 区域前景较好 3. 消费者资源丰富 4. 为中心区一级辐射圈，发展前景看好 5. 具有一定的景观优势 6. 中海地产在深圳品牌影响力较好	劣势W 1. 相对于一路之隔的万科第五园项目，本项目土地成本较高 2. 规模及容积率限制，规划设计的发挥空间有限，营销推广上也难以形成规模影响力 3. 自身配套相对缺乏 4. 地铁4号线不经过本地，使本项目在吸引福田区的普通客户上处于劣势
机会O 1. 关外置业大势所趋 2. 龙华卫星城、布吉卫星城已经进入实质性的大规模开发建设期 3. 福田中心区大规模建设将带来大量的就业人口，本项目区位优势和性价比优势，将成为该置业群体的重要选择 4. 私家小汽车高速增长，推动住房关外消费 5. 住宅郊区化将成为一种趋势 6. 可共享万科开发的社区配套资源和推广期带来的来访客流	SO战略 利用优势抓住机会： 1. 抓住本项目地块情况较好、项目发展符合市场发展大势、具有较好的市场前景的机会 2. 利用本项目区位优势和性价比优势，开发性价比较高的房屋	WO战略 利用机会克服不足： 1. 要准确寻找符合项目需求细分市场的空白点 2. 在产品设计上需要在技术可行的前提下进行创新以提升产品附加值
威胁T 1. 与万科第五园项目形成直面竞争 2. 来自片区内其他项目，尤其是地铁4号线沿线物业的竞争	ST战略 利用优势规避威胁： 最大的风险来自于紧邻的万科第五园项目的产品定位及推广、价格策略。为更有效地规避风险，必须形成自己的特色，在区域市场内形成不可替代的优势	WT战略 将劣势和威胁最小化 避开万科第五园项目的锋芒，与万科产品互为补充，充分体现出中海与万科营销中的差异化

2. 项目定位整体策略

结合项目 SWOT 分析可以看出，本项目地块情况较好，项目发展符合市场发展大势，具有较好的市场前景。最大的风险来自于紧邻的万科第五园项目的产品定位及推广、价格策略。为更有效地规避风险，必须形成自己的特色，在区域市场内形成不可替代的优势，同时避开万科第五园项目的锋芒，与万科产品互为补充，充分体现出中海与万科营销中的差异化。要准确寻找符合项目需求细分市场的空白点，在产品设计上需要在技术可行的前提下进行创新以提升产品附加值。

三、项目客户定位分析

表 4-5-4 给出了坂田片区主要竞争项目的客户构成情况。从表 4-5-4 可以看出，坂田片区推出的商品房主要面向的客户为当地进驻企业的职员以及来自特区内的普通白领阶层。根据离关口的远近，各项目的价格及关内客户比例呈逐渐降低的趋势。本项目离关口较近，且与万科四季花城、万科第五园项目邻近，可以预见本项目来自坂田高新技术企业及关内普通白领的比例将达到 70% 以上。另一方面长期以来坂田外销比例较低，香港等外销客户比例从未高于 5%，故本项目可基本定位为纯内销楼盘。根据上述分析，可对项目客户自身特征和意向户型进行定位，如表 4-5-5 所示。项目的核心客户群主要以工作年限不长，年龄段在 25~35 岁之间，家庭结构以两口之家为主。购房的主要目的是结婚，将来有小孩或接家中老人来共同居住，主要意向户型为两室或三室。这部分客户以首次置业为主，现在主要为租房一族，月收入在 3000~7000 元之间，对单价及总价均较为敏感，比较重视住房的性价比，同时也因为置业经验有限，对户型结构、朝向等敏感性相对不高。反而更注重小区整体的品质和形象，容易受到现场氛围及样板房设计和周边环境的影响。

坂田片区主要竞争项目客户构成情况　　　　　　　　表 4-5-4

项目	本地客户（布吉/龙华）(%)	关内客户（%）
四季花城七期	10	90
世纪春城二期	20	80
优品建筑	30	70

项目客户定位　　　　　　　　表 4-5-5

客户分类	客户类型	客户特征	意向户型	备注
核心客户群	关内普通白领阶层	关内中低收入白领不能承受关内现有住宅的高价而转移至关外地区，大多为首次置业，现居住状态为租房	二/三室	储藏间/服务阳台/三房尽量为双卫
	当地高新企业职员	距离工作地点近且项目本身的档次能够迎合这些接受过高等教育的年轻人的品位	二/三室	
重点客户群	布吉、坂田、龙华地区的公职人员	政府微利房是公职人员的首选，但由于微利房的素质较低，地段不佳等原因，考虑选择环境较好的商品房。主要有政府公务员、教师、医生等	二/三室	储藏间/服务阳台/三室尽量为双卫/复式有大露台

续表

客户分类	客户类型	客户特征	意向户型	备注
重点客户群	本地原居民	当地原村民由于原居住环境较差，希望改善居住环境或资金投资考虑	二/三室	储藏间/服务阳台/三室尽量为双卫/复式有大露台
	坂田周边小型的私营企业主	主要为外来经营小型作坊/日杂店/餐饮的小企业主，因来深时间较长，收入相对稳定，原与厂店同住，现希望改善居住条件	二/三室/复式	
	当地大中型企业的中高层管理人员	出于工作上的考虑，倾向于就近置业	复式	
游离客户群	香港客户	在当地办厂、工作或婚姻关系，考虑在当地置业	二/三室	—
	投资客	看中片区发展前景，用于投资	二室	

四、项目产品定位分析

项目产品定位要充分考虑目标客户群的特点，并结合实际产品的技术可实现情况进行。

1. 整体形象定位

本项目整体形象定位为："创新的、高品质的深圳福田上北区生活领域"。体现创新、时尚、休闲、生态。

（1）创新。外立面、户型设计、小区环境上，营造出与众不同的亮点，相对于目前区域市场提供的产品，具有自己的鲜明特色。

（2）时尚。为年轻人打造的生活社区，必须注入清新、时尚的生活元素，体现出项目的蓬勃活力。通过绿植、雕塑、小品、铺装等的综合运用，营造出主题园林环境的品位与独特性，展现出项目的时尚特点。

（3）休闲。空间设计强化社区氛围的营造，展现一种放松的休闲生活。

（4）生态。结合地块的景观资源，以及相对于市区项目的低容积率，表现自然、健康的人性关怀，通过如生态水景、空中花园、空中绿篱等细节的塑造，彰显出项目内在的高品质。

2. 楼型定位

从目标客户的需求出发，结合企业经营目标需要，通过设定市场价格进而对多方案进行盈利分析，选择最佳楼型方案。楼型定位流程如图 4-5-1 所示。小高层的建安成本略高于多层的建安成本，而售价却基本相当，反映在成本利润率变化中，多层的盈利空间较大。但由于容积率的限制，多层比例一旦升高，则会增大覆盖率，建筑间距难以保证，影响小区整体品质。经过反复论证，平衡小区整体品质和项目经营效益后，最终楼型定位为多层小高层面积比例按 2∶8 进行规划设计。

3. 户型定位

在项目定位阶段了解到，万科第五园项目的规划设计方案为 3~11 层的多层与小高层，其住宅部分的户型平均面积为 121.32m^2。通过数据对比可以看出，万科项目具有规模大、容积率低的优势，因此其户型面积也偏大。本项目欲与之形成差异和互补，户型可

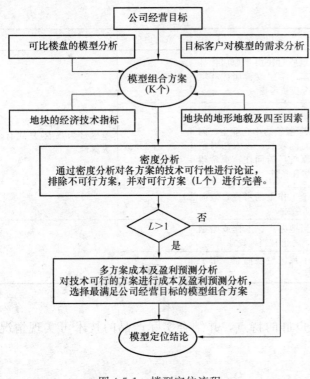

图 4-5-1 楼型定位流程

设计得比其略小，更突出户型内部的功能合理性、景观利用度以及附加价值的挖掘。户型定位应在楼型及价格设定的前提下进行，并需考虑不同楼型的特点、可比楼盘的户型面积配比及销售情况、目标客户需求特征、特别是总价承受能力等。项目档次对户型面积及比例有一定影响，一般而言，项目档次定位越高，户型面积越大、比例越高。地块基本情况对户型定位也有较大的影响，例如地块受噪音影响较大，就需要适当控制户型的面积和提高小户型的比例。反之，如地块的景观面较大，就应适当放大户型面积和提高大户型的比例。在户型定位时，要充分考虑国家政策对产品的影响，如"国八条"中有"非普通住房要全额征收契税和区别征收营业税"的规定；又如"国六条"细则中，某些项目必须满足小户型的比例要求。基于上述考虑，本项目的户型定位按如下思路进行：面积比例先按照考虑夹层户型进行设计，如报建不能通过则按不考虑夹层户型进行修改，其中考虑夹层户型方案需尽可能多设置夹层产品。在户型功能及结构上，坚持遵守"交通面积最优化，公摊面积最小化"和强调户型设计"创造力、创新度、高实惠、多样性"的原则，最终提出的户型定位方案如表 4-5-6 所示。

户型定位方案 表 4-5-6

	房 型	面积（m²）	面积比（%）	合计（%）	备 注
考虑夹层户型	两房（2+1）	75~80	10	20	层高3.9m，送2.2m夹层
	三房（3+1）	85~90	10		
	两房	65~75	14	14	送花园/错落阳台
	小三房	90~95	29	62	
	大三房	100~110	33		
	复式	140	4	4	
	合计		100	100	
不考虑夹层户型	两房	65~75	22	22	送花园/错落阳台
	小三房	85~90	34	74	
	大三房	100~110	40		
	复式	140	4	4	
	合计		100	100	

4. 户型设计创新

（1）夹层空间。夹层户型在中海地产过去开发的数个项目中都得到了市场的认同，在本项目中，也可充分发扬和发展此种户型。建议夹层户型设在小高层中，一方面可以支持到小高层的价格；另一方面，由于在坂田区域，小高层的管理费远远高于多层，而实用率又低于多层，成为小高层相对于多层住宅产品的一大硬伤。而夹层部分因不计入管理费面积，相当于减少了单位面积的管理费用，因此显得更加超值。同时夹层在小高层中也可以有更为充分的采光和视野。

（2）3.9米层高。在每两个标准层之间夹一个2.2米的夹层空间。

（3）1.4米储藏室。餐厅的3.9米层高隔出1.4米的储藏间，与夹层户型连通。

（4）空中花园。在夹层空间中建造空中花园，进一步提高夹层空间的居住品质和超值体验，更接近复式的奢华享受。

（5）新型分享式阳台、错落阳台。传统住宅的阳台或连接客厅，或连接主卧、次卧，则其他房间成员在阳台利用上不尽如人意，建议在本项目引入分享式阳台，即两到三个房间在阳台形成一定分享和汇合，更有效的发挥阳台价值，同时也有利于营造一种更多沟通更多亲情的家庭关系。并且，可充分利用错落阳台不计面积的特点，在户型设计中赠送露台面积。

（6）双层高户内入户花园。由于户型定位较小，则在有限的空间内，每一个空间的充分合理应用显得更为重要。根据现执行的规范要求双层高户内入户花园不计建筑面积，此种设计创新可有效提升项目产品的附加值。

（7）复式。考虑加楼板送空间，顶层送露台。

5. 社区配套定位

（1）商业。规划商业面积6000m^2，从面积指标上看是典型的社区级商业。具体定位如下：沿雅园路、二号路设置，主要为服务社区的小型超市、银行、餐饮、美容保健等，大概按50m^2/单元设置，相邻单元之间可分割可联通，开间/进深为4.5～6m/6～10m，层高5.4～6m。此外，考虑到改为复式铺的可能性，需要设置高窗及空调位。统一设计安排招牌位置，以利于商业街整体形象的建立；每个商铺尽量设计带卫生间，在商业价值较低的商铺需预留排烟管道，以便其日后经营餐饮。

（2）会所。项目距离关内较近，会所建筑面积可参照总建筑面积15万m^2以内市区项目确定会所面积指标；同时土地合同中明确项目会所总面积为1000m^2，可以办理房产证进行整体转让。根据项目企业经营目标要求，结合产品的技术可行性分析，会所定位为其中800m^2沿街设置为商铺形式，前期作为售楼处，以后分割出售；其余200m^2和居委会管理用房及社区健康服务中心350m^2加在一起，设置在小区游泳池旁边，入住后分割为会所，具备更衣、健身、棋牌等功能。

（3）车位。数量应充分考虑业主的实际需求，以能尽量出售为目的。一般情况下，应根据经济技术指标的要求设置车位数量，车位设置要地上地下统筹考虑，尽量减少地下车位的数量，以降低成本。鉴于深圳车位权属不明晰，实现车位销售难度较大，只能采取长期租赁的方式获取收益。项目车位定位为按照规划指标要求设置430个，尽量以小区沿边地面停车位为主。

五、项目销售价格定位分析

价格定位的方法是从市场调研得出各竞争对手的均价,然后将本项目与各主要竞争对手在各方面(如位置、配套、景观、户型、品牌等)进行比较,预测设定各种物业形态(不同楼型住宅、商业、车位等)的销售均价。市场导向原则设定的均价在设定过程中一定要体现市场性、可比性和竞争性的特点,此价格为现阶段可实现的销售均价。本项目定价充分考虑了项目入市时市场供求情况以及竞争对手的定价策略,力求达到销售利润与销售速度的较好平衡。最终以成本及盈利预测分析为依据确定了保底的价格,详见表 4-5-7。

项目成本分析表　　　　　　　　　　表 4-5-7

基本数据		项目各类物业可售面积/数量	保守目标(万元)	正常目标(万元)
销售收入	小高层	79200	33264	34848
	商业	6000	5700	6000
	车位	229	914	914
销售总成本		—	36618	37034
销售总利润		—	3472	4941
成本利润率(%)		—	10.5	15.0

六、结语

深圳中海·月朗苑项目在定位过程中,坚持项目整体形象定位,实施与万科差异化竞争策略,同时根据定位要求对产品规划设计进行反复推敲和论证,结合产品的技术可行性论证,设计了双层户内入户花园和双层露台的创新户型产品,从而保证了项目的顺利发展。

七、项目定位准确性评价

为了检验项目定位是否准确,我们将建成后的项目基本信息与对项目的定位进行比较。该项目现已建成,详细信息如表 4-5-8 所示。

建成后"中海·月朗苑"主要指标　　　　　　表 4-5-8

容积率	2.1
绿化率	45%
车位配比	1∶2.08
占地面积	47271 平方米
总建筑面积	100710 平方米
规划户数	892 户
社区规模(住宅、酒店式公寓)	超大(>30万)
车位总数	430

通过比较可以看出,除车位综述外,项目主要指标与在项目定位时基本一致。

该项目主要销售对象以首次置业为主,二次置业为辅,重点针对青年,知识层次较高的白领。"时尚新现代——健康版休闲生活体验"是对项目开发意念的整体概括,适合坂雪岗这个高新技术产业园区以及适合主力客户群的置业需求。销售对象与项目客户定位基本一致。

现在的"中海·月朗苑"高层低密的规划布局、大型休闲社区中心花园,结合多层、小高层、高层的楼型优化组合，构建出一个通风采光极好，并最大限度地体贴居者的生活舒适度的"透气"建筑，营造出一种宽适的休闲生活及品质社区氛围。

中海·月朗苑致力于住宅新功能空间的开发，双层高入户花园、双层高阳台等个性化空间为居者创造出可以自由发挥创意的领地！所有户型均为豁然通透的大面宽、浅进深设计，明快简洁的空间让心绪得到最彻底的释放，完美呈现新型健康时尚居所。其户型与楼型定位与在项目策划时的定位也基本一致。

"中海·月朗苑"于2005年12月15日开盘，2006年12月30日入住。在开盘当日，不出意料地得到广大消费者的热烈追捧，当日推出的230套房子全部销售一空。

因此，可以认为"中海·月朗苑"的项目定位是准确与成功的。

复 习 思 考 题

1. 房地产项目策划的含义是什么？房地产开发策划的目的是什么？
2. 房地产开发策划有哪些原则？
3. 什么是房地产定位策划？
4. 房地产开发策划的流程有哪些？
5. 什么是客户定位策划、产品定位策划、价格定位策划和形象定位策划？它们之间的关系是什么？

第五章 房地产开发项目投资构成与估算

第一节 建设项目投资构成与估算

房地产开发投资形成的产品最终成为社会的固定资产,是建设项目的一种。在叙述房地产开发投资估算之前,对一般建设项目的投资构成与估算作简单的介绍。

一、建设项目投资估算的作用与阶段划分

投资估算是指在整个投资决策过程中,根据现有的资料和一定的方法,对建设项目投资数额进行的估计,是项目决策的重要依据之一。如果投资估算误差太大,必将导致决策的失误甚至是失败。因此,准确、全面地进行建设项目的投资估算,是项目可行性研究乃至整个项目投资决策阶段的重要任务。

(一)投资估算的作用

一般来讲,投资估算有以下几个方面的作用:
(1)是筹措基本建设资金和金融部门批准贷款的依据;
(2)是确定设计任务书的投资额和控制初步设计概算的依据;
(3)是可行性研究和在项目评估中进行技术经济分析的依据。

(二)投资估算的阶段划分

建设项目的不同研究评价阶段,要求有不同的投资估算质量。联合国工业发展组织(UNIDO)为发展中国家推行项目可行性研究而编写的《工业可行性研究手册》一书中,根据经验数据,提出了按阶段变化的投资可能误差的限值。其大致幅度为:机会研究阶段,±30%;初步可行性研究阶段,±20%;可行性研究阶段,±10%。对此,可将项目投资估算按期精度和其适用范围归为如下五类:

1. 毛估

对构思的建设项目,估算总投资,决定是否值得作进一步研究。估算误差<±30%。

2. 粗估

根据初步打算的建设项目和平均单价估算总投资额,来表明一个项目是否可行。估算误差±(20~30)%。

3. 初步估算

根据初步计划的建设项目和较确切的单价估算总投资,来决定一个项目。估算误差±20%。

4. 确定性估算

根据较详细的开发项目计划和较准确的单价估算投资总额,来决定项目拨款,并据此确定项目是否设计和施工。估算误差±10%,是详细可行性研究的投资估算应该达到的要求。

5. 详细估算

根据项目开发的施工设计图纸、预算定额和单价估算的项目投资额,来控制管理项目建设。其估算误差应该在±5%以内。常用于工程项目招标的标底或招标控制价、投标报价、设计变更的估价等目的。

由此可见,毛估与粗估,主要用在可行性研究的机会研究阶段。毛估常用单位生产能力估算法、生产能力指数法等。

初步估算时常用的估算方法是估算指标法、概算指标法,虽然估价方法比较粗糙,但总算有一定的指标、定额依据。常用于初步可行性研究阶段。

确定性估算相当于初步设计概算,其估价精度有进一步的提高,主要用于可行性研究阶段。常用的方法是概算指标法和概算定额法。

在可行性研究阶段,选取什么样的估算方法,取决于可获得的信息资料,也不能绝对地认为哪种方法准确些,哪种方法不准确些。

至于第五类的详细估算,按其编制方法和依据,相当于施工图预算,已经超出了可行性研究范畴。

二、一般建设项目的投资构成

建设工程项目投资,是指某工程项目从筹建开始到全部竣工投产为止所发生的全部资金投入。一般的建设项目总投资由建设投资,建设期利息和流动资金三部分构成;而建设投资又由工程费用、工程建设其他费用以及预备费构成;工程费用主要包括建筑工程费、设备及工器具购置费和建筑安装工程费;工程建设其他费用包括土地费用、与建设项目有关的其他费用及与未来企业经营有关的其他费用;预备费包括基本预备费和涨价预备费,如图 5-1-1 所示。

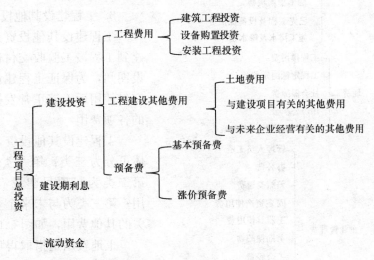

图 5-1-1　建设项目总投资构成

三、各项投资的内涵

1. 设备及工器具投资

设备及工器具投资由设备购置费和工器具、生产家具购置费构成,如图 5-1-2 所示。

设备购置费是指为工程建设项目购置自制的达到固定资产标准的设备费用。固定资产的标准是:使用年限在一年以上,单位价值在规定的限额以上。

第五章 房地产开发项目投资构成与估算

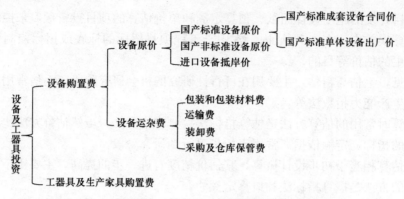

图 5-1-2 设备及工器具投资构成

工器具及生产家具购置费是指新建项目或扩建项目初步设计规定所必须购置的不够固定标准的设备、仪器、工卡模具、器具、生产家具和备品备件的费用,其一般计算公式为:

工器具及生产家具购置费＝
设备购置费×固定费率

2. 建筑安装工程费

建筑工程和安装工程投资的组成如图 5-1-3 所示。

3. 工程建设其他投资

工程建设其他投资是指从工程筹建到工程竣工验收交付使用止整个建设期间,为保证工程建设顺利完成和交付使用后能够正常发挥效用而发生的各项费用。

工程建设其他投资,按其内容大体可分为三类:第一类为土地费用;第二类为与项目建设有关的其他费用;第三类为与未来企业生产经营有关的其他费用,如图 5-1-4 所示。

土地费用是指取得项目土地使用权所发生的费用。土地是工程项目的载体,更是一种稀缺资源,如今土地费用在建设工程项目总投资中占的比例越来越大,因此土地费用投资管控具有重要意义。

除土地费用外,工程建设其他投资还包括:建设管理费(建设单位管

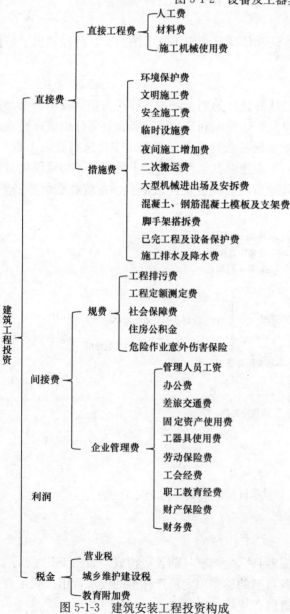

图 5-1-3 建筑安装工程投资构成

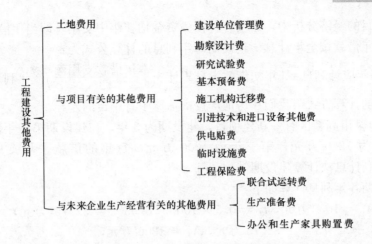

图 5-1-4 工程建设其他投资构成

理费、工程建设监理费、项目管理费等）、可行性研究费、研究试验费、勘察设计费、环境影响评价费、安全与职业卫生健康评价费、场地准备及临时设施费、引进技术和设备的其他费用（国内检验费、出国人员费用、来华人员费用、银行担保及承诺费等）、工程保险费、市政公用设施建设及绿化补偿费、超限设备运输特殊措施费、特殊设备安全监督检验费、联合试运转费、安全生产费用、专利及专有技术使用费、生产准备费。

工程建设其他费用中的各项费用并不是每个建设项目都发生的费用。如对一般的居住项目来说，对于毛坯房来说，一般不含有以下费用：安全与职业卫生健康评价费、专利及专有技术使用费、办公及生产家具购置费、生产准备费用。

4. 预备费

按我国现行规定，预备费包括基本预备费与涨价预备费。

（1）基本预备费。基本预备费是指在项目实施中可能发生的难以预料的支出，又称工程建设不可预见费，主要是指设计变更及施工过程中可能增加工程量的费用。费用内容包括：在批准的初步设计范围内，技术设计、施工图设计及施工过程中所增加的工程和费用；设计变更、局部地基处理等所增加的费用；一般自然灾害所造成的损失和预防自然灾害采取措施造成的费用；竣工验收时为鉴定工程质量对隐蔽工程进行必要的挖掘和修复费用。

（2）涨价预备费。涨价预备费是对建设工期较长的项目，由于在建设期内可能发生材料、设备、人工等价格的上涨引起投资的增加，工程建设其他费用调整，利率、汇率调整等，需要事先预留的费用，亦称价格变动不可预见费。

5. 建设期借款利息

（1）建设期借款利息的构成。建设期借款利息是指项目在建设期内因使用债务资金而支付的利息。在偿还债务资金时，这部分资金一般也作为本金，计算项目投入使用后各期的利息。建设投资借款的资金来源渠道不同，其建设期贷款利息的计算方法也不同。国内借款利息的计算比较简单，国外借款利息中还要包括承诺费、管理费等。为了简化计算，在通常情况下承诺费都不单独计算，而是采用适当提高利率的方法处理。

（2）建设期借款利息的计算。在项目的经济分析中，无论各种债务资金时按年计息，还是按季、月计息，均可简化为按年计息，即将名义利率折算为有效年利率。

在建设项目的经济分析中,建设各种债务资金均在年中支用,即当年借款支用金额按半年计息,上年借款按全年计息。建设期每年利息的计算公式为:

$$每年应计利息 = \left(年初借款本息累计 + \frac{本年借款支用额}{2}\right) \times 年利率$$

这种利息的计算方式跟我们在房地产投资估算中有一定的差异。

【例1-1】 某市高新区有一新建项目,建设期为3年,在建设期第一年借款额为1000万元,第二年为1200万元,第三年为1000万元,每年的借款平均支用,年利率为6.55%。用复利计息法计算建设期借款利息。

解:建设期各年利息计算如下:

$P_0 = 0$,$A_1 = 1000$ 万元,$I_1 = 0.5 \times 1000 \times 6.55\% = 32.75$(万元)

$P_1 = 1000 + 32.75 = 1032.75$ 万元,$A_2 = 1200$ 万元,

$I_2 = (1032.75 + 0.5 \times 1200) \times 6.55\% = 106.95$(万元)

$P_2 = 1032.75 + 1200 + 106.95 = 2339.70$ 万元,$A_3 = 1000$ 万元,

$I_3 = (2339.70 + 0.5 \times 1000) \times 6.55\% = 186.00$(万元)

到建设期末累计借款利息为 $I = I_1 + I_2 + I_3 = 325.70$ 万元。

在财务评价中,常编制还本付息表来计算建设期借款利息。

【例1-2】 某建设项目,需要征收耕地100亩,该耕地被征收前三年每亩年产值分别为2000元、1900元和1800元,土地补偿费标准为前三年平均年产值的10倍,被征地单位人均占有耕地1亩,每个需要安置的农业人口的安置补助标准为该土地被征收前3年平均年产值的6倍;地上附着物共有树木3000棵,补偿标准为40元/棵,青苗补偿费标准为200元/亩,试对未包括征地动迁费及其他税费的该土地使用费用进行估算。

【解答】

$$土地补偿费 = \frac{2000 + 1900 + 1800}{3} \times 100 \times 10 \div 10000 = 190 \text{ 万元}$$

$$人均安置补助费 = \frac{2000 + 1900 + 1800}{3} \times 1 \times 6 \div 10000 = 1.14 \text{ 万元}$$

$$需要安置的农业人口数 = \frac{100}{1} = 100(人)$$

$$安置补助费 = 1.14 \times 100 = 114(万元)$$

$$地上附着物补偿费 = 3000 \times 40 \div 10000 = 12(万元)$$

$$青苗补偿费 = 200 \times 100 \div 10000 = 2(万元)$$

$$使用该土地的费用 = 190 + 114 + 12 + 2 = 318(万元)$$

第二节 房地产项目投资构成

一、房地产投资构成

在项目前期阶段,需对项目进行经济效益评价从而对投资决策提供支持,必须对项目投资进行准确的估算。

对于一般的建设项目而言,其总投资是由开发建设投资、建设期利息和流动资金三部分构成。然而,与一般的建设项目不同,房地产投资项目具有其特殊性,获取土地使用权

的费用在投资占有比较高的份额，其投资构成宜采用更适合房地产开发投资的形式。房地产开发项目总投资包括开发建设投资和经营资金。

房地产开发项目投资构成复杂，变化因素多，不确定性大，尤其是依建设的类型不同而有其自身的特点，因此不同类型的建设项目之投资和费用的构成存在一定的差异。房地产开发项目在建设完成后有三种经营模式：第一种是出售，第二种是出租，第三种是自营。这三种模式并不一定互斥，有时独立进行，有时两者并存，有时三者兼而有之。由于开发经营期的不同，投资分析的现金流会出现不同的情况。

对于开发后出售模式下的房地产开发项目而言，开发企业所投入的建设资金均属于流动资金的性质，其投资的大部分形成了建筑物或构筑物等以固定资产形式存在的房地产商品，并通过预售或销售的方式转让这些固定资产的所有权以收回投资。在多数情况下，房地产投资开发的过程中，形成的属于房地产开发商本身所有的固定资产很少甚至为零，基本上所有的投资均一次性地转移到房地产产品的开发成本中去了。所以在这种情况下，房地产项目总投资基本就等于房地产项目的总成本费用。并且在该模式下，项目总投资等于开发产品成本与经营资金之和。

若在产品开发完成后用来出租或自营的，项目开发完成后变为开发商的固定资产，项目总投资等于固定资产投资与经营资金之和。

若以上三种模式兼而有之，则项目总投资为开发产品投资、固定资产投资和经营资金之和。因此，我们可以得到图 5-2-1 房地产开发项目总投资的构成。

二、各项费用的内容

开发建设投资是指在开发期内完成房地产产品开发建设所需投入的各项成本费用，其投资构成如图 5-2-2 所示。

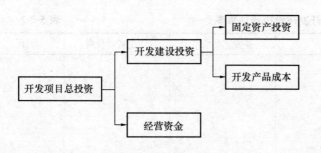

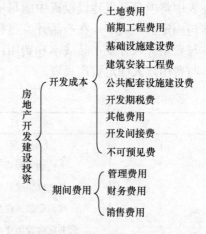

图 5-2-1　房地产开发项目总投资的构成　　　图 5-2-2　房地产开发建设投资构成

根据房地产开发项目总投资的构成与房地产开发建设投资构成，我们可以得到项目总投资估算表，见表 5-2-1。当项目建成开始运营时，固定资产投资将形成固定资产、流动资产、无形资产和待摊费用。

房地产项目总投资估算表　　　　　　　表 5-2-1

序　号	项　　目	总　投　资	估算说明
1	开发建设投资		
1.1	土地费用		
1.2	前期工程费		
1.3	基础设施建设费		

续表

序　号	项　　目	总　投　资	估算说明
1.4	建筑安装工程费		
1.5	公共配套设施建设费		
1.6	开发间接费		
1.7	管理费用		
1.8	财务费用		
1.9	销售费用		
1.10	开发期税费		
1.11	其他费用		
1.12	不可预见费		
2	经营资金		
3	项目总投资		(1) + (2)
3.1	开发产品成本		
3.2	固定资产投资		
3.3	经营资金		

项目开发建设投资中的各项费用之和等于开发产品成本与固定资产投资之和，换句话说，总投资要在开发产品和形成的固定资产之间进行分配，特别是开发建设投资要在开发产品和固定资产之间进行合理的分摊。因此我们可以得到表 5-2-2 开发建设投资估算表，在表中将项目开发建设投资中的每项费用根据其开发完成后的经营模式，分为开发产品成本与固定资产成本。在产品开发过程中预售或产品开发完成后出售的，与之相应的开发成本与费用计入开发产品成本和费用；在产品开发完成后用来出租或自营的，相应的开发成本与费用计入固定资产投资。

开发建设投资估算表　　　　　　　　表 5-2-2

序　号	项　　目	开发产品成本	固定资产投资	合计
1	土地费用			
2	前期工程费			
3	基础设施建设费			
4	建筑安装工程费			
5	公共配套设施建设费			
6	开发间接费			
7	管理费用			
8	财务费用			
9	销售费用			
10	开发期税费			
11	其他费用			
12	不可预见费			

为了便于理解，接下来，我们通过一道例题来说明各项费用之间的关系。

【例 2-1】　某房地产开发商开发了一小区，总建筑面积为 200000 平方米，其中，住宅部分为 150000 平方米，公寓部分为 30000 平方米，商场部分为 20000 平方米。住宅部分全部出售，公寓部分用来出租，商场部分自营。该项目总投资为 6.22 亿元，其中开发建设投资 6.2 亿元，住宅成为开发产品、公寓和商场成为企业的固定资产。总投资由开发产品成本 5 亿元和固定资产投资 1.2 亿元组成。商场在开发完成后自营时，需要经营资金 200 万元，到项目结束时一次性收回。

在图 5-2-3 中对房地产开发项目总投资予以表示。

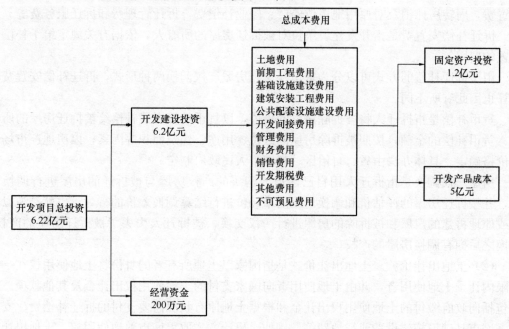

图 5-2-3　房地产开发项目总投资图示

第三节　房地产投资估算

一、各项投资的估算

1. 土地费用的估算

房地产项目土地费用是指取得房地产项目用地使用权而发生的费用。房地产项目土地使用权的取得有多种方式，所发生的费用也各不相同。土地费用主要包括以下几种费用：划拨或征用土地的土地征用拆迁费、出让土地的土地出让价款、转让土地的土地转让费、租用土地的土地租用费、股东投资入股土地的投资折价。因此，由于各地的补偿标准不同，对土地费用的估算要根据当地的实际情况来确定。

（1）土地征收征用拆迁费。征收指国家为了公共利益的需要而依法强制取得原属于私人或集体所有的财产上的所有权或者其他权利的行为。征用指国家为了公共利益的需要依法强制取得原属于私人或集体的财产的使用权的行为。征收是政府获得集体土地所有权、征用是政府收回国有土地使用权。

土地征收征用拆迁费分为农村土地征收拆迁费和城镇土地征用拆迁费。

1）农村土地征收拆迁费：

农村土地征收拆迁费主要包括：土地补偿费、青苗补偿费、地上附着物补偿费、安置补偿费、新菜地开发建设基金、征地管理费、耕地占用税、拆迁费、其他费用。由于地域经济发展水平很不相同，国家和各省、市对各项费用的补偿原则和标准都作出了具体的规定，因此，农村土地征收拆迁费的估算可参照国家和地方的有关标准进行。

2) 城镇土地拆迁费：

城镇土地拆迁费主要包括：地上建筑物、构筑物、附着物补偿费，搬家费，临时搬迁安置费，周转房摊销及对原用地单位停产、停业补偿费，拆迁管理费和拆迁服务费等。

拆迁补偿安置费是指开发建设单位对被拆迁房屋的所有人，依据有关规定给予补偿和安置的费用。

由于拆迁补偿的方式可以分为货币补偿和房屋产权调换两种形式，拆迁补偿安置费的估算也因此有所不同。

货币补偿是指拆迁人将被拆除房屋的价值，以货币结算方式补偿给被拆迁房屋的所有人。货币补偿的金额，按照被拆除房屋的区位、用途、建筑面积等因素，以房地产市场评估价格确定。具体办法由省、自治区、直辖市人民政府制定。

房屋产权调换是指拆迁人用自己建造或购买的产权房屋与被拆迁的房屋进行调换产权，并按拆迁房屋的评估价和调换房屋的市场价进行结算调换差价的行为，也就是说以易地或原地再建的房屋和被拆除的房屋进行产权交换，被拆迁人失去了被拆迁房屋的产权，调换之后拥有调换房屋的产权。

（2）土地出让价款。土地出让价款是指国家以土地所有者的身份将土地使用权在一定年限内让予土地使用者，并由土地使用者向国家支付的土地使用权出让金及其他款项。主要包括向政府缴付的土地使用权出让金和根据土地原有状况需要支付的拆迁补偿费、安置费、城市基础设施建设费或征地费等。例如，出让方式取得城市熟地使用权，土地出让地价款由土地出让金加上拆迁补偿费和城市基础设施建设费构成。在实践中，当土地以出让方式获得时，获取土地的价格通常被称为土地出让金，尽管这个出让金中包括了土地的开发成本、政府土地开发收益及相关税费。

土地出让价款的数额由土地所在城市、地区、地段、土地的用途及使用条件、合同条件等许多方面的因素决定。其估算一般可参照政府出让类似地块的价格并进行各种修正后得到；许多城市对土地制定了基准地价，所以某一宗地的土地出让价款也可以在政府颁布的基准地价基础上加以适当的调整确定。这种适当调整往往是指对项目用地所处的地段等级、用途、容积率、使用年限等项因素修正得到。

（3）土地转让费。土地转让费是指土地受让方向土地转让方支付土地使用权的转让费。依法通过土地出让或转让方式取得的土地使用权可以转让给其他合法使用者。土地使用权转让时，地上建筑物及其他附着物的所有权也随之转让。由于土地储备中心的严厉控制，土地转让的例子已很少见，更多的是合资或合作的开发模式。

（4）土地租用费。土地租用费是指土地租用方向土地出租方支付的费用。以租用方式取得土地使用权可以减少项目开发的初期投资，但在房地产项目开发中较为少见。有为了工程建设，通过租赁占用临时用地的情况。

（5）土地投资折价。房地产项目土地使用权可以来自房地产项目的一个或多个投资者的直接投资。在这种情况下，不需要筹集现金用于支付土地使用权的获取费用，但一般需要对土地使用权评估作价。

(6) 契税。契税是由土地受让方缴纳,《中华人民共和国契税暂行条例》(国务院令[1997]第224号)规定为在中华人民共和国境内转移土地,承受的单位和个人为契税的纳税人,应当按规定缴纳契税,契税税率为3‰~5‰,契税的适用税率,由省、自治区、直辖市人民政府在前款规定的幅度内按照本地区的实际情况确定,并报财政部和国家税务总局备案。

以上内容见表5-3-1。

土地费用估算表 单位:万元   表 5-3-1

序 号	项 目	金 额	估算说明
1	土地出让金		
2	征地费		
3	拆迁安置补偿费		
4	土地转让费		
5	土地租用费		
6	土地投资折价		
7	契税		
	合　计		

在2009年财政部、国土资源部、中国人民银行、监察部、审计署联合下发了《关于进一步加强土地出让收支管理的通知》(财综[2009]74号)中规定,市县国土资源管理部门与土地受让人在土地出让合同中依法约定的分期缴纳全部土地出让价款的期限原则上不超过一年。经当地土地出让协调决策机构集体认定,特殊项目可以约定在两年内全部缴清。首次缴纳比例不得低于全部土地出让价款的50%。土地租赁合同约定的当期应缴纳土地价款(租金)应当一次全部缴清,不得分期缴纳。

2. 前期工程费

房地产项目前期工程费主要包括:开发项目前期规划、设计、可行性研究,水文、地质勘测,以及"三通一平"(通水、通电、通路、场地平整)等阶段的费用支出。

(1) 项目规划、设计、可行性研究所需费用支出一般可按总投资的一定百分比估算。一般情况下,规划设计费为建安工程费的3%左右,可行性研究费占项目总投资的1%~3%,也可按照工作量乘以正常工日费率估算。具体估算时要结合工程实际情况和当地市场状况决定。

(2) 项目水文、地质勘测所需费用支出根据工作量结合有关收费标准估算,一般为设计概算的0.5%左右。

(3) 土地开发中"三通一平"等工程费用,主要包括地上原有建筑物、构筑物的拆除费用,场地平整和通水、电、路的费用。这些费用估算可根据实际工程量,参照有关计费标准进行。

以上内容见表5-3-2。

前期工程费估算表　单位：万元　　　　　　　　表 5-3-2

序　号	项　目	金　额	估算说明
1	规划、设计、可研费		
2	水文、地质勘查费		
3	道路费		
4	供水费		
5	供电费		
6	土地平整费		
	合　计		

3. 基础设施建设费

基础设施建设费是指建筑物 2 米以外和项目用地规划红线以内的各种管线和道路等工程的费用，主要包括供水、供电、供气、排污、绿化、道路、路灯、环卫设施的建设费用，以及各项设施与市政设施干线、干管、干道的接口费用。一般按实际工程量估算。

一般来说，详细估算时，可按单位指标估算法来计算，如供水工程可按水增容量（吨）指标计算；供电及变配电工程可按电增容量（千伏安）指标计算；采暖工程按耗热量（瓦）指标计算；管线工程按长度（米）指标计算；室外道路按道路面积（平方米）指标计算等。而粗略估算时，可按建筑平方米或用地平方米造价计算。

以上内容见表 5-3-3。

基础设施建设费估算表　单位：万元　　　　　　　　表 5-3-3

序　号	项　目	金　额	估算说明
1	供电工程		
2	供水工程		
3	供气工程		
4	排污工程		
5	小区道路工程		
6	路灯工程		
7	小区绿化工程		
8	环卫设施		
	合　计		

4. 建筑安装工程费

（1）建筑安装工程费包括的内容。建筑安装工程费是指建造房屋建筑物所发生的建筑工程费用、设备采购费用、安装工程费用和室内装饰家具费等。这里的建筑工程费用包括结构、建筑、特殊装修工程费；设备采购及安装工程费包括给排水、电气照明及设备安装、空调通风、弱电设备及安装、电梯及其安装、其他设备及安装等。在可行性研究阶段，建筑安装工程费用估算可采用单元估算法、单位指标估算法、工程量近似匡算法、概算指标估算法、概预算定额法，也可以根据类似工程经验进行估算。具体估算方法的选择应视资料的可取性和费用支出的情况而定。

(2) 估算方法有以下五种：

1) 单元估算法：

单元估算法是以基本建设单元的综合投资乘以单元数得到项目或单项工程投资的估算方法。如利用每间客房的综合投资乘以客房数估算一座酒店的总投资；或者利用每张病床的综合投资乘以病床数来估算一所医院的总投资等。

2) 单位指标估算法：

单位指标估算法是指以单位工程量投资乘以工程量得到单项工程投资的估算方法。一般来说，土建工程、给排水工程、照明工程可按建筑平方米造价计算；采暖工程按耗热量（千卡/小时）指标计算；变配电设备安装按设备容量（千伏安）指标计算；集中空调安装按冷负荷（千卡/小时）指标计算；供热锅炉安装按每小时产生的蒸汽量（立方米/小时）指标计算；各类围墙、室外管线工程按长度（米）指标计算；室外道路按道路面积（平方米）指标计算等。单位指标估算法是实践中最常用的投资估算方法。

3) 工程量近似匡算法：

工程量近似匡算法采用工程概预算类似的方法，先近似匡算工程量，配上相应的概预算定额单价和取费标准，近似计算项目的建筑工程投资，这种方法还可以估算出人工、主要材料、机械台班的数量，但其精度很大程度上取决于匡算工程量的精度。

4) 概算指标估算法：

概算指标估算法通常以估算对象的整个建筑物和构筑物的以建筑面积、体积等为计量单位而规定确定人工、材料和机械台班的消耗量标准和造价指标。建筑工程概算指标分别有一般土建工程概算指标、给排水工程概算指标、采暖工程概算指标、通信工程概算指标、电气照明工程概算指标等。采用综合的单位建筑面积和建筑体积等建筑工程概算指标计算整个工程费用，常用的估算公式是：

直接费＝每平方米造价指标×建筑面积

主要材料消耗量＝每平方米材料消耗量指标×建筑面积

这种办法同样能计算出人工、主要材料、机械台班的数量。这些数据对于项目管理来说是很重要的。

单元估算法可以看成是单位生产能力估算法的一种，只能用于项目构思与筛选阶段。

单位估算法属于估算指标法，是一种比概算指标更为扩大的单项工程指标或单位工程指标。该方法在房地产项目的投资估算中被经常使用。

概算指标、概算定额方法可以用于项目可行性研究和设计概算的编制。

5) 类似法：

每一投资项目都有其自身的特点，因此不是很快就能对建安工程费用中各项目所占比例定出一个绝对适用的标准。但是，在一定日期和相对稳定的市场状况下，通过客观的估算方法，加之对实际个案的经验总结，可以测算出各类有代表性项目的建安工程各项费用的大致标准，用这个标准来估算建安工程费用的方法就是类似法。这类方法本质与工业项目投资估算中的生产能力指数法是一致的。类似法可以与前述的估算方法配合使用。

当房地产项目包含多个单项工程时，应对各个单项工程分包估算建筑安装工程费用。

以上内容见表 5-3-4。

建筑安装工程费用估算表　单位：万元　　　　　　　表 5-3-4

项　目	建筑面积	建筑工程费		装修工程费		金额合计
		单价	金额	单价	金额	
单项工程 1						
单项工程 2						
…						
合计						

5. 公共配套设施建设费

公共配套设施建设费是指居住小区内为居民服务配套建设的各种非营利性的公共配套设施（又称公建设施）的建设费用，主要包括：居委会、派出所、托儿所、幼儿园、锅炉房、变电室、人防工程费、公共厕所等。这些配套设施是不能有偿转让的，一般按规划指标或实际工程量估算，估算方法可参考建筑安装工程费的估算方法。

以上内容见表 5-3-5。

公共配套设施建设费用估算表　单位：万元　　　　　　　表 5-3-5

序　号	项　目	金　额	估算说明
1	居委会		
2	派出所		
3	托儿所		
4	幼儿园		
5	公共厕所		
6	变电室		
7	人防工程建设费		
	合　计		

6. 开发间接费

开发间接费是指房地产开发企业所属独立核算单位在开发现场组织管理所发生的各项费用。主要包括：工资、福利费、折旧费、修理费、办公费、水电费、劳动保护费、周转房摊销及其他费用等。房地产开发企业聘请项目管理公司管理房地产开发的，其费用可以计入房地产开发间接费中。

当开发企业不设立专门的现场机构，由开发企业定期或不定期派人到开发现场组织开发建设活动时，所发生的费用可直接计入开发企业的管理费用。

7. 管理费用

管理费用是指房地产开发企业的管理部门为组织和管理房地产项目的开发经营活动而发生的各项费用。主要包括：管理人员工资、公会经费、职工教育经费、劳动保险费、待业保险费、董事会费、咨询费、审计费、诉讼费、排污费、绿化费、房地产税、车船使用税、土地使用税、技术转让费、技术开发费、无形资产摊销、开办费摊销、业务费摊销、业务招待费、坏账损失、存货盘亏、毁损和报废损失以及其他管理费用。

管理费可按前述的 1~5 项直接费用的一个百分比计算，这个百分数一般为 3% 左右。

管理费用的高低和企业的组织模式有关，集团企业管控下属公司规划、设计的，下属公司的管理费用和独立的项目公司的管理费用显然不同。

如果房地产开发企业同时开发若干房地产项目，管理费应在各个之间合理分摊。

8. 财务费用

财务费用是指房地产开发企业为筹集资金而发生的各项费用，主要为借款或债券的利息，还包括金融机构手续费、融资代理费、承诺费、外汇汇兑净损失以及企业筹资发生的其他财务费用。利息的计算可参照金融市场利率和资金分期投入的实际情况按复利计算，利息以外的其他融资费用一般占利息的10%左右。

有时，财务费用也指项目开发所有投资的资金使用成本。因为即使这些资金全部都是开发商的，也有一个资金使用成本问题。

9. 销售费用

销售费用是指房地产开发企业在销售房地产产品过程中发生的各项费用，以及专设销售机构或委托销售代理的各项费用。主要包括：销售人员工资、奖金、福利费、差旅费、销售机构的折旧费、修理费、物料消耗费、广告费、宣传费、代销手续费、销售服务费以及预售许可证申领费等。综合起来为：

（1）广告宣传及市场推广费，一般约为销售收入的2%~3%。

（2）销售代理费，一般约为销售收入的1.5%~2%。

（3）其他销售费用，一般约为销售收入的0.5%~1%。

以上各项费用合计，销售费用约占销售收入的4%~6%。

10. 其他费用

其他费用主要包括临时用地费和临时建设费、工程造价咨询费、总承包管理费、合同公证费、施工执照费、工程质量监督费、工程监理费、竣工图编制费、工程保险费等。这些费用按当地有关部门规定的费率并参照市场情况估算。一般约占投资额的2%~3%。

以上内容见表5-3-6。

其他费用估算表　单位：万元　　　　　　　　　　　表5-3-6

序号	项目	金额	估算说明
1	临时用地		
2	临建费		
3	施工图预算或标底编制费		
4	工程合同预算或标底审查费		
5	招标管理费		
6	总承包管理费		
7	合同公证费		
8	施工执照费		
9	工程质量监督费		
10	工程监理费		
11	竣工图编制费		
12	工程保险费		
	合计		

11. 开发期税费

开发期税费是指项目所负担的与房地产投资有关的各种税金和地方政府或有关部门征收的费用。主要包括：工程建设配套费、土地使用税、市政支管线分摊费、绿化建设费、分散建设市政公用设施建设费、人防易地建设费等。房地产项目在投资估算中不可轻视此类费用，但各项税费的构成和数额，各地有不同的规定、不同的时期会有不同的规定。实践中应根据当地现行的有关规定和标准予以估算。

以上内容见表5-3-7。

开发期税费估算表 单位：万元　　　　　　表5-3-7

序 号	项 目	金 额	估算说明
1	土地使用税		
2	市政支管线分摊费		
3	分散建设市政公用设施建设费		
4	绿化建设费		
5	工程建设配套费		
6	人防易地建设费		
	合 计		

12. 不可预见费

房地产项目投资估算应考虑适当的不可预见费用。不可预见费根据项目的复杂程度和前述各项费用估算的准确程度，以上述各项费用的3‰~7‰估算。

如果是开发完成后出租或自营的项目，还应该估算下列费用：

13. 运营费用

运营费用是指房地产项目开发完成后，在项目经营期间发生的各种运营费用。主要包括财务费用、管理费用和销售费用等。

14. 修理费用

修理费是指以出租或自营方式获得收益的房地产项目在经营期间发生的物料消耗和维修费用。

15. 投资于成本费用估算结果的汇总

为了便于对房地产开发项目各项成本与费用进行分析比较，常把估算结果以汇总表的形式列出，见表5-3-8。

房地产开发项目投资估算表 单位：万元　　　　　　表5-3-8

费用项目	计算基础	估算指标	估算金额
一、土地费用			
二、前期工程费			
三、基础设施建设费			
四、建筑安装工程费			
五、公共配套设施建设费			
六、开发间接费			

续表

费用项目	计算基础	估算指标	估算金额
七、管理费用			
八、销售费用			
九、财务费用			
十、开发期税费			
十一、其他费用			
十二、不可预见费			
合　计			

二、投资估算数据的调查途径

在我们进行房地产投资估算时，应注重数据的来源以获取准确的数据从而减少在估算时产生的误差。归纳起来其参考数据主要来源于以下三个方面：

1. 通过企业内部过去开发过的类似项目来获得

企业内部过去开发的类似项目的数据是房地产投资估算数据最重要的来源。其重要性体现在两方面：第一，企业内部的数据比通过社会调查所得来的数据更加真实可靠；第二，企业内部的数据更符合企业本身的生产力水平。因为相同的开发项目，在不同的管理水平下所花费的成本是不同的，因此参照企业过去的类似项目的成本数据进行投资估算得到的结果是更加可靠的。

2. 企业外部类似项目的调查

企业外部类似项目的调查是获得房地产投资估算数据的另一来源，起到辅助作用。每一房地产投资项目都有其自身的特点，因区位、目标客户群、产品定位等方面的不同都会存在一定的差异，有时在企业内部不一定会找到类似的项目，这就需要从对企业外部类似项目的调查来获得。

3. 税费参考政府收费文件

税费在房地产开发投资中占有很大比重，是房地产开发投资的重要组成部分，包括开发期间税费和与房地产转让有关的税金。这些税费项目在政府的收费文件中，包括收费文件和收税文件中都会有相应的说明，这也是投资估算数据的重要来源之一。

第四节　投资估算案例

在本章的第三节中，介绍的对房地产总投资和总成本费用的估算方法只是理论上的情况，在实际估算中要根据不同项目的特点，具体问题具体对待。下面我们来介绍一个房地产开发项目投资估算案例。

一、项目名称

济南某中央广场 D-1 地块项目

二、建设背景

济南市位于中国环渤海地区南翼和黄河中下游地区，是国家重要的政治、军事、文化中心，区域性金融中心，山东省省会。目前，济南市城市功能已跨越提升，新区开发、老城提升全面突破，中心城建成区面积达到 400 平方公里、人口 410 万人。现代化基础设施体系基本形成，城市功能形象品位显著提升。

槐荫区位于济南市区西部，北纬 36°37′~36°45′、东经 116°47′~116°59′之间。北与德州市齐河县隔黄河相望，南邻历城区和市中区，东邻市中区与天桥区，西邻长清区。面积 151.48 公里。

抓住西部新城建设和棚户区改造机遇，高水平开展城市基础设施建设和城市环境综合整治，推动城乡一体化统筹发展，全面提升槐荫区的整体城市形象和功能品位。这是槐荫区"十二五"规划的重要内容。

三、建设地点

山东省济南市槐荫区，西临齐鲁大道、东临齐州路；南临横支 10 号路、北临横支 9 号路。是齐鲁大道、齐州路和规划的横支 10 号路、横支 9 号路的围合区域。

四、建设内容和规模

1. 建设内容

项目用地为居住用地。土地使用权出让年限为 70 年。

建设住宅、底商、地下室、车库等。

规划住宅为高层建筑。

国务院办公厅转发建设部等部门关于调整住房供应结构稳定住房价格意见的通知》（国办发 [2006] 37 号），要求切实调整住房供应结构，自 2006 年 6 月 1 日起，各城市（包括县城，下同）年度（从 6 月 1 日起计算，下同）新审批、新开工的商品住房总面积中，套型建筑面积 90 平方米以下住房（含经济适用住房）面积所占比重，必须达到 70% 以上。

规划要求按《城市居住区规划设计规范》要求配建居民日常生活所需的公共服务设施及中水等设施。同时要求中小套型普通商品住房用地比例不低于规划居住用地总面积的 30%。

本项目规划设计方案将严格遵循济南市规划行政主管部门的要求确定建设内容和建设规模，科学规划、精心设计、贯彻科学发展观、建设可持续发展住宅小区。

2. 建设规模

申请项目总占地面积约 2.93 公顷，可规划建设用地 1.69 公顷。

初步方案确定，项目拟建总建筑面积 8.62 公顷，其中地上 5.92 公顷，地下 2.70 万平方米。总停车泊位数 440 个。

五、投资估算

1. 估算依据

(1) 山东省综合预算定额；

(2) 济南地区材料预算价格；

(3) 以往开发项目的经验数据；

(4) 其他企业开发的类似工程造价；

(5) 现行投资估算的有关规定。

2. 估算范围

本项目投资估算范围包括：一期、二期工程所需工程费用、其他费用、预备费等，工程费用包括建安工程费和设备购置费。

3. 估算说明

(1) 建设单位管理费：按前期费用与工程费用的6‰计算；

(2) 城市建设综合配套费：一般为每平方米246元，学校、托幼、车库等按照济政发[2003] 3号文件进行减免；

(3) 劳保统筹费：原则上按工程费用的2.6‰计算，但考虑工程实际情况予以适当折减。

4. 费用估算

(1) 土地费用的估算，见表5-4-1。

土地费用估算表　单位：万元　　　表5-4-1

序　号	项目名称	金　额
1.1	土地费用	
1.1.1	土地出让金	10919
1.1.2	契税（此处为土地出让金额的3%）	328
1.1.3	其他费用（测图、评价等）	3.4
	合　计	11250
按全面积计投资额=1305元/平方米		

土地费用总额估算值为11250万元。其中出让金10919万元，契税328万元。

(2) 前期工程费估算，见表5-4-2。

前期工程费估算表　单位：万元　　　表5-4-2

序　号	项目名称	金　额
1.2	前期工程费	
1.2.1	规划、设计、可研环评等	155
1.2.2	测量、水文、地质勘探	17
1.2.3	"三通一平"费用	17
1.2.4	地下、人防设计协助费用	14
	合　计	203
按全面积计投资额=24元/平方米		

前期工程费包括规划设计及可行性研究、环评，三通一平费等。共计203万元。其中，规划、设计、可研、环评等155万元。

(3) 基础设施工程费，见表5-4-3。

各项费用的估计，参照了已有案例。共计1378万元。

基础设施费，包括供电工程、供水工程、燃气工程、暖气工程、排污工程、小区道路工程、小区绿化工程等。

基础设施建设费估算表 单位：万元　　　　　　　　　　表 5-4-3

序　号	项　目　名　称	金　额
1.3	基础设施建设费	
1.3.1	供电工程	862
1.3.2	供水工程	86
1.3.3	供气工程	52
1.3.4	供暖工程	80
1.3.5	排污费用	80
1.3.6	小区道路费用	85
1.3.7	小区绿化、小品费用	60
1.3.8	路灯工程	14
1.3.9	其他市政设施建筑	60
	合　计	1378

按全面积计投资额＝160元/平方米

（4）建筑安装工程费，见表5-4-4。

建筑安装工程费用估算表 单位：万元　　　　　　　　　　表 5-4-4

序　号	项　目　名　称	金　额
1.4	建筑安装工程费	
1.4.1	地上住宅建筑	11156
①	土建工程费	7968
②	安装工程费	1594
③	装饰工程费	1594
1.4.2	地上底商建筑	1254
①	土建工程费	896
②	安装工程费	179
③	装饰工程费	179
1.4.3	地下储藏室	614
①	土建工程费	552
②	装饰工程费	15
③	安装工程费	46
1.4.4	地下车库建筑	4734
①	土建工程费	4261
②	装饰工程费	118
③	安装工程费	355
	项目建安费用合计	17757

按全面积计投资额＝2060元/平方米

这是项目总投资中的最大费用。各项费用合计为17757万元。

包括地上住宅建筑、地上底商建筑、地下储藏室、地上其他可售公建、地下其他可售公建、地下车库等建筑的建筑安装工程费。

地上住宅建筑是建筑安装工程费中最大的一项，为11156万元。

(5) 非经营性配套设施费，见表5-4-5。

公共配套设施费估算表　单位：万元　　　　　　　表 5-4-5

序　号	项 目 名 称	金　额
1.5	公共配套设施费	
1.5.1	居住物业管理	40
1.5.2	公共厕所	9
1.5.3	地上简易停车设施等	10
	合　计	59

按全面积计投资额＝3元/平方米

非经营性配套设施指不能或不宜对外经营的配套设施，其费用估计为59万元。具体包括物业管理用房、公共厕所等。

(6) 开发期税费，见表5-4-6。

开发期税费估算表　单位：万元　　　　　　　表 5-4-6

序　号	项 目 名 称	金　额
1.8	开发期税费	
1.8.1	人防费用	183
1.8.2	配套费用	2031
1.8.3	劳保统筹费用	299
1.8.4	用电其他费用	17
1.8.5	用水其他费用	9
1.8.6	供暖其他费用	9
1.8.7	排污其他费用	9
1.8.8	规划手续、图纸审查费	41
1.8.9	散装水泥与墙改费用	17
	合　计	2613

按全面积计投资额＝303元/平方米

各项费用之和估计为2613万元。其中人防易地建设费183万元（假设自建70%），城市建设综合配套费2031万元，劳保统筹基金299万元。

人防易地建设费、城市建设综合配套费、劳保基金是开发期税费的最大构成项目。

(7) 其他费用估算，具体构成见表5-4-7。

其他费用估算表　单位：万元　　　　　　　　　表 5-4-7

序　号	项　目　名　称	金　额
1.9	其他费用	
1.9.1	临时用地、道路占用费	15
1.9.2	临建费用	50
1.9.3	施工图标底编审、造价咨询	77
1.9.4	招标代理、交易管理等费用	19
1.9.5	总包管理费	77
1.9.6	工程监督费	13
1.9.7	工程监理费	172
1.9.8	项目管理费	96
1.9.9	竣工图编制费	9
1.9.10	工程保险费	134
	合　计	661

按全面积计投资额＝77 元/平方米

其他费用总和估计为 661 万元。

主要包括工程招标代理费用、交易管理费用、项目监理、项目管理费用、施工图标底编审费用等。

（8）不可预见费（预备费）。不可预见费，即预备费（包括基本预备费和涨价预备费），共 978 万元。

（9）开发期财务费用。本项目借款 22426 万元，财务费用估算为 2362 万元，房地产开发贷款按年利率为 6.65％计算。

（10）项目总投资估算表。项目总投资 38597 万元。由开发建设投资和经营资金两部分构成。

开发建设投资 38597 万元。开发建设投资由建筑安装工程费、基础设施工程费、公共配套设施费（前三者常合称之为工程费）；土地使用权费用、管理费用、销售费用、工程监督监理与造价咨询费用、综合配套费等相关税费（亦合称工程其他费）；预备费用；财务费用等构成。

本项目为非生产性项目，不单独设立经营资金，经营资金为 0。

具体内容、金额、所占总投资的百分比见表 5-4-8。

项目总投资估算表　单位：万元　　　　　　　　　表 5-4-8

序　号	项　目　名　称	总投资	所占总投资百分比（％）
1	开发建设总投资	38597	100.0
1.1	土地费用	11250	29.1
1.2	前期工程费	203	0.5
1.3	基础设施建设费	1378	3.6

续表

序 号	项 目 名 称	总投资	所占总投资百分比（%）
1.4	建筑安装工程费	17757	46.0
1.5	公共配套设施建设费	59	0.2
1.6	管理费用	581	1.5
1.7	销售费用	791	2.0
1.8	开发期税费	2613	6.8
1.9	其他费用	661	1.7
1.10	不可预见费	978	2.5
1.11	财务费用	2362	6.1
2	经营费用	0	0.0
3	项目总投资	38597	100.0
3.1	开发产品成本	38597	100.0
3.2	固定资产投资	0	0.0

按全面积计投资额=4478元/平方米

复 习 思 考 题

1. 说明一般建设项目的投资构成。
2. 说明房地产项目投资构成，并与一般建设项目的投资构成进行对比。
3. 说明建筑安装工程费的估算方法，和适用的对象。
4. 在当地选择一具有技术经济指标规划项目（如在规划局网站公示的某房地产开发项目），按照本章的估算原则和当地市场情况进行投资估算。

第六章 房地产项目营销与收入估算

第一节 概 述

一、租售模式

房地产开发企业的最终目的是将所开发的产品成功地租售出去,实现获取利润的目标。房地产租售过程一般包括三个阶段:一是为使潜在的租客或顾客了解产品而进行的宣传、沟通阶段;二是就有关价格或租金及合同条件而进行的谈判阶段;三是双方协商一致后的签约阶段。从房地产市场交易的具体方式来看,房地产的租售模式可以划分成出售、出租、自营三类主要模式。

(一)全部销售

新建住宅或商业地产建成后全部推向市场进行销售。这种销售模式的优点是资金回收周期短、资金回笼速度快,投资者承担的风险相对于其他租售模式要小得多。目前,市场上的住宅销售几乎以全部销售为主,相对于体量不大的商铺来讲,有些也采取全部销售的模式,这是最为常见的租售模式。

(二)租售结合

租售结合的商业地产开发模式是市场上较多见的模式,这种模式最大的特点就是开发商持有主体商业,销售部分商铺,直接参与主体商业经营。在这种模式下,开发商对于整个商圈的定位、规划往往有自己的策略,也会有相应的主力店入驻,对于其余自主招商的投资者来说,符合这一商圈的定位和氛围是做好自身投资的第一步。

(三)出租

商业项目自持比例的高低一般与开发商的资金实力有关,商业自持比例达到100%时,也就是出租模式了。这种模式下开发商对于整个商业项目的发展全权把握,但在运营能力、资金回笼压力方面都有不小的挑战。

另外,在传统的租售模式创造不同的商业盈利模式的同时,商业地产的运作模式也在酝酿全新的升级变化。作为巨大资产的房地产,越来越成为一种融资的手段,比如分拆包装上市模式、房地产与证券业相结合的REITs模式、信托融资等。

二、产品销售条件

我国法律规定满足特定条件的商品房才能销售,主要包括两大类:商品房销售条件和商品房预售销售条件。

(一)商品房预售销售条件

商品房预售是指房地产开发经营企业将正式建设中的房屋预先出售给承购人,由承购人支付定金或房价款的行为。我国城市商品房预售管理国务院及各地建设行政主管部门归口管理。

1. 商品房预售应当符合的条件

①已交付全部土地使用权出让金,取得土地使用权证书;
②持有建设工程规划许可证;
③按提供预售的商品房计算,投入开发建设的资金达到工程建设总投资的25%以上,并已经确定施工进度和竣工交付日期。

2. 预售许可

(1) 办理预售许可证提交的资料。我国商品房预售实行许可证制度。开发经营企业进行商品房预售,应当向城市、县房地产管理部门办理预售登记,取得《商品房预售许可证》。

开发经营企业申请办理《商品房预售许可证》应当提交下列证件(复印件)及资料:
①开发经营企业的《营业执照》;
②建设项目的投资立项、规划、用地和施工等批准文件或证件;
③工程施工进度计划;
④投入开发建设的资金已达工程建设总投资的25%以上的证明材料;
⑤商品房预售方案。预售方案应当访问像商品房的位置、装修标准、交付使用日期、预售总面积、交付使用后的物业管理等内容,并应当附商品房预售总平面图;
⑥需向境外预售商品房的,应当同时提交允许向境外销售的批准文件。

(2)《商品房预售许可证》发放。房地产管理部门在接到开发经营企业申请后,应当详细查验各项证件和资料,并到现场进行查勘,经审查合格的,应在接到申请后的十日内核发《商品房预售许可证》。

3. 预售合同备案

商品房预售,开发经营企业应当与承购人签订商品房预售合同,预售人应当在签约之日起三十日内持商品房预售合同向县级以上人民政府房地产管理部门和土地管理部门办理登记备案手续。商品房的预售可以委托代理人办理,但必须有书面委托书。开发经营企业进行商品房预售所得的款项必须用于有关的工程建设。

(二) 商品房销售条件

1. 商品房现售概念

商品房现售,是指房地产开发企业将竣工验收合格的商品房出售给承购人,并由承购人支付房价款的行为。房地产开发企业可以自行销售商品房,也可以委托房地产中介服务机构销售商品房。国务院建设行政主管部门负责全国商品房的销售管理工作。

2. 商品房现售的条件

商品房现售,应当符合以下条件:
①现售商品房的房地产开发企业应当具有企业法人营业执照和房地产开发企业资质证书;
②取得土地使用权证书或者使用土地的批准文件;
③持有建设工程规划许可证和施工许可证;
④已通过竣工验收;
⑤拆迁安置已经落实;
⑥供水、供电、供热、燃气、通讯等配套基础设施具备交付使用条件,其他配套基础设施和公共设施具备交付使用条件或者已确定施工进度和交付日期;

⑦物业管理方案已经落实。

房地产开发企业应当在商品房现售前将房地产开发项目手册及符合商品房现售条件的有关证明文件报送房地产开发主管部门备案。

3. 禁止销售情形

房地产开发企业不得在未解除商品房买卖合同前，将作为合同标的物的商品房再行销售给他人。房地产开发企业不得采取返本销售或者变相返本销售的方式销售商品房。房地产开发企业不得采取售后包租或者变相售后包租的方式销售未竣工商品房。商品住宅按套销售，不得分割拆零销售。

4. 销售与物业管理

商品房销售时，房地产开发企业选聘了物业管理企业的，买受人应当在订立商品房买卖合同时与房地产开发企业选聘的物业管理企业订立有关物业管理的协议。

第二节 项目营销计划

房地产营销计划是房地产项目销售实施管理的基础，它既是一种市场工作的工艺流程，也是一种指导性文件。任何一个企业的经营活动都离不开营销计划的指导和控制。在房地产市场营销中，管理者必须制订应以市场需求为导向，以提高企业营销效能为目标的科学合理营销计划，以便在整体上把握整个营销活动。一般来说，完整的市场营销计划主要包括以下几方面内容：计划概要和纲领、市场营销现状、机会与问题分析、企业目标、市场营销策略、行动方案、预计损益表和控制，见图 6-2-1。

图 6-2-1 企业营销计划

一、计划概要和纲领

计划书一开头便应对本计划的主要目标和建议作一扼要的概述，计划概要可让高级主管很快掌握计划的核心内容，内容目录应附在计划概要之后。

二、市场营销现状

计划的这个部分负责提供与市场、产品、竞争、配销和宏观环境有关的背景资料。

（一）市场情势

应提供关于所服务的市场的资料，市场的规模与增长取决于过去几年的总额，并按市场细分与地区细分来分别列出，而且还应列出有关顾客需求、观念和购买行为的趋势。

（二）产品情势

应列出过去几年来产品线中各主要产品的销售量、价格、收益额和纯利润等的资料。

（三）竞争情势

主要应辨明主要的竞争者并就他们的规模、目标、市场占有率、产品质量、市场营销策略以及任何有助于了解其意图和行为的其他特征等方面加以阐述。

（四）宏观环境情势

应阐明影响房地产未来的重要的宏观环境趋势，即人口的、经济的、技术的、政治法律的、社会文化的趋向。

三、机会与威胁分析

应以描述市场营销现状资料为基础，找出主要的机会与挑战、优势与劣势和整个营销期间内公司在此方案中面临的问题等。

（一）机会与挑战分析

经理应找出公司所面临的主要机会与挑战指的是外部可能左右企业未来的因素。写出这些因素是为了要建议一些可采取的行动，应把机会和挑战分出轻重急缓，以便使其中之重要者能受到特别的关注。

（二）优势与劣势分析

应找出公司的优劣势，与机会和挑战相反，优势和劣势是内在因素，前者为外在因素，公司的优势是指公司可以成功利用的某些策略，公司的劣势则是公司要改正的东西。

（三）问题分析

在这里，公司用机会与挑战和优势与劣势分析的研究结果来确定在计划中必须强调的主要问题。对这些问题的决策将会导致随后的目标，策略与战术的确立。

四、企业目标

此时，公司已知道了问题所在，并要作为与目标有关的基本决策，这些目标将指导随后的策略与行动方案的拟订。有两类目标——财务目标和市场营销目标需要确立。

（一）财务目标

每个公司都会追求一定的财务目标，企业所有者将寻求一个稳定的长期投资的盖率，并想知道当年可取得的利润。

（二）市场营销目标

财务目标必须要转化为市场营销目标。例如，如果公司想得180万元利润，且其目标利润率为销售额的10%，那么，必须确定一个销售收益为1800万元的目标，如果公司确定每单元售价20万元，则其必须售出90套房屋。

市场营销目标最终要具体为销售产品类型、销售套数、销售金额、销售进度等目标。目标的确立应符合一定的标准：

1. 各个目标应以明确且可测度的形式来陈述，并有一定的完成期限。
2. 各个目标应保持内在的一致性。
3. 如果可能的话，目标应分层次地加以说明，应说明较低的目标是如何从较高的目标中引申出来。

五、营销方案比选

在制订营销方案时决策者往往会面对多种方案的比较选择，每一目标可用若干种方法来实现。例如，增加10%的销售收益的目标可以通过提高全部的房屋平均售价来取得，也可以通过增大房屋销售量来实现。同样，这些目标的每一目标同样也可用多种方法取得。如促进房屋销售可通过扩大市场提高市场占有率来获得。对这些目标进行深入探讨后,便可找出房屋营销的主要策略。

策略陈述书可以如下所示:

目标市场:高收入家庭,特别注重于男性消费者及各公司,注重于外企。

产品定位:质量高档的外销房。有商用、住家两种。

价格:价格稍高于竞争厂家。

配销渠道:主要通过各大著名房地产代理公司代理销售。

服务:提供全面的物业管理。

广告:针对市场定位策略的定位的目标市场,开展一个新的广告活动,着重宣传高价位、高舒适的特点,广告预算增加30%。

研究与开发:增加25%的费用以根据顾客预购情况作及时的调整。使顾客能够得到最大的满足。

市场营销研究:增加10%的费用来提高对消费者选择过程的了解,并监视竞争者的举动。

六、行动方案

策略陈述书阐述的是用以达到企业目标的主要市场营销推动力。而现在市场营销策略的每一要素都应经过深思熟虑来做回答:将做什么?什么时候去做?谁去做?将花费多少?等等具体行动。

具体说来,就是销售的组织、计划和策略的实施方案。

七、预计损益表

行动方案可使经理能编制一个支持该方案的预算,此预算基本上为一项预计盈亏报表。主管部门将审查这个预算并加以批准或修改。

八、控制

计划的最后一部分为控制,用来控制整个计划的进程。通常,目标和预算都是按月或季来制定的。这样公司就能检查各期间的成果并发现未能达到目标的部门、产品。

有些计划的控制部分还包括意外应急计划。分析销售未达目标的原因,找出应对措施或调整计划。

第三节 价 格 策 略

一、定价的理论和方法

企业产品价格的高低要受市场需求、成本费用和竞争情况等因素的影响和制约。企业制定价格时理应全面考虑到这些因素。但是,在实际定价工作中往往只侧重某一个方面的因素。大体上,企业定价有三种导向:成本导向定价法、需求导向定价法和竞争导向定价法。

(一) 成本导向定价法

成本导向定价法是一种主要以产品的成本为依据的定价方法,是按卖方意图定价的方法。其主要理论依据是在定价时,要考虑收回企业在营销中投入的全部成本,再考虑获得一定的利润。产品的成本包括企业生产经营过程中所发生的一切实际耗费,客观上要求通过产品的销售而得到补偿,并且要获得大于企业支出的收入,超出部分表现为企业利润。

常用的成本导向定价法包括如下几种。

1. 成本加成定价法

所谓成本加成定价是指按照单位成本加上一定百分比的加成来制定产品销售价格。加成的含义就是一定比例的利润。所以，成本加成定价公式为：

$$P = C(1+R)$$

式中，P 为单位产品售价；C 为单位产品成本；R 为成本加成率。

采用成本加成定价法，确定合理的加成率是关键问题。不同的产品应根据其不同的性质、特点、市场环境、行业情况等制定不同的加成比例。一般来说，高档消费品和生产批量较小的产品，加成比例应适当地高一些，而生活必需品和生产批量较大的产品，其加成比例应适当低一些。

例如，某商品住宅项目的单位成本为 25 万元，成本价成率为 20%，则该商品住宅的售价为：

$$P = C(1+R) = 25(1+20\%) = 30(万元)$$

这种定价方法的优点在于简单易行，因为确定成本比确定需求容易，将价格盯住成本，可极大地简化企业的定价程序，也不必经常根据需求的变化调整价格；其次是缓和价格竞争。这种定价方法的不足之处在于：只考虑了产品成本，忽视了市场需求和企业竞争对价格的影响，这样定出的价格难以适应市场变化；且加成率是个估计值，缺乏科学性。

2. 盈亏平衡定价法

盈亏平衡定价法又称收支平衡定价法、损益平衡定价法。盈亏平衡分析是在既定的固定成本、单位变动成本和价格条件下，确定能够保证房地产开发企业收支平衡的产（销）量；收支平衡点也称损益平衡点或盈亏平衡点。如图 9-1 所示，设 Q 轴为房地产商品产量轴，Q_0 为盈亏平衡点产量、P 为房地产产品销售价格，R 为房地产开发企业销售收入，F 为固定成本总额，TV 为可变成本总额。TC 为总成本．V 为单位房地产产品可变成本：则：

$$R = PQ$$
$$TC = F + TV = F + QV$$

盈亏平衡时

$$R = TC$$
$$Q = Q_0$$
$$PQ_0 = F + Q_0 V$$
$$Q_0 = \frac{F}{P - V}$$

即：盈亏平衡点产（销）量＝固定成本总额/（售价－单位变动成本）

在此售价下实现的产（销）量使房地产开发企业刚好保本，因此，该价格是保本价格。即：

$$售价 = \frac{固定成本}{盈亏平衡点(销)量} + 单位变动成本$$

盈亏平衡定价法侧重于总成本费用的补偿，这对经营多种房地产品的开发企业极为重要。因为一种房地产产品的盈利伴随其他产品亏损的现象时有发生，开发某种产品时所获取的高盈利有可能被其他项目的亏损所冲抵。因此，定价时从保本入手而不是单纯考虑某种产协的盈利状况十分重要。在某种产品预期销售量难以实现时，可相应提高其他产的产量或价格，在整体上实现企业产品结构以及产量的优化组合，见图6-3-1。

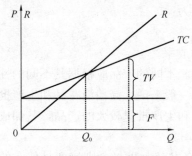

图6-3-1 盈亏平衡示意图

这一方法的缺点，在于要先预测产品销售量。销售量预测不准，成本不准，价格就定不准，而且它是根据销售量倒过来推算价格。实际上，价格的高低对销售量有很大的影响。

例如，某房地产开发企业的固定成本为200万元，单位建筑面积可变成本为2500元，预计项目完成后可销售面积10000平方米，则该项目的售价为：

$$P = \frac{2000000}{10000} + 2500 = 2700(元／平方米)$$

即盈亏平衡时，该房地产产品的售价为每平方米2700元。

以盈亏平衡点确定的价格只能使企业的生产耗费得以补偿，而不能得到收益。因而这种定价方法，是在企业的产品销售遇到困难，或市场竞争激烈，为避免更大的损失，将保本经营作为定价的目标时，才使用的方法。

3. 目标收益定价法

目标收益定价法或称为投资收益率定价法，它是在企业投资总额的基础上，按照目标收益的高低计算价格的方法。其基本步骤如下：

(1) 确定目标收益率：

$$目标收益率 = \frac{1}{投资回收期} \times 100\%$$

(2) 确定单位产品的目标利润额：

$$单位产品的目标利润额 = 投资总额 \times \frac{目标收益率}{预期销售量}$$

(3) 计算单位产品的价格：

$$单位产品的价格 = 单位产品成本 + 单位产品目标利润$$

目标收益定价法有一个较大的缺点，即以估计的销售量来计算应制定的价格，颠倒了价格与销售量的因果关系，把销售量看成是价格的决定因素，忽略了市场需求及市场竞争。如果无法保证销售量的实现，那么投资回收期、目标收益都会落空。但是，对于需求比较稳定的产品、供不应求的产品、而求价格弹性较小的产品，以及一些公用事业、劳务工程项目等，在科学预测的基础上，目标收益定价法仍是一种有效的定价方法。

4. 边际成本定价法

边际成本定价是指根据每增加或减少单位产品所引起成本变化量的定价。因为边际成本与变动成本比较接近，而变动成本的计算更为容易，在定价实务中多用变动成本代替边际成本。所以边际成本定价法亦称变动成本定价法。

边际成本定价法，是以单位产品变动成本作为定价依据和可接受价格的最低界限，结合考虑边际贡献来制定价格的方法。即企业定价时，只计算变动成本，不计算固定成本，只要价格高于单位产品的变动成本，企业就可以进行生产与销售。也就是以预期的边际贡献补偿固定成本，并获得收益。边际贡献是指企业增加一个产品的销售，所获得的收入减

去边际成本的数值。如果边际贡献不足以补偿固定成本,则出现亏损;反之获得收益。其计算公式为

单位产品的价格＝单位产品变动成本＋单位产品边际贡献

边际成本定价法的基本点是:不求赢利,只求少亏。它改变了售价低于总成本便拒绝交易的传统做法。通常适用于:一是市场竞争激烈、产品供过于求,库存积压,企业坚持以总成本为基础定价,市场难以接受,其结果不仅不能补偿固定成本,连变动成本也难以回收;二是订货不足、生产能力过剩、企业开工不足,与其设备闲置,不如利用低于总成本但高于变动成本的价格,扩大销售维持生存,同时,尽量减少固定成本的亏损。但是,过低的成本有可能被指控为从事不正当竞争,并招致竞争对手的报复。这种定价方法在房地产商品中极少运用。

(二)需求导向定价法

需求导向定价法是以需求为中心的定价方法。它依据顾客对产品价值的理解和需求强度来制定价格,而不是依据产品的成本来定价。其特点是灵活有效地运用价格差异,对平均成本相同的同一产品,价格随市场需求的变化而变化,不与成本因素发生直接关系。其基本原则是市场需求强度大时,制定高价;市场需求强度小时,适度调低价格。这种导向定价法主要包括理解价值定价法、需求差异定价法和逆向定价法。

1. 理解价值定价法

理解价值定价法是根据顾客对产品价值的理解度,即产品在顾客心目中的价值观念为定价依据,运用各种定价策略和手段,影响顾客对产品价值认知的定价方法。

理解价值定价法的关键和难点,是获得顾客对有关产品价值的准确资料。企业如果过高估计顾客的理解价值,其价格就可能过高,影响销售量;反之,若企业低估了顾客的理解价值、其定价就合可能低于应有水平,使企业收入减少。因此,企业必须通过广泛的市场调研,了解顾客的需求偏好,根据产品的性能、用途、质量、品牌、服务等要素,判定顾客对产品的理解价值,制定产品的初始价格。然后在初始价格条件下,预测可能的销售量,分析目标成本和销售收入。在比较成本与收入、销量价格的基础上,确定该定价方案的可行性,并制定最终价格。

2. 需求差别定价法

所谓需求差别定价法,是指产品价格的确定以需求为依据,可根据不同的需求强度、不同购买力、不同的购买地点和不同的购买时间等因素,制订不同的价格。这种定价方法首先强调适应顾客需求的不同特性,而将成本补偿只放在次要的地位。其好处是可以使企业定价最大限度地符合市场需求,促进产品销售,有利于企业获得最佳的经济效益。

根据需求特性的不同,需求差别定价法通常有以下几种形式。

(1) 以顾客为基础的差别定价。即对同一产品,针对不同的顾客,制订不同的价格。在进行这种决策时,还是依据项目目标进行的,如对团购,可能采取较便宜的价格,特别是在前期,为积聚人气,引导销售,也可能针对不同的消费者采取不同的价格。

(2) 以地理位置为基础的差别定价。随着地点的不同而收取不同的价格。不同的区位、不同的楼座位置,由于环境的不同,应有不同的价格。

(3) 以时间为基础的差别定价。同一种产品,价格随时间不同,价格不同。在销售旺季和销售淡季,应该采取不同的折扣幅度,在项目销售的不同阶段,实际价格也会不同。

(4) 以产品为基础的差别定价。不同档次的产品价格应有差别。如别墅和花园洋房或者住宅之间；

同一档次的产品，当功能或面向的群体不同时，价格也应不同。如不同套型的住宅，通常价格不同。

实行需求差别定价法需要具备以下条件：(1) 根据需求强度可以对市场进行细分；(2) 各细分市场在一段时期内相互独立、互不干扰；(3) 高价市场中不能有低价竞争者；(4) 价格差异适度，不会引起消费者的反感。市场如果不具备以上三个条件，不仅达不到差别定价的目的，甚至会产生负面作用。

3. 逆向定价法

这种定价方法主要不是单纯考虑产品成本，而是首先考虑需求状况。依据市场调研资料，依据顾客能够接受的最终销售价格，计算自己从事经营的成本和利润后，逆向推算出企业的成本价。这种定价方法不以实际成本为主要依据，而是以市场需求为定价出发点，力求使价格为消费者所接受。逆向定价法的特点是价格能反映市场需求状况，使产品迅速向市场渗透，并可根据市场供求情况及时调整，灵活定价。

(三) 竞争导向定价法

在竞争十分激烈的市场上，企业通过研究竞争对手的生产条件、服务状况、价格水平等因素，依据自身的竞争实力、参考成本和供求状况来制定有利于在市场竞争中获胜的产品价格。这种定价方法就是通常所说的竞争导向定价法。其特点是：产品的价格不与产品成本或需求发生直接关系。产品成本或市场需求变化了，但竞争对手的价格未变，就应维持原价，反之，虽然成本需求都没变动，但竞争对手的价格变动了，则要相应地调整其产品价格。当然，为实现企业的定价目标和总体经营战略目标，谋求企业的生存和发展，企业可以在其他营销手段的配合下，将价格定得高于或低于竞争对手的价格，并不一定要求和竞争对手的产品价格完全保持一致，竞争导向定价法主要包括如下：

1. 随行就市定价法

随行就市定价法，是指企业按照行业的平均现行价格水平来定价。在以下情况下往往采取这种定价方法：

(1) 难以估算成本。

(2) 企业打算与同行和平共处。

(3) 如果另行定价，很难了解购买者和竞争者对本企业的价格的反应。

不论市场结构是完全竞争的市场，还是完全寡头竞争的市场，随行就市定价都是同质产品市场的惯用定价方法。

在完全竞争市场上，销售同类产品的各个行业，在定价时实际上没有多少选择的余地，都只能按照行业的现行价格来定价。若某个企业把价格定得高于时价，产品就会卖不出去，就会失去部分顾客；反之，若把价格定得低于时价，也会遭到其他企业的削价竞争。

在垄断性较强的市场上，企业间也倾向于制定相近的价格，因为市场上共有为数不多的几家大企业，彼此比较了解，购买者对市场行情也十分熟悉。若各企业制定的价格出现较大差异，顾客就会涌向价位较低的企业，竞相降价，则任何企业都难以确立绝对优势地位，得利者只能是购买者。

在异质产品市场上，企业有较大的自由度决定其价格。产品差异化使购买者对价格差异的存在不很敏感，企业相对于竞争对手总要确定自己的适当位置，或高于、或等同于、或低于竞争对手的价格。总之，企业在制定价格时，要有别于其竞争对手，企业的市场营销策略亦要与之相协调，以应付竞争对手的价格竞争。

2. 密封投标定价法

在国外，许多大宗商品、成套设备和建筑工程项目的买卖和承包以及征用生产经营协作单位、出租小型企业等，往往采用发包人招标、承包人投标的方式来选择承包者，确定最终承包价格。一般说来，招标方只有一个，处于相对垄断地位，而投标方有多个，处于相互竞争地位。标的物的价格由参与投标的各个企业在相互独立的条件下来确定，在买方招标的所有投标者中，报价最低的投标者通常中标，他的报价就是承包价格。这样一种竞争性的定价方法就称为密封投标定价法。

招标价格是企业能否中标的关键性因素。从理论上讲，报价最低的企业最易中标。但是报价的企业不会将价格水平定得低于边际成本，即使报价最低，中标率最高，若低于边际成本，会导致企业亏损；而报价越高，企业的利润虽然高，但中标的可能性越小。

二、一房一价的规定

"一房一价"政策要求商品房经营者应当在商品房交易场所的醒目位置，公布楼盘基本信息、房源价格信息（基准价浮动幅度、综合差价、销售单价、总价）、已登记房源信息和收费项目信息。采取上述多种方式明码标价的，保证标价内容应当保持一致。

国家对房地产项目做了"一房一价"的规定，限制某些缺乏诚信开发商的不良行为，减少处于信息劣势的买房者被欺骗的机会，维护广大人民群众的利益。

三、价格确定的思路

根据房地产企业在市场的定位及其目标市场战略，房地产企业价格确定的思路主要有以下几类：

（一）维持生存

如果房地产企业开发的产品滞销，或面临激烈竞争，则需要把维持生存作为主要目标。为了确保企业不至于破产倒闭，企业必须制定较低的价格，利润比起生存来要次要得多。许多企业通过大规模的价格折扣，来保持企业生存。只要其价格能弥补可变成本和一些固定成本，企业的生存便可得以维持。

（二）当期利润最大化

有些房地产企业希望制定一个能使当期利润最大化的价格。他们估计需求和成本，并据此选择一种价格，使之能产生最大的当期利润、现金流量或投资报酬率。假定企业对其产品的需求函数和成本函数有充分的了解，则借助需求函数和成本函数便可制定确保当期利润最大化的价格。

（三）市场占有率最大化

有些房地产企业想通过定价来取得控制市场的地位，使市场占有率最大化。因为，企业确信赢得最高的市场占有率之后将享有最低的成本和最高的利润，所以，企业制定尽可能低的价格来追求市场占有率领先地位。

四、常见的定价方式

在激烈的市场竞争中，企业为了实现自己的营销战略目标，必须根据产品特点、市场供求及竞争情况，采取灵活多变的定价策略，使价格与市场营销组合中的其他因素更好地结合，促进和加大销售，提高企业的整体效益。正确选择价格策略是企业取得市场竞争优势地位的重要手段。

（一）新产品定价策略

新产品定价是定价策略中的一个重要问题，新产品初上市定价若得当，就能使其顺利进入市场，打开销路，占领市场，给企业带来利润；若定价不当，就有可能导致失败，影响企业效益。新产品定价基本策略有三种。

1. "撇脂定价"策略

这是一种高价策略，是指在新产品上市初期，将新产品价格定得较高，那么可在短期内获取丰厚利润，尽快收回投资。这种定价策略犹如从鲜奶中撇取奶油，取其精华，所以称为"撇脂定价"策略。

此种定价的优点是：1）在新产品上市之初，竞争对手尚未进入，顾客对新产品尚无理性的认识，利用顾客求新求异心理，以较高的价格刺激消费，以提高产品身份，创造高价、优质、名牌的印象，开拓市场；2）由于价格较高，可在短时期内获得较大的利润，回收资金也较快，使企业有充足的资金开拓市场；3）在新产品开发之初定价较高，当竞争对手大量进入市场时采取降价手段，掌握降价主动权。撇脂定价策略的缺点是：1）高价不利于市场开拓、增加销量；2）不利于占领和稳定市场；3）高价高利容易引来竞争对手的涌入，加速行业竞争，仿制品、替代品迅速出现，迫使价格下跌；4）高价在某种程度上损害了顾客利益，容易招致公众的反对和顾客抵制，甚至被当作暴利加以取缔，诱发公共关系问题。

2. 渗透定价策略

这是与撇脂定价策略相反的一种定价策略，是一种低价策略，即在新产品上市之初，企业将新产品的价格定得相对较低，吸引大量的购买者，以利于为市场所接受，迅速打开销路，提高市场占有率。

此种定价策略的优点是：1）低价可以使新产品尽快为市场所接受，并借助大批量销售来降低成本，快速提高市场占有率；2）微利可以阻止竞争对手的进入，有利于企业控制市场；3）企业可以长久占领市场，取得长久利益。缺点是：1）企业的投资回收期较长，见效慢，风险大；2）不利于树立企业产品的优质名牌形象。

采用此种定价策略，应具备如下条件：1）产品的市场规模估计较大，存在强大的潜在竞争对手；2）产品的需求价格弹性较大，顾客对此类产品的价格较为敏感；3）大批量生产能显著降低成本，薄利多销可获得长期稳定的利润。

3. 满意定价策略

这是一种介于"撇脂定价"策略和渗透定价策略之间的定价策略，以获取社会平均利润为目标。所定的价格比"撇脂价格"低，比渗透价格高，是一种中间价格。制订不高不低的价格，既能保证房地产企业能获取一定的利润，又能使房地产消费者所接受，使企业和消费者双方对价格都满意。

此种定价策略优点如下：1）产品能较快为市场所接受，且不会引起竞争对手的对抗；2）可以适当延长产品的生命周期；3）有利于企业树立信誉，稳步调价，并使顾客满意。缺点是定价保守不适应市场的需求多变和激烈竞争。

对于企业来说，"撇脂"策略、渗透策略及满意策略分别适应不同的市场条件，何者为优,不能一概而论,需要综合考虑市场需求、竞争、供给、市场潜力、价格弹性、产品特性、企业发展战略等因素才能确定。

(二)折扣定价策略

产品价格有目录价格和成交价格之分。目录价格是指产品价格簿或标价签标明的价格,成交价格是指企业为鼓励顾客及早付款、大量购买、淡季购买等,在目录价格的基础上酌情降低以促使成交的价格。这种价格调整叫做价格折扣或折让。

折扣定价策略实质上是一种优惠策略,直接或间接地降低价格,以争取顾客,扩大销量。灵活运用折扣和折让定价策略,是提高企业经济效益的重要途径。

1. 数量折扣

数量折扣是房地产企业为鼓励顾客集体购买或根据顾客购买的房地产面积大小及其金额所采取的一种策略。它按照购买数量或金额,分别给予不同的折扣比率。集体购买顾客,其购买数量愈多,折扣愈大。如某房地产开发企业为了鼓励团体客户批量购买,对以一次集体购买30套商品房的团体,给以9折优惠。对于个人购买来讲,当顾客一次购买某种房地产产品达到一定面积或达到一定金额时,则给予折扣优惠。其目的是鼓励顾客大批量购买,或购买较大面积的房地产,促进产品多销、快销,从而降低企业的销售费用。数量折扣的促销作用非常明显,企业因单位产品利润减少而产生的损失完全可以从销量的增加中得到补偿。此外,销售速度的加快,使企业资金周转次数增加,流通费用下降,产品成本降低,从而导致企业总盈利水平上升。

运用数量折扣策略的难点在于如何确定合适的折扣标准和折扣比例。如果享受折扣的数量标准定得太高、比例太低,则只有很少的顾客才能获得优惠,绝大多数顾客将感到失望;购买数量标准过低且比例不合理,又起不到鼓励顾客购买和促进企业销售的作用。因此,企业应结合产品特点、销售目标、成本水平、资金利润率、需求规模、购买频率、竞争手段以及传统的商业惯例等因素来制定科学的折扣标准和比例。

2. 功能折扣

功能折扣又称交易折扣,是指房地产企业针对经销其产品的中间商在产品分销过程中所处的环节不同,其所承担的功能、责任和风险也不同,据此给予不同的价格折扣。

功能折扣的比例,主要考虑中间商在销售渠道中的地位、对房地产企业产品销售的重要性、购买批量、完成的促销功能、承担的风险、服务水平、履行的商业责任以及产品在分销中所经历的层次和在市场上的最终售价等等。鼓励中间商积极开展促销活动,大力推销本企业产品,并与房地产企业建立长期、稳定、良好的合作关系是实行功能折扣的主要目的。

3. 现金折扣

这是房地产企业对顾客迅速付款的一种优惠。现金折扣是对在规定的时间内提前付款或用现金付款的顾客所给予的一种价格折扣,其目的是鼓励顾客尽早付款,加速资金周转,降低销售费用,减少财务风险。

现金折扣一般根据约定的时间界限来确定不同的折扣比例。例如,顾客必须在30天内付清货款。若在10天内付清货款,则给予2%的价格折扣,若在20天内付清货款,则给予1%的价格折扣。采用现金折扣一般要考虑三个因素:折扣比例;给予折扣的时间限制;付清全部货款的期限。

4. 季节折扣

季节折扣，是指对在非消费旺季购买房地产商品的消费者提供的价格优惠。例如，在旅游旺季，各酒店、宾馆竞相降价吸引游客，这不仅有利于游客减少支出，还有助于投资者增加收入。又如，在春节前后或酷暑、隆冬季节，对购房者给予一定的价格优惠，可增加房地产企业的销售收入。

（三）心理定价策略

这是一种根据顾客心理要求所采用的定价策略。每一件产品都能满足顾客某一方面的需求，其价值与顾客的心理感受有着很大的关系。这就为心理定价策略的运用提供了基础，使得企业在定价时可以利用顾客的心理因素，有意识地将产品价格定得高些或低些，以满足顾客物质和精神的多方面需求，通过顾客对企业产品的偏爱或忠诚，诱导顾客增加购买，扩大市场销售，获得最大效益。具体的心理定价策略如下：

1. 整数定价策略

整数定价策略，是把房地产商品价格定为一个整数，不带尾数。对于同种类型的商品房，往往有许多房地产企业开发建设，但其设计方案、内外装修等各有千秋，消费者往往以价格作为辨别质量的"指示器"。特别是对于一些高档别墅或外销房，其消费对象多是高收入者和上流社会人士，他们往往更关注楼盘的档次是否符合自己的要求，而对其单价并不十分关心。所以对于这类商品房，采取整数单价反而会比尾数定价更合适。如一些装修豪华、外观别致、气派不凡的高档别墅开价往往都是一套80万元、100万元或50万美元等。因为这类消费者购买高档商品房的目的除了自我享用以外，还有一个重要的心理因素，就是显示自己的财富或地位。因此，在这里采用整数定价法可能比尾数定价法销路要好。

2. 尾数定价策略

尾数定价策略是与整数定价策略正好相反的一种定价策略，是指企业利用消费者求廉的心理，在产品定价时，取尾数，而不取整数的定价策略。它常常以奇数作尾数，尽可能在价格上不进位。例如，某楼盘可以定价为每平方米2999元，而不必定为每平方米3000元。消费者之所以会接受这样的价格，原因主要有两点：一是尾数定价会给人便宜很多的感觉。如开发商定价为每平方米2999元，消费者会产生还不到3000元价格比较便宜的感觉；二是有些消费者会认为整数定价是粗略的定价，并不准确，非整数定价会让消费者产生定价认真、一丝不苟的感觉，使消费者在心理上产生对经营者的信任感。

3. 声望定价策略

这是根据产品在顾客心目中的声望、信任度和社会地位来确定价格的一种定价策略。声望定价策略可以满足某些顾客的特殊欲望，如地位、身份、财富、名望和自我形象等，还可以通过高价显示名贵优质。因此，这一策略适用于高档别墅或者高档名牌房地产开发商品。

4. 招徕定价策略

招徕定价策略是指企业将某几种产品的价格定得非常之高，或者非常之低，以吸引顾客的好奇心理和观望行为之后，带动其他商品的销售，加速资金周转。

招徕定价策略主要是利用顾客的求廉心理，运用得较多的是将少数产品价格定得较低，吸引顾客在购买"便宜"的同时，能购买其他价格比较正常的商品。

将某种产品的价格定得较低，甚至亏本销售，而将其相关产品的价格定得较高，也属于招徕定价的一种运用。现在有一些房地产公司为形成购买人气,先以每平方米低于市场价格的价格开盘,招来人气,然后以低开高走策略销售剩余的绝大部分商品房。

（四）差别定价

差别定价策略是指企业在销售商品时,根据商品的不同用途、不同交易对象等采用不同价格的一种定价策略。差别定价策略一般有以下几种形式。

1. 相据同一楼盘中不同单元的差异制定不同价格

在同一栋商品房中,虽然设计方案、施工质量、各种设备等都一样,但各单元之间存在着层次、朝向、房型、采光条件等方面的差异。开发商可根据上述情况来综合评定各单元的优劣次序,从而确定从高到低的价格序列。

以多层商品房为例,在确定基价后,可根据层次对售价进行修正。在一幢6层的房屋中,一般可以将2层楼的售价定为基价,3~4层由于层次居中,采光条件较好,通行也较为方便,其售价一般可达到基价的110%~120%;5层虽然采光条件不错,但由于位置较高,通行不便,售价往往只能达到基价的95%;1层虽然采光条件略差,但其通行方便,其售价也可达到基价的90%以上;而顶层除了通行不便外,还有因楼顶直接与外界接触,容易因日照、降水等自然侵袭使房屋受损的缺点,因此,顶层的售价最便宜。

2. 对不同的消费群体制定不同的价格

某些楼盘所面对的消费群体的范围可能比较大,开发商可以针对消费群体的不同而制定不同的售价,对于有些消费者给予优惠,即根据具体情况灵活掌握售价,差别对待。例如对于普通消费者实现照价收款的,而对于教师购房则给予九折优惠等。实现这种策略,可以体现房地产企业重视教育、重视知识分子的良好风尚,有助于在社会上树立企业形象,提高企业的知名度,从而提高企业的竞争力。但是,现实中也有开发商利用信息的不对称、购房者经验的不足,采取价格歧视行为,损害购房者的利益。

3. 对不同用途的商品房定不同的价格

房地产开发商可根据购房者购房后的不同用途采用不同的定价。例如有的购房者将所购房作为办公楼,有的用作职工宿舍,有的作为商业用房等,对于不同的用途,可制定不同的价格。

4. 对不同的交易对象定不同的价格

在商品流通中,各流通环节都各有其职能作用。因此,在价格上必须采取差别价格,区别对待。在我国,现行制度规定的商品价格分为四个层次,即出厂价格、调拨价格、批发价格和零售价格。同样,在房地产销售过程中也存在着类似的成本价、团购价、福利价、国家定价、国家指导价、市场调节价等。

（五）过程定价

在实际销售中,市场销售环节可能相对复杂多变,房地产企业往往需要在确定总体定价策略后,根据实际情况确定其销售过程定价策略。

（1）低开高走策略。低开高走策略就是随着施工建筑物的不断成形和不断接近竣工,或根据销售进展情况,每到一定的调价时点,按预先确定的幅度提高一次售价的策略,也就是价格有计划定期调高的定价策略。其优点主要体现在三个方面:第一,便于快速成交,促进良性循环;第二,每次调价能使顾客感受到房地产在增值,给前期购房者信心,从而进一步增加人气;第三,便于日后价格控制;第四,便于加快资金周转。但其也存在一些缺点：第一，首期利润不高；第二，楼盘形象难以提升。现实中开发商经常利用此策略。开始时，投放少量商品房，这些商品房在整个项目中的位置通常比较差，以较低的价格推上市场，积聚人气、收获信心，为下一步提价做准备。

（2）高开低走定价策略。这种定价其目的是开发商在新楼盘上市初期，以高价开盘销售，迅速从市场上获取丰厚的利润，然后逐步降低价格，让其他消费层次的顾客购买。其好处是：第一，便于获取最大的利润；第二，高价未必高品质，但高品质却需要高价支撑，因此容易形成先声夺人的气势，给人以楼盘高品质的展示；第三，由于高开低走，价格先高后低，后续消费者会感受到实惠。其不利之处是：第一，价格高，难以聚集人气，楼盘营销有一定的风险；第二，先高后低虽然迎合了后期的消费者，但对前期消费者是非常不公平的，对开发商的品牌有一定的影响；第三，日后的价格直接调控余地小。现实中，由于市场变化，后期房价下跌，不乏消费者要求退房的案例。

第四节 促销策略

一、概述

房地产促销是房地产市场营销管理中最复杂、最富技巧、最具风险的一个环节，促销策划主要应围绕促销的基本方式来进行。所谓房地产促销是指房地产企业向目标顾客传递产品信息，促使目标顾客作出购买行为而进行的一系列说服性沟通活动。它是房地产市场营销组合的四个构成要素之一。

房地产促销组合方式多种多样，归纳起来主要有四种：广告、公共关系、人员推销和销售促进。其中，广告，指由明确的广告主在付费的基础上，通过大众传媒所进行的对商品、服务或观念的信息传播和宣传活动。公共关系，指企业为树立或提高企业或产品形象而通过各种公关工具所进行的宣传报道或展示。人员推销，指在与一个或多个顾客的面对面的直接交流中促成交易的活动。销售促进，指鼓励或刺激顾客立即尝试、购买商品或服务的各种短期激励手段。

二、促销策略考虑的因素

一般来讲，房地产企业在实施促销组合决策时，需特别考虑以下因素：

（一）促销组合目标

确定最佳促销组合，首先需要确定房地产企业具体的促销组合目标。在促进购买者对房地产企业及其产品的了解方面，广告的成本效益最好，人员推销居其次。购买者对企业及其产品的信任，在很大程度上受人员推销的影响，其次才是广告。广告、销售促进和宣传在建立购买者知晓方面，比人员推销的效益要好得多。购买者购房与否主要受推销访问的影响，销售促进则起辅助作用。

（二）推式与拉式战略

推式战略指利用推销人员与中间商将产品推入渠道，即企业将产品积极推到中间商手中，中间商又积极地将产品推向消费者。拉式战略则正好相反，是企业针对最终消费者，将大量资金投在广告及消费者促销活动上，促使消费者认知并进一步要求购买该产品，于是拉动了整个渠道系统。企业对推式战略和拉式战略的选择会影响用于各种促销组合工具的预算分配。

（三）产品的市场类型和产品生命周期阶段

在不同的产品市场类型中，同一种促销方式所产生的促销效果是不同的。在消费者市场上，广告是最主流的促销方式，其次是销售促进，之后是人员推销和公关宣传。而在产业市场上，人员推销成为最主流的促销方式，其次是销售促进，最后是广告和公关宣传。产生这种差异的根本原因在于消费者市场和产业市场在需求和购买行为上的差别。消费者市场人数多、分布广，采用广告形式能够迅速传播信息，说服消费者购买。产业市场采购集中，产品复杂，定制性强，专家购买，采用人员推销效果更好。

在产品生命周期的不同阶段，不同促销方式的效果也有所不同。在介绍期和成熟期，广告和销售促进是十分重要的促销组合因素。这是由于新产品初上市时消费者对其不认识、不了解，需要通过适当的广告和销售促进活动吸引广大消费者的注意。在成长期，口头传播变得重要了，宜于用人员推销取代广告和销售促进的主导地位，以降低成本。在成熟期，竞争对手日益增多，企业要保住已有的市场占有率，需要增加促销费用，诱发顾客重复购买的兴趣。在衰退期，企业应把促销规模降到最低限度，以保证足够的利润收入。在这一阶段，为保持顾客，企业只需少量广告活动即可，宣传活动可以全面停止，人员推销也可减至最小规模。

（四）经济前景

企业应随着经济前景的变化，及时改变促销组合。例如，在通货膨胀时期，购买者对价格反应十分敏感。在这种情况下，企业至少可采取如下对策：（1）提供信息咨询，帮助顾客知道如何明智地购买；（2）在沟通中特别强调产品价值与价格；（3）加强销售促进。

三、常见促销策略

在房地产市场营销中，常见的促销策略包括：广告、公共关系、人员推销和销售促进。

（一）房地产广告

1. 房地产广告定义及特征

房地产广告指房地产企业按照一定的预算方式，支付一定的费用，通过一定的媒体将商品信息传送给广大目标顾客的一种沟通方式。在信息化程度越来越高的现代社会中，广告是房地产企业促销活动中最有效和最常用的手段，因为广告能迅速而广泛地向消费者和用户提供产品信息。其特征包括：

（1）信息量大。一般来说，购房者在做出购买决定前会反复考虑后才会形成购买决定。因此房地产广告必须尽可能最大量地把项目的位置、价格、付款方式、物业特点、发展商、售卖地点和时间等信息全部交代清楚，购房者将相关信息了解清楚之后才会决定是否去售楼现场。

（2）时间性强。房地产广告宣传非常重视促销效果，广告的时间性极强，开发商在投入广告前要注意宣传的覆盖率，即启动多种宣传媒介以全面覆盖目标消费群。一笔广告费投下去必须在较短时间换回一定的销售额，房地产广告在宣传量上达不到一定的饱和度，就无法保证短时间内的大量成交。

（3）区域性强。由于房地产价值昂贵，并且不可移动，因而房地产的销售具有明显的区域性。

2. 房地产广告媒体选择

房地产广告的媒体主要包括报纸、杂志、电视、广播、户外媒体和互联网等。不同的媒体具有不同的传播特点，房地产企业应根据企业实际情况选择合适的传播媒体已达到最优的传播效果。

（1）报纸。报纸媒体的弹性和时效性特点十分突出，报纸可在很短时间内插入或取消广告，并有从小分类广告到多页广告的多种广告尺寸。报纸的广告空间不像电视和广播那样受到限制，广告页可增可减。报纸可用来覆盖整个城市，如果有区域版，还可选择区域版报纸。客观地讲，报纸媒体的成本相对低廉。报纸媒体的局限性在于保存性差，传递率低，广告版面太小易被忽视。

（2）杂志。杂志的印刷质量高，可覆盖到全国市场，保存时间相对较长，可大量传阅。但杂志的出版时间没有多少弹性，通常要求广告在发行前数周递交上来。杂志很难发布时效性强的广告信息，难以引发冲动式购买决策。

（3）电视。电视媒体结合了动作、声音和特殊视觉效果，能给观众不一般的视听感受。电视媒体不但可以展示产品，还可以做产品说明。电视媒体的覆盖范围广，且广告播放时间的弹性高。但是，电视广告稍纵即逝，不适合传播复杂的广告信息。电视媒体可能是较为昂贵的一种媒体，但却拥有广大的观众。另外，电视广告制作成本高昂。

（4）广播。由于覆盖范围广，广播媒体是成本较低的一种媒体。值得注意的是，广播听众注意力通常比较低，因为他们通常是在工作、驾驶、读书时收听电台广播。

（5）户外广告。户外广告的主要优势在于成本比较低廉。广告牌可以在特定区域内提供密集的市场覆盖率。

（6）互联网。互联是一种新兴媒体，互联网让数百万企业和个人可以通过网络直接互相通讯。

3. 房地产广告效果评价

房地产广告效果是通过广告媒体传播之后所产生的影响。这种影响可以分为：广告沟通效果和广告销售效果。

（1）房地产广告沟通效果。测定房地产广告沟通效果的方法主要有广告事前测定与广告事后测定。广告事前测定，是在广告作品尚未正式制作完成之前进行各种测验，或邀请有关专家、消费者小组进行现场观摩，或在实验室采用专门仪器来测定人们的心理活动反应，从而对广告可能获得的成效进行评价。广告的事后测定，主要用来评估广告出现于媒体后所产生的实际效果。

（2）房地产广告销售效果。房地产广告销售效果的测定，就是测定广告传播之后增加了多少销售额和利润额。可以通过两种方法进行：a. 历史资料分析法。是由研究人员根据同步或滞后的原则，利用最小平方回归法求得企业过去的销售额与企业过去的广告支出二者之间关系的一种测量方法。b. 实验设计分析法。即可选择不同地区，在其中某些地区进行比平均广告水平强50％的广告活动，在另一些地区进行比平均水平弱50％的广告活动。从150％、100％、50％三类广告水平地区的销售记录，就可以看出广告活动对企业销售究竟有多大影响。

（二）房地产公共关系

（1）房地产公共关系是用来影响大众对房地产企业、产品和政策产生好感的一种销售促进工具。房地产公关宣传的基本内容是妥善处理各种内外关系。公关宣传的最大特点是潜在效果明显,每一次有利的公关宣传不一定带来房地产企业产品销量的剧增,但它能强化房地产企业产品在社会公众中的形象,提高房地产企业产品的知名度和美誉度,使企业长期受益。

(2)房地产公共关系宣传的方式。产品发布、管理层声明和专题文章是公关宣传最常运用的三种方式。产品发布宣布新产品的推出,提供有关产品特征的信息,并告诉听众或读者如何获取进一步的信息。公关宣传一般在电视网上播出,在行业期刊及商业出版物的产品专栏中刊载,或在消费者杂志的商业及消费者新闻栏目中刊登。

管理层声明是把公司总裁或其他高级管理人员讲话的内容向外界公布。管理层声明则刊登在新闻栏目中;这使它具有了更高的可信度。与产品发布不同,管理层声明不限于介绍产品,还可以涉及其他与公众有关的问题,如对经济状况的看法;有关房地产业发展趋势的声明;对未来房地产销售情况的预测;对研究房地产开发工作的进展或房地产市场研究结果的评论;宣布公司举办的营销活动;对外国产品的竞争以及全球经济发展的观点;对环境问题的看法。

专题文章是由公关公司撰写的详细介绍产品或其他有新闻价值的计划的文章。这些文章一般在大众媒体刊登;或通过互联网进行传播。这种材料准备起来费用低廉,却可能为公司带来许多潜在客户或投资者。

(三)房地产销售促进

1. 房地产销售促进概念

房地产销售促进是营销活动的一个关键因素。房地产销售促进是指企业运用各种短期性的刺激工具,鼓励购买或销售企业产品或服务的一种促销方式。房地产销售促进的最大特点是即期效果明显。如果广告提供了购买的理由,销售促进则提供了购买的刺激。销售促进通常由开发商和中间商主导,开发商销售促进的目标可能是中间商和最终使用者,也可能是开发商自己的销售人员;中间商销售促进的目标是自己的销售人员或分销渠道的下一层潜在客户。房地产销售促进的工具有:消费者促销(优惠券、现金返回、价格减价、赠品、奖金、光顾奖励、免费试用、产品保证、产品陈列和示范);交易促销(购买折让,广告和展示折让),以及业务和销售人员促销(贸易展览会,销售员竞赛和特定广告)。绝大多数组织都运用销售促进工具,这些组织包括开发商、分销商、贸易协会以及一些非营利机构。

2. 房地产销售促进的工具

常见的销售促进工具根据目标受众分为3类:组织用户或家庭用户、中间商,以及开发商的销售团队(见表6-4-1)。

常见的销售促进工具　　　　表6-4-1

组织用户或家庭用户	中间商和他们的销售团队	开发商的销售团队
折价券 现金回扣 赠品 免费样品 销售竞赛和奖券 POP陈列 产品示范 贸易展览和展示会 广告赠品	展览和展示会 POP陈列 免费产品 广告折让 销售人员比赛 培训中间商的销售团队 产品示范 广告赠品	销售比赛 销售会议 销售培训手册 推广资料袋 产品示范

(1) 销售促进主要工具：

1) 折扣。折扣在楼盘销售促进当中运用得最多。在楼盘促销当中，不同类型楼盘的折扣类促销方式、同一类型楼盘在销售期不同阶段的折扣方式往往各有不同的特点，使得折扣类促销这种传统的方式也有很多的变化。从楼型分类来看，豪宅、别墅这些档次比较高的楼型采取折扣的促销方式比较多，并且折扣的幅度也比较大。从促销时机来看，则主要集中在开盘的时候、节日的时候和展销会期间。

2) 赠送。赠送类销售促进方式是楼盘促销当中常用的方法。几乎所有的楼盘在不同的时期当中都用到了这一促销方式，区别只是在于赠送什么和在什么时期推出什么样的赠送。从赠送的内容来看，赠送得最多的是装修、家具和家电，似乎楼盘连同装修、家具、家电一同出售已经成为房地产销售的一种习惯；从楼盘类型来看，豪宅、别墅楼型偏向于赠送豪华装修，采取的方式可能是赠送装修套餐。普通住宅楼型则较多的选择赠送价值相对低一点的家具、家电等。不少别墅型楼盘还推出赠送车位的促销。

3) 节日促销方式。节日促销主要是指房产商把各种各样的促销形式形成组合集中到节日这一特殊的时间段来开展促销的做法。节日已经成为各大楼盘进行促销的黄金时间。从楼盘的角度来说，新推出楼盘和销售当中的楼盘，其节日促销的具体方式也有一些差别。新楼盘的节日促销主要是想利用节日人气集中的特点达到推广和宣传的目的。已处于销售当中的楼盘在节日会突然加大促销的力度，表现为加大折扣、增加赠送，突出加大对购房者的优惠，以达到增加成交量的目的。从节日促销的具体内容来看，价格策略是节日促销的主要特色。采取的手段包括：推出特价单位；各种各样的打折，比如新楼盘开售的前几位买家可获额外折扣，规定时间内成交可获折扣；以现金回赠买家等。开发商在节日期间采取发各式各样的赠送方法来吸引购房者：送豪华装修套餐、送物业管理费、送购房契约税、送家电家具、送电话初装费、管道煤气初装费等。选择在楼盘现场举办各种现场活动：现场抽奖活动、大型欢庆活动、免费接送看楼等。

4) 概念促销方式。房产商为了把自己的楼盘特点突现出来，并与其他的楼盘区别开来，都偏好于进行各种各样的概念炒作。开发商除了利用传统的广告方法来推广其楼盘主题，也开始专门举办一些活动来进行推广，这也可以说是目前房地产促销当中的一个新的趋势。从概念促销的具体内容来看，不同楼型的楼盘采取的内容会有一些差别。普通楼型的楼盘倾向于通过专门举办一些活动来让购房者了解其楼盘，对于一些卫星城楼盘、社区楼盘来说，近年来在概念促销上又有了一些新的做法，其中"打教育牌"是目前最流行的做法。开发商抓住了消费者注重教育的心理，在开发的过程中就注重与名校进行合作，在楼盘社区内合办学校，在销售的时候以此来吸引住户。

5) 展览会是由房地产业组织筹划主办的一种产品/企业展示活动。在有限空间和时间内，展览会让买卖双方见面并产生互动。房产商会如推出免费看楼车接送购房者，展销会现场赠送小礼品等方式来吸引人们的注意力。参展成本并不低，因此，企业应该选择性地参展，并要求展览主办单位提供参观者的人口统计特点资料。

(2) 影响选择销售促进工具的因素。房地产销售促进管理的主要工作是决策哪种销售促进工具可以帮助达成销售目标。影响选择销售促进工具的因素包括：

1) 产品特点；

2) 目标受众的特点；

3）销售促进工具的成本；
4）经济情况。
（3）房地产销售促进预算

房地产销售促进活动需要较大的支出，事先必须进行筹划预算。销售促进预算可以通过两种方式来确定。

①营销人员根据全年销售促进活动的内容、所运用的销售促进工具及相应的成本费用来确定销售促进预算。销售促进成本由管理成本（如印刷费、邮寄费和促销活动费）加激励成本（如赠奖或减价等成本）乘以在这种交易中售出的预期单位数量而组成的。

②确定销售促进预算的方式，是按照习惯比例来确定各项销售促进预算占总预算的比率。在不同市场上对不同品牌的费用预算百分比是不同的，并且要受产品生命周期的各个阶段和竞争者销售促进预算的影响。

从销售促进实践来看，有一些销售促进预算工作上的失误值得我们关注：第一，缺乏对成本效益的考虑；第二，使用过于简单化的决策规划，如沿用上年的预算额，按预期销售的一定百分比计算，维持对广告支出的一个固定比例；第三，与广告预算分开制定，而不是综合考虑。

（4）试验、实施和控制房地产销售促进方案。房地产销售促进方案制订后一般要经过试验才予以实施。通过试验明确所选用的销售促进工具是否适当，刺激规模是否最佳，实施的方法效率如何等。

对于每一项销售促进工作都应该确定实施和控制计划。实施计划必须包括前置时间和销售延续时间。前置时间是从开始实施这种方案前所必需的准备时间，主要包括：最初的计划和设计工作，配合广告宣传的准备工作和销售点材料；通知现场推销人员；为个别分销店建立地区的配额；购买特别赠品或印刷包装材料等。销售延续时间是指从开始实施优惠措施起到大约95％的采取此优待办法的商品已经到达消费者手中为止的时间。在实施计划的制订及执行过程中，应有相应的监控机制作保障，应有专人负责控制事态的进展，一旦出现偏差或意外情况应及时予以纠正和解决。

（5）评估房地产销售促进效果。对房地产销售促进效果评估的方法依市场类型的不同而有所差异。开发商可用三种方法对促销的效果进行衡量：销售数据，消费者调查和实验。

销售数据评估。包括使用扫描器检查销售数据，它可用信息资源公司的计算机数据。营销者可分析各种类型的人对促销的态度，促销前的行为，购买促销产品的消费者后来对品牌或其他品牌的行为。一般而言，当销售促进活动能将竞争对手的顾客拉过来试一下较优的产品并使这些顾客永久地转换过来，那么这项促销是十分有效的。

消费者调查。用消费者调查去了解多少人记得这次促销，他们的看法如何，多少人从中得到好处，以及这次促销对于他们随后选择品牌行为的影响程度。

实验评估。这些实验可随着促销措施的属性如刺激价值、促销期间长短和分销中介等等的不同而异。

除了评估各种特定的促销费用方法外，管理层还应注意其他可能的成本问题。第一，促销活动可能会降低对品牌的长期忠诚度，因为更多的消费者会形成重视优待的倾向而不是重视广告的倾向。第二，促销费用实际上要比估计的更为昂贵。第三，其他的成本还包括一些特别的生产管理费、销售人员的额外工作费和手续费。第四，某些促销方式可以刺激零售商，但它们要求给予额外的交易折让，否则就不愿合作。

(四) 房地产人员推销

1. 房地产人员推销的含义

房地产人员推销就是通过推销人员与消费者的直接接触，对产品和服务进行介绍和推广，鼓励和说服顾客购买。作为企业和购买者之间相互联系的纽带，销售人员的工作任务是既要使企业获得满意的和不断增长的销售额，又要培养与顾客的友善关系，并反映市场信息和购买者信息。

2. 优秀销售人员的特征

良好的销售业绩是与反映在销售人员的个人特点和工作行为上的具体特征相联系的，这些特点包括销售人员给人留下的第一印象、知识的深度和广度、适应性、敏感性、积极性、自尊、幽默感、创造性、承担风险的能力，以及诚实和道德感。

(1) 第一印象。销售人员的看法被客户接受的可能性大部分取决于初次接触。影响第一印象的因素包括外貌、服饰、身体语言、眼神接触、握手、准时和礼貌等。

(2) 知识的广度和深度。具有宽广知识面的销售人员能够与各种客户有效地进行许多话题交流，并与客户分享共同的兴趣。销售人员的知识深度反映出他们对业务、产品、公司、竞争对手以及与销售工作有关的总体经济形势的理解。知识丰富的销售人员时刻注意倾听客户的话，了解行业的最新发展情况，并注重吸取信息。

(3) 适应性和敏感性。适应性即调整与客户交流方式的愿望和能力。适应性强的销售人员一般能够达到更好的效果。敏感性即善解人意，能够设身处地为别人着想。成功的销售人员应该尊重客户，关注潜在客户的需要。大多数人都能很快注意到销售代表对待他们的积极态度，并做出相应的反应。良好的倾听技巧是敏感性的另一方面，倾听可以使销售人员更好地理解客户的需要。

(4) 积极性和创造性。积极性反映了销售人员内心对公司产品和客户需要的投入程度。积极主动的销售人员往往更有进取心，而客户对销售人员积极主动的行动往往会报以正面反应。创造性要求销售人员敢于冒险，追求不断变化而非固守老套。优秀的销售人员总是在不断寻找能够使客户、自己和公司获益的新想法、新方法和新方案。

(5) 自尊。自尊包括自我价值感和自信。成功的销售人员对自己有积极的看法，喜爱自己的产品和公司，并盼望着见到潜在的客户。反之，缺乏自信的销售人员很难在销售工作中取得成功。

(6) 幽默感。幽默能够帮助客户放松，还能使客户记住你。

(7) 诚实和道德感。真正优秀的销售人员被客户看作是可以信赖和依靠的人。大部分人员销售工作都需要与客户建立长期关系，欺骗、误导或不诚实的行为是不可能建立长期关系的。

3. 房地产人员推销策略

房地产人员推销是一种传统的促销方式，在现代企业市场营销和社会经济发展中，人员推销起着重要作用。

(1) 房地产销售队伍规模。房地产销售队伍的规模直接影响着销售量和销售成本的变动。企业确定销售队伍规模通常有三种方法：

1) 销售百分比法。企业根据历史资料计算出销售队伍的各种耗费占销售额的百分比以及销售人员的平均成本,然后对未来销售额进行预测,从而确定销售人员的数量。

2) 分解法。即把每一位销售人员的产出水平进行分解,再同销售预测额相比,就可判断销售队伍的规模大小。

3) 工作量法。即主要从销售人员的数量与销售量之间的内在联系出发确定销售队伍规模。

(2) 房地产销售工作安排。房地产销售工作安排是指在销售队伍规模既定的条件下,销售人员如何在产品、顾客和地理区域方面分配时间和资源。

1) 时间安排(顾客方面)。大多数市场的顾客都是互不相同的。因而,每位销售人员在做销售时间安排时会涉及这样三个问题:①在潜在顾客身上要花多少时间?②在现有顾客身上要花多少时间?③如何在现有顾客和潜在顾客之间合理地分配时间?对企业而言,时间安排通常表现为销售目标有比较明确的规定。企业进行人员推销决策时,必须重视销售时间的安排。

2) 资源分配(产品方面)。一支销售队伍通常要推销一系列产品。所以,销售人员必须寻求一种最为经济的方式在各个产品间配置推销资源(时间)。企业在决策时不能仅看到近期的销售额和利润率,而必须着眼于长远的利益。

(3) 房地产销售区域设计。房地产企业在销售区域设计时要考虑下述条件。①区域要易于管理;②各区域的销售潜量容易估计;③能够严格控制推销的时间花费;④对推销员来说,每个区域的工作量和销售潜量都是相等的,而且足够大。企业要想满足这些条件,可以通过对区域单位大小和形状的确定而达到。设计区域大小主要有两种方法,即同等销售潜量法和同等工作量法。企业按同等销售潜量法划分区域能给每个销售代表提供相同的收入机会,并有利于企业衡量销售代表的工作绩效。

(4) 房地产销售人员的挑选和培训。房地产企业的销售工作要想获得成功,就必须认真挑选销售人员。因为普通销售人员和高效率销售人员在业务水平上有很大差异,如果销售人员所创造的毛利不足以抵偿其销售成本,则必然导致企业亏损,挑选高效率的销售人员成为管理决策的首要问题。企业在确定了挑选标准之后,企业人事部门就可以进行招聘。企业要对应聘者进行评价和筛选。此后,企业必须对销售人员实行训练。

(5) 房地产销售人员的激励。由于工作性质、人的需要等原因,企业必须建立激励制度来促使销售人员努力工作。

1) 销售定额。订立销售定额是企业的普遍做法。它们规定销售人员在一年中应销售多少数额并按产品加以确定,然后把报酬与定额完成情况挂起钩来。每个地区销售经理将地区的年度定额在各销售人员之间进行分配。

2) 佣金制度。企业为了使预期的销售定额得以实现,还要采取相应的鼓励措施,其中最为常见的是佣金。佣金制度能鼓励销售人员尽最大努力工作,并使销售费用与预期收益紧密相连,同时,企业还可根据不同产品、工作性质给予销售人员不同的佣金。

(6) 房地产销售人员的评价。销售人员的评价是企业对销售人员工作业绩考核与评估的反馈过程。加强对销售人员的评价在企业人员推销决策中具有重要意义。

1) 要掌握和分析有关的情报资料。情报资料的最重要来源是销售报告。销售报告分为两类:一是销售人员的工作计划;二是访问报告记录。企业管理部门应尽可能从多个方面了解销售人员的工作绩效。

2）要建立评估的指标。评估指标要基本上能反映销售人员的销售绩效。主要有销售量增长情况、毛利润、每天平均访问次数及每次访问的平均时间、每次访问的平均费用、每百次访问收到订单的百分比、一定时期内新顾客的增加数及失去的顾客数目和销售费用占总成本的百分比等。

3）实施正式评估。企业在占有了足够的资料，确立了科学的标准之后，就可以正式评估。大体上有两种评估方式。一种方式是将各销售人员的绩效进行比较和排队；另一种方式是把销售人员目前的绩效同过去的绩效相比较。

第五节 租售收入估算

一、销售进度计划

房地产项目租售计划包括确定拟租售的房地产类型、时间和相应的数量、租售价格、租售收入及收款方式。

租售房地产的类型和相应的数量，应在房地产项目可供租售的房地产类型、数量的基础上确定，并要考虑租售期内房地产市场可能发生的变化对租售数量的影响。

租售价格应根据房地产项目的特点确定，一般应选择在位置、规模、功能和档次等方面可比的交易实例，通过对其成交价格的分析与修正，最终得到房地产项目的租售价格。

确定租售价格要与开发商市场营销策略相一致，在考虑政治、经济、社会等宏观环境对项目租售价格影响的同时，还应对房地产市场供求状况进行分析，考虑已建成的、正在建设的以及潜在的竞争项目对房地产项目租售价格的影响。

确定收款方式应考虑房地产交易的付款习惯和惯例，以及分期付款的期数和各期付款的比例。

这一过程的实际工作，可参照表 6-5-1～表 6-5-4 进行。

房地产开发项目销售计划及收款计划表 表 6-5-1

单位：建筑面积（平方米），销售收入（元）

销售期间		第 1 期		第 2 期		…	第 N 期		合计
销售计划	面积								
	百分比								100%
收款计划	期间	百分比	销售收入	百分比	销售收入		百分比	销售收入	
	第 1 期								
	第 2 期								
	第 3 期								
	…								
	第 N 期								
总计									

房地产开发项目出租计划及出售收入计划表　　　　　　　　　表 6-5-2

单位：建筑面积（平方米），销售收入（元）

序号	项目名称	建设期			经营期				
		第1期	第2期	第3期	…	…	…	第N-1期	第N期
1	可出租建筑面积								
2	单位租金								
3	可能毛租金收入								
4	出租率（%）								
5	有效毛租金收入								
6	销售收入								
7	转售成本及税费								
8	净转售收入								

房地产项目销售收入汇总表（全部出售方案）　　　　　表 6-5-3

单位：万元

项目	建筑面积（平方米）	售价（元/平方米）	2011年		2012年		2013年		合计
			上半年	下半年	上半年	下半年	上半年	下半年	
地上商业部分									
公寓楼部分									
地下商业部分									
地下车库部分									
总计									

房地产项目出租收入计划表（全部出租方案）　　　　　表 6-5-4

单位（万元）

物业类型	初始租金（元/平方米）	年期	3	4	5	…	…	14	15	总计
		入住率								
地上商业部分		收入（万元）								
公寓楼部分										
地下商业部分										
地下车库部分										
其他面积										
总计										

二、销售收入估算

房地产项目的收入主要包括房地产产品的销售收入、租金收入、土地转让收入（以上统称租售收入）、配套设施销售收入和自营收入。

（一）租售收入

租售收入等于可供租售的房地产数量乘以单位租售价格。应注意可出售面积比例的变化对销售收入的影响；空置期（项目竣工后暂时找不到租户的时间）和出租率对租金收入的影响；以及由于规划设计的原因导致不能售出面积比例的增大对销售收入的影响。

(二) 自营收入

自营收入是指开发企业以开发完成后的房地产为其进行商业和服务业等经营活动的载体，通过综合性的自营方式得到的收入。在进行自营收入估算时，应充分考虑目前已有的商业和服务业设施对房地产项目建成后产生的影响，以及未来商业、服务业市场可能发生的变化对房地产项目的影响。

在进行房地产投资项目财务分析时，应按期编制销售收入与经营税金及附加估算表、租金收入与经营税金及附加估算表、自营收入与经营税金及附加估算表。其表格形式见表 6-5-5～表 6-5-7。

销售收入与经营税金及附加估算表　　　　　　　　　　　表 6-5-5

单位：万元

序号	项　目	合计	1	2	3	…	N
1	销售收入						
1.1	可销售面积（平方米）						
1.2	单位售价（元/平方米）						
1.3	销售比例（%）						
2	经营税金及附加						
2.1	营业税						
2.2	城市维护建设税						
2.3	教育费附加						
…							

租金收入与经营税金及附加估算表　　　　　　　　　　　表 6-5-6

单位：万元

序号	项　目	合计	1	2	3	…	N
1	租金收入						
1.1	可出租面积（平方米）						
1.2	单位租金（元/平方米）						
1.3	出租率（%）						
2	经营税金及附加						
2.1	营业税						
2.2	城市维护建设税						
2.3	教育费附加						
…							
3	净转售收入						
3.1	转售价格						
3.2	转售成本						
3.3	转售税金						

自营收入与经营税金及附加估算表　　　　　　　　　　　表 6-5-7

单位：万元

序号	项　目	合计	1	2	3	…	N
1	自营收入						
1.1	商业						
1.2	服务业						
1.3	其他						
2	经营税金及附加						
2.1	营业税						
2.2	城市维护建设税						
2.3	教育费附加						
…							

第六节　定　价　案　例

一、一般楼盘定价的技术路线

1. 确定楼盘单价均价

（1）通过市场比较法，对类似项目进行比较，通过区位因素和个别因素的调整，获得该楼盘的各类型房屋的单价均价；

（2）通过目标收益定价法确定期望利润目标下的各类房屋的单价均价；

（3）通过需求定价法，针对客户的不同类型确定各类房屋的单价均价；

（4）综合上述多种定价方法的结果形成各类房屋的均价单价。

2. 确定各楼座单价均价

根据各个楼座在楼盘中的位置，在均价的基础上进行调整，基本原则是调价后的楼盘均价与上 1 步确定的楼盘单价均价持平或略微高一点。

假设原均价为 P_{a1}，楼座均价调整后的新均价为 P_{a2}，计算公式为：

$$P_{a1} = \Sigma P_i S_i / \Sigma S_i \geqslant P_{a2}$$

式中　P_i——第 i 个楼座的均价；

　　　S_i——第 i 个楼座的售楼面积

3. 确定楼座中各单位的单价

对某一楼座的各单元定价时，通常可以设定某一特征单位，单价为 X，考虑楼座位置、日照、噪音等价格影响因素对同一楼层的其他单位价格予以调整；再考虑垂直楼层差价，得到每个单位的单价，这个单价是在特征单位单价的基础上调整得到的。特征单位的选取最好是等于或接近楼盘均价的单位。各单位价格与面积的乘积得到各单位总价，楼座的所有单位的总价相加得到楼座总价，令其等于该楼座均价与楼座面积的乘积，可以求出特征单位价格 X 的值和各个销售单位的价格。

特征单位的价格接近楼盘均价但并不一定与均价持平（相等）。

4. 定价评估

对确定的价格的合理性进行评估，根据营销策略可以进行价格调整，重复前面的定价步骤。

5. 形成价格表

经过定价评估后的价格，形成价格表，价格表应便于销售使用和管理。

6. 提出价格实施建议，形成定价报告

根据营销策略的要求，提出价格实施过程中的建议，设定调价的条件、程序和销售过程中的反馈信息收集办法。

形成定价报告。说明定价考虑的因素和定价过程、价格表和价格实施策略建议等内容。

二、某房地产开发项目定价

某楼盘拟通过与类似楼盘价格比较确定其楼盘价格。思路是：对价格相关因素评价，获得各个楼盘的综合评价分数，然后通过线性回归得到价格预测模型。对拟定价楼盘进行综合评价，将评价结果代入评价模型预测楼盘价格。这种方法的准确度取决于楼盘相关因素的权重设置。一般通过德尔菲法确定相关因素及其权重。

1. 楼盘及环境简况

决定楼盘价值的高低主要取决于两个方面，地点和价格。抛开价格，先确定地段，经权衡该楼盘位于新老城区结合部，东部新经济圈的最前沿，是城市东扩的第一站，也将是CBD的新起点。距国际机场仅20分钟车程；东连高速外环路，周边的公交线路多达10多路，可以直达各大商场和旅游景点。拥有极为优越便利的交通条件。

2. 楼盘影响因素、指标及权重的确定

经过12位专家调查，选择了20个价格影响因素，分别为位置、价格、配套、物业管理、建筑质量、建筑形态、交通、城市规划、楼盘规模、朝向、外观、环境、环保、室内装饰、发展商信誉、付款方式、户型设计、销售情况、广告、停车位数量。并确定了其权重如表6-6-1。对这些因素的评价采用5级里克特量表方法，差、较差、一般、较好、好分别对应分值1、2、3、4、5分。填入表6-6-1所示的表中。

竞争楼盘比较表　　　　　表 6-6-1

序号	项目名称 因素	权重	楼盘 A 得分	楼盘 A 赋权分	楼盘 B 得分	楼盘 B 赋权分	楼盘 C 得分	楼盘 C 赋权分
1	位置	0.5						
2	价格	0.5						
3	配套	0.4						
4	物业管理	0.3						
5	建筑质量	0.3						
6	建筑形态	0.3						
7	交通	0.4						
8	城市规划	0.3						
9	楼盘规模	0.2						
10	朝向	0.4						
11	外观	0.2						
12	环境	0.3						

续表

序号	项目名称 / 因素	权重	楼盘A 得分	楼盘A 赋权分	楼盘B 得分	楼盘B 赋权分	楼盘C 得分	楼盘C 赋权分
13	环保	0.2						
14	室内装饰	0.2						
15	发展商信誉	0.2						
16	付款方式	0.2						
17	户型设计	0.3						
18	销售情况	0.1						
19	广告	0.2						
20	停车位数量	0.1						

3. 楼盘分值判断与计算,见表6-6-2、表6-6-3。

可比楼盘综合因素量化统计表(一)　　　表6-6-2

序号	项目名称 / 因素	权重	泉城山水 得分	泉城山水 权分	海之韵 得分	海之韵 权分	数码精英 得分	数码精英 权分	梦里水乡 得分	梦里水乡 权分	明湖山庄 得分	明湖山庄 权分
1	位置	0.6	5	3	4	2.4	4	2.4	4	2.4	3	1.8
2	价格	0.4	5	2	3	1.2	4	1.6	4	1.6	4	1.6
3	配套	0.4	4	1.6	3	1.2	4	1.6	3	1.2	3	1.2
4	物业管理	0.2	4	0.8	2	0.4	3	0.6	3	0.6	3	0.6
5	建筑质量	0.2	4	0.8	3	0.6	4	0.8	3	0.6	4	0.8
6	建筑形态	0.3	5	1.5	3	0.9	4	1.2	4	1.2	4	1.2
7	交通	0.4	5	2	4	1.6	4	1.6	4	1.6	4	1.6
8	城市规划	0.3	4	1.2	3	0.9	4	1.2	3	0.9	4	1.2
9	楼盘规模	0.2	5	1	2	0.4	4	0.8	4	0.8	4	0.8
10	朝向	0.2	4	0.8	4	0.8	4	0.8	4	0.8	4	0.8
11	外观	0.1	4	0.4	2	0.2	3	0.3	3	0.3	3	0.3
12	环境	0.2	3	0.6	3	0.6	3	0.6	3	0.6	4	0.8
13	环保	0.2	2	0.4	5	1	4	0.8	3	0.6	2	0.4
14	室内装饰	0.2	2	0.4	3	0.6	3	0.6	3	0.6	2	0.4
15	发展商信誉	0.2	4	0.8	3	0.6	3	0.6	3	0.6	3	0.6
16	付款方式	0.2	3	0.6	3	0.6	3	0.6	3	0.6	3	0.6
17	户型设计	0.3	4	1.2	2	0.6	3	0.9	4	1.2	3	0.9
18	销售情况	0.1	4	0.4	3	0.3	4	0.4	4	0.4	3	0.3
19	广告	0.2	4	0.8	3	0.6	3	0.6	3	0.6	3	0.6
20	停车位数量	0.1	4	0.4	1	0.1	3	0.3	3	0.3	3	0.3
	项目评分			20.7		15.8		18.3		17.5		16.8
	项目均价			9500		6300		7800		6900		6500

可比楼盘综合因素量化统计表（二） 表 6-6-3

序号	项目名称\因素	权重	都市明郡 得分	都市明郡 权分	翡翠名邸 得分	翡翠名邸 权分	锦绣家园 得分	锦绣家园 权分	碧国之城 得分	碧国之城 权分	居灵栖 得分	居灵栖 权分
1	位置	0.6	3	1.8	4	2.4	4	2.4	4	2.4	3	1.8
2	价格	0.4	3	1.2	4	1.6	4	1.6	5	2	3	1.2
3	配套	0.4	4	1.6	5	2	5	2	3	1.2	5	2
4	物业管理	0.2	3	0.6	3	0.6	4	0.8	3	0.6	4	0.8
5	建筑质量	0.2	4	0.8	4	0.8	3	0.6	3	0.6	4	0.8
6	建筑形态	0.3	4	1.2	3	0.9	3	0.9	4	1.2	5	1.5
7	交通	0.4	3	1.2	3	1.2	4	1.6	5	2	4	1.6
8	城市规划	0.3	4	1.2	4	1.2	5	1.5	4	1.2	5	1.5
9	楼盘规模	0.2	4	0.8	3	0.6	4	0.8	3	0.6	5	1
10	朝向	0.2	3	0.6	3	0.6	4	0.8	3	0.6	4	0.8
11	外观	0.1	3	0.3	4	0.4	5	0.5	3	0.3	3	0.3
12	环境	0.2	5	1	4	0.8	4	0.8	5	1	3	0.6
13	环保	0.2	3	0.6	4	0.8	3	0.6	4	0.8	3	0.6
14	室内装饰	0.2	4	0.8	3	0.6	4	0.8	5	1	3	0.6
15	发展商信誉	0.2	3	0.6	3	0.6	3	0.6	3	0.6	4	0.8
16	付款方式	0.2	3	0.6	3	0.6	3	0.6	3	0.6	3	0.6
17	户型设计	0.3	3	0.9	4	1.2	5	1.5	4	1.2	4	1.2
18	销售情况	0.1	3	0.3	3	0.3	4	0.4	4	0.4	5	0.5
19	广告	0.2	3	0.6	5	1	4	0.8	5	1	4	0.8
20	停车位数量	0.1	3	0.3	3	0.3	4	0.4	3	0.3	4	0.4
	项目评分			17.6		18.7		20		19.8		19.4
	项目均价			7000		7500		9200		9000		8500

为给凤凰城项目制定一个合理的价格，在项目周围选择10个与凤凰城项目具有可比意义的楼盘，请专家们按上述方法进行量化，将每个项目的各种因素的得分乘以各自的权重得到权分，最后再将权分相加求和，得到每个项目的得分。经过计算和整理得到表6-6-2，在表中列出了各个竞争楼盘的得分和均价。

4. 楼价与分值相关分析，见表6-6-4。

计 算 表 表 6-6-4

	原 始 数 据			计 算 栏	
序号	楼盘名称	楼盘得分（X）	楼价（Y）	X×X	X×Y
1	泉城山水	20.7	9500	428.49	196650
2	海之韵	15.8	6300	249.64	99540
3	数码精英	18.3	7800	334.89	142740
4	梦里水乡	17.5	6900	306.25	120750
5	明湖山庄	16.8	6500	282.24	109200
6	都市名郡	17.6	7000	309.76	123200
7	翡翠名邸	18.7	7500	349.69	140250
8	锦绣家园	20	9200	400	184000
9	碧国之城	19.8	9000	392.04	178200
10	居灵栖	19.4	8500	376.36	164900
	合计	184.6	78200	3429.36	1459430
	平均	18.46	7820		

权益性投资，不得用于缴纳土地出让金。如果申请银行贷款，则在开发商取得土地使用权且自有资金投入比例符合政策要求后，银行方可办理银行贷款、信托融资。还款来源为房地产项目的销售收入。

2. 房地产项目融资

房地产项目融资是针对具体房地产项目的融资，通过测算房地产项目的现金流融资成本、设计合理的融资结构，以达到满足房地产开发商具体项目的融资需求。

由于房地产项目的资金渠道来源、项目类型及特点、融资环境及融资政策不同，房地产项目融资的方式也多种多样。从项目运作方式上看，可由多家投资者共同组成一家房地产项目公司，共同运作一个房地产项目，通过项目公司与其他投资者结合安排融资结构。在这种方式下，项目融资的债务风险和经营风险大部分限制在项目公司中，易实现追索权和非公司负债融资，可利用大股东的资信优势获得优惠的贷款条件，项目资产的所有权集中在项目公司，管理上较为灵活。

房地产项目融资也可以在论证项目融资的可行性、融资需求后，采用直接融资或间接融资的方式，将资金投入到项目中，项目投资方可获得对该房地产项目的收益权。由于此种类型的房地产融资项目的法律债权债务关系比较简单，便于以项目资产设定抵押担保权益，投资者的债务责任明确，因而在融资结构上较易被融资者接受。

（二）从融资渠道看，房地产融资分为直接融资和间接融资

1. 房地产直接融资

房地产直接融资是指房地产开发企业与拥有暂时闲置资金的单位（包括企业、机构和个人）相互之间直接进行协议融资，或者投资者在金融市场上购买开发企业发行的有价证券，将货币资金提供给房地产开发企业使用，从而完成资金融通过程。其特点是资金使用权和资金提供者直接实现资金融通，不经过中间媒介。

直接融资的资金来源包括：

1) 商业信用融资：房地产开发企业与其他企业或个人发生的与房地产开发产品相联系的资金融通方式。一种是提供商品的商业信用，如企业带资施工、房地产开发企业的应付账款等；另一类是提供货币的商业信用，如进行开发产品交易的预付定金、购房预付款等。

2) 投资性商业信用：投入房地产企业的资金，目的是获得投资回报，主要是企业、机构或某些个人对房地产开发商的直接投资。

3) 消费信用融资：指房地产购买者及金融机构对房地产开发商以货币形式提供的信用，包括房地产购买者或金融机构以分期付款的形式向房地产开发商提供资金等；

上述融资过程中的融资工具主要有：公司债券、股票、抵押契约、借款合同、合伙投资股权或债务凭证。

2. 房地产间接融资

房地产间接融资主要是指拥有闲置资金的企业或个人，通过存款，购买银行、信托、保险等金融机构发行的有价证券，将其暂时闲置的资金提供给金融中介机构，然后再有这些金融机构以贷款方式或通过购买中介机构为房地产开发企业发行的有价证券，把资金提供给房地产公司使用，从而实现资金融通过程。房地产间接融资主要包括以下种类：

1) 金融机构信用。向资金持有者提供金融机构信用，获得资金。

2) 消费信用。银行向购房者提供的购房贷款，房地产开发商通过购房者贷款获得

资金。

间接融资经过了资金的筹集和运用两个过程。

（三）房地产权益融资和房地产债务融资

1. 房地产权益融资

当房地产企业的资本金数量达不到启动项目所必需的资金数量要求时，就需要进行权益融资。房地产权益融资主要表现为房地产企业权益融资。房地产企业也可以为特定的房地产投资项目，即房地产项目公司进行融资。目前，许多房地产公司为规避风险，每个项目都会注册一个单独的房地产项目公司。房地产权益融资的特点是资金供给方或房地产权益投资者需要与房地产企业共同承担投资风险，分享房地产投资活动形成的可分配利润。

根据所有权的结构，房地产企业一般分为独资企业、一般合伙企业、有限责任合伙企业、有限责任公司、股份有限公司和房地产投资信托基金等类型，以后四种企业形式为主。不同类型的房地产企业，权益资本的融通方式有所不同。

（1）有限责任合伙企业和有限责任公司主要通过在私人市场上向私人投资者、机构投资者出售有限责任权益份额融通资金，由于该类股权投资的流动性较差、出售量有限，因此融资能力也有限。

（2）股份有限公司则主要通过在公开市场发行股票融通权益资本，该类股权投资的流动性较好、面向大众投资者，因此融资能力较强。

（3）既有法人的项目资本金筹集渠道可分为内部资金和外部资金。内部资金有：企业的现金、未来经营中获得的可用于项目的资金、企业的资产变现、企业产权转让。外部资金有企业增资扩股、优先股等。

（4）新设法人的资本金：一是项目发起人和投资人按资本金额度提供足额资本金；二是由新设法人在资本市场上募集。新设法人进行资本金的募集形式主要有：

1）在资本市场上募集股本资金。在资本市场上募集股本金可以通过公募和私募两种方式。

2）合资合作。通过新设项目法人与新的投资者进行合资合作等多种形式，组建新的法人；或由新设项目法人的发起人和投资人与新的投资者进行资本整合，重新设立新的法人。通过这种方式募集资本金，往往要进行公司注册或变更登记。

2. 房地产债务融资

债务融资就是借钱做生意。很少有房地产企业完全使用自有资金进行房地产投资，充分利用财务杠杆的作用，通过债务融资提高企业的投资能力，是房地产企业的通行做法。

（1）债务融资的特点。债务融资的出资方不承担项目投资的风险，其所获得的报酬是融资协议中规定的贷款利息和相关费用。此外，相对于权益融资，房地产债务融资具有以下特点：

1）短期性。债务融资筹集的资金具有使用上的时间性，需要到期偿还。

2）可逆性。企业采用债务融资方式获得资金，负有到期还本付息的义务。

3）负担性。企业采用过债务融资方式获取资金，需支付债务利息，从而形成企业的固定负担。

4）流通性。如债券可以再流通市场上自由转让。

权益融资所得资金属于资本金，不需要还本付息，投资者的收益来自税后盈利的分配，也就是股利；债务融资形成的是企业的负债，需要还本付息，其支付的利息进入财务费用，可在税前扣除。

（2）债务融资的类型结构。企业债务主要包括银行信贷、商业信用、企业债券、租赁融资等类型。

1）银行信贷融资。房地产企业在从事房地产开发之前，必须拥有一定数额的股本金（或称"自有资金"）。股本金可以来源于企业的自有资金、合资伙伴的注入资金和通过发行股票从资本市场上募集的资金。根据目前金融管理部门的规定，房地产开发企业具备一定的股本金之后才可以向银行申请开发贷款。

按房地产开发贷款的使用性质不同可分为商品房开发贷款、经济适用房开发贷款和土地储备贷款三类。

商品房开发贷款是贷款人向借款人发放的用于建设商品房及其配套措施的贷款。

土地储备贷款是指向借款人发放的用于土地收购及土地前期开发、整理的贷款。土地储备贷款的借款人仅限于负责土地一级开发的机构。

经济适用房开发贷款是指贷款人向借款人发放的专门用于经济适用房开发建设的贷款。

《关于进一步加强房地产信贷业务管理的通知》（银发[2003]第121号文）规定，商业银行对房地产开发企业申请的贷款，只能通过房地产开发贷款科目发放，严禁以房地产开发流动资金贷款或其他形式贷款科目发放。

2）商业信用。商业信用是指工商企业之间相互提供的额，与商品交易直接相联系的信用形式，包括企业之间以赊销分期付款等形式提供的信用，以及在商品交易的基础上产业资本循环过程中，各个企业相互依赖，但它们在生产时间和流通时间上往往存在着不一致，从而使商品运动和货币运动在时间上和空间上脱节。而通过企业之间相互提供商业信用，则可满足企业对资本的需要，从而保证整个社会再生产得以顺利进行。因此，商业信用本质上是基于主观上的诚信和客观上对承诺的兑现而产生的商业信赖和好评。

商业信用的工具是商业票据，是债权人为了确保自己的债权，要求债务者出具的书面债权凭证，分为期票和汇票两种。商业信用的优点是方便和及时，缺点是存在信用规模、信用方向、信用期限、授信对象等方面的局限性。

3）企业债券。根据我国《公司法》规定，股份有限公司、国有独资公司和两个以上的国有企业或其他两个以上的国有投资主体投资设立的有限责任公司，为筹集生产经营资金，可以依法发行公司债券。

企业债券代表着发债企业和投资者之间的一种债权债务关系，债券持有人是企业的债权人，债券持有人有权按期收回本息。企业债券是一种有价债券，通常存在着一个广泛交易的市场，投资者可以随时予以出售转让。企业债券风险与企业本身的经营状况直接相关。企业债券由于具有较大风险，其利率通常高于国债。

4）租赁融资。租赁融资是指实质上转移与资产所有权有关的全部或绝大部分风险和报酬的租赁。资产的所有权最终可以转移，也可以不转移。租赁融资作为一种债务融资方式，主要应用在大型设备租赁领域，因此又称为设备租赁。租赁融资在房地产领域的应用，主要是采用回租租赁或售后回租模式，即房地产企业在有融资需求、但又不希望放弃该房地产控制权的情况下，通过将房地产权出售给投资者，再由投资者回租给房地产企业使用或租出经营的情况。售后回租模式通常有回购安排,即在约定的期限或条件下,房地产企业可以按约定的价格再购回该房地产资产。

三、房地产融资的特征

1. 开发资金需求量大,对外源性融资依赖性高。

房地产是资本密集型行业,开发一个房地产项目动辄数亿,甚至数10亿,仅仅依靠企业自有资金,是不可能完成项目开发的,房地产开发商必须通过各种手段进行外源性融资,从今后的发展趋势看,我国房地产单纯依赖银行信贷的局面会有所缓和,但外源性融资所占的比例没有减少,只是在结构上日趋多元化。

2. 土地和房产的抵押是重要条件。

房地产属于不动产,它附着于特定的地块。土地是稀缺性资源,随着经济的发展,对土地的需求不断增加,房地产的价值随之增大,土地和房地产的抵押成为金融机构欢迎的融资条件。

3. 资金面临较大的经济风险和财务风险

房地产企业与一般企业一样,在经营中面临着经济风险、营业风险和财务风险。

房地产业与宏观经济周期关联度强,行业波动非常明显;同时房地产产品事关国计民生,对房地产的促进或抑制是我国政府宏观调控的主要内容之一,因此房地产企业的经济风险很高。

我国金融体系不发达,金融结构单一,再加上房地产企业项目开发中巨额的开发投资需求及其市场的短期波动,必然要求企业进行负债融资,从相关统计资料来看,我国房地产企业的负债率很高,财务风险很大。

四、我国房地产融资现状

1. 融资规模持续增长

我国房地产经历10多年的高速发展,成为我国市场经济不可缺少的部分。房地产业的发展离不开资金的支持。尽管一段时间以来出现了房地产泡沫争论以及央行收紧信贷的出台,但房地产开发资金仍有较大幅度增长。

2. 融资结构单一,方式有限

我国房地产企业的资金来源主要是银行信贷、自筹资金和其他资金(主要是定金及预付款)三个方面,实际上前两个方面也来自于银行资金。

3. 信托融资成为房地产融资的新渠道

近年来,我国房地产信托融资的比重在增加,已逐渐成为一个新的融资渠道。

房地产资本市场中,私人市场和公开市场的主要区别,在于这些资本投资是否可以公开交易。一如,房地产公司可以通过上市公开发行股票获得权益投资,而股票是可以在股票市场上公开交易的,因此上市融资渠道就属于公开市场融资;房地产公司也可以通过与私人投资者或机构投资者合作,通过转让部分企业股权给私人投资者或机构投资者来筹措权益投资,由于这些股权不能在市场上公开交易,因此这种权益融资就属于私人市场渠道。

五、房地产企业的资金来源

房地产企业的一般性资金来源主要包括以下几个方面。

(一) 企业自有资金

企业自有资金也称自有资本或权益资本,是企业依法长期拥有,自主调配使用的资金，包括注册资本金、资本公积、盈余公积和未分配利润部分。

（二）政府财政资金

财政资金流向的房地产项目，往往是房地产企业承揽政府拨款的投资项目、纳入国家或地方建设计划的建设项目。如部分城市中，政府财政拨款进行的经济适用房的建设、公共租赁住房的建设等。

（三）银行贷款

银行贷款是企业外源性资金的最主要来源。企业一般申请以下三种类型的贷款：

（1）流动资金贷款。用于满足企业临时性和季节性的资金需求，具有自偿性的特点。贷款期限一般不超过一年，以企业自身收入所产生的现金用于还款。目前，我国不允许商业银行向房地产开发企业发放流动资金贷款。

（2）固定资产贷款。为满足企业购买固定资产申请的贷款，期限较长，不具有自偿性，需要提供固定资产抵押及其他担保方式。

（3）开发贷款。针对房地产项目的房地产开发贷款，开发贷款一般采取抵押贷款方式，贷款金额一般不超过抵押物评估价值的60%，最高不超过70%，期限不超过3年。房地产企业可以用在建或者建成的房地产做抵押，从商业银行借入房地产开发贷款、土地储备贷款、经济适用房贷款等。

（四）股票、债券、信托、基金、租赁等多种筹资方式

房地产企业通过发行股票、债券等方式将个人和企事业单位闲置不用的资金集中起来，用于房地产企业的生产经营。募集资金的方式主要包括以下几种：（1）发行股票；（2）发行债券；（3）合资联营；（4）租赁筹资；（5）商业信用。

如私募债券具有如下优点：发行成本低、对发债机构资格认定标准较低、可不需要提供担保、信息披露程度要求低、有利于建立与业内机构的战略合作。私募债券也有如下的缺点：只能向合格投资者发行，我国所谓合格投资者是指注册资本金要达到1000万元以上，或者经审计的净资产在2000万元以上的法人或投资组织；定向发行债券的流动性低，只能以协议转让的方式流通，只能在合格投资者之间进行。

（五）预售资金

房屋预售要满足预售的基本条件，见第六章的有关内容。预售资金无资金成本，资金回笼快，当融资成本很高的时候，这是获取资金的最有效办法。预售资金包括预付资金和购房者住房抵押贷款获得的资金。

第二节　房地产筹资的常用方式

一、上市融资

1. 股票的种类

目前，我国发行的股票按照投资主体的不同，可分为国家股、法人股、内部职工股和社会公众个人股；按照股东权益和风险大小，可以分为普通股、优先股及普通和优先混合股；按照认购股票投资者身份和上市地点的不同，可以分为境内上市内资股（A股）、境内上市外资股（B股）和境外上市外资股（包括H股、N股、S股等）三类。

2. 股票融资方式

(1) 公开发行。有下列情形之一的，为公开发行：
1) 向不特定对象发行证券；
2) 向累计超过200人的特定对象发行证券；
3) 法律、行政法规规定的其他发行行为。

设立股份有限公司公开发行股票，应当符合《公司法》规定的条件和国务院证券监督管理机构规定的其他条件。

(2) 四种融资方式。股票市场融资包括首次公开发行、配发、增发和股权认证四种融资方式，以下主要介绍前三种。

1) 首次公开发行。首次公开发行又称首次公开募股（Initial public offering，IPO），是指股份有限公司（或经批准可采用募集设立方式的有限责任公司）首次向社会公开招股的发行方式。根据中国证监会《首次公开发行股票并上市管理办法》的规定，发行人在满足主体资格、独立性、规范运行、财务状况与会计制度、募集资金运用等相关要求的基础上，就发行股票的种类和数量、发行对象、价格区间或者定价方式、募集资金用途等做出具体事项，形成公司股东大会决议，并在此基础上编制符合中国证监会有关规定的申请文件，由推荐人保荐并向中国证监会申报。中国证监会受理申请文件并依照法定条件对发行人的发行申请予以核准并出具相关文件后，发行人可自核准发行之日起6个月内发行股票。发行人应当在申请文件受理后、发行审核委员会审核前将招股说明书（申报稿）在中国证监会网站预先披露。

首次公开发行股票需通过向特定机构投资者（以下称询价对象）询价的方式确定股票发行的价格。询价对象是符合相关规定条件的证券投资基金管理公司、证券公司、信托公司、财务公司、保险机构投资者、合格境外机构投资者，经中国证监会认可的其他投资者。主承销商应当在询价时间向询价对象提供投资价值研究报告。投资价值研究报告由承销商的研究人员在独立、审慎、客观原则下独立撰写，对影响发行人投资价值的因素进行全面分析，运用行业公认的估价方法对发行人股票的合理投资价值进行预测。发行人及其主承销商在发行价格区间和发行价格确定后，可以通过向战略投资者、参与网下配购的询价对象和参与网上发行的投资和配售股票。股票公开发行后，经相关证券交易所的上市委员会批准，即可在证券交易所公开交易。

2) 配股。配股和增发是上市公司在证券市场上进行再融资的重要手段。再融资对上式公司的发展起到了较大的推动作用，证券市场的再融资功能越来越受到有关方面的重视。

配股是上市公司根据公司发展的需要，依据有关规定和相应程序，向原股东配售股票、筹集资金的行为。上市公司配股有拟配售股份数量不超过本次配售股份前股本总额的30%、控股股东应当前公开承诺认配股份数量等特殊要求。按照惯例，公司配股时新股的认购权按照原有股权比例在原股东之间分配，即原股东拥有优先认购权。配股具有限制条件多、融资规模受限、股本加大使得业绩指标被稀释等缺点，但由于配股融资具有实施时间短、运作较简单、成本较低、不需要还本付息、有利于改善资本结构等优点，因此已经成为上市公司最为熟悉和得心应手的融资方式。2005~2007年，合作创展、富力地产、雅居乐、碧桂园、华润置地、世茂、绿城等7个房地产上式公司共通过10次配股融资228亿港元。

3) 增发是指上市公司为了再融资而向不特定对象公开募集股份、发行股票的行为。上市公司增发股票，要求其最近 3 个会计年度加权平均净资产收益收益率不低于 6％、发行价格不低于公告招股意向书前 20 个交易日公司股价均价或前 1 个交易日均价等特殊要求。

非公开发行股票俗称定向增发，是指上市公司采用非公开方式，向特定对象发行股票的行为。定向增发股票，要求其发行价格不低于定价基准日前 20 个交易日公司股票均价的 90％，发行股份有限购规定。上市公司定向增发的目的，包括资产并购、财务重组、资产收购、企业并购等。定向增发方式对提升公司盈利、改善公司治理有显著效果。

增发与配股在本质上没有大的区别，但增发融资与配股相比具有限制条件少、融资规模大的优点，而且定向增发在一定程度上还可以有效解决控制权和业绩指标被稀释的问题，因而越来越多地被房地产公司利用。2009 年，保利地产、华侨城和首开集团通过增发分别融资 80 亿元、74 亿元和 47 亿元。其中，部分增发是向母公司或关联公司的定向增发，可以有效解决控制权和业绩指标被稀释的问题。例如，通过向母公司保利集团定向增发股票，保利地产既获得了大量优质资金和现金，又保留了大股东的控制权。

4) 股权认证是指权证人在未来某一时间有以特定价格购买标的证券的权利，但持有人并无义务购买标的证券。详见下文中的相关内容。

二、债券市场融资

1. 公司债券

公司债券是指公司依照法律程序发行、约定在一年以上期限内还本付息的有价证券。2007 年 8 月 14 日，中国证监会正式颁布实施《公司债券发行试点办法》，标志着中国公司债发行工作的正式启动。2007 年 9 月 30 日，中国人民银行颁布《公司债券在银行间债券市场发行、交易流通和登记托管有关事宜公告》，规定公司债可在银行间债券市场发行流通和托管，公司债融资细则的得到进一步完善。公司债券不仅仅是针对上市公司，满足发行公司债券要求的企业均可申请，通过中国证券监督管理委员会的审核批准后发行。因为上市公司治理相对规范、信息相对透明，所以在发行公司债券的过程中具有较大优势。

相对于股权融资和其他类型债券融资，公司债券融资具有面向对象广泛、融资成本较低、不改变原股东对公司的控制权、可优化企业债务结构、降低流动性风险等优点。自《公司债券发行试点办法》颁布以来，已有金地集团、保利地产、新湖中宝、万科、北辰实业、中粮地产等 6 家房地产企业分别发行了 12 亿、43 亿、14 亿、59 亿、17 亿和 12 亿元的公司债。其中，万科发行的企业债券包括 30 亿元有担保品种（利率 5.5％~6.0％，期限 5 年）和 29 亿元的无担保品种（利率 7.0％~7.5％，期限为 3 年，可延期 2 年），有效缓解了企业的资金压力。

2. 可转换证券

可转换公司债券是被赋予了股票转换权的公司债券，也称"可转换债券"。发行公司事先规定债权人在约定的期限内，可以选择有利时机，按发行时规定的条件把债券转换成发行公司等值股票（普通股票）

《公司法》第 162 条规定，上市公司经股东大会决议可以发行可转换为股票的公司债券，并在公司债券募集办法中规定的具体转换办法。《公司法》第 163 条规定，发行可转换为股票的公司债券的，公司应当按照其转换办法向债券持有人换发股票，但债券持有人对转换股票或者不转换股票有选择权。

发行可转换公司证券，要求上市公司符合最近3个月会计年度加权平均净资产收益率不低于6%、本次发行后累计公司债券余额不超过最近一期末净资产额的40%、最近3个月会计年度实现的年均可分配利润不少于公司债券1年的利息、应提供全额担保等条件。债券持有人对转换股票或者不转换股票有选择权，转股价为应不低于募集说明书公告日前20个交易日该公司股票交易均价和前1个交易日的均价。上市公司可按事先约定的条件和价格赎回尚未转股的可转换公司债券。债券持有人也可按事先约定的条件和价格将所持债券回售给上市公司。

可转换债券兼具债券和股票的特征，是股票的一个衍生品种。转换前，它是债券，具有确定的期限和利率，投资者为债权人，凭券获得本金和利息；转换后，它成了股票，持有人也变为股东，参与企业管理，分享股息。由于这种附加的权利，可转换债券利率比较低。对于上市公司而言，可转换债券主要具有低成本融资，稳定上市公司的股票价格、降低代理成本、完善公司治理结构、优化资本结构等优点，但也存在着增加管理层经营压力、存在回购风险、减少筹资数量等缺陷。

3. 分离交易的可转换公司证券

分离交易的可转换公司证券简称分离交易可转债，是认股权和债券分离交易的可转换公司债券的简称。与传统的可转换债券相比，对上市公司发行分离交易可转债的最大优点是"二次融资"。在分离交易债发行时，投资者需要出资认购债券，同时获得认证股权；而如果投资者行权（权证到期时公司股价高于行权价时），会再次出资以行权价格认购股票。而且由于有权证部分，分离交易债的债券部分票面利率可以远低于普通可转换公司债券，亦即其整体的融资成本相当低廉。例如，中信国安2007年发行分离交易可转债筹资17亿元，发行价格为每张100元，票面利率为1.2%。

从法律角度分析，认股权证本质上是一种权利契约，投资人支付权利金购得权证后，有权于某一特定期间或到期日，按约定的价格（行使价），认购或沽出一定数量的标的资产（如股票等）。权证的交易实属一种期权的买卖。与所有期权一样，权证持有人在支付权利金后获得一种权利，而非义务，行使与否由权证持有人自主决定；而权证的发行人在权证持有人按规定提出履约要求之时，负有提供履约的义务，不得拒绝。认股权证可为公司筹集额外的资金，对公司发行债券或优先股股票等具有促销作用，可以促进其他筹资方式的运用。中海地产曾于2006年和2007年成功发行了认股权证，融资规模达到了112亿港元。

三、银行信贷融资

（一）融资信用的保证方式

在信贷融资中可以采用的信用保证方式很多，常用的方式包括以下几种：

(1) 第三方担保；

(2) 财产抵押与质押；

(3) 账户质押与账户监管；

(4) 借款人承诺；

(5) 控股股东承诺；

(6) 安慰函及支持函；

(7) 政府支持函；
(8) 项目合同保证；
(9) 保险。

(二) 房地产开发投资相关的贷款类型

与房地产开发投资相关的银行信贷融资，主要包括土地开发贷款、房地产开发贷款。这些贷款的共同特征，是以所开发的房地产项目（土地或在建工程）或所购买的房地产资产作为贷款的抵押物，为贷款的偿还提供担保。

(三) 开发贷款的相关规定

1. "四证"齐全是发放开发贷款的前提

建设部、国家计委、财政部、国土资源部、中国人民银行和国家税务总局联合发布的《关于加强房地产市场宏观调控促进房地产市场健康发展的若干意见》（建住房［2002］217号）第7条规定："要严格审核房地产开发项目贷款条件，切实加强对房地产开发贷款使用的监管。对未取得土地使用权证书、建设用地规划许可证、建设工程规划许可证和施工许可证（开工报告）的项目，商业银行不得发放任何形式贷款。"

因此，立项批准文件和"四证"齐全是房地产开发项目合法的前提。

2. 项目资本金及投入要求

根据《国务院关于调整固定资产投资项目资本金比例的通知》（国发［2009］27号），保障性住房和普通商品住房项目的最低资本金比例为20%，其他房地产开发项目的最低资本金比例为30%；

银监会颁布的《商业银行贷款风险管理指引》（银监发［2004］57号）规定商业银行对申请贷款的房地产开发企业，应要求其开发项目资本金比例不低于35%（第16条）。

根据《固定资产贷款管理暂行办法》第9条和第28条规定，商业银行等贷款人在受理固定资产贷款申请时审核其是否符合国家有关投资项目资本金制度的规定，在固定贷款发放和支付过程中，应确认与拟发放贷款同比例的项目资本金足额到位，并与贷款配套使用。

四、信托融资

从资金信托的角度出发，房地产信托是指受托人（信托投资公司）遵循信托的基本原则，以自己的名义，将委托人委托的资金以贷款或入股的方式投向房地产业以获取收益，并将收益支付给收受益人的行为。

房地产信托有房地产财产信托和房地产资金信托两种形式。从财产信托的角度出发，房地产信托则指房地产物业的所有人作为委托人将其所有的物业给专门的信托机构经营管理，由信托机构将信托收益交付给受益人的行为。财产信托通常是指房地产企业作为委托人，以其所有的房地产委托信托公司设立自益信托，通过向社会投资者转让全部/部分信托受益权（凭证）使其成为最终受益人，从而获得相应的资金用于房地产项目的活动。

房地产资金信托与财产形式的房地产信托相比，更能满足资金密集型的房地产开发企业的资金需求。信托公司设立单一或集合资金信托计划募集社会资金，之后再根据信托合同的约定将资金以各种方式投向与房地产相关的活动，在这一过程中投资者既是委托人也是受益人。与其他模式相比，如上市、海外融资、企业债券、股权投资、产业基金等相比，虽然房地产信托融资本身也有诸如"200份"、流通性、营销方式等方面的限制条件和缺陷，但信托的宏观环境相对其融资工具而言要宽松得多。

（一）房地产信托融资的优势

房地产信托融资具有三大基本优势：

（1）信托融资创新空间宽广，同时具有巨大的灵活性。信托具备连接货币市场、资本市场和产业市场的综合性融资平台优势，通过一系列制度安排，实现企业或项目的组合融资。因此银行具有资金优势，信托具有制度优势和灵活的创新性。信托可以与银行互补互动。信托的供给方式十分灵活，可以针对房地产企业自身运营需求和具体项目设计个性化的信托产品，突出表现在信托对不同阶段、不同进度水平的项目都可以量身定做解决方案，从开发资金、流动资金到后期的消费资金，乃至一些特殊问题，如"烂尾楼"等都可以通过信托解决，增大市场供需双方的选择空间。

（2）信托具有财产隔离功能。信托公司的财产隔离功能主要体现在受现行法律、法规充分保护的信托财产的独立性上。信托设立以后，其财产处于"特殊状态"：他既能充分地体现委托人或受益人的"意愿"、"利益"和特殊目的，又不记在委托人的所有权益项下，独立与委托人的其他自有财产而存在；它名义上是为委托人所有，但又不失为委托人的自有财产。受托人对信托财产及对自有资产的处置方式迥然不同：受托人必须按信托文件的约定，为实现受益人的"最大利益"或"特殊目的"而努力，不得用信托财产为自身谋取利益；每一个信托隔离于受托人的自有财产和其他信托账户，甚至在出现受托人解散等阶段情况时，信托财产仍能保持其独立性，按约定或法院判定，由新的受托人承接。在我国，信托的财产隔离受到《中华人民共和国信托法》、《信托投资公司管理办法》、《资金信托管理暂行办法》"一法两规"强而有力的支撑。

（3）相对银行贷款而言，房地产信托融资方式，可以不受通过银行贷款时企业自有资金不应低于开发项目总投资的约束，也能够弥补中国人民银行121号文规定的只有主体结构封顶才能按揭所造成的融资链的断裂。最近要求贷款类信托，房地产项目也要"四证"齐全，开发商具有二级资质，项目资本金比例达到国家最低要求等条件，导致信托贷款融资方式在减少。

（二）房地产资金信托

2007年以来，监管者在总结前期监管得失的基础上，整合数十件信托规范性文件，制定了较为系统，明确和更符合国际趋势及实践发展需求的信托公司经营管理和信托业务新规范，主要有"三规"的《信托公司管理办法》（2007年）《信托公司集合资金信托计划管理办法》（2007年制定，2009年修订）和《信托公司净资本管理办法》（2010年）到2010年3月三年过渡期结束，我国信托公司的数量减少到50多家并都换发了新的金融许可证。经过这次整顿，我国的信托公司逐步建立了净资本，风险资本监控体系，被定位为"受人之托，代人理财"的专业化金融机构，而不仅仅是融资通道或平台。

如果将房地产资金信托简单分类的话，可按负债关系划分为债务型信托和权益型信托，债务型信托是信托公司通过信托产品融集资金借贷给房地产企业，其优点是：操作简便，管理简单，收益比较稳定。其缺点是技术含量低，在常规领域开展此类业务又与商业银行具有强烈的重合性，信托公司劣势明显。显然，信托公司的优势和特色应在权益型信托业务方面。

1. 抵押贷款类信托

抵押贷款类信托产品是指信托公司通过质押资金使用方的公司财产或股权为基本贷款担保方式发行房地产信托产品后，将募集的资金提供给房地产公司使用。抵押贷款类的房地产信托，募集金额占全部房地产信托金额的76.2%，以财产或股权担保方式的房地产信托前些年的主要信托融资模式。如中信信托公司2010年的君泰华府房地产信托贷款集合资金信托计划、北方信托公司2011年的平阳县昆阳镇北示范小区项目贷款集合资金信托计划。这种模式之所以总量大且容易成功是因为财产抵押是完全仿照银行贷款的模式设计的，成熟的信贷业务，容易获得各当事方的认可。

图7-2-1　贷款型信托操作流程

这类项目的风险控制措施通常为：资产抵押（土地、房产等）并尽可能有抵押率；股权质押、第三方担保、为项目设立独立的账户等，见图7-2-1。

贷款的前提条件就是下文所说的"四、三、二"条件。

贷款信托的退出方式就是开发商支付利息、偿还本金。

近年来，随着对房地产信托监管的加强《中国银监会办公厅关于加强信托公司房地产、证券业务监管有关问题的通知》（银监办发〔2008〕265号），要求信托公司发放贷款的房地产开发项目应满足"四证"齐全、开发商或其控股股东具备二级资质，项目资本金比例达到国家最低要求的30%的条件，即所谓的"四、三、二条件"，相比银行贷款，信托贷款已无明显优势。因此，不少信托公司以减少采用贷款方式运用信托资金，转向了能够规避上述监管措施的股权投资类信托。

2. 股权投资类信托

该类信托是指投资公司通过将信托资金以股权方式，合资成立或者入股房地产企业，进而成为房地产企业股东或房地产项目所有者，直接参与房地产的开发、建设，并根据在房地产企业中所占的股份比例或房地产项目所有权情况，获得经营所得，作为信托投资收益来源，如图7-2-2所示。实践中出现了下面的两种情况。

（1）夹层信托。股权融资的另一种途径，在增加房地产企业的资本金，促使房地产企业达到银行融资的条件后，房地产企业申请银行贷款完成房地产开发，而信托资金股权再择机溢价退出，以获得的溢价偿付信托收益权的权益。实践中，"股权＋回购"、"夹层信托"、"假投资真融资"，就是将信托资金入股房地产公司，取得控制权地位，并约定一定期限后由开发商溢价回购。如西部信托投资公司2004年的"西安交大科技园配套住宅建设项目资金信托计划"，联华信托公司2005年的"联信·宝利七号中国优质房地产投资信托"等。

（2）大信托。2010年以来，随着监管层对信托公司更多地发挥主动管理职能，"夹层信托"的主导地位被"大信托"模式取代。所谓"大信托"，是将结构化设计引入信托资金募集的信托模式,即房地产开发商以存量资产,主要是开发商在房地产项目公司的股权,认购信托计划的劣后受益权部分,普通投资者则以现金认购优受益权部分,之后再根据信托合同的约定运用信托资金。在这种模式下,信托计划可以100%控制房地产项目公司,信托公司既保管项目公司的财务印章和监管其银行账户,避免开发商挪用资金;又向项目公司派驻特殊董事,拥有对重大事项的一票否决权,体现了信托公司主动管理职能,可以为其带来更高的收益。"大信托"已成为房地产信托的主流。如中信信托2009年的聚信汇金地产基金Ⅱ号集合信托计划、安信信托2011年的浙江金磊房地产开发有限公司股权投资信托计划等。

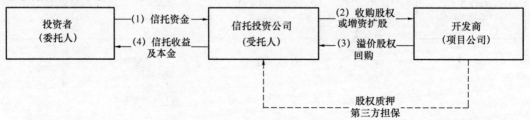

图7-2-2 股权型信托的运作流程

对项目的要求是股权简单、清晰、盈利能力强。

风险控制措施:向项目公司派出股东和财务经理、股权质押、第三方担保。

股权信托的退出方式:溢价股权回购。

3. 权益型信托

对于房地产开发公司以合法可售房屋交易为担保的房地产信托计划,信托公司可以通过购买资金需求方的商品(主要为期房),并将其预售登记后作为担保,或以收益性房地产的受益权转让为担保发行的资金信托计划,见图7-2-3。这种模式为很多多期开发项目的后期运作或多个房地产项目的运作,以及有良好的在售物业的房地产公司提供了融资条件。这种模式的风险主要在于:在建工程到竣工交付的阶段性风险;房屋销售的市场风险;权属登记的法律风险。

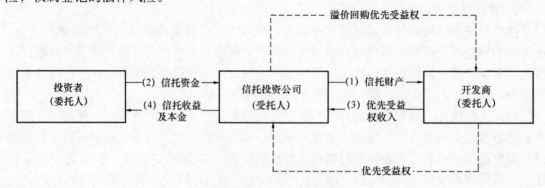

图7-2-3 权益型信托的运作流程

4. 混合型信托

混合型信托是指信托公司采取权益型信托和债务型信托结合的方式介入房地产业务。它具备贷款类和股权类房产信托的基本特点,同时也有自身方案设计灵活、交易结构复杂的特色，综合运用股权、债权、购买收益权、购买物业等各种方式，取得信托资金，满足开发商对项目资金的需求。

信托公司与委托人在信托合同中对信托资金的使用方式加以明确的规定，受托人按照合同约定的比例，以股权投资和贷款融资的不同方式加以组合运用，具有较强的灵活性。

（三）财产信托

这类信托属于受益权转让的一种。该类信托模式几乎等同于资产证券化产品。该类模式的信托，是将存量的持有性物业或出租性物业作为信托财产，将该类物业自身日常产生的租金收入或经营收入等稳定的现金流作为前提，发行财产受益权转让信托，房地产企业将信托受益权转让给投资者并取得相应对价实现融资，或者将受益权抵押进行债务融资。然后，将募集的信托资金交由该类物业所有人，按照信托合同约定的信托目的或投资方向加以运用。将固化、积压、沉淀的资产盘活、变现，因此具有极为强烈资产证券化功能，也是我国迄今房地产信托所有模式中，最接近国外发行的房地产信托基金（REITs）的一种信托产品。

财产信托的风险管控措施之一就是签订附条件的《商品房买卖合同》，并在房管局进行合同备案。

这类信托的财产是业已建成的正在运营中的收益性物业，由于产权清晰、收益稳定、风险可控，因而有可能成为公众投资工具，与国外发行的房地产信托基金（REITs）比较接近。

对信托基金的设立、运作加以全面规范的《房地产投资信托基金守则》是香港房地产投资信托基金的规范性文件。香港 REITs 采用信托方式，是集合投资计划的一种。香港 REITs 是以信托方式组成，主要投资于房地产项目的集体投资计划，旨在向持有人提供来自房地产租金收入的回报。香港 REITs 通过出售基金单位获得资金，根据基金文件的规定加以利用，在其投资组合内维持、管理和购入房地产。REITs 的基本特征如下：(1) 专注投资于可产生定期租金收入的房地产项目；(2) 限制频繁买卖房地产；(3) 收入的大部分必须源自房地产项目的租金收入；(4) 收入的绝大部分必须以定期股息方式分派给持有人；(5) 在基金文件中明确规定最高负债额度；(6) 关联交易必须获得持有人的批准；(7) 上市义务。香港证券会认可房地产投资信托基金的一项条件，是该基金将会在证券会接纳的某个期间内在香港联合交易所上市。

2005 年 6 月，香港证券会对《房地产投资信托基金守则》进行了修订，其核心是取消 REITs 只可投资于香港房地产的限制。这也是"越秀基金 REITs"能在香港设立的前提条件。

五、私募股权

私募股权投资（Private Equity，简称"PE"）是指通过私募形式对非上市企业进行的权益性投资（操作方式是增资扩股或股份转让的方式，获得非上市公司股份），并通过股份增值转让获利（上市、并购或管理层回购等方式，出售持股获利）。

私募股权基金起源于美国。20 世纪末，有不少富有的私人银行家通过律师、会计师的介绍和安排，将资金投资于风险较大的石油、钢铁、铁路等新兴产业，这类投资完全是由投资者个人决策，没有专门的机构进行组织，这就是私募股权基金的雏形。

房地产开发融资必然要进入转型时代，包括房地产信托、企业债权、房地产股权私募基金、资产证券化，都应该是房地产金融的新型业态。私募股权的对象为机构投资者，风险承受能力较强。因此，私募股权基金也有望成为新的，也是较为行之有效的房地产融资途径。私募在中国是受严格限制的，因为私募很容易成为"非法集资"，两者的区别就是：是否面向一般大众集资，资金所有权是否发生转移，如果募集人数超过50人，并转移至个人账户，则定为非法集资，非法集资是极严重经济犯罪，如众所周知的浙江吴英案。

《关于规范房地产市场外资准入和管理的意见》（建住房〔2006〕171号）规定，外商投资设立房地产企业，投资总额超过1000万美元（含1000万美元）的，注册资本金不得低于投资总额的50%。外商投资房地产企业注册资本金未全部缴付的，未取得《国有土地使用证》的，或开发项目资本金未达到项目投资总额35%的，不得办理境内、境外贷款，外汇管理部门不予批准该企业的外汇借款结汇。外商投资房地产企业的中外投资各方，不得以任何形式在合同、章程、股权转让协议以及其他文件中，订立保证任何一方固定回报或变相固定回报的条款。这些规定，限制了外资投资房地产投资，为外资的进入和退出设置了更高的门槛。这些规定，使依赖金融生存的房地产企业，加大了对私募基金的需求。

中国PE的法律依据，一是国家发展和改革委等十部委联合起草的《创业投资企业管理暂行办法》（2005年11月15日发布，2006年3月1日实施）；二是《中华人民共和国合伙企业法》（2006年8月27日发布，2007年6月1日起施行）。

实践中有很多私募股权投资的例子。如天津鼎晖地产投资基金、复邦Ⅱ期基金以及金地和华润的多只地产私募基金。私募股权融资将成为房地产开发项目，特别是土地一级开发项目的重要融资途径。

第三节　房地产项目融资管理

一、房地产项目融资的概念

（一）房地产投资项目使用资金特性

房地产投资项目所需的资金除具"货币—生产—商品—货币"这样一个一般的循环往复、连续不断的资金运作过程外，还具有资金垫付量大、占用周期长、投资的固定性和增值性以及风险大、回报率高等特性。从这些特性出发，房地产开发投资企业的资金在周转过程中必然存在着：资金投资的集中性和来源分散性的矛盾、资金投入量大和每笔收入来源小的矛盾、投资回收周期长和再生产过程连续性的矛盾。对于房地产投资者来说，解决这些矛盾，是项目投资得以顺利进行的基本前提。

（二）房地产项目融资的含义

房地产项目融资，是整个社会融资系统中的一个重要组成部分，是房地产投资者为确保投资项目的顺利进行而进行的融通资金的活动。与其他融资活动一样，房地产项目融资同样包括资金筹措和资金供应两个方面，没有资金筹措，资金供应就成了无源之水、无本之木。

房地产项目融资的实质，是充分发挥房地产的财产功能，为房地产投资融通资金，以达到尽快开发、提高投资效益的目的。房地产投资项目融资的特点，是在融资过程中的存储、信贷关系，都是以房地产项目为核心。通过房地产投资项目融资，投资者通常可将固着在土地上的资产变成可流动的资金,使其进入社会生产流通领域,达到扩充社会资金来源、缓解企业压力的目的。

(三)房地产项目融资的意义

资金问题历来都是房地产投资者最为关切和颇费心机的问题,任何一个房地产投资者,能否在竞争激烈的房地产市场中获得成功,除了取决于其技术能力、管理经验以及他在以往的房地产投资中赢得的信誉外,还取决于其筹措资金的能力和使用资金的本领。

财务杠杆可以大大提高项目的投资回报,但只有获得金融机构的支持才能得到这根杠杆。

从金融机构的角度来说,通过获取存贷差来取得营业利润。所以金融机构只有设法将资金及时融出,才能避免由于资金闲置而造成的损失。当然,金融机构在融出资金时,要遵循流动性、安全性和盈利性的原则。

世界各国的实践表明,房地产是吸纳金融机构信贷资金最多的行业,房地产开发商和投资者,是金融机构最大的客户群之一,也是金融机构之间的竞争中最重要的争夺对象。

二、房地产项目融资方案

(一)融资组织形式选择

研究融资方案,首先应该明确融资主体,由融资主体进行融资活动,并承担融资责任和风险。项目融资主体的组织形式主要有:既有项目法人融资和新设项目法人融资。

既有法人项目融资形式是依托现有法人进行的融资活动,其特点是:不组建新的项目法人,由既有法人统一组织融资活动并承担融资责任和风险;拟建项目一般在既有法人资产和信用基础上进行,并形成其增加资产;从过去既有法人的财务整体状况考察融资后的偿债能力。

新设项目法人融资形式是指新建项目法人进行的融资活动,其特点是:项目投资由新设项目法人筹集的资本金和债务资金构成;新设项目法人承担相应的融资责任和风险;从项目投产后的经济效益来考察偿债能力。

(二)资金来源的选择

在估算出房地产投资项目所需要的资金数量后,根据资金的可行性、供应的充足性、融资成本的高低,在上述房地产项目融资的可能资金来源中,选定项目融资的资金来源。

常用的融资渠道包括:自有资金、信贷资金、证券市场资金、非银行金融机构(信托投资公司、投资基金公司、风险投资公司、保险公司、租赁公司等)的资金、其他机构和个人的资金、预售或预租收入等。

(三)资本金的筹措

资本金作为项目投资中由投资者提供的资金,是获得债务资金的基础。国家对不同行业规定了不同的资本金要求。

《国务院关于决定调整固定资产投资项目资本金比例的通知》(国发[2009]27号)各行业固定资产投资项目的最低资本金规定如下:

钢铁、电解铝项目,最低资本金比例为40%。

水泥项目,最低资本金比例为35%。

煤炭、电石、铁合金、烧碱、焦炭、黄磷、玉米深加工、机场、港口、沿海及内河航运项目,最低资本金比例为30%。

铁路、公路、城市轨道交通、化肥（钾肥除外）项目，最低资本金比例为25%。

保障性住房和普通商品住房项目的最低资本金比例为20%，其他房地产开发项目的最低资本金比例为30%。

其他项目的最低资本金比例为20%。

即对其他房地产开发投资项目的资本金要求为30%。

资本金出资形态可以是现金，也可以是实物、土地使用权等，实物出资必须经过有资格的资产评估机构评估作价，并在资本金中不能超过一定比例。新设项目法人项目资本金筹措渠道，包括政府政策性资金、国家授权投资机构入股的资金、国内外企业入股的资金、社会团体和个人入股的资金。既有项目法人项目资金筹措渠道，包括项目法人可用于项目的资金、资产变现资金、发行股票筹集的资金、政府政策性资金和国内外企业法人入股资金。

当既有项目法人是上市公司时，可以通过公开或定向增发新股、发行公司可转换债券，为特定的房地产开发投资项目筹措资本金。房地产股票是房地产上市公司发给股东的所有权凭证，股票持有者作为股东承担公司的有限责任，同时享受相应的权利，承担相应的义务。

房地产上市公司可根据企业的资金需要，选择发行不同种类的房地产股票，包括普通股和优先股。普通股是股份企业资金的基础部分，普通股的基本特点使其投资收益（股息和分红）不是在购买时约定，而是事后根据股票发行公司的经营业绩来确定。普通股股东一般都拥有就公司重大问题进行发言和投票表决的权利。优先股又分为累计优先股、股息可调整的优先股和可转换优先股三类。

以资金或土地使用权作价入股的合作开发模式，也是筹措资本金、分散资本金筹措压力的有效方式。通过发挥合作伙伴的各自优势，并由各合作伙伴分别承担或筹集各自需要投入的资本金，可以有效提高房地产的投资能力。许多房地产开发项目采用了合作开发的模式，使有房地产开发投资管理能力但缺乏资金的开发商和拥有资本金投资能力但没有房地产投资管理经验的企业优势互补，收到了很好的效果。合作开发还包括与当前的土地使用者合作，通过将土地开发费用（拆迁、安置、补偿）的部分或全部作价入股，具体形式多种多样。

（四）债务资金筹措

债务资金是项目投资中除资本金外，需要从金融市场借入的资金。债务资金筹措的主要渠道有信贷融资和债券融资。

1. 债务资金筹措应考虑的主要方面

（1）债务期限。债务期限应根据资金使用计划和债务偿还计划及融资成本的高低进行合理的设计和搭。

（2）债务偿还。需有稳妥的还款计划，防止出现支付风险。

（3）债务序列。债务安排可以依据其依赖于公司或项目资产抵押的程度或者外部信用担保程度而划分为由高到低的不同等级序列。在公司出现违约的情况下，按照债务序列对公司的资产和抵押、担保权益进行分割。

（4）债权保证。债权人为保障其权益采取的措施。如债务人或涉及的第三方对债权人提供履行债务的特殊保证。

(5) 违约风险。债务人违约或无力清偿债务时，债权人追索债务的形式和手段及追索程度。如完全追索、有限追索、无追索。

(6) 利率结构。利率有浮动利率、固定利率和浮动/固定利率等不同的利率机制。采用何种利率要考虑：项目现金流量的特征、金融市场上利率的走向、借款人对控制融资风险的要求等因素。

2. 债务资金的基本因素

在债务融资方案中，除了债务资金的来源和融资方式外，以下因素是债务资金的基本要素。

(1) 时间和数量。债务资金提供的时间和数量，贷款的期限和宽限期、分期还款的类型等。

(2) 融资成本。对于贷款是利息，对于租赁是租金、对于债券是债息。利率是固定还是浮动、调整方式；是否还有其他费用，如承诺费、手续费、代理费、担保费、信贷保险费、其他杂费等。

(3) 利息支付方式。如期末还本付息；利息照付、期末还本；贷出资金时扣除利息、本金支付按规定等要求。

(4) 附加条件。对债务资金的附加条件。如使用方面、采购方面。

(5) 债权保证。债权人的债权保证要求，关系债务人的风险大小。

3. 债务资金筹措

(1) 信贷融资。任何房地产开发商要想求得发展，就离不开银行及其他金融机构的支持。如果开发商不会利用银行信贷资金，完全靠自有资金周转，就很难扩大投资项目的规模及提高资本金的投资收益水平，还会由于投资能力的不足而失去许多良好的投资机会。利用信贷资金经营，实际上就是"借钱赚钱"或"借鸡生蛋"，充分利用财务杠杆的作用。

大型项目融资中，由于所需资金额巨大，一家银行难以承受巨额贷款的风险，可以由多家或几十家银行组成银团贷款。

信贷融资方案要明确拟定提供贷款的机构及其贷款条件，包括支付方式、贷款期限、贷款利率、还本付息方式和附加条件等。

(2) 股东借款。公司的股东对公司提供的贷款，对于借款公司来说，在法律上是一种负债。股东借款是否后于其他项目贷款受偿，取决于约定。没有约定，与其他债务处于同等受偿顺序。约定后受偿的话，股东借款可视为项目的资本金或准资本金。

(3) 债券融资。企业债券泛指各种所有制形式企业，为特定的目的所发行的债券凭证。债券融资是指项目法人以自身的财务状况和信用条件为基础，通过发行企业债券筹集资金，用于项目建设的融资方式。

企业债券作为一种有价证券，其还本付息的期限一般应根据房地产企业筹集资金的目的、金融市场的规律、有关法律和房地产开发经营周期而定，通常为3~5年。债券偿付方式有三种，第一种是偿还，通常是到期一次偿还本息；第二种是转期，即用一种到期较晚的债券来替换到期较早的债券，也可以说是以旧换新；第三种是转换，即债券在有效期内，只需支付利息，债券持有人有权按照约定将债券转化成公司股权。

可转换债券可以看成是企业发行的一种特殊形式的债券。现在发行的可转换债券，通常不设定后于其他债权受偿。其他债权人不应将可转换债券视为借款人的资本金融资。

（五）预售或预租

由于房地产开发项目可以通过预售和预租在开发过程中获得收入，而这部分收入又可以用作后续开发过程所需要的投资，所以大大减轻了房地产开发商为开发项目进行权益融资和债务融资的压力。

在房地产市场前景看好的情况下，大部分投资置业人士和机构，对预售楼宇感兴趣，因为他们只需先期支付少量定金或预付款，就可以享受到未来一段时间内的房地产增值收益。财务杠杆的作用在第8章有详细的说明。

预售楼宇对于买家来说，由于他可以降低购楼费用（开盘价格通常较低），因此有很高的积极性；对于开发商来说，预售一部分楼面面积，既可以筹集到必要的建设资金，又可将部分市场风险分担给买家，因此开发商也很有积极性。当然，预售楼宇通常是有条件的，一般规定，开发商投入的建设资金（不含土地费用）达到或超过地上物预计总投资的25%以后，方可获得政府房地产管理部门颁发的预售许可证。预售的条件详见第6章。

（六）融资方案分析

在初步确定项目的资金筹措方式和资金来源后，接下来的工作就是进行融资方案分析，比较并挑选资金来源可靠、资金结构合理、融资成本低、融资风险小的方案。

1. 资金来源可靠性分析

分析项目所需总投资和分年所需投资能否得到足够的、持续的资金供应、即资本金和债务资金供应是否落实可靠。在规定的时间获得满足需求量的资金，才能保证项目开发建设活动顺利进行。

2. 融资结构分析

分析项目融资方案中的资本金与债务资金比例、股本结构比例和债务结构比例，并分析其实现条件。在一般情况下，项目资本金比例过低，将给项目带来潜在的财务风险，因此应根据项目的特点和开发经营方案，合理确定资本金与债务资金的比例。

股本结构反映项目股东各方出资额和相应的权益，应根据项目特点和主要股东方的参股意愿，合理确定参股各方的出资比例。

债务结构反映项目债权各方为项目提供的债务资金的比例，应根据债权人提供债务资金的方式、附加条件及利率、汇率、还款方式的不同，合理确定内债与外债的比例、政策性银行与商业性银行的贷款比例、信贷资金与债券资金的比例、债务期限配比等。

3. 融资成本分析

融资成本是指项目为筹集和使用资金而支付的费用。融资成本高低是判断项目融资方案是否合理的重要因素之一。是融资结构方案比选的最常用方法。

融资成本包括债务融资成本和资本金融资成本。债务融资成本包括资金筹集费（承诺费、手续费、担保费、代理费等）和资金占用费（利息），一般通过计算债务资金的综合利率，来判断债务融资成本的高低；资本金资金占用费则需要按机会成本原则计算，当机会成本难以计算时，可参照银行存款利率进行计算。

4. 融资风险分析

融资方案的实施经常受到各种风险的影响。为了使融资方案稳妥可靠，需要分析融资方案实施中可能遇到的各种风险因素，及其对资金来源可靠性和融资成本的影响。通常需要分析的风险因素包括资金供应风险、利率风险和汇率风险、项目控制风险、资金追加风险。

（1）资本金供应风险是指融资方案在实施过程中，可能出现资金不落实，导致开发周期拖长、成本增加、原定投资目标难以实现的风险。

（2）利率风险则是指融资方案采用浮动利率计息时，贷款利率可能变动该给项目带来的风险和损失。采用固定利率计息时，未来市场利率下降，也会导致资金成本相对变高。汇率风险是指国际金融市场外汇交易结算产生的风险，包括人民币对外币的比价变动风险和外币之间的比价变动风险，利用外资数额较大的项目必须估测汇率变动对项目造成的风险和损失。

（3）项目控制风险是指通过融资活动后，筹资人可能会失去对项目的某些控制权。如项目的收益权、管理权、经营权等。特别是通过股权等涉及项目控制权的融资方式，项目在获得资金的同时，筹资人会失去一定的项目控制权；也可能丧失部分预期利益。另一方面，也同时向股权投资人转嫁了部分风险。

（4）资金追加风险。项目实施过程中会出现很多变化，设计的变更、市场的变化、某些预订出资人的变更，投资超支导致项目融资方案的变更，需要追加投资额。为此为加强前期规划策划，同时需要具备再融资能力，出现融资缺口时，有及时取得补充融资的计划和能力。

第四节　房地产融资的成本计算

一、资金成本概述

（一）资金成本的概念

在市场经济条件下，企业筹集和使用资金一般都是有偿的，即企业筹集和使用的资金无论是长期的还是短期的，都要付出代价。企业为筹集和使用资金所付出的代价就是资金的成本。

（二）资本成本的构成

资金成本包括资金筹集费和资金使用费两部分。

1. 资金筹集费是指企业筹集长期资金过程中所支付的费用。例如，发行股票、债券所支付的发行手续费、律师费、评估费等；向银行借款所支付的借款手续费等。

2. 资金使用费是指企业使用资金而支付的费用。例如，向股东分配的股利；向银行或债券持有人等债权人支付的利息等。

3. 就构成资金成本的两部分内容而言，资金使用费是经常发生的，也是资金成本的主要内容；而资金筹集费则通常是在筹集资金时一次性支付，在使用过程中不再发生，因而属于固定性资金成本，所以在计算资金成本时可以作为筹集金额的一项扣除。

二、资金成本的计算

1. 资金成本计算公式

资金成本可以用绝对数表示，也可以用相对数表示。为便于分析比较，资金成本一般用相对数表示，称之为资金成本率。一般计算公式为：

$$K = \frac{D}{P-F} \text{ 或 } K = \frac{D}{1-f}$$

式中 K——资金成本率（一般统称为资金成本）；

P——筹集资金总额；

D——使用费；

F——筹资费；

f——筹集费费率（即筹资费占筹集资金总额的比率）。

2. 各种来源的资金成本

下面分别说明不同来源的资金成本的计算方法。

优先股成本。公司发行优先股股票筹资，需支付的筹资费有注册费、代销费等，同时要定期支付股息。不过，股息是公司用税后利润来支付的，不会减少公司应上缴的所得税。优先股成本率的计算公式为：

$$K_P = \frac{D_P}{P_0(1-f)} \text{ 或 } K_P = \frac{P_0 i}{P_0(1-f)} = \frac{i}{1-f}$$

式中 K_P——优先股成本率；

D_P——优先股每年股息；

P_0——优先股股票面值；

i——股息率。

【例 4-1】 某公司发行优先股股票，票面额按正常市场价格计算为 200 万元，筹资费费率为 4%，股息率为 14%，则其资金成本率为：

$$K_P = \frac{200 \times 14\%}{200(1-4\%)} = \frac{14\%}{1-4\%} = 14.58\%$$

（1）普通股成本。如果普通股各年的股利固定不变，则其资金成本率可以按下式计算：

$$K_C = \frac{D_P}{P_0(1-f)} = \frac{P_0 i}{P_0(1-f)} = \frac{i}{1-f}$$

式中 K_C——普通股成本率；

P_0——普通股总面值或市场发行总额；

D_P——每年固定股利总额；

i——固定股利率。

但是，普通股的股利往往是不固定的，通常有逐年上升的趋势。如果假定股利的年增长率为 g，第一年的股利为 D_1，则第二年的股利为 $D_1(1+g)$，第三年的股利为 $D_1(1+g)^2$……第 n 年的股利为 $D_1(1+g)^{n-1}$。因此，普通股成本率的计算公式为：

$$K_C = \frac{D_1}{P_0(1-f)} + g = \frac{i}{1-f} + g$$

【例 4-2】 某公司发行普通股 300 万元，筹资费费率为 4%，第一年的股利率为 10%，以后每年增长 5%。则该普通股成本率为：

$$K_C = \frac{300 \times 10\%}{300(1-4\%)} + 5\% = 15.4\%$$

（2）债券成本。企业发行债券后，所支付的债务利息列入企业的费用开支。这使得企业可以少缴一部分所得税，两者抵消后，企业实际上支付的债务利息仅为债券利息×（1－所得税税率）。因此，债券成本率可以按下式计算：

$$K_B = \frac{I(1-T)}{B_0(1-F)} \text{ 或 } K_B = i\frac{1-T}{1-f}$$

式中　K_B——债券成本率；
　　　B_0——债券的票面价值；
　　　I——债券年利息总额；
　　　T——所得税税率；
　　　i——债券利率。

【例 4-3】 某企业发行长期债券 400 万元，筹资费费率为 2%，债券利息率为 12%，所得税税率为 25%。则该债券成本率为：

$$K_B = \frac{12\% \times (1-25\%)}{1-2\%} \times 100\% = 9.2\%$$

(3) 银行贷款成本。企业向银行贷款，所支付的利息和费用一般可以作为企业的费用开支，相应的减少部分利润，是企业少缴一部分所得税，从而使企业的实际支出相应减少。

对于每年年末支付利息、期末一次全部还本的贷款而言。其贷款成本率为：

$$K_g = \frac{I(1-T)}{G-F} = i\frac{1-T}{1-f}$$

式中　K_g——贷款成本率；
　　　G——贷款总额；
　　　I——贷款年利息（i 为贷款年利率）；
　　　F——贷款费用。

(4) 租赁成本。企业租入某项资产，获得其使用权，要定期支付租金。租金列入企业成本，可以减少应纳所得税。因此，租赁成本率可以按下式计算：

$$K_L = \frac{F}{P_L} \times (1-T)$$

式中　K_L——租赁成本率；
　　　P_L——租赁资产价值；
　　　F——年租金额。

(5) 保留盈余成本。保留英语又称为留存收益，其所有权属于股东，是企业资金的一种重要来源。企业保留盈余，等于股东对企业进行追加投资。股东对这部分投资与以前缴给企业的股本一样，也要求有一定的回报，所以保留盈余也有资金成本。保留盈余的资金成本是股东失去向外投资机会的成本，因此它与普通股成本的计算基本相同，只是不考虑筹资费用。计算公式为：

$$K_R = \frac{D_1}{P_0} + g = i + g$$

式中　K_R——保留盈余成本率。

3. 平均资金成本

不同来源的资金。其成本各不相同。由于种种条件的制约，某一项目不可能只通过某种资金成本较低的来源筹集资金，而是采用各种筹资方式来筹集资金。为了进行筹资和投资决策，需要计算全部资金来源的平均资金成本率。通常采用加权平均法来计算，计算公式为：

$$K = \sum_{i=1}^{n} W_i K_i$$

式中　K——平均资金成本率；

　　　W_i——第 i 重资金来源占全部资金的比重；

　　　K_i——第 i 种资金来源的资金成本率。

【例 4-4】　计算平均资金成本

计算过程见表 7-4-1

某项目融资成本计算表　　　　　表 7-4-1

资金来源	融资金额（万元）	W_i	K_i（%）	$W_i K_i$（%）
长期借款	3000	0.3	7.00	2.10
短期借款	1000	0.1	5.00	0.50
优先股	1000	0.1	12.00	1.20
普通股	5000	0.5	16.00	8.00
合计	10000	1		11.80

注：表中长期借款和短期借款的资金成本均为税后资金成本。

第五节　融　资　案　例

一、越秀基金概况

越秀房地产信托投资基金（405.HK，以下简称"越秀 REITs"）是首个在香港上市的内地房地产投资基金。越秀 REITs 的资产主要为位于广州的 4 项房地产，包括白马商贸大厦、财富广场、城建大厦及维多利亚广场单位，总建筑楼面面积约为 16 万平方米，估值总额为 40.05 亿港元。越秀 REITs 共有十亿个基金单位，其中全球发售基金单位数约为 5.8 亿个，其余基金单位由香港上市公司越秀投资（123.HK）及其关联公司持有。2005 年 12 月，越秀 REITs 全球公开发售，其中原计划国际配售 5.2 亿个，香港公开发售 6000 万个，每个基金单位 2.85 港元至 3.075 港元。12 月 20 日，越秀 REITs 公布招投结果：香港公开发售及国际配售分别获得 496 倍及 74 倍认购；最终发售价以上限定价，每基金单位为 3.075 港元。由于香港公开发售获超额认购，2.4 亿个基金单位由国际发售调配到香港公开发售，最终香港公开发售部分增加至 3 亿个基金单位，约占全球发售基金单位总数的 51.2%。

越秀 REITs 登陆香港是一个漫长而复杂的过程。2001 年 9 月 25 日，原国家计委批准广州市政府将其持有的广州市城市建设开发集团（以下简称"GC-CD 集团"）95% 的权益注入越秀企业（集团）有限公司（以下简称"越秀集团"），而越秀集团是越秀投资的股东。越秀集团将重组后的 GC-CD 集团的权益转让予越秀投资。

2005 年 10 月，越秀先后进行了 4 次的 BVI（离岸公司）转让：2005 年 10 月，白马合营公司将白马单位的所有权转让给了柏达 BVI；2004 年 9 月和 2005 年 8 月，GC-CD 将财富广场单位的所有权转让给了金峰 BVI；分别于 2005 年 7 月 6 日及 15 日，将维多利广场单位的所有权转让给京澳 BVI；最后，又在 2005 年 10 月先后分 4 天将城建大厦单位的所有权转让给福达 BVI，见图 7-5-1。

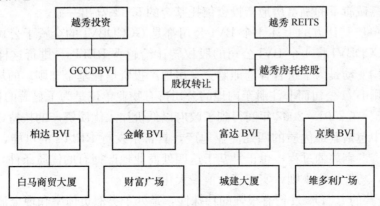

图 7-5-1 越秀 REITs

越秀 REITs 的"发售通函"载明，越秀 REITs 未来将"透过收购缔造商机及制定发展策略"。越秀 REITs 份额的主要持有人越秀投资承诺授予越秀 REITs 优先购买权，在未来 5 年内收购其位于广州的四处甲级办公及商业楼宇：预计 2006 年落成的"越秀新都会"、预计 2007 年落成的维多利广场群楼上的两幢办公楼、预计 2008 年落成的"亚太世纪广场"和预计 2009 年至 2010 年理查德"珠江新城双塔"之西塔，总建筑楼面面积约为 80 万平方米。越秀 REITs 上市所筹集的资金将用于偿还贷款及向越秀投资收购上述四处房地产资产。

二、评析

以国内物业为资产包的越秀 REITs 的上市开辟了房地产领域新的融资渠道，成为我国房地产行业具有划时代意义的事件之一。

越秀 REITs 的资产源于越秀投资（00123.HK）分拆的旗下内地商业物业，包括其在广州的 4 处物业：白马大厦单位、财富广场单位、城建大厦单位、维多利广场单位。从当时上市的越秀 REITs 资产包看来，4 个商场项目均位处广州市区的黄金地带，涉及总建筑楼面面积为 16 万平方米，是办公楼、零售及其他商业用途的投资收益型物业。

事实上，越秀最初在做 REITs 调研报告的时候，所筹划的物业并不是所有已经装进去的业务。当时，财富广场还是广州的一个烂尾楼，越秀接手后对其重新进行了改装。

为了获得上市成功，越秀投资在注入资产方面用心良苦。最终打包上市的 4 处物业都是大股东为支持越秀投资而注入的盈利能力和发展潜力最强的优质资产。其中，白马单位是中国十大服装批发市场之一，声名远播，效益可观，是四处物业中效益最好、估值最高，且在注入越秀投资之前就已经具备了良好的盈利能力；后三者位于广州繁华的天河商业圈，都是广州著名的物业单位，具有良好的发展前景。截至 2004 年年底，这四个物业面积占越秀投资可供出租物业总面积的 20.45%，但营业总额却占到了其出租物业营业总额的 46.89%，无疑，越秀投资计划投入 REITs 的是其所拥有的出租物业中资产质量最好的。

将大部分已培育好的、有较强盈利能力的资产注入了越秀投资（如白马单位等），不仅为之扫清了境内资产向境外转移所存在的法律障碍，也节省了盈利能力培育和资产剥离的过程，为REITs上市争取了时间。

此外，为吸引投资者，越秀开出的年息回报率高达7%，高于领汇6%~6.37%的收益率，更比李嘉诚旗下的泓富房地产投资信托基金的5.3%高出一截。

作为物业单位受让方的上述4个BVI公司都是GCCDBVI的全资子公司。最后，越秀投资通过GCCDBVI将4个BVI公司的股权转让给越秀REITs。进行这样一个复杂的资产置换与结构变动是为了符合香港证监会《房地产投资信托基金守则》的规定，除了监管要求外，使用BVI公司而非注册于内地的公司持有物业单位是为了显著的税收优势。

"越秀投资"在2001~2002年间得到了政府以低价注入优质资产的扶持，"越秀投资"所获得的资产中包括其最优质的四处商业地产，具备了发行REITs的可能，也节省了盈利能力培育和资产剥离的过程，也正是基于这四处商业地产拥有的优质条件，"越秀投资"通过资产重估，巧妙运用规则，实现了价值最大化。

"越秀投资"的REITs发行有很强的特殊性，是处于类似负债率和现金流状况下的公司难以复制的，其路径尚不具典型意义。

复 习 思 考 题

1. 什么是房地产融资？包括哪些种类？
2. 房地产企业资金的来源有哪些？
3. 什么是房地产权益融资？什么是房地产债务融资？
4. 什么是房地产信托融资？该融资方式有何优势？
5. 什么是房地产企业融资？什么是项目融资？
6. 谈谈你所了解的私募股权融资。

第八章　房地产项目评价指标及计算

第一节　概　　述

我们知道，房地产开发商将资金或资产投入到房地产开发项目或其他房地产有关项目中，其目的是最大限度的获益。因此，若该项目可以带来收益，并且收益能达到开发商的预期，开发商才可能对该项目进行投资；否则，在一般情况下，开发商不会对该项目进行投资。为了了解一个房地产项目的收益情况，就要对房地产项目进行经济评价。

房地产投资项目的经济评价是对拟建项目投入产出的各种经济因素进行调查、研究、预测、计算及论证，运用定量分析和定性分析相结合、动态与静态分析相结合、宏观效益分析和微观效益分析相结合的方法，选择最佳方案。根据经济评价的结果，得出本项目是否可行的结论。

一、设定经济评价指标目的和意义

设定财务评价指标对房地产项目进行评价有着重要的意义，主要体现在以下三个方面：

1. 衡量项目的盈利能力

盈利能力是反映房地产投资财务效益的重要标志。在财务分析中，应该考察拟投资项目的盈利能力是否达到行业的平均水平或投资者期望的最低盈利水平，或者是否满足项目可行的要求条件。这种衡量主要是计算财务内部收益率、财务净现值、投资利润率及资本金利用率等指标来进行的。

2. 衡量项目的清偿能力

拟投资项目的清偿能力包括两个层次：一是项目的财务清偿能力，即项目按期收回全部投资的能力；二是债务清偿能力。如果项目有贷款，就应考察项目资金偿还期限是否符合有关规定，项目是否具备所要求的清偿债务的能力。这种衡量主要是通过计算投资回收期、借款偿还期以及资产负债率和偿债保障比率等指标来进行的。

3. 衡量项目的资金平衡能力

资金平衡主要是指投资项目的各期累计盈余资金不应出现负值（即资金缺口），它是投资开发经营的必要条件。这种衡量是通过资金来源于运用表进行的。

二、营业收入利润和税金

1. 营业收入

营业收入又称经营收入，是指向社会出售、出租房地产开发商品或自营时的货币收入，包括销售收入、出租收入和自营收入。营业收入是按市场价格计算的，房地产开发投资企业的产品（房屋）只有在市场上被出售、出租或自我经营，才能成为给企业或社会带来效益的有用的劳动成果。因此，营业收入比企业完成的开发工作量（完成投资额）更能反映房地产开发投资项目的真实经济效果。

2. 利润

利润是企业经济目标的集中体现，企业进行房地产开发投资的最终目的是获取开发或投资利润。房地产开发投资者不论采用何种直接的房地产投资模式，其营业收入扣除营业成本、期间费用和营业税金及附加后的盈余部分，称为投资者的营业利润，这是房地产企业新创造价值的一部分，要在全社会范围内进行再分配。营业利润中的一部分由国家以所得税的方式无偿征收，作为国家或地方的财政收入；另一部分留给企业，作为其可分配利润、企业发展基金、职工奖励及福利基金、储备基金等。根据财务核算与分析的要求，企业利润可分为营业利润、利润总额（又称为实现利润）、税后利润和可分配利润等四个层次。

（1）营业利润：

1）开发投资

营业利润＝营业收入－营业成本－期间费用－营业税金及附加－土地增值税

毛利润或毛利额＝营业收入－营业成本＝营业收入×销售毛利率

营业利润＝毛利润－期间费用－营业税金及附加－土地增值税

2）持有出租

营业利润＝营业收入－营业成本－运营费用

（2）营业收入与费用：

营业收入＝销售收入＋出租收入＋自营收入

销售收入＝土地转让收入＋商品房销售收入＋配套设施销售收入

出租收入＝房屋出租租金收入＋土地出租租金收入

运营费用＝期间费用＋营业税金及附加＋城镇土地使用税和房产税＋物业服务管理费＋大修基金

期间费用＝销售费用＋管理费用＋财务费用

（3）税前利润或利润总额：

税前利润或利润总额＝营业利润＋营业外收支净额

（4）税后利润或净利润：

税后利润或净利润＝利润总额－所得税

（5）可供分配利润：

可供分配利润＝税后利润－（法定盈余公积金＋法定公益金＋未分配利润）

3. 税金

税金是国家或地方政府依据法律对有纳税义务的单位或个人征收的财政资金。税收是国家或地方政府筹集财政资金的主要手段。税收是国家凭借政治权利参与国民收入分配和再分配的一种方式，具有强制性、无偿性和固定性的特点。税收不仅是国家和地方政府获得财政收入的主要渠道，也是国家或地方政府对各项经济活动进行宏观调控的重要杠杆。

目前我国房地产开发投资企业纳税的主要税种有：

（1）营业税金及附加。包括营业税、城市维护建设税和教育费附加，又称"两税一费"、销售税金及附加。营业税是从应纳税房地产销售或出租收入中征收的一种税。营业税税额的计算方法是：营业税税额＝应纳税销售（出租）收入×税率，目前的营业税率为5%。

城市维护建设税和教育费附加,是依托营业税征收的一种税费。计税依据是营业税,城市市区为7%;县城、镇为5%;不在市区、县城、镇的为1%。

教育费附加,纳税人所在地处于城市的,税率均为3%。

(2) 城镇土地使用税和房产税。城镇土地使用税是房地产开发投资企业在开发经营过程占用国有土地应缴纳的一种税,视土地登记、用途按占用面积征收;房产税是投资者拥有房地产时应缴纳的一种财产税,按房产原值扣减30%后的1.2%或出租收入的12%征收。城镇土地使用税和房产税在企业所得税前列支。

(3) 土地增值税。土地增值税按照纳税人转让房地产所取得的增值额,按30%~60%的累进税金计算征收。增值额为纳税人转让房地产所得的收入减除允许扣除项目所得的金额,允许扣除的项目包括取得土地使用权的费用、土地开发和新建房屋及配套设施的成本、土地开发和新建房屋及配套设施的费用、旧房及建筑物的评估价格、与转让房地产有关的税金和财政部规定的其他扣除项目,见表8-1-1。

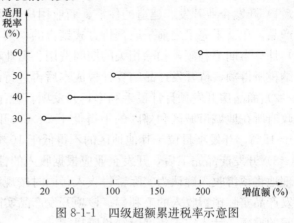

图 8-1-1 四级超额累进税率示意图

假设增值比例为 p,V 是增值额,C 是扣除项目,V/C=P,V=P×C,见图8-1-1。

不同增值额的适用税率及区段累计纳税额　　　　　　　　　　表8-1-1

序号	增值额各组成部分	适用税率	完整区段纳税额	累计纳税额
1	未超过扣除项目金额50%的部分	30%	15%C	15%C
2	在扣除项目金额50%~100%的部分	40%	20%C	35%C
3	在扣除项目金额100%~200%的部分	50%	50%C	85%C
4	超过扣除项目金额200%的部分	60%		

我们可以得到以下的增值税速算公式:

$20\% < P \leq 50\%$ 时,

纳税额 $= 30\% P \times C$

$50\% < P \leq 100\%$ 时:

纳税额 $= (P \times C - 50\%C) \times 40\% + 15\%C = 40\% P \times C - 5\%C$

$100\% < P \leq 200\%$ 时:

纳税额 $= (P \times C - 100\%C) \times 50\% + 35\%C = 50\% P \times C - 15\%C$

根据2010年5月25日《国家税务总局关于加强土地增值税征管工作的通知》规定,土地增值税的征收执预征和清算制度。依所处地区和房地产类型的不同,预征时点与营业税相同,预征率为销售收入的1%~2%,待该项目全部竣工、办理结算后再进行清算,多退少补。采用核定税率征收土地增值税时,核定征收率上不得低于5%。

（4）企业所得税。企业所得税是对实行独立经济核算的房地产开发投资企业，按其应纳税所得征收的一种税。企业每一纳税年度的收入总额，减除不征税收入、免税收入、各项扣除以及允许弥补的以前年度亏损后的余额，为应纳税所得额。所得税应纳税额＝应纳税所得额×适用税率－抵免税额。房地产开发投资企业所得税税率为25%。

根据国家有关法律、法规的规定，结合房地产开发企业的经营特点，国家税务总局《房地产开发经营业务企业所得税处理办法》（国税发［2009］31号）对房地产开发企业的所得税，做出了按预售收入一定比例预先缴纳，待开发项目竣工后再进行所得税清算的特殊规定。其主要内容包括：

1）开发企业开发、建造的住宅、商业用房以及其他建筑物、附着物、配套设施等开发产品，在其未完工之前采取预售方式销售的，其预售收入先按预计计税毛利率分季（或月）计算当期毛利额，扣除相关的期间费用、营业税金及附加、土地增值税后再计入当期应纳税所得额，待开发产品结算计税成本后再进行调整。

2）商品房开发预计计税毛利率，开发项目位于省、自治区、直辖市和计划单列市人民政府所在地城市城区和郊区的不得低于20%，开发项目位于地级市城区及郊区的不得低于15%，开发项目位于其他地区的不得低于10%。

3）开发产品完工后，开发企业应根据收入的性质和销售方式，按照收入确认的原则，合理地将预售收入确认为实际销售收入，同时按规定结转其对应的计税成本，计算出该项开发产品实际销售收入的毛利额。该项开发产品实际销售收入毛利额与其预售收入毛利额之间的差额，计入完工年度应纳税所得额。

4）在年度纳税申报时，开发企业须出具有关机构对该开发产品实际销售收入毛利额与预售收入毛利额之间差异调整情况的税务鉴定报告，对实际毛利润、开发成本等作出说明。

4. 下面是预征所得税计算示例

【例1-1】 某开发商正在开发的城市花园项目第三季度预售收入为5000万元，本季度的管理费用158万元、销售费用100万元、财务费用100万元，预征土地增值税为销售收入的1%，营业税税率为5%，城建税营业税的7%，教育费附加为营业税的3%，假设毛利率为20%，试确定该企业第三季度的预交所得税额是多少？

1) 毛利润＝5000×20%＝1000万元

2) 期间费用＝158＋100＋100＝358万元

3) 土地增值税预交＝5000×1%＝50万元

4) 销售税金及附加共275万元

①营业税金＝5000×5%＝250万元

②城建税＝250×7%＝17.5万元

③教育费附加250×3%＝7.5万元

5) 营业利润＝1000－275－358－50＝317万元

6) 应税所得额＝317万元（假设营业外收支净额＝0，投资收益为0，无纳税调整）

7) 预交所得税税额＝317×25%＝79.25万元

三、房地产投资经济效果的表现形式

1. 置业投资

对置业投资来说，房地产投资的经济效果主要表现在租金收益、物业增值或股权增加

等方面。租金通常表现为月租金收入，而增值和股权增加效果则既可在处置（转让）物业时实现，也可在以针对物业的再融资行为中实现（如申请二次抵押贷款）。由于置业投资的物业可以成为一种抵押融资手段，通常可以成为房地产资产运营的对象。

置业投资经济效果的好坏受市场状况和物业特性变化的影响。个人或企业进行置业投资的目的是要获得预期的经济效果，这些预期经济效果如果没有成为到手的现金流量之前，仅仅是一个模糊的期望。因此，置业投资经济效果的三种表现形式仅能说明投资者可能获得的利益类型，在没有转换为一个特定时间点的现金流量之前，经济效果是无法定量描述或测量的。

2. 开发投资

房地产开发投资的经济效果主要表现为销售收入，其经济效果的大小则用开发利润、成本利润率、投资利润率和投资收益率等指标来衡量。

开发投资市场是房地产市场的原动力，与置业投资密切关联。

四、经济评价指标体系

从不同的角度出发，可以将房地产项目投资经济评价指标进行分类，建立房地产投资项目经济评价的指标体系，如图8-1-2所示。

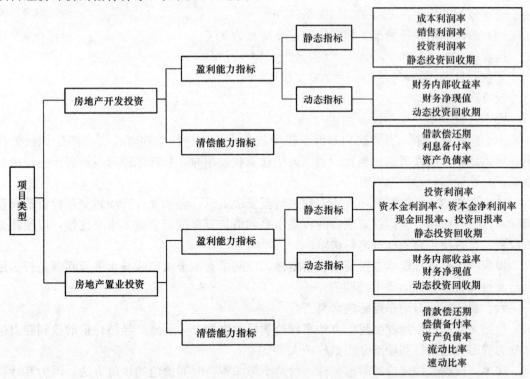

图 8-1-2 房地产投资项目经济评价指标体系

五、全部投资和资本金评价指标的差异

房地产投资活动中全部投资的资金来源，通常由资本金（又称自有资金或权益投资）和借贷资金（又称债务投资）两部分组成。投资者利用借贷资金进行投资，或在投资过程中使用财务杠杆的主要目的，是为了提高资本金的投资收益水平。由于投资者使用借贷资金投资时必须支付借贷资金的资金成本或财务费用（利息、融资费用和汇兑损失），因此只有当房地产投资项目全部投资的平均收益水平高于投资者必须支付的借贷资金成本水平时，投资者使用借贷资金才能够提高资本金的收益水平，即财务杠杆对投资者自有资金的收益有一个正向的放大作用。

【例 1-2】 财务杠杆的作用。

自有资金 1000 万元，贷款利率为 10％，投资收益率为 20％，投资期限为 1 年。

（1）贷款与自有资金的比例为 2∶1

投资收益＝（1000＋2000）×20％×1＝600（万元）

贷款利息＝2000×10％×1＝200（万元）

投资净收益＝600－200＝400（万元）

资本金收益率＝400÷1000×100％＝40％

（2）贷款与自有资金的比例为 5∶1

投资收益＝（1000＋5000）×20％×1＝1200（万元）

贷款利息＝5000×10％×1＝500（万元）

投资净收益＝1200－500＝700（万元）

资本金收益率＝700÷1000×100％＝70％

（3）条件同第一种情况，但投资收益率降低为 8％

投资收益＝（1000＋2000）×8％×1＝240（万元）

贷款利息＝2000×10％×1＝200（万元）

投资净收益＝240－200＝40（万元）

资本金收益率＝40÷1000×100％＝4％

由上述计算可知，当贷款利率低于投资收益率时，杠杆原理对投资者产生积极的作用，贷款越多，收益越高；当贷款利率高于投资收益率时，杠杆原理对投资者产生消极的影响，贷款越多，亏损越大。

从上面的例子可以看出，投资者在进行投资决策时，必须要计算项目全部投资的收益指标，以便与市场上类似投资项目的收益水平和借贷资金的资金成本水平比较，以便就是否投资、是否使用财务杠杆进行决策。

投资者还要计算资本金投资的收益指标，以测量资本金投资收益水平及判断是否满足自己的投资收益目标的要求或期望。

六、静态指标与动态指标的含义

根据是否通过折现现金流的方法来评价项目角度划分，房地产经济评价的盈利能力指标分为静态分析指标和动态分析指标两大类。

房地产投资经济评价的静态指标评价是不考虑资金时间价值的评价方法。因为其计算简单、方便，在项目的机会研究阶段，以及建设期较短的小型项目评价上有广泛的应用。本章的第二节将介绍房地产投资项目经济评价的静态指标和静态评价方法。

房地产投资经济评价的动态指标评价是考虑资金时间价值的分析方法。也就是说在动态分析方法中，不仅要考虑投资、收入、成本，这些现金流量绝对值的大小，还要综合考虑它们发生的时间。动态分析法更客观，更科学地反映了项目投资效益的真实情况，有广泛的应用价值。常用的动态指标分析方法有净现值法、内部收益率法和动态投资回收期。

第二节 静态财务评价指标及计算

一、静态财务指标

（一）成本利润率与销售利润率

1. 成本利润率

成本利润率（RPC），是指开发利润占总开发成本的比率，是初步判断房地产开发项目财务可行性的一个经济评价指标。成本利润率的计算公式为：

$$RPC = \frac{GDV - TDC}{TDC} \times 100\% = \frac{DP}{TDC} \times 100\%$$

式中　RPC——成本利润率；
　　　GDV——项目总开发价值；
　　　TDC——项目总开发成本；
　　　　DP——开发利润。

计算项目总开发价值时，如果项目全部销售，则等于总销售收入扣除营业税金及附加后的净销售收入；当项目用于出租时，为项目在整个持有期内净营业收入和净转售收入。总销售收入的计算方法将在第六章中详细介绍。

项目总开发成本是开发项目在开发经营期内实际支出的成本，包括土地费用、勘察设计费和前期工程费、建筑安装工程费、基础设施建设费、公共配套设施建设费、其他工程费、开发期税费、管理费用、销售费用、财务费用、不可预见费等。

计算房地产开发项目的总开发价值和总开发成本时，可依据评估时的价格水平进行评估，因为在大多数情况下，项目的收入与成本支出受市场价格水平变动的影响大致相同，使项目收入的增长基本能抵消成本的增长。

开发利润实际是对开发商所承担的开发风险的回报。成本利润率一般与目标利润进行比较，超过目标利润率，则该项目在经济上是可以接受的。目标利润水平的高低，与项目所在的市场竞争状况、项目开发经营期的长度、开发项目的物业类型以及贷款利率水平相关。一般来说，对于一个开发期为2年的商品住宅开发项目，其目标成本利润率大体应该为35%～45%。不同城市的成本利润率有较大的差别，二、三线城市的成本利润率处于相对较低的水平，有的在25%左右。

成本利润率是经过开发经营期所获得的利润率，不是年利润率。成本利润率除以开发经营期的年数，也不等于年成本利润率。因为开发成本在开发经营期内逐渐发生，从这个意义上讲，成本利润率可以看成每年新增投资的成本利润率。

2. 销售利润率

销售利润率是衡量房地产开发项目单位销售收入盈利水平的指标。销售利润率的计算公式为：销售利润率＝销售利润/销售收入×100%。其中：销售收入为销售开发产品过程中取得的全部价款，包括现金、现金等价物及其他经济利益；销售利润等于开发项目销售收入扣除总开发成本和营业税金及附加，在数值上等于计算成本利润率时的开发商利润。与销售利润率相对应，销售利润用毛利润替代，可以得到销售毛利率，在成本不能准确统计之前，成为预征所得税的手段。

(二) 投资利润率

投资利润率分为开发投资的投资利润率和置业投资的投资利润率。

开发投资的投资利润率是指开发项目年平均利润占开法项目总投资的比率。开发项目总投资与项目总开发成本的差异在于前者不含财务费用。

置业投资的投资利润率是指项目经营期一个正常年份的年利润总额或项目经营期内年平均利润总额与项目总投资的比率,它是考察项目单位投资盈利能力的静态指标。对经营期内各年的利润变化幅度较大的项目,应计算经营期内年平均利润与项目总投资的比率。

投资利润率的计算公式为:

$$投资利润率 = \frac{年利润总额或年平均利润}{项目总投资} \times 100\%$$

投资利润率可以根据利润表中的有关数据计算求得。在财务评价中,将投资利润率与行业平均利润率对比,以判别项目单位投资盈利能力是否达到本行业的平均水平。

(三) 资本金利润率和资本金净利润率

1. 资本金利润率

资本金利润率,是指项目经营期内一个正常年份利润总额或项目经营期内年平均利润总额与资本金的比率,它反映投入项目的资本金的盈利能力。资本金是投资者为房地产投资项目投入的资本金或权益资本。资本金利润率的计算公式为:

$$资本金利润率 = \frac{年利润总额或年平均利润总额}{资本金} \times 100\%$$

2. 资本金净利润率

资本金净利润率,是指项目经营期内一个正常年份的税后利润总额或项目经营期内年平均税后利润总额与资本金的比率,它反映投入项目的资本金的盈利能力。其计算公式为:

$$资本金利润率 = \frac{年税后利润总额或年平均税后利润总额}{资本金} \times 100\%$$

(四) 静态投资回收期

静态投资回收期(P'_b),是指当不考虑现金流折现时,项目以净收益抵偿全部资金所需的时间。一般以年表示,对房地产投资项目来说,静态投资回收期自投资起点算起。其计算公式为:

$$\sum_{t=0}^{P'_b}(CI-CO)_t = 0$$

式中 P'_b——静态投资回收期。

静态投资回收期可以根据财务现金流量表中累计净现金流量求得,其详细计算公式为:

$$P'_b = (累计净现金流量开始出现正值期数-1) + \frac{上期累计净现金流量的绝对值}{当期净现金流量} \times 100\%$$

当期净现金流量=年收益额+当期计提折旧+年无形资产摊销-年成本额

上式得出的是以计算周期为单位的静态投资回收期,应该把它再换算成以年为单位的静态投资回收期。其中小数部分也可以折算成月数,以年和月表示,如3年零9个月或3.75年。

（五）现金回报率与投资回报率

现金回报率和投资回报率都是房地产置业投资过程中，投资者衡量投资绩效的指标，反映了置业投资项目的盈利能力。

1. 现金回报率

现金回报率是指房地产置业投资中，每年所获得的现金报酬与投资者初始投入的权益资本的比率。该指标反映了初始现金投资或首付款与年现金收入之间的关系，是表达投资绩效的指标。现金回报率指标非常简单明了，该回报率可以计算税前的，也可以计算税后的。

$$税前现金回报率 = \frac{税前现金流（净经营收入-还本付息）}{投资者的初始现金投资}$$

$$税后现金回报率 = \frac{税后现金流（税前现金流-所得税）}{投资的初始现金投资}$$

【例 2-1】 某投资者投资住宅房产以出租，投资额为 185000 元，经过计算，该房产每年的折旧额为 6000 元。所得税税率为 25%。年租金毛收入为 46000 元，其中 22000 元用于运营费用，试对投资绩效进行比较。

（1）如没有借贷资金：

1) 第一年该项投资应纳所得税额为：

租金毛收入　　46000
减：运营费用　　22000
　　净经营收入　　24000
减：折旧　　6000
　　应纳税收入　　18000
乘：所得税率　　0.25
　　所得税额　　4500

2) 税后现金流量

由于假设没有抵押贷款，因此也就没有债务偿还。这样投资的税后现金流量即税前现金流量（净经营收入）减去所得税额，为 19500 元。计算过程如下：

净经营收入　　24000
减：所得税额　　4500
　　税后现金流量　　19500

因为交易中没有借贷资金，投资者的自有资金即为该住宅房产的市场价值 185000 元。第一年税后现金流量 19500，税后现金回报率 = 19500÷185000×100%≈10.54%。

（2）假设该投资者利用一笔 148000 元的抵押贷款，年偿还债额约为 14388 元。其中第一年的债务利息为 13266 元。

该项投资应纳所得税额因为有抵押贷款而改变。在抵押贷款偿还过程中，用于支付贷款利息的部分是免税的。

1) 第一年投资应缴纳所得税额：

净营运收入　　24000
减：折旧　　6000

　　　　支付贷款利息　　13266
　　　　应纳税收入　　　4734
乘：所得税率　　　0.25
　　　　第一年应纳所得税额　　1183.5

2）税后现金流量为 8428.5 元，计算过程如下。

净经营收入　　24000
　　减：偿还债务　　14388
　　　　税前现金流量　　9612
　　减：所得税额　　1183.5
　　　　税后现金流量　　8428.5

此题中，利用财务杠杆，税后现金流量由 19500 元减至 8428.5 元，但是初始现金支出也由 185000 元减至 37000 元。第一年税后现金流量的税后现金回报率＝8428.5÷37000×100％＝22.78％，是第一种情况 10.54％税后现金回报率的两倍还多，具有更高的投资绩效。

2. 投资回报率

投资回报率用于衡量置业投资的投资回报能力。在房地产置业投资中，每年所获得的净收益与投资者出始投入的权益资本的比率称为投资回报率。与现金回报率相比较可以发现，投资回报率计算采用的现金收益为税后现金流，除了税后现金收益，投资回报的收益还包括还本付息中投资者获得的物业权益增加的价值，还可以考虑物业升值所带来的收益。该指标反映了初始权益投资与投资者获得的收益之比。

在不考虑物业增值收益时，

$$投资回报率 = \frac{（税后现金流量＋投资者权益增加值）}{权益投资数额}$$

当考虑物业增值收益时，

$$投资回报率 = \frac{（税后现金流量＋投资者权益增加值＋物业增值收益）}{权益投资数额}$$

二、计算实例

【例 2-2】　某开发商以 5000 万元的价格获得一宗面积为 4000m^2 土地的 50 年使用权，建筑容积率 5.5。建造费用为 4000 元/平方米，专业人员费用为建造费用的 8％，其他工程费为 500 万元，管理费用为土地费用、建造费用、专业人员费用和其他工程费用之和的 3.5％。市场推广、销售代理和营业税金及附加为销售收入的 0.5％、3％和 5.6％。预计建成后的售价为 15000 元/m^2。项目开发周期为 2.0 年、建造期为 1.5 年。土地费用在期初一次性投入。建造费用、专业人员费用和其他工程费用及管理费用在建造期内均匀投入；年贷款利率为 12％，按季度计息，融资费用为贷款利息的 10％。计算项目的成本利润率和销售利润率。

解：（1）项目开发价值：

开发价值＝销售收入－销售税金及附加
　　　　＝15000×2.2×(1－5.6％)＝33000－1848＝31152 万元

（2）项目开发总成本费用：

1) 土地费用 5000 万元
2) 建造费用 4000×2.2＝8800 万元
3) 专业人员费用 8800×8％＝704 万元
4) 其他工程费用 500 万元
5) 管理费用（5000＋8800＋704＋500）×3.0％＝15004×3％＝450.12 万元
6) 财务费用：以下三项之和＝1333.85＋969.38＋230.32＝2533.55 万元
①土地利息 5000×[(1＋12％/4)$^{2×4}$－1]＝1333.85 万元
②建造费用、专业人员和其他工程费及管理费利息
(8800＋704＋500＋450.12)×[(1＋12％/4)$^{1.5/2×4}$－1]＝969.38 万元
③融资费用＝(1333.85＋969.38)×10％＝230.32 万元
7) 销售费用＝33000×(0.5％＋3％)＝1155 万元
(3) 指标计算：
项目总成本＝19142.67 万元
成本利润率＝(31152－19142.67)/19142.67×100％＝62.74％；
销售利润率＝(31152－19142.67)/33000×100％＝36.39％

在【例 2-2】中，项目建成后完成出售或在建设过程中就开始预售，这只是在房地产市场投资和使用需求旺盛时的情况，在市场较为平稳的条件下，开发商常常将开发建设完毕后的项目出租或经营，此时项目就变为开发商的长期投资。在这种情况下通过计算开发成本利润率对项目进行初步经济评价时，总开发价值和总开发成本的计算就有一些变化出现。

【例 2-3】 某开发商在一个中等城市以 425 万元的价格购买了一块写字楼用地 50 年的使用权。该地块规划允许建筑面积为 4500m^2，有效面积系数为 0.85。开发商通过市场研究了解到当前该地区中档写字楼的年净租金收入为 450 元/m^2，银行同意提供的贷款利率为 15％的基础利率上浮 2 个百分点，按季度计息，融资费用为贷款利息的 10％。开发商的造价工程师估算的中档写字楼的建造费用 1000 元/m^2，专业人员费用为建造费用的 12.5％，其他工程费为 60 万元，管理费用为土地费用、建造费用、专业人员费用和其他工程费之和的 3.0％，市场推广及出租代理费等销售费用为年净租金的 20％，当前房地产的长期投资收益率为 9.5％。项目开发周期为 18 个月，建造周期为 12 个月，试通过计算开发成本利润率对该项目进行初步评估。

解：
(1) 项目总开发价值：
1) 项目可出租建筑面积：4500×0.85＝3825（m^2）
2) 项目每年净租金收入：3825×450＝172.125 万元
3) 项目总开发价值：P＝172.125×(P/A，9.5％，48.5)＝1789.63(万元)
(2) 项目总开发成本：
1) 土地费用：425 万元
2) 建造费用：4500×1000＝450（万元）
3) 专业人员费用（建筑师、结构/造价/机电/监理工程师等费用）：
$$7450×12.5％＝56.25（万元）$$

4) 其他工程费：60万元

5) 管理费用：(425+450+56.25+60)×3.0%=29.74(万元)

6) 财务费用

a) 土地费用利息：
$$425 \times [(1+17\%/4)^{4 \times 1.5} - 1] = 120.56(万元)$$

b) 建造费用/专业人员费用/其他工程费/管理费用利息：
$$(450+56.25+60+29.74) \times [(1+17\%/4)^{0.5 \times 4} - 1] = 51.74(万元)$$

c) 融资费用：(120.56+51.74)×10%=17.23万元

d) 财务费用总计：120.56+51.74+17.23=189.53(万元)

7) 销售费用(市场推广及出租代理费)：172.125×20%=34.43(万元)

8) 项目总开发成本：
425+450+56.25+60+29.74+189.53+34.43=1244.95(万元)

(3) 开发利润(销售利润)：1789.63-1244.95=544.68(万元)

(4) 开发成本利润率：544.68/1244.95×100%=43.75%

【例2-2】中所使用的评价方法在评估实践中经常使用，但存在两个缺点，一是没有考虑成本支出和营业收入的时间分布；只是对一种方案（最有利或最可能出现的方案）进行了计算。

通过采用现金流评估法就可以弥补上述第一个缺点，因为这种方法能使资金流出和流入的时间分布与开发建设过程中实际发生的租售收入和开发费用更加接近。下面将【例2-2】用现金流评估法再进行一次评估。

【例2-4】 假定【例2-2】中各项主要开发成本的投入比例分配如下表所示，专业人员的费用、其他工程费和管理费用的投入时间，可结合经验或惯例自行设定。试用现金流法对该项目进行评估，见表8-2-1。

费用投入比例　　　　　　　　　　　　　　表8-2-1

费用项目＼时间	第1年				第2年				合计
	1季度	2季度	3季度	4季度	1季度	2季度	3季度	4季度	
土地费用	50%	50%							100%
建造费用			5%	12%	20%	20%	23%	20%	100%
销售费用			5%	15%	20%	25%	25%	10%	100%

解：

用现金流进行开发项目的评估如表8-2-2所示：

现金流项目评估表　单位：万元　　　　　表8-2-2

项目	第1年				第2年				合计
	1季度	2季度	3季度	4季度	5季度	6季度	7季度	8季度	
土地成本	2500	2500							5000
建造成本			440	1056	1760	1760	2024	1760	8800

续表

项目	第1年				第2年				合计
	1季度	2季度	3季度	4季度	5季度	6季度	7季度	8季度	
专业人员费用			35.2	84.48	140.8	140.8	161.9	140.8	704
其他费用		100						400	500
管理费	56.3	56.3	56.3	56.3	56.3	56.3	56.3	56.3	450.1
本年投入合计	2556.3	2656.3	531.5	1196.7	1957.1	1957.1	2242.2	2357.1	15454.1
计息前累计	2556.3	5289.2	5979.4	7355.5	9533.2	11776.3	14371.7	17160.0	
利息	76.7	158.7	179.4	220.7	286.0	353.3	431.2	514.8	2220.6
计息后累计	2633.0	5447.9	6158.7	7576.1	9819.2	12129.6	14802.9	17674.8	
融资费用	71.8		150.2						222.1
销售费用			57.8	138.6	231.0	231.0	265.7	231.0	1155
总成本费用	2704.8	2814.9	918.8	1556.0	2474.1	2541.4	2939.0	3102.9	19051.8

结合【例2-2】中的相关计算结果，可以得到如下结论：

（1）总开发成本：19051.8万元

（2）开发价值＝销售收入－销售税金及附加＝15000×2.2×（1－5.6％）
　　　　＝33000－1848＝31152万元

（3）开发利润：31152－19051.8＝12100.2万元

（4）开发成本利润率：12100.2/19051.8×100％＝63.51％

现金流法在居住小区综合开发项目、商业区开发项目、工业开发项目的评估中尤为有效。因为这些项目开发周期长，存在着前期现金流在后期再投入的情况，现金流情况复杂，用现金流法不需要作特别的假设。但现金流评估法的精确性依赖于评估中所涉及的有关数据的准确性。当开发过程中现金流量发生的时间数量不能完全肯定时，用现金流法评估，就要作某种假定，这可能会使评估结果的准确性降低。

【例2-5】 在本例题中，继续沿用第五章第四节介绍的房地产投资估算的案例，该项目的主要经济技术指标见表8-2-3、表8-2-4所示。

拟建项目的主要技术经济指标　　　　　表8-2-3

序号	项目	单位	指标	规划条件
一	总用地面积	ha	2.93	
（一）	城市道路绿化用地面积	ha	1.24	面积自宗地图
（二）	规划建设用地面积	ha	1.69	面积自宗地图
二	总建筑面积	万m²	8.63	
（一）	地上建筑面积	万m²	5.92	
1	住宅建筑面积	万m²	5.31	
2	公建建筑面积	万m²	0.61	
其中	①底层商业等	万m²	0.60	
	⑧物业管理等	万m²	0.003	
	⑨其他（环卫等）	万m²	0.007	

续表

序号	项目	单位	指标	规划条件
（二）	地下建筑面积	万 m²	2.71	
其中	①地下室	万 m²	0.31	
	②车库	万 m²	2.37	
	③其他（市政设施用房等）	万 m²	0.03	
三	地上容积率	万 m²/ha	3.5	地上容积率≤3.5
四	地下容积率	万 m²/ha	1.6	地下容积率≤1.6
五	建筑密度	%	18%	建筑密度≤18%
六	绿地率	%	35.5%	绿地率≥35%
七	停车率	%	80%	停车率≥80%，公建百平0.6车位
八	总户数	户	548	
九	汽车泊位数	辆	440	
（一）	地上停车库车位	辆	20	
（二）	地下停车库车位	辆	420	
（三）	地上路边停车位	辆	0	

拟建项目总投资估算汇总表　　　　　　　　　　　　　　　　　表 8-2-4

序号	项目名称	总投资	所占总投资百分比（%）
1	开发建设总投资	38597	100.0
1.1	土地费用	11250	29.1
1.2	前期工程费	203	0.5
1.3	基础设施建设费	1378	3.6
1.4	建筑安装工程费	17757	46.0
1.5	公共配套设施建设费	23	0.1
1.6	管理费用	581	1.5
1.7	销售费用	791	2.0
1.8	开发期税费	2613	6.8
1.9	其他费用	661	1.7
1.10	不可预见费	978	2.5
1.10.1	基本预备费	480	1.2
1.10.2	涨价预备费	498	1.3
1.11	财务费用	2362	6.1
2	经营费用	0	0.0
3	项目总投资	38597	100.0
3.1	开发产品成本	38597	100.0
3.2	固定资产投资	0	0.0

按全面积计算投资额＝4478元/平方米

在项目中，车位有 300 个用于出售，各不同项目的出售价格如表 8-2-5 所示。

销售价格表　　　　　　　　　　　　　　　　表 8-2-5

序　号	项　目	价　格
1	住宅	8000 元/m²
2	商业	20000 元/m²
3	地下室	5000 元/m²
4	车位	100000 元/个

与房地产有关转让有关的税金的计税方法如下表所示，在求土地增值税的过程中，对从事房地产开发的纳税人按取得土地所支付的地价款与相应的手续费与房地产开发成本之和加计 20% 扣除，见表 8-2-6。

销售税金等税率　　　　　　　　　　　　　　表 8-2-6

序　号	项目或费用名称
1	营业税（销售收入×5%）
2	城市维护建设税（营业税×7%）
3	教育税附加（营业税×3%）
4	印花税（销售收入×0.03%）

请分别计算土地增值税税前税后的成本利润率。

解：（1）项目的销售收入计算结果见表 8-2-7 所示。

销售收入估算表　　　　　　　　　　　　　　表 8-2-7

序号	项目	数量	价格	销售收入（万元）
1	住宅	53100m²	8000 元/m²	42480
2	商业	6000m²	20000 元/m²	12000
3	地下室	3100m²	5000 元/m²	1550
4	车位	300 个	100000 元/个	3000
5	总销售收入			59030

（2）与房地产转让有关的税金的计算结果见表 8-2-8 所示。

与转让房地产有关的税金计算　单位：万元　　　表 8-2-8

序　号	项目或费用名称	50720
1	营业税（销售收入×5%）	2951.5
2	城市维护建设税（营业税×7%）	206.6
3	教育税附加（营业税×3%）	88.6
4	印花税（销售收入×0.03%）	17.7
5	与房地产转让有关的税金总计	3264.4

（3）土地增值税的计算：

项目开发成本费用及税金总计＝38597＋3264＝41861（万元）
应扣除项目＝41861×(1＋20%)＝50233.2（万元）
增值额＝59030－50233.2＝8796.8（万元）
增值比率＝8796.8/50233.2＝17.51%
增值额未超过扣除项目的50%的部分，适用税率＝30%
应缴纳的土地增值税：8796.8×30%＝2639.04（万元）

(4) 开发利润计算：

1) 土地增值税前

  a) 总开发价值＝59030（万元）
  b) 总开发成本＝38597（万元）
  c) 开发利润＝59030－38597＝20433（万元）
  d) 开发成本利润率＝20433/38597×100%＝52.94%

2) 土地增值税后

  a) 总开发价值＝59030（万元）
  b) 总开发成本＝38597（万元）
  c) 土地增值税＝2639.04（万元）
  d) 开发利润＝59030－38597－2639.04＝17793.96（万元）
  e) 开发成本利润率＝17793.96/38597×100%＝46.10%

开发商缴纳土地增值税前后的利润率分别为52.94%和46.10%。

【例2-6】 设某房地产开发企业项目建成后，主要用于出租，年平均收益为720万元，设贷款利率为15%，并且每期投资都是在当年年初发生的，第一年投资1270万元，第二年投资1360万元，第三年投资120万元，项目建设4年后出租经营。试计算该项目的投资回收期。

解：

由于要考虑投资贷款利息，该项目的投资总额为：

项目投资额＝1270×(1＋0.15)^4＋1360×(1＋0.15)^3＋120×(1＋0.15)^2
＝4448.33（万元）

年平均收益额＝720（万元/年）

故该项目的投资回收期为：

投资回收期＝$\dfrac{4448.33}{720}$＝6.18（年）

第三节　动态财务评价指标及计算

一、动态财务评价指标

（一）财务净现值

财务净现值（FNPV），是指项目按行业的基准收益率或设定的目标收益率 i_c，将项目计算期内各年的净现金流量折算到投资活动起始点的现值之和，是房地产开发项目财务评价中的一个重要经济指标。房地产投资项目计算期的选取规则如表8-3-1所示。

房地产投资项目计算期的选取　　　　　　　　　表 8-3-1

项目类型		计算期（开发经营期）界定
开发投资	出售	为项目开发与销售期之和。开发期是从购买土地使用权开始到项目竣工验收的时间周期，包括准备期和建造期；销售期是从正式销售（含预售）开始到销售完毕的时间周期；当预售商品房时，开发期与销售期有部分时间重叠。
	出租或自营	为开发期与经营期之和。经营期为预计出租经营或自营的时间周期；以土地使用权剩余年限和建筑物的经济寿命中较短的年限为最大值；为计算方便，也可视分析精度的要求，取 10～20 年。
置业投资		为经营准备期和经营期之和。经营准备期为开业准备活动所占用的时间，从获取物业所有权（使用权）开始，到出租经营或自营活动正式开始截止；经营准备期的长短，与购入物业的初始装修状态等因素无关。

基准收益率是净现值计算中反映资金时间价值的基准参数，是导致投资行为发生所要求的最低投资报酬率，称为最低要求收益率（MARR）。决定基准收益率大小的因素主要是资金成本和项目风险。

财务净现值的计算公式为：

$$FNPV = \sum_{t=0}^{n}(CI-CO)_t(1+i_c)^{-t}$$

$$= \sum_{t=0}^{n}CI_t(1+i_c)^{-t} - \sum_{t=0}^{n}CO_t(1+i_c)^{-t}$$

式中　$FNPV$——项目在起始时间点的财务净现值；

　　　i_c——基准收益率或设定的目标收益率；

　　　CI——现金流入量；

　　　CO——现金流出量；

　　$(CI-CO)_t$——项目在第 t 年的净现金流量；

　　　$t=0$——项目开始进行的时间点；

　　　n——计算期，即项目的开发或经营周期（年、半年、季度或月）。

如果 $FNPV$ 大于或等于 0，说明该项目的获利能力达到或超过了基准收益率的要求，因此在财务上是可以接受的。如果 $FNPV$ 小于 0，则项目不可接受。

（二）财务内部收益率

财务内部收益率（FIRR），是指项目在整个计算期内，各年净现金流量现值累计等于零时的折现率，是评估项目盈利性的基本目标。其计算公式为：

$$\sum_{t=0}^{n}(CI-CO)_t(1+FIRR)^{-t} = 0$$

财务内部收益率的经济含义是在项目寿命期内项目内部未回收投资每年的投资每年的净收益率。同时意味着，到项目寿命终了时，所有投资可以被完全收回。

财务内部收益率可以通过内插法求得。即先按目标收益率或基准收益率求得项目的财务净现值，如为正，则采用更高的折现率使净现值接近于零的正值和负值各一个，最后用内插法公式求出，内插法公式为

$$FIRR = i_1 + \frac{NPV_1}{NPV_1 + |NPV_2|} \times (i_2 - i_1)$$

式中　i_1——当净现值为接近于零的正值时的折现率；

　　　i_2——当净现值为接近于零的负值时的折现率；

　NPV_1——采用低折现率时净现值的正值；

　NPV_2——采用高折现率时净现值的负值。

式中，i_1 和 i_2 之差不应超过 1‰～2‰，否则，折现率 i_1、i_2 和净现值之间不能近似于线性关系，从而使得所求的内部收益率失真（图 8-3-1）。

内部收益率表明了项目投资所能支付的最高贷款利率。如果贷款利率高于内部收益率，项目投资就会面临亏损。因此所求出的内部收益率是可以接受贷款的最高利率。将所求出的内部收益率与行业基准收益率或目标收益率 i_c 比较，当 $FIRR$ 大于或等于 i_c 时，则认为项目在财务上是可以接受的。如果小于等于 i_c，则项目不可接受。

当项目投资的现金流量具有一个内部收益率时，其财务净现值函数 $NPV(i)$ 如图 8-3-2 所示。从图 8-3-2 中可以看出，当值小于 $FIRR$ 时，对于所有的 i 值，NPV 都是正值；当 i 值大于 $FIRR$ 时，对于所有的 i 值，NPV 都是负值。

值得注意的是，求解 $FIRR$ 的理论房产有 n 个解，这也就引发了对项目内部收益率唯一性的讨论。研究表明：对于常规的项目（净现金流量的正负号在项目寿命期内仅有一次变化）$FIRR$ 有唯一实数解；对于非常规项目（净现金流量的正负号在项目寿命期内有多次变化）计算 $FIRR$ 的方程可能有多个实数解，需根据 $FIRR$ 的经济含义对计算出的实数解进行检验，以确定是否能用 $FIRR$ 评价该项目。

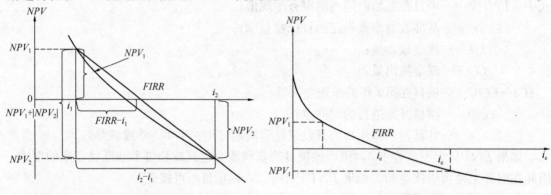

图 8-3-1　计算 $FIRR$ 的试算内插法图示　　　图 8-3-2　净现值与折现率的关系

（三）动态投资回收期

动态投资回收期（P_b），是指当考虑现金折现时，项目以净收益抵偿全部投资所需的时间，是反映开发项目投资回收能力的重要指标。对房地产投资项目来说，动态投资回收期自投资起始点算起，累计净现值等于零或出现正值的年份即为投资回收终止年份，其计算公为：

$$\sum_{t=0}^{P_b}(CI-CO)_t(1+i)^{-t} = 0$$

式中，P_b——动态投资回收期。

动态投资回收期以年表示,其详细计算公式为:

$$P_b = (累计净现金流量开始出现正值期数 - 1) + \frac{上期累计净现金流量现值的绝对值}{当期净现金流量现值}$$

上式得出的是以计算周期为单位的动态投资回收期,应该再把它换算成以年为单位的动态投资回收期,其中的小数部分也可折算成月数,以年和月表示,例如 3 年零 9 个月或 3.75 年。

在项目财务评价中,动态投资回收期(P_b)与基准回收期(P_c)相比较,如果 $P_b \leqslant P_c$,则开发项目在财务上是可以接受的。动态投资会使其指标一般用于评价开发完结后用来出租经营或自营的房地产开发项目,也可以用来评价置业投资项目。

二、计算实例

【例 3-1】 已知某投资项目的净现金流量如表 8-3-2 所示。如果投资者目标收益率为 10%,求该投资项目的财务净现值。

现金流量表　　单位:万元　　　　　　　　　　表 8-3-2

年份	0	1	2	3	4	5
现金流入量		300	300	300	300	300
现金流出量	1000					
净现金流量	-1000	300	300	300	300	300

解:

因为 $i_c = 10\%$,利用公式

$$PNPV = \sum_{t=0}^{n}(CI-CO)_t(1+i_c)^{-t}$$

该项目的财务净现值为:

$PNPV = -1000 + 300 \times (P/A, 10\%, 5)$
$\quad\quad = -1000 + 300 \times 3.791 = 137.24$(万元)

【例 3-2】 某投资者以 10000 元/m² 的价格购买了一栋建筑面积为 27000m² 的写字楼用于出租经营,该投资者在购买该写字楼的过程中,又支付了相当于购买价格 4% 的契税、0.5% 的手续费、0.5% 的律师费用和 0.3% 的其他费用。其中,相当于楼价 30% 的购买投资和各种税费均由投资者的资本金(股本金)支付,相当于楼价 70% 的购买资金来自期限为 15 年、固定利率为 7.5%、按年等额还款的商业抵押贷款。假设在该写字楼的出租经营期内,其月租金水平始终保值在 160 元/m²,前三年的出租率分别为 65%、75% 和 85%,从第四年出租率达到 95%,且在此后的出租经营期内始终保值该出租率。出租经营期间的运营费用为毛租金收入的 28%。如果购买投资发生在第 1 年的年初,每年的营业收入、运营费用和抵押贷款还本付息支出均发生在年末,整个出租经营期为 48 年,投资者全部投资和资本金的目标收益率分别为 10% 和 14%。试计算该投资项目全部投资和资本金的财务净现值和财务内部收益率,并判断该项目的可行性。

解:

(1) 写字楼购买总价:27000m² × 10000 元/m² = 27000 万元

(2) 写字楼购买过程中的税费:

$$27000 \text{ 万元} \times (4\% + 0.5\% + 0.5\% + 0.3\%) = 1431 \text{ 万元}$$

（3）投资者投入的资本金：27000 万元 × 30% + 1431 万元 = 9531 万元

（4）抵押贷款金额：27000 万元 × 70% = 18900 万元

（5）抵押贷款年还本付息额：

$$A = P \times \frac{i}{1-(1+i)^{-n}} = 18900 \text{ 万元} \times \frac{7.5\%}{1-(1+7.5\%)^{-15}} = 2141.13 \text{ 万元}$$

（6）项目投资现金流量见表 8-3-3、表 8-3-4。

全部投资现金流量表　单位：万元　　　　　　　　　　　　　表 8-3-3

年　份	0	1	2	3	4～15	16～48
1. 净经营收入		2426.1	2799.4	3172.6	3545.9	3545.9
可出租面积（m²）		27000	27000	27000	27000	27000
出租率（%）		65	75	85	95	95
月租金水平（元/m²）		160	160	160	160	160
营业收入（毛租金收入，万元）		3369.6	3888	4406.4	4924.8	4924.8
运营费用（万元）		943.5	1088.6	1233.8	1378.9	1378.9
2. 全部投资（万元）	−28431					
3. 全部投资净现金流量（万元）	−28431	2426.1	2799.4	3172.6	3545.9	3545.9

资本金现金流量表　单位：万元　　　　　　　　　　　　　　表 8-3-4

年　份	0	1	2	3	4～15	16～48
1. 净经营收入		2426.1	2799.4	3172.6	3545.9	3545.9
可出租面积（m²）		27000	27000	27000	27000	27000
出租率（%）		65	75	85	95	95
月租金水平（元/m²）		160	160	160	160	160
营业收入（毛租金收入，万元）		3369.6	3888	4406.4	4924.8	4924.8
运营费用（万元）		943.5	1088.6	1233.8	1378.9	1378.9
2. 投资及还贷现金流出	−9531	−2141.1	−2141.1	−2141.1	−2141.1	0
资本金投入（万元）	−9531					
抵押贷款还本付息（万元）		−2141.1	−2141.1	−2141.1	−2141.1	
3. 资本金净现金流量（万元）	−9531	285	658.2	1031.5	1404.7	3545.9

（7）全部投资财务内部收益率和净现值：

1) 求 $FNPV$。因为 $i_c = 10\%$，故

$$FNPV = -28431.0 + \frac{2426.1}{(1+10\%)} + \frac{2799.4}{(1+10\%)^2}$$

$$+ \frac{3172.6 + \frac{3545.9}{10\%} \times \left[1 - \frac{1}{(1+10\%)^{48-3}}\right]}{(1+10\%)^3} = 4747.1 \text{（万元）}$$

2) 求 $FIRR$。

a) 因为 $i_1 = 11\%$ 时，$NPV_1 = 1701.6$ 万元

b) 设 $i_2=12\%$，则可以算出 $NPV_2=-870.7$ 万元

c) 所以

$$FIRR=11\%+1\%\times\frac{1701.6}{1701.6+870.7}=11.66\%$$

(8) 资本金财务内部收益率和财务净现值

1) 求 $FNPE_E$。

因为 $i_{cE}=14\%$，故

$$PNPV=-9531.0+\frac{285.0}{(1+14\%)}+\frac{658.2}{(1+14\%)^2}$$

$$+\frac{1031.5+\frac{1404.7}{14\%}\times\left[1-\frac{1}{(1+14\%)^{15-3}}\right]}{(1+14\%)^3}$$

$$+\frac{\frac{3545.9}{14\%}\times\left[1-\frac{1}{(+14\%)^{48-15}}\right]}{(1+14\%)^{15}}=789.8(万元)$$

2) 求 $FIRR_E$。

a) 因为 $i_{E1}=14\%$ 时，$NPV_1=789.8$ 万元

b) 设 $i_{E2}=15\%$，则可以算出 $NPV_2=-224.3$ 万元

c) 所以

$$FIRR_E=14\%+1\%\times\frac{789.8}{789.8+224.3}=14.78\%$$

(9) 因为 $FNPV=4747.1$ 万元 >0，$FIRR=11.66\%>10\%$，故该项目从全投资的角度看可行。

因为 $FNPV_E=789.8$ 万元 >0，$FIRR_E=14.78\%>14\%$，故该项从资本金投资的角度看也可行。

【例 3-3】 已知某投资项目的净现金流量如下表 8-3-5 所示。求该投资项目的财务内部收益率。如果投资者目标收益率为 12%，求该投资项目的 FIRR 及动态投资回收期。

单位：万元　表 8-3-5

年份	0	1	2	3	4	5	6
现金流入量		300	300	350	400	400	600
现金流出量	1200						
净现金流量	−1200	300	300	350	400	400	600

解：

(1) 项目现金流量

年份	0	1	2	3	4	5	6
现金流入量		300	300	350	400	400	600
现金流出量	1200						
净现金流量	−1200	300	300	350	400	400	600

(2) NPV_1 ($i_1=20\%$) = 15.47 万元

年份	0	1	2	3	4	5	6
净现值	−1200.00	250.00	208.33	202.55	192.90	160.75	200.94
累计净现值	−1200.00	−950.00	−741.67	−539.12	−346.22	−185.47	15.47

(3) NPV_2 ($i_2=21\%$) = −17.60 万元

年份	0	1	2	3	4	5	6
净现值	−1200.00	247.93	204.90	197.57	186.60	154.22	197.18
累计净现值	−1200.00	−952.07	−747.16	−549.60	−362.99	−208.78	−17.60

(4) $FIRR = 20\% + 1\% \times \dfrac{15.47}{15.47+17.60} = 24.47\%$

(5) $NPV(i_c=12\%) = 341.30$ 万元

年份	0	1	2	3	4	5	6
净现值	−1200.00	267.86	239.16	249.12	254.21	226.97	303.98
累计净现值	−1200.00	−932.14	−692.98	−443.86	−189.65	37.32	341.30

(6) 因为项目在第 5 年累计净现金流量现值出现正值，所以：

$P_b =$（累计净现金流量开始出现正值期数−1）+ $\dfrac{\text{上期累计净现金流量现值的绝对值}}{\text{当期净现金流量现值}}$

$= (5-1) + \dfrac{189.65}{226.97} = 4.84$（年）

第四节 清偿能力指标及其计算

房地产项目的清偿能力，主要是考察计算期内项目各年的财务状况及偿还到期债务的能力。

一、利息计算

1. 利息计算

按年计息时，为简化计算，假定借款发生当年均在年中只用，按半年计息，其后年份按全年计息；还款当年按年末偿还，按全年计息。每年应计利息的近似值计算公式为：

$$\text{每年应计利息} = \left(\text{年初借款本息累计} + \dfrac{\text{本年借款额}}{2}\right) \times \text{贷款利率}$$

通常的还款方式有：一次还本利息照付、等额还本利息照付、等额还本付息（等额本息还款）、一次偿付、随意还款的"气球"还款法。

2. 利息计算实例

【例 4-1】 某项目在第一年年初已借款 8000 万元，随后在第一年、第二年、第三年的年中分别借款 2000 万元、4000 万元、2000 万元。借款年利率为 10%。项目的开发经营期为 6 年。以下是不同还款情况下的还本付息表，表中数字单位为万元。

还本付息的方式包括以下几种：

(1) 一次还本利息照付：借款期间每期仅支付当期利息而不还本金，最后一期归还全部本金并支付当期利息，见表 8-4-1。

一次还本利息照付的还本付息表　　　　　　表 8-4-1

项目	第 1 年	第 2 年	第 3 年	第 4 年	第 5 年	第 6 年
年初借款累计	8000.0	10000.0	14000.0	16000.0	16000.0	16000.0
本年借款	2000.0	4000.0	2000.0	0.0	0.0	0.0
本年应计利息	900.0	1200.0	1500.0	1600.0	1600.0	1600.0
本年还本付息	900.0	1200.0	1500.0	1600.0	1600.0	17600.0
本年还本	0.0	0.0	0.0	0.0	0.0	16000.0
本年付息	900.0	1200.0	1500.0	1600.0	1600.0	1600.0
年末借款累计	10000.0	14000.0	16000.0	16000.0	16000.0	0.0

(2) 等额还本利息照付，规定期限内分期归还等额的本金和相应的利息，见表 8-4-2。第 t 次还款的还款额

$$A_t = \frac{P}{n} + P(n-t+1) \times i$$

本例中，$n=3$，$t=1, 2, 3$，分别对应第 4 年、第 5 年和第 6 年。

等额还本利息照付的还本付息表　　　　　　表 8-4-2

项　目	第 1 年	第 2 年	第 3 年	第 4 年	第 5 年	第 6 年
年初借款累计	8000.0	10900.0	16190.0	19909.0	13272.7	6636.3
本年借款	2000.0	4000.0	2000.0	0.0	0.0	0.0
本年应计利息	900.0	1290.0	1719.0	1990.9	1327.3	663.6
本年还本付息	0.0	0.0	0.0	8627.2	7963.6	7300.0
本年还本	0.0	0.0	0.0	6636.3	6636.3	6636.3
本年付息				1990.9	1327.3	663.6
年末借款累计	10900.0	16190.0	19909.0	13272.7	6636.3	0.0

(3) 等额还本付息，在规定期限内分期等额摊还本金和利息，见表 8-4-3。

每期还款额 A 的计算公式为：

$$A = Pi \frac{(1+i)^n}{(1+i)^n - 1}$$

在该式中，n——总还款期；P——本金；i——利率。

本题中 $n=3$。下面的表格是指前三年不还款（包括本金和利息），从第四年开始等额本息还款。

等额本息还款的还本付息表 表 8-4-3

项目	第1年	第2年	第3年	第4年	第5年	第6年
年初借款累计	8000.0	10900.0	16190.0	19909.0	13894.2	7277.9
本年借款	2000.0	4000.0	2000.0	0.0	0.0	0.0
本年应计利息	900.0	1290.0	1719.0	1990.9	1389.4	727.8
本年还本付息	0.0	0.0	0.0	8005.7	8005.7	8005.7
本年还本	0.0	0.0	0.0	6014.8	6616.3	7277.9
本年付息	0.0	0.0	0.0	1990.9	1389.4	727.8
年末借款累计	10900.0	16190.0	19909.0	13894.2	7277.9	0.0

（4）一次性偿付，借款期末一次偿付全部本金和利息。

在偿还本息前的期间内，既不还本、也不付息。到期末时一次还本付息，见表 8-4-4。

借款期末一次偿还全部本息的还本付息表 表 8-4-4

项目	第1年	第2年	第3年	第4年	第5年	第6年
年初借款累计	8000.0	10900.0	16190.0	19909.0	21899.9	24089.9
本年借款	2000.0	4000.0	2000.0	0.0	0.0	0.0
本年应计利息	900.0	1290.0	1719.0	1990.9	2190.0	2409.0
本年还本付息	0.0	0.0	0.0	0.0	0.0	26498.9
本年还本	0.0	0.0	0.0	0.0	0.0	16000.0
本年付息	0.0	0.0	0.0	0.0	0.0	26498.9
年末借款累计	10900.0	16190.0	19909.0	21899.9	24089.9	0.0

（5）"气球法"，借款期内任意偿还本息，到期末全部还清，见表 8-4-5。

表 8-4-5 所示的还款情况是，当年发生借款的第 1 年、第 2 年、第 3 年只偿还利息，在第 4 年、第 5 年和第 6 年，根据借贷双方的商定，借款方根据自己的能力分别偿还本息 5600 万元、9200 万元、4400 万元，并在第 6 年末（期末）完成还款。

"气球还款法"示例 1 的还本付息表 表 8-4-5

项目	第1年	第2年	第3年	第4年	第5年	第6年
年初借款累计	8000.0	10000.0	14000.0	16000.0	12000.0	4000.0
本年借款	2000.0	4000.0	2000.0	0.0	0.0	0.0
本年应计利息	900.0	1200.0	1500.0	1600.0	1200.0	400.0
本年还本付息	900.0	1200.0	1500.0	5600.0	9200.0	4400.0
本年还本	0.0	0.0	0.0	4000.0	8000.0	4000.0
本年付息	900.0	1200.0	1500.0	1600.0	1200.0	400.0
年末借款累计	10000.0	14000.0	16000.0	12000.0	4000.0	0.0

表 8-4-6 所示还款情况是，第 1 年年初有 16000 万的借款，从第 2 年开始还款，第 2～第 5 年为等额本息还款，还款额按 10 年期借款、利率为 10% 情况的等额本息还款额 2603.9 万元进行偿还。第 6 年将剩余本息 10858 万元偿还完毕。

"气球还款法"示例 2 的还本付息表　　　　　表 8-4-6

项目	第 1 年	第 2 年	第 3 年	第 4 年	第 5 年	第 6 年
年初借款累计	16000.0	14996.1	13891.8	12677.0	11340.8	9870.9
本年借款	0.0	0.0	0.0	0.0	0.0	0.0
本年应计利息	1600.0	1499.6	1389.2	1267.7	1134.1	987.1
本年还本付息	2603.9	2603.9	2603.9	2603.9	2603.9	10858.0
本年还本	1003.9	1104.3	1214.8	1336.2	1469.8	9870.9
本年付息	1600.0	1499.6	1389.2	1267.7	1134.1	987.1
年末借款累计	14996.1	13891.8	12677.0	11340.8	9870.9	0.0

二、借款偿还期

借款偿还期是指在国家规定及房地产投资项目具体财务条件下，项目开发经营期内使用可用作还款的利润、折旧、摊销及其他还款资金偿还项目借款本息所需要的时间。房地产置业投资项目和房地产开发之后进行出租经营或自营的项目，需要计算借款偿还期。房地产开发项目用于销售时，不计算借款偿还期。

借款偿还期的计算公式为：

$$I_\mathrm{d} = \sum_{t=1}^{P_\mathrm{d}} R_\mathrm{t}$$

式中　I_d——项目借款还本付息数额（不包括已用资本金支付的建设期利息），

P_d——借款偿还期（从借款开始期计算），

R_t——第 t 期可用于还款的资金（包括利润、折旧、摊销及其他还款资金）。

借款偿还期还可用资金来源与运用表或借款还本付息计算表直接计算，其详细计算公式为：

$$P_\mathrm{d} = （借款偿还后开始出现盈余期数 - 开始借款期数） + \frac{上期偿还借款额}{当期可用于还款的资金额}$$

上述计算是以计算周期为单位，实际应用中应注意将其转换成以年为单位。当借款偿还期满足贷款机构的要求期限时，即认为是有清偿能力的。

三、利息备付率

利息备付率，指项目在借款期偿还期内各年用于支付利息的税息前利润，与当期应付利息费用的比率。其计算公式为：

$$利息备付率 = \frac{税息前利润}{当期应付利息费用}$$

式中：税息前利润为利润总额与计入总成本的利息费用之和，当期应付利息是指当期计入总成本费用的全部利息。利息备付率可以按年计算，也可以按整个借款期计算。

利息备付率表示使用项目利润偿付利息的保障倍数。对于一般房地产投资项目，该指标应该大于 2。否则，表示项目付息能力保障程度不足。

四、偿债备付率

偿债备付率（Debt Coverage Ratio，DCR），指项目在借款偿还期内各年用于还本付息的资金与当期应还本付息金额的比率。其计算公式为：

$$偿债备付率 = \frac{可用于还本付息资金}{当期应还本付息资金} = \frac{净经营收入}{当期应还本付息资金}$$

可用于还本付息资金，包括用于还款的折旧和摊销，在成本中列支的利息费用，可用于还款的利润等。当期应还本付息金额包括当期应还贷款本金及计入成本的利息。

偿债备付率可以按年计算，也可以按整个借款期计算。偿债备付率表示可用于还本付息的资金偿还借款本息的保障倍数。对于一般房地产置业投资项目，该指标值应该大于等于1.3。当指标较低时，表示当期资金来源不足以偿付当期债务，需要通过短期借款来偿还已经到期的债务。该指标的计算对于出租经营或自营的房地产投资项目尤为重要。

【例4-2】 某投资者购买一公寓用于出租，购买价格为100万元，其中投资者投入的权益资本为30万元，另外70万元为年利率为6.6%、期限为30年、按年等额还款的抵押贷款。建筑物的价值为80万元，按有关规定可在30年内直线折旧。预计该公寓的年毛租金收入为15万元（已考虑空置和收租损失）。包括房产税、保险费、维修费、管理费、设备使用费和大修基金在内的年运营费用为毛租金收入的25%，该公寓年增值率为10%，请计算该投资项目的现金回报率、投资回报率和偿债备付率指标。

解：

（1）解题思路。

求现金回报率，首先要求出现金回报，即税前现金流和税后现金流。税前现金流＝净经营收入－年还本付息额，税后现金流＝税前现金流－所得税，为此要求出年还本付息额和所得税。序号中的第7~11，就是为了求所得税。

投资回报率，投资回报的计算分两种情况，投资回报＝税后现金回报＋还本收益 或 投资回报＝税后现金回报＋还本收益＋物业增值。

偿债备付率就是净经营收入与还本付息额的比值。衡量可用来还本付息的资金是还本付息额的倍数。

（2）该写字楼项目的投资回报指标计算过程，如表8-4-7所示：

某投资项目回报率、偿债备付率等指标计算表　　　　表8-4-7

序号	项目	单位	数额	备注
1	年毛租金收入	元	150000	扣除空置等，是有效毛收入
2	年运营费用	元	37500	毛租金收入的25%
3	净经营收入	元	112500	有效毛收入－运营费用
4	年等额本息还款	元	54161	700000×(A/P, 6.6%, 30)
5	税前净现金流	元	58339	净经营收入－还本付息额
6	税前现金回报率	%	19.45	58339/300000
7	还本收益	元	7961	54161－700000×6.6%
8	扣除折旧前应纳税收入	元	66300	58339＋7961
9	折旧	元	26667	800000/30
10	应纳税收入	元	39633	66300－26667
11	所得税（税率为25%）	元	9908	39633×25%
12	税后净现金流	元	48431	58339－9908
13	税后现金回报率	%	16.14	48431/300000
14	投资者权益增加值	元	7961	等于还本收益
15	投资回报率	%	18.80	(48431＋7961)/300000
16	写字楼市场价值增值额	元	100000	10%×1000000
17	考虑增值后的投资回报率	%	52.13	投资回报中再计入物业增值
18	偿债备付率（DCR）		2.08	112500/54161

五、资产负债率

资产负债率是反映企业或项目各年所面临的财产风险程度及偿债能力的指标，属于长期偿债能力指标,反映债权人所提供的资金占全部资产的比例,即总资产中有多大比例是通过借债来筹集的,它可以用来衡量企业或项目在清算时保护债权人利益的程度。其表达式为:

$$资产负债率 = \frac{负债合计}{资产合计} \times 100\%$$

资产负债率越高,则企业或项目的资本金不足,对负债的依赖性强,在经济萎缩或信贷政策有所改变时,应变能力较差;资产负债率低则企业或项目的资本金充裕,企业应变能力强。房地产开发属于资金密集型经济活动,且普遍使用较高的财务杠杆,所以房地产开发企业或项目的资产负债率一般较高。

六、流动比率

流动比率是反映企业或项目各年偿付流动负债能力的指标。其表达式为:

$$流动比率 = \frac{流动资产总额}{流动负债总额} \times 100\%$$

流动比率越高,说明营运资本(即流动资产减流动负债的余额)越多,对债权人而言,其债权就越安全。通过这个指标可以看出百元流动负债有几百元流动资产来抵偿,故又称偿债能力比率。在国际上银行一般要求这一比率维持在200%以上,因此人们称之为"银行家比率"或"二对一比率"。

对房地产开发企业和项目来说,200%并不是最理想的流动比率。因为房地产开发项目所需开发资金较多,且本身并不用于大量资本金,其资金一般来源于长、短期借款。此外,房地产开发项目通常采取预售期房的方式筹集资金。这些特点使房地产开发项目的流动负债数额较大,流动比率相对较低。

七、速动比率

速动比率是反映项目快速偿付流动负债能力的指标。其表达式为:

$$速动比率 = \frac{流动资产总额 - 存货}{流动负债总额} \times 100\%$$

该指标属短期偿债能力指标。它反映企业或项目流动资产总体变现或近期偿债的能力,因此它必须在流动资产中扣除存货部分,因为存货变现能力差,至少也需要经过销售和收账两个过程,且会受到价格下跌、损坏、不易销售等因素的影响。一般而言,房地产开发项目的存货占流动资产的大部分,其速动比率较低,不会达到100%。

资产负债率、流动比率、速动比率指标,通常结合房地产开发经营企业的资产负债进行计算,反映房地产开发经营企业的清偿能力。对于大型综合性开发经营企业,通常不需要针对其具体的房地产开发项目或投资项目编制资产负债表,也就很少计算房地产开发投资项目的资产负债率、流动比率、速动比率指标。但对于仅开发或投资一个项目的房地产项目公司而言,企业和项目融为一体,此时计算企业的资产负债率、流动比率和速动比率指标,同时也就反映房地产开发或投资项目的清偿能力。

【例4-3】 从某房地产企业(项目公司)的资产负债表上,我们可以得到如下信息:负债合计为:负债合计为3000万元,资产合计为5000万元,流动资产和流动负债分别为2500万元和1250万元,存货为1500万元。计算该房地产投资项目的资产负债率、流动比率和速动比率。

解：

$$资产负债率 = \frac{负债合计}{资产合计} \times 100\% = \frac{3000}{5000} \times 100\% = 60\%$$

$$流动比率 = \frac{流动资产部额}{流动负债总额} \times 100\% = \frac{2500}{1250} \times 100\% = 200\%$$

$$速动比率 = \frac{流动资产总额-存货}{流动负债总额} \times 100 = \frac{2500-1500}{1250} \times 100\% = 80\%$$

【例 4-4】 某置业投资者以 10000 元/m² 的价格购买了 300m² 的商铺用于出租经营，购买价款中的 50% 为自有资金，其余为 10 年期的抵押贷款，按年还款，采取等额本息还款法进行还款，年利率为 10%，年净经营收入为 32 万元，利润额为 24 万元，则其偿债备付率为多少？

解：

(1) 商铺总价款 = 10000 元/m² × 300m² = 300 万元

(2) 银行贷款额 = 300 × 50% = 150 万元

(3) 当期应还的本息资金 = 150(P/A, 10%, 10) = 24.41 万元

(4) $偿债备付率 = \frac{可用于还本付息资金}{当期应还本付息资金} = \frac{32}{24.41} = 1.31$

【例 4-5】 某房地产投资项目，资产为 6000 万元，负债为 3500 万元，流动资产总额为 3000 万元，流动资产负债为 1500 万元。则该项目的流动比率是多少？

解：

$$流动比率 = \frac{流动资产总额}{流动负债总额} \times 100\% = \frac{3000}{1500} \times 100\% = 200\%$$

第五节 房地产投资项目其他评价指标

一、房地产投资项目国民经济评价

（一）房地产项目国民经济评价概述

1. 房地产项目国民经济评价的概念

房地产项目国民经济评价，是指根据国民经济长远发展目标和社会需要，采用影子价格、影子汇率、社会折现率等国民经济评价参数，从国家整体角度考察项目的效益和费用，计算并衡量房地产项目对社会经济发展战略目标的实际贡献。它是从整个国民经济发展的角度来分析评价房地产项目需要国家付出的代价和对国家做出的贡献，是从国家宏观经济角度分析项目的微观经济效益。

2. 房地产项目国民经济评价与财务评价的主要区别

房地产项目的财务评价是其国民经济评价的基础。房地产项目的国民经济评价与财务评价在评价方法和评价指标形式等方面有许多相似之处，但同时它们也有许多不同，主要表现在以下几个方面：

（1）评价角度不同。财务评价一般是从企业的角度来考察项目的微观获利，追求的经济目标是企业的盈利。而国民经济评价则是从国家整体的角度来进行宏观的分析和评价，它不仅需要考虑房地产项目的微观获利情况，还要考虑项目对整个国民经济的贡献。

(2) 评价对象不同。财务评价一般只考察项目的直接效益和费用，不考虑其他的。而国民经济评价不仅要考察直接效益和费用，还要考察项目的间接效益和费用，即项目的外部效果。

(3) 评价采用的价格不同。财务评价中所采用的价格一般是现行价格。而国民经济评价则是采用比较能反映房地产项目的投入物和产出物真实价格的影子价格。

(4) 评价的标准和参数不同。财务评价一般采用各自的评价指标（如各自的行业基准收益率），汇率采用市场汇率。而国民经济评价则采用社会折现率和影子价格。

为便于比较，将国民经济评价和财务评价的主要区别列于表 8-5-1 中：

国民经济评价与财务评价的主要区别　　　　表 8-5-1

项目	国民经济评价	财务评价
目标	国民经济效益最大化	企业盈利最大化
出发点	国民经济	经营项目的企业
价格	影子价格	现行价格
折现率	全国统一使用的社会折现率	各部门、各行业的基准收益率或综合平均利率加风险系数
外部费用和外部效益	计入	不计入
计算指标	经济内部收益率、经济净现值	财务内部收益率、财务净现值和投资回收期等

由于二者存在上述的诸多不同地方，因此房地产项目的国民经济评价和财务评价的结果不可能完全一致，两种评价所得到的结果有时甚至是相互矛盾的。一般地，在对其评价结果进行处理时可遵循以下原则：①国民经济评价认为可行而财务评价认为不可行的，应对项目进行优化设计或向国家提出采取相应的经济优惠措施，力争使项目的财务评价也可行；②国民经济评价认为不可行而财务评价认为可行的，在原则上项目是不可行的，应予以否定。

(二) 房地产项目国民经济评价的基本步骤

房地产项目国民经济评价一般采用费用—效益分析法，可以在财务评价基础上进行。一般地，在进行房地产项目国民经济评价时，可以按以下步骤进行项目的评价与分析，如图 8-5-1 所示。

1. 进行效益和费用范围的调整

在考虑项目内部效益和费用的基础上，识别项目的外部效益和费用，对能够定量描述的进行定量计算，不能定量计算的进行定性描述，扣除已计入财务效益和费用的转移支付。

(1) 效益的识别。国民经济评价中项目的效益是指房地产项目对区域经济的贡献，分为直接效益和间接效益。

1) 直接效益。指在房地产项目范围内

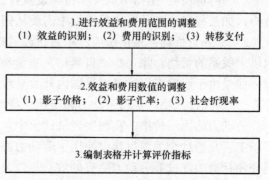

图 8-5-1　房地产项目国民经济评价的基本步骤

政府能够得到的收益，一般包括以下几个方面。

①出让国有土地使用权所得的收益；

②因土地使用权转让而得到的收益税等，如土地增值税；

③项目范围内的工商企业缴纳的税费，如房产税、土地使用税、车船使用税、印花税、进口关税和增值税、营业税、城市维护建设税及教育费附加、消费税、资源税、所得税等；

④项目范围内城市基础设施的收益，如电费、水费、电信费等。

2）间接效益。指由房地产项目引起的、在项目直接效益中未得到反映的那部分效益。主要有增加地区就业人口、繁荣地区商贸服务、促进地区旅游业发展等带来的收益。

(2) 费用的识别。国民经济评价中项目的费用是指区域经济为项目付出的代价，分为直接费用和间接费用。

1）直接费用：是指在项目范围内政府所花费的投资和经营管理费用，一般包括下列几个方面：征地费用、土地开发和基础设施投资费用、建筑工程和城市配套设施费用、经营管理费用等。

2）间接费用：是指由项目引起的、在直接费用中未得到反映的那部分费用。主要有在项目范围外为项目配套的基础设施投资，为满足项目需要而引起的基础服务供应缺口是区域经济产生的损失等。当基础服务（如电力）供不应求时，为满足项目需求而使区域经济产生的损失，可用该项服务的当地最高价格计算。

3）转移支付

转移支付是指那些既不需要消耗国民经济资源，又不增加国民经济收入，只是一种归属权转让的款项，如国内借款利息，它是由项目拿出一部分款项转付给国家的金融机构。此外，房地产开发项目的转移支付还包括税金、政府补贴等。

2. 效益和费用数值的调整

通过影子价格、影子工资、影子汇率、影子运费、影子利率等调整建设投资成本、前期费用、流动资金、销售（租赁）收入及经营费用等。

(1) 影子价格。影子价格是指在完善的市场经济条件下，资源的分配和利用达到最优状态，即供求均衡时的均衡价格。影子价格在我国也称为修正价格或经济价格。

确定房地产项目中的影子价格时，把项目投入物和产出物分为外贸货物和非外贸货物以及特殊投入物三种类型。不同的类型使用不同的方法。

1）外贸货物：是指房地产项目建设及投入使用过程中直接或间接影响国家进出口的货物，如某些房地产开发项目建设中需要从国外进口的钢材、石材、设备、家具等货物。

2）非外贸货物：是指房地产项目建设或投入使用后将不影响国家进出口，只影响国内供求关系的货物。除一些"自然型"非贸易货物如建筑物、国内运输等基础设施外，还有一些是由于运输费用过高或受国内外贸易政策和其他条件限制而不能进行外贸的货物。

3）特殊投入物：是指劳动力和土地。特殊投入物的影子价格的确定方法如下：

劳动力的影子价格。在国民经济评价中，劳动力的影子价格是用影子工资来反映的。影子工资是指社会为项目建设使用了劳动力而支付的代价，或者说，是劳动力投入于该项目而使社会为此放弃劳动力原有的效益，以及国家和社会为此而增加的资源消耗。在国民经济评价中，影子工资作为费用计入经营费用。影子工资科通过财务评价时所用的工资和福利费之和以影子工资换算系数求得，影子工资换算系数由国家统一测定发布。

土地的影子价格。土地的影子价格是指由于房地产项目的占用而使土地减少的收益（农业年收益、工业年收益、商业年收益）为基础，按国际市场价格作适当调整，制定出的土地价格。在房地产开发的过程中，应根据征地情况，从实际征地费用中具体区分出以下部分费用后，再计算土地的影子价格：区分属于机会成本性质的费用，如土地补偿费、青苗补偿费等；区分新增资源消耗费用，如拆迁费、剩余劳动力安置费等；区分转移支付，如粮食开发基金、耕地占用税等。

（2）影子汇率。影子汇率是外汇的影子价格，实际上是外汇的机会成本，反映了项目的投入或产出所导致的危害减少或增加而给国民经济带来的损失或收益。在房地产项目国民经济评价中，凡涉及外贸货物、外币与人民币之间的价格换算时，应采用影子汇率，并将外汇换算成人民币。影子汇率是由政府统一制定和定期调整的。

（3）社会折现率。社会折现率是自己的影子利率，是社会对资金时间价值的估值，是国民经济评价中经济内部收益率的基准值。它由国家根据在一定时期内的开发效益水平、资金机会成本、资金供求情况、合理开发规模等因素统一测定发布。适当的折现率有利于合理分配建设资金，指导资金投向对国民经济贡献大的项目，调节资金供需关系，促进资金在短期和长期建设项目之间的合理调配。

3. 编制表格并计算评价指标

将项目的全部投资（包括自有资金和借入资金）作为投资额，即编制全部投资的国民经济效益费用流量表（见表 8-5-2），并据此计算全部投资的经济内部收益率（EIRR）和经济净现值（ENPV）指标。

国民经济评价效益费用表　　　　　　　表 8-5-2

序号	项目＼年份	建设期		销售期（经营期）					合计
		1	2	3	4	……	$n-1$	n	
1	效益流量								
1.1	销售（租赁）收入								
1.2	回收固定资产余值								
1.3	回收流动资产余值								
1.4	项目间接效益								
2	费用流量								
2.1	建设投资（全部投资）								
2.2	流动资金								
2.3	经营费用								
2.4	项目间接费用								
3	净效益流量								

计算指标：ENPV＝
　　　　　EIRR＝

二、房地产投资项目社会评价

（一）房地产项目投资社会评价的内容

房地产投资项目以土地开发、房屋及其他建筑物开发建设为其经济活的主要资源。房地产开发不仅要占用大量的土地资源、资金、劳动力，消耗大量的水资源、建筑材料与能源，而且直接为人民提供住房和其他供人们使用的房屋设备；房地产项目投资不可避免地会破坏原来的地形、地貌、植被，引起环境条件的改变；城市房地产项目还会带来城市居民搬迁，城市景观破坏及历史文物遭到破坏的问题。因而，城市房地产投资项目的社会评价显得尤为重要。但是，由于房地产项目本身的特殊性及项目开发建设过程的特殊规律，房地产投资项目社会评价的具体内容与一般项目社会评价内容有所不同。本节介绍房地产投资项目各阶段社会评价的主要内容。

1. 项目机会研究阶段的社会评价

机会研究阶段是指项目可行性研究前的为寻找投资机会，选择项目位置，确定项目功能、性质与规模所进行的调查研究阶段。这一阶段的社会评价，主要是配合项目的初步技术经济分析，就项目的技术、经济、社会诸因素初步进行的，然而是全面的分析评价。其主要调查内容包括：

（1）调查了解项目拟建地点的社会经济状况，明确项目目标与当地社会经济发展的一致性

如调查当地的社会经济发展水平、支柱产业及其产业政策；居民收入及消费水平；同类物业（住宅、写字楼、商场、工业厂房、仓储等）的市场供应量与吸纳量；城市规划及其实施计划等。研究项目与当地社会经济发展目标的一致性。如该项目对城市建设的影响、该项目对当地社会经济发展的贡献、该项目可享受的优惠政策、该项目的市场定位及价格定位原则。结合技术经济分析，初步确定项目的基本目标。如性质、规模、场地、功能、市场定位、服务对象等。

（2）调查了解项目的目标群体与受影响群体，预测和评价拟建项目可能产生的主要社会效益与影响

如调查项目主要服务对象（住宅的未来住户、商场的未来客户、厂房及仓储的未来业主或客户等）的基本需要，及对项目的态度。调查项目主要受影响群体（如拆迁户、拟建场地的社区群众）的要求和对项目的态度。初步预测项目的主要社会影响及有可能引起的社会问题的复杂程度，分析研究项目潜在的社会风险。

（3）评估目标群体对项目的接受能力

接受能力不同于吸纳能力，不是经济上的可接受性而导致的购买及消费能力，而是专指目标群体对项目本身及项目建设的认同，以及对该项目建设带来的技术、经济、文化、环境的变化，尤其是项目带来的不利影响（自然风貌的转变、天然植被的破坏、生活环境的影响等）的适应和承受能力。

（4）判断项目社会评价的可接受性及是否有必要在可行性研究阶段进行进一步的评价

依据初步分析，对项目进行初步的社会评价。对那些没有较严重的消极影响，符合当地社会经济发展方向，目标群体对项目的需要和需求较高，受影响群体对项目的反映较好，没有潜在的强烈不满情绪，接受能力也较好的项目，可判定为社会评价可行的项目，而且，还可以确定在以后的阶段无须再进行详细的社会评价。

如果在机会研究阶段的初步社会评价中，发现对某一群体可能产生不利影响，从而导致不满情绪；如果目标群体对项目的需求或需要有限、接受能力不强；如果受影响群体对项目存在不满和抵触情绪；如果该项目建设与当地社会经济发展不相适应等等，就需要在下一阶段进行详细的社会评价。研究这些问题的影响程度并提出解决措施。如果估计上述社会风险危害较大且难以解决，就需要否定该项目，建议重新研究项目内容或重新选址。

2. 项目可行性研究阶段的社会评价

可行性研究是对项目及项目建设方案进行的全面技术经济论证。被确定需要进行详细社会评价的项目，应结合可行性研究，全面深入地研究评价项目的社会效益、社会影响及项目于社会的适应性。

详细的社会评价一般与可行性研究的技术经济分析结合在一起进行。承担社会评价分析的人员应与可行性研究机构中的技术、财务、工程、经济方面的评价人员密切配合、协调一致进行工作。一般来说，详细社会评价的主要内容国有如下三个方面：

(1) 项目目标群体和受影响群体的调查研究。

在初步社会评价的基础上，更深入地调查研究项目影响区域或当地社区受影响群体的各子群体。详细调查目标群体的需求、消费影响、需要、承受力、偏好；详细调查项目所在地的社区文化、风俗习惯、历史、文化、文物、自然景观，并将这类调查结果形成对项目规划设计有影响的意见，尽可能地在项目规划设计中，反映目标群体的需求。如关于住宅的开间大小、结构形式、户型、面积、设备配置、装修标准以及建筑风格、规划布局等，尽可能地满足需求，并与当地的社区环境、自然景观协调一致。

要详细研究当地社区受项目影响群体的状况、社会阶层分布、项目将带来的主要影响，这些影响的程度、受影响各子群体对这些影响的承受能力及可能的态度，尤其要注意社会年薄弱层的承受能力。如城市贫民、孤寡老人对搬迁的承受力，知识阶层、年老病人群体对项目施工阶段建筑噪声的承受能力等等。要了解他们的要求，提出应付这类问题的具体措施并预测这些措施的效果，要使这些调查研究结果形成对项目开发建设方案的明确意见，最终影响方案。

(2) 项目社会风险的鉴别，规避和减少风险的措施。

在详细社会评价阶段，应根据详细的社会调查，评价与分析、鉴别该项目可能存在的社会风险，并评估这类风险的危害程度。如在项目立项阶段，是否会遇到当地群众或组织的抵制；在搬迁原住户或拆除原地面设施时，是否会受到抵制；在依靠法律解决一些纠纷时，是否会出现障碍、是否会有不公平现象；在项目建设过程中，是否会因为环境污染及其他因素带来社会问题，受到抵制等等。应当详细研究这类社会风险出现的可能性、易发生的群体、时间、地点，风险化解的主要措施及其效果，这些措施的成本及风险扩大带来的损失等。

(3) 项目的实施战略。

项目社会评价考虑的实施战略重点考虑的是项目关联群体的参与性。良好的参与性几乎是项目社会评价最终所追寻的基本目标。这里的关联群体既包括项目的目标群体（住户、业主、消费者、客户、用户等），也包括项目的受影响群体（社区居民、社区组织）。

3. 项目实施阶段的社会评价

项目实施阶段是指项目开始投资到交付使用这一阶段。本阶段的主要任务是执行投资建设计划、保证项目按时、按质、按量、顺利交付到业主或用户的手中。由于许多将要引起的社会问题均在可行性研究阶段的社会评价中周密考虑，一切按计划行事，不至于有什么意外，但是，应当看到，项目实施过程实际上是一个动态过程，错综复杂的资源条件和因素条件无时无刻不在发生变化。任何计划在执行过程中都要发生改变。面对变更的条件和变更的计划，社会评价的条件和结论都可能改变，一些意想不到的情况也可能发生。因而，项目实施阶段社会评价的关键就是关注社会环境和社会条件的变化，注意方案措施的实施效果，研究新情况，修订原有计划，制订并实施新的措施。

为此，在项目实施阶段，应建立一个完整的社会监测与评价机构。其信息系统应及时、准确将项目目标群体和受影响群体的状态信息、项目计划，尤其是社会评价措施执行情况信息反映到决策层。当然，从管理效率出发，一般的中小型项目无须建立独立的社会监测与评价机构，而是依附于其他的机构（如质量管理机构、计划管理机构等），明确相应的职责和权利即可。

4. 项目使用阶段的社会评价

房地产项目使用阶段是指项目建成，交付使用过后的阶段。这一阶段业主取得产权、使用权，用户入住，顾客光临，项目设备及建筑物投入使用，各种社会群体关系（业主、用户、经营管理者、地方行政机构等）均建立起来。这一阶段的社会关系，主要是人与人、人群与人群、管理职能、权限之间的关系。这些关系对项目功能的正常发挥，社区稳定及良好社会环境的建立，显得尤其重要。本阶段社会评价的重点是放在人与人、人群与人群及各种机构的关系上，放在社区文化环境的建设上。

5. 项目后评价阶段的社会评价

投资项目的后评价是指项目投资建设完成后，对项目的决策、执行、效益、影响的系统而全面的评价。房地产投资项目社会评价的后评价与使用阶段评价虽然在时段上是一致的，但是在评价目的与评价内容上却有很大的区别。如前所述，房地产投资项目使用阶段社会评价的内容主要是项目物业及其设备的维护、管理，物业环境质量及人际关系评价。而房地产投资项目后评价的社会评价目的在于总结经验，为今后建设同类项目累计经验，改进项目管理，消除或减轻不利影响，以利项目持续实施，并促进社会稳定与进步。其主要内容包括如下三个方面：

（1）社会环境影响评价。

具体评价项目建设过程中和项目建成后的社会环境影响、自然环境影响，分析已经发生的社会问题原因及实施对策的实际效果。与可行性研究阶段的社会评价结果相比较，研究有无未曾预料到的、估计错误的社会问题，有无需要采取补救措施的问题，以及应当采取些什么措施，以利于项目持续实施，并促进社会稳定与进步。

（2）项目于社会适应性评价。

分析项目于社会群众需要的适应性；项目对地区经济发展、社会目标实现的适应性；项目在扶贫、解困，提高居民，尤其是贫困居民住房水平的贡献等。

（3）项目持续性评价。

可持续性是当代社会经济发展要考虑的核心问题，也是项目后评价阶段社会评价的主要内容。房地产投资项目持续性评价的具体内容与一般项目持续性评价内容一样，主要有项目环境功能的持续性、经济增长的持续性和项目效果的持续性三个方面。

环境功能的持续性主要评价项目建设对所在地区自然环境、生态环境、经济环境、文化环境、基础设施等人类生存和工作、生活环境带来的有利或不利影响;研究克服不利影响所采取的措施的实际效果;分析潜在的社会风险,探讨进一步采取措施的必要性并预测其效果。

经济增长的持续性应从就业、原材料消耗、能源消耗、市场及产业政策、技术水平等角度研究对国家和地区经济发展所起的作用;探讨项目本身维持正常发展的必要条件及其现状;分析与项目继续发展有关的社会因素(如法律、法规、产业政策、业主及用户期望等)的有利或不利影响;研究项目经济实现持续增长的方式及其可能结果。

项目效果的持续性是指项目本身实现计划目标、提供商品或服务,以满足人们需要的持续能力。房地产项目效果主要表现在其经营管理水平、服务效果、资源(尤其是土地和资金)供应条件。因而,房地产项目效果的持续性评价应主要集中在项目的市场定位、营销渠道、销售业绩、收入成本、经营管理、资源条件等方面进行评价。

(二)房地产社会评价的方法

1. 定性分析法

项目投资社会评价有定性和定量两种分析方法。定性分析方法基本上是运用逻辑推理,采用文字描述,说明事物的性质。定量分析方法主要是运用数学模型进行数据处理的分析方法。然而这种区分也不是绝对的,定性分析也可能引用数据资料说明问题的性质和趋势;定量分析也离不开理论分析与说明。关键是分析的结论源于何方。若结论来自经验、推理或判断,称之为定性分析,若结论来自于运算结果,则称之为定量分析。

社会评价的科学的定性分析,要求与定量分析一样,要事先确定分析评价的基准线,再在此基础上进行项目建设前后的对比分析,要制定定性分析的调查提纲,要按指标的重要程度确定其权重并排序。

定性分析的分析核查提纲一般是根据工作经验具体项目分部编制的。大部分的核查提纲采用提问的形式,对每个需要分析的问题拟定比较全面的设问,由评价者沿着提纲的思路,深入进行分析。例如:分析项目对社区人口的影响,可提出如下分析核查提纲:

(1)当地人口的统计特性如何?项目实施将引起人口统计特性如何变化?

(2)社区人口群体划分情况如何?项目对群体划分有何影响?

(3)项目目标群体的构成如何?项目是否影响群体构成?目标群体和受影响群体的受益与受损情况如何?受损群众的补偿是否合理?

(4)项目拆迁户数、人数、补偿情况怎样?被拆迁户对项目的反应如何?有无潜在的社会风险?

(5)项目对当地社区人口素质有无影响?

定性分析评价的具体方法无非是通常使用的专家评价法、专家会议法及德尔菲法等。

2. 定量分析法

(1)水污染经济损失估算。

项目建设引起水质污染的主要原因是工程排放工业废水和生活污水,又未经治理而造成的水体污染。因而,在项目的社会评价时,根据周围地区的自然环境和社会环境状况及其发展规划,在项目经济寿命期内,应对水质进行预测。只要经过预测,确认将引起水体污染时,方可根据其污染及危害程度,估计其经济损失。一般来讲,水体污染的经济损失主要包括缺水经济损失、低温水经济损失、热污染经济损失、渔业经济损失、人体健康经济损失。在本节中主要讨论缺水经济损失。无论何种工程,只要对天然水环境质量产生了有害的影响,都应估算因水体污染而导致缺水的经济损失。城镇供水水源的缺水经济损失,主要包括生活用水损失、工业用水损失、灌溉用水损失三部分。

1) 生活用水损失

水体遭污染后,断绝生活水源,其经济损失按下式计算:

$$L_水 = P_0 q(1+\lambda_p)^t l_水$$

式中 $L_水$——年断水经济损失(元/年);
P_0——当年人口数(人);
q——人均生活年用水量(m^3/年·人);
λ_p——人口自然增长率(%);
t——项目经济寿命(年);
$l_水$——单位缺水量经济损失(暂按工业缺水经济损失估算)(元/m^3)。

2) 工业用水缺水损失

工业用水缺水经济损失通常用工业利税损失法和投资利润率法估算。

工业利税损失法是因工业污染,缺水减产而影响到利税损失角度进行估算的。

$$l_水 = W/M$$

式中 $l_水$——工业用水单位缺水量经济损失(元/m^3);
W——因缺水减产而导致利税损失(元);
M——缺水量(m^3)。

投资利润率法是从污染水质处理具有与其他工程措施相同的利润率为出发点,来估算工业缺水经济损失。

$$L_水 = l_水 \cdot M$$

式中 $L_水$——断水经济损失(元/年);
M——工业缺水量(m^3/年);
$l_水$——单位缺水量经济损失(元/m^3)。

$$l_水 = qn\lambda$$

式中 q——单位供水量工程投资(元/m^3);
n——每元投资年度创造产值(元/元);
λ——产值平均利润率。

【例 5-1】 某水产取水口收项目污染水质超标,需另建 80 万 m^3/年规模的水质净化处理工程,投资 600 万元,若该水厂每元投资年创造产值 2.5 元,产值平均利润率为 20%,是估计单位水量缺水经济损失。若因项目建设造成的水污染,引起缺水达 120 万 m^3/年,项目寿命以 15 年计,试分析该项目水污染造成的经济损失。

解:

先求单位供水量的工程投资:

$$q = 600 \text{万元}/80 \text{万 } m^3 = 7.5 \text{ 元}/m^3$$

再计算单位水量经济损失

$$l_水 = 7.5 \text{ 元}/m^3 \times 2.5 \text{ 元}/\text{元} \times 20\% = 3.75 \text{ 元}/m^3$$

计算因该项目建设造成缺水的经济损失

$$L_{水}=3.75 元/m^3 \times 120 万 m^3/年 \times 15 年 = 6750 万元$$

3) 农业用水断水经济损失

农作物有无灌溉水，其亩产量将不相同，若工程项目建设污染了水源，造成无水灌溉而减产，其经济损失按项目兴建前后产量差计算，即：

$$L_{灌} = \sum_{i=1}^{n} A_i(\Delta y_i c_i \Delta y'_i c'_i) \times N$$

式中　A_i——断水灌溉面积；

$\Delta y_i, \Delta y'_i$——分别为有无灌溉水主副农产品每亩减产量（kg/亩）；

c_i, c'_i——分别为主副农产品的价格（元/kg）；

n——农作物种类；

N——项目经济寿命。

(2) 大气污染经济损失。大气污染经济损失是指 SO_2、NO_4、T_sP、CO、C_nH_n 以及某些放射性物质进入大气，对人体健康、生态环境造成损害而形成的经济损失。

1) 对人体健康影响的经济损失

工程项目的兴建、由于水体和大气受到污染，可能引起诸多疾病，甚至导致死亡。在分析这种经济损失前，应估测各种疾病的发病率。我们把各种因水及大气污染而引起的疾病视为人的生命价值的降低，以这种降低的生命价值量作为污染经济损失。按下式计算：

$$L_{病} = P_t \left(b_人 \cdot \frac{T_0}{T} + C \right)$$

$$P_t = P_0(1+\lambda_p)^t(P_a - P'_a)$$

式中　$L_{病}$——因感染而造成的年经济损失（元/年）；

$b_人$——一个人的年生命价值（元/人·年）；

T_0——年染病天数（天）；

T——年工作天数（天）；

t——项目影响年（$t=1, 2……n$），n 为项目经济寿命；

C——患病者在一年内支付的医疗费用（元/人·年）；

P_0——当年计算人口数（人）；

λ_p——人口自然增长率（‰）；

P_a, P'_a——项目兴建前后发病率（‰）。

若污染导致人群死亡，其经济损失按下式估算。

$$L_{死} = P_0(1+\lambda_p)^t(P_t - P'_t)B_人$$

式中　$L_{死}$——引起人群死亡的经济损失（元/年）；

P_t, P'_t——分别为项目兴建前后人群死亡率。

当水体或大气污染是由多项目引起的时，应考虑某项目排放污染物负荷，即将上述计算结果乘以一个小于1的系数 φ。

$$L_{水(气)人} = \sum_{1}^{m} \varphi_i(L_{病} + L_{死})$$

将以上两式代入，得：

$$L_{水(气)人} = P_0(1+\lambda_p)^t \sum_1^m \varphi_i \left[(P_a - P'_a)\left(b_人 \cdot \frac{T_0}{T} + C\right)(P_t - P'_t)B_人 \right]$$

当以损失的工作日表示时，上式可化为较简单的形式描述。

$$L_{水(气)人} = \sum_1^m \varphi_i (Nb/330 + P_{死} \cdot B_人)$$

式中 $P_{死}$——因项目造成水或大气污染导致的死亡人数。

【例 5-2】 某大型项目建设，影响人口近 30 万，项目兴建后，由于大气污染及水体未采取任何措施，将导致发病率由原来的 3.349‰ 上升到 5.000‰，死亡率 7.17‰ 上升到 8.17‰，该地区人口自然增长率维持在 12.46‰ 的水平。该项目建设工程期为 10 年，经济寿命为 50 年，试估算该项目建设对人群健康影响的经济损失。

解：

由题设条件可知，该项目环境污染导致的人体健康损失由疾病率增加和死亡率增加两部分构成，即：

$$L = L_{病} + L_{死}$$

因而，应分别计算 $L_{病}$ 和 $L_{死}$：

推算项目建设期第 10 年末的总人口：

$$P_{10} = P_0(1+0.01246)^{10} \approx 33.95(万人)$$

项目建成后 50 年内，各年末增加的发病人数：

$$P_{病} = 33.95 \times 10^4 (1+0.01246)^t (5.000‰ - 3.349‰)$$

式中 $t=1, 2, \cdots 50$，计算结果如表 8-5-3 所示。

单位：人　表 8-5-3

次序（年）	1	5	10	15	20	25	30	50
增加病人数（人）	567	596	634	675	718	764	813	1041

由疾病引起的损失：

$$L_{病} = RP_{病} b_{人t}$$

式中 $P_{病}$——由 2) 求得的逐年增加的发病人数；

R——发病天数占年工作天数的百分比，这里据统计资料得 $R=18.2\%$；

$b_{人t}$——第 t 年一个人的生命价值。

$$b_{人t} = B_{人t}/44.6$$

式中 $B_{人t}$——第 t 年的生命价值，按下式计算：

$$B_{人t} = (1+i)^t \quad (t=1,2,\cdots 50)$$

式中 B_0——项目兴建当年的生命价值，设 $B_0 = 26.0 \times 10^4$；

i——该地区国民经济增长率 $i=5\%$。

计算结果如表 8-5-4 所示：

单位：万元　表 8-5-4

次序（年）	1	5	10	15	20	25	30	50
生命价值（$B_人$）	26.0	33.2	42.3	54.0	69.9	88.0	112.0	298.1
年生命价值（$b_人$）	0.58	0.74	0.95	1.21	1.55	1.97	2.51	6.68

综合上述计算结果，可求得该项目兴建后，由于环境污染导致疾病增加带来的经济损失如表 8-5-5 所示。

单位：万元　表 8-5-5

次序（年）	1	5	10	15	20	25	30	50
$L_病$	59.8	80.3	109.6	148.6	202.5	273.9	371.4	1265.6

估算因污染导致人群死亡人数增加的经济损失：

$$L_病 = P_0(1+\lambda)^t (P_t - P'_t) B_人$$

项目兴建 10 年末总人口：

$$P_{10} = 33.95(万人)$$

项目建成后 50 年内各年末增加的死亡人数：

$$P_死 = 33.95(1+0.01246)^t (8.17‰ - 7.17‰)$$

$t=1，2，50$，计算结果如表 8-5-6 所示：

单位：人　表 8-5-6

次序（年）	1	5	10	15	20	25	30	50
增加死亡人数（人）	334	361	384	409	435	463	492	631

该地区人的生命价值如表表 8-5-2 所示。

综合表表 8-5-4、8-5-2 数据，可得该项目环境污染导致人死亡率增加引起的经济损失如表 8-5-7 所示。

单位：万元　表 8-5-7

次序（年）	1	5	10	15	20	25	30	50
$L_病$	199.5	267.1	364.8	494.9	674.3	912.1	1234.9	4215.1

综合表 8-5-3 和表 8-5-5，可得该项目环境污染（大气和水体）导致疾病增加和死亡增加而引起的人群健康经济损失如表 8-5-8 所示。

$$L = L_病 + L_死$$

单位：万元　表 8-5-8

次序（年）	1	5	10	15	20	25	30	50
L	259.3	347.4	474.4	643.5	876.8	1186	1606.3	5480.7

2）生态经济损失估算

这里的生态经济损失是指陆地生物与水生生物由于生存环境遭到污染，导致生物枯萎、减产或死亡。如酸雨对农业产量、植物生长的危害等。生态经济损失估算较为困难，一般是通过典型地区的调查或某种试验，得出定量关系，按下式进行估算。

$$L_{生} = \sum_{1}^{n} \varphi_i (a_i \Delta y_i c_i + a'_i \Delta y'_i c'_i + \cdots + N_i B_i)$$

式中　$L_{生}$——环境污染对生态造成的年损失（元/年）；

　　Δy_i，$\Delta y'_i$——分别为某生态损失量（kg/亩、m³/亩…）

　　a_i，a'_i——分别为某生态受损面积（亩）；

　　N_i——某野生动物头数（头）；

　　c_i，c'_i——某生态价值（元/kg，元/m³）；

　　B_i——某野生动物生命价值；

　　n——影响生态种类数。

（3）文物古迹经济损失估算

从环境经济的角度看，任何一项文物古迹都具有价值。项目建设对它们的破坏，必然会造成经济上的损失。这种损失，可从如下两方面进行估算。

1）科学研究价值。这里所说的文物古迹的科学研究价值，是指一般的并且已经被认定的文物古迹科研价值。由于这类价值难以用货币描述，人们一般用替代工程价值来进行间接估算。即对于那些因项目建设而将消失或遭到破坏的古建筑物，在不影响文物科研的前提下，实施搬迁或保护。其搬迁或保护的费用，即为项目对文物古迹影响的经济损失，或科研价值。

2）观赏价值。文物古迹的观赏价值包括文物古迹的旅游价值、文物出口创汇和个人购买价值。一般按下式估算

$$L_{文观} = \frac{1}{T} \sum_{1}^{m} c_i n_i$$

式中　$L_{文观}$——文物古迹观赏价值（元/年）；

　　c_i——某文物古迹价格（元/件）；

　　n_i——某文物古迹件数（件）；

　　T——项目运行（经济）年限（年）。

（4）噪声污染经济损失

噪声是项目建设中常发生的环境污染。噪声污染最大的影响是人体的健康。其中声级在85dB以上的高级噪声，将引起发病率的上升，其经济损失按下式估算。

$$L'_{声} = L_{病} = RP_{病} b_{人} + C_{病}$$

式中　$C_{病}$——病人的总医疗费用；

其余各符号的意义及计算办法同前述。

$$L''_{声} = AP_0 \beta b (1 + \lambda_P)^t$$

式中　$L''_{声}$——项目建设低声级噪音引起的经济损失（元/年）；

　　A——声级影响覆盖面积（km²）；

　　β——劳动生产率损失（%）；

　　b——项目所在地人均年创税利（元/人·年）；

　　λ_P——当地人口自然增长率；

　　t——项目运行年限。

3. 社会评价基准线的确定

社会评价基准线就是没有拟建项目情况下的当地社会状况。作为项目社会评价的基础，基准线的确定在项目社会评价中的作用当然是至关重要的。

基准线是通过对研究区域内的现有社会经济状况进行大规模调查研究确定的。在这个过程中有几个问题值得注意。

（1）项目建设一般都要经历数年甚至数十年的时间。在这漫长的时间内，上述社会经济情况是会发生变化的，而这些变化并不全是由于项目影响所致。因而，作为项目社会评价基础的基准线，也应当是变化的。因而，确定社会评价的基准线，处调查当地的社会经济现状外，还要预测这些社会经济现状在项目评价时限内可能发生的变化。

（2）在调查预测基准线的有关情况后，要对收集到的资料进行加工整理，分析评价，编写"基准线调查预测"报告，作为项目社会评价的基础资料。

4. 利益群体分析

项目的利益群体是指与项目有直接或间接利害关系，并对项目的成功与否有直接或间接影响的有关各方。

项目利益群体一般划分为受益人、受害人、受影响人、其他利益群体四类。

项目利益群体分析的主要内容有：

（1）划分利益群体；

（2）明确各利益群体的利益所在及与项目的关系；

（3）分析各利益群体间的相互关系；

（4）研究各利益群体对项目的态度及参与心理；

（5）研究因利益关系而引发社会问题的可能性及其预防措施。

复 习 思 考 题

1. 说明设置房地产经济评价指标目的和意义。
2. 房地产经济评价指标体系中有哪些评价指标，它们是如何分类的？
3. 静态财务评价指标有哪些？它们各代表什么意义，是如何计算的？
4. 盈利能力指标有哪些？它们各代表什么意义，是如何计算的？
5. 清偿能力指标都有哪些？是如何计算的？
6. 国民经济评价与财务评价有哪些区别？
7. 进行国民经济评价的步骤是怎样的？
8. 房地产投资项目的社会评价的内容有哪些？

第九章 房地产投资风险分析

第一节 房地产投资项目的不确定性分析

一、不确定性分析的涵义与分析方法

房地产投资前期财务评价过程中,对投资的收入、投资的成本费用、税金及发生的时间等大部分参数都是估算的,财务评价的结果是投资决策的重要依据,因此,投资的准确与否会影响投资决策的成败。但是由于房地产投资财务评价采用的参数,大部分都是未来发生的,未来的环境因素是在不断改变的,企业的资源能力也在变化,对未来数据的准确估算是困难的。因此对房地产投资财务评价中参数取值的变化对财务评价结果的影响进行研究,判断项目评价指标对不确定性因素的敏感程度,对于投资决策和风险管理具有非常重要的意义。

房地产投资的不确定分析,是识别风险、判断主要风险的一种分析方法。通过计算和分析各种不确定因素的变动对投资项目经济效果的影响程度,分析可能的风险和主要风险,并对风险大小进行判断、确定项目的可行性,进而提出对不确定性因素进行风险管理的建议。

房地产投资不确定性分析的方法主要有两种:盈亏平衡分析、敏感性分析。

二、房地产投资中的不确定性因素

(一)房地产开发投资中的不确定性因素

涉及的主要不确定因素主要有:土地费用、建造费用、租售价格、开发期与租售期、建筑容积率等规划设计参数、贷款利率等。这些因素对房地产开发项目

1. 土地费用

土地费用在房地产开发总投资中的比例越来越高,土地费用的高低很大程度上决定着房地产总投资额,影响着一个房地产开发项目财务评价指标的表现。

如果项目财务评价时,还没有购买土地使用权,那么土地使用权就是一个未知数,就需要按照近期的土地交易案例,用市场比较法并结合市场的走势,确定拟购土地的市场价格,在此基础上,估算土地费用以外的效益费用数据,在此基础上评估项目评价指标。研究土地费用不同幅度变动下,财务评价指标的变动情况,可以测算在其他费用不变情况下,项目容忍土地费用增加的幅度以及减少土地费用对财务评价指标改善的影响。

事实上,如果通过土地公开出让市场获取土地,土地费用为通过招标、拍卖、挂牌成交的土地出让金加上相关的契税等。由于招挂拍市场土地出让过程中的高度竞争性,土地的出让价格往往较评估的土地价格有较大幅度的增加。

如果通过土地转让市场获取土地使用权,涉及原开发公司的股权转让及变更登记,土地费用包括股权转让价格加上相应的变更登记费用、税费等,由于购买方在股权价值评价

中存在着信息的不充分、不对称，也存在着风险。如果与原土地使用权开发商共同注册新的开发公司，除了存在注册登记等相关费用外，股权比例与公司的管控也存在着风险。由于土地储备中心对土地转让的管控、土地增值税的存在，单纯的土地使用权转让的案例很少见到。

如果财务评价之前，已明确获取土地使用权的价格，那么土地费用就是一个确定性的因素了。

2. 建造费用

通常将房地产开发投资中的建筑安装工程费、基础设施建设费用、公共配套设施建设费用称为项目的工程费用，或者是建造费用。其中，建筑安装工程费用是建造费用的最主要部分。

在项目前期评估过程中，由于对项目建造产品的类型、档次、构成比例、建造标准与实际情况可能有较大的出入，这时估算的项目工程造价与实际造价会有较大的误差。

由于项目建设周期比较长，3~5年是很常见的，建设过程中人工费用、建筑材料等会出现较大的增加，这些费用通常要有开发商承担，成为建造费用增加的重要因素。

3. 租售价格与租售率

租金收入或销售收入是开发项目最主要的现金流入，是影响项目评价指标的最重要因素之一。

对销售价格、出租价格的估算在项目前期评价中，离项目的实际租售有较长的时间段。由于信息的不充分，估价方法可能的不科学，即使在环境不变的假定下，我们也很难准确预测多年后的价格。

在这个过程中，物业的供求关系会发生变化，外部的环境，政策法规、社会、自然环境等因素都会发生变化，这些因素都会导致价格的变化。使我们的租售价格假定与实际情况有较大的出入。

此外，出租率和销售周期也影响着项目的财务评价指标。

4. 开发周期

开发周期的延长会导致建设投资的增加、最佳市场机会的错过。

房地产开发项目开发周期，由准备期和建造期两个阶段组成。准备期，包括获取土地使用权与项目核准、勘察设计及规划许可、项目招标采购等几个子过程。开发商完成土地使用权的购买，或者是进行征地、拆迁、安置、补偿手续，完成规划设计及方案审批和建筑、结构等施工图设计、办理市政基础设施的使用申请手续。这个过程的长短，有时不是开发商能够准确控制的，由于房地产投资数额巨大，这个时间的延长不但会导致财务费用的大大增加，还会使项目的建设延期，项目的租售延期，甚至错过项目最佳的上市机会。

建设期延长，不能按时竣工的例子比比皆是，进度控制往往成为众多建设项目项目管理的主要工作。由于建设项目在露天施工，工期容易受到极端天气的影响，同时项目的建设需要多加单位的协作，建筑材料、建设设备不能按时供应、资金不能按时到位、承包商劳资纠纷引起的工人罢工、地基异常等因素都会导致建设工期的延长。

5. 容积率等规划设计参数

容积率指标决定着项目可建设的地上、地下建筑面积。建筑面积与租金收入、销售收入和建筑安装工程费直接相关。

在项目构思与筛选阶段,项目的规划指标往往还不明确,规划指标成为影响项目财务评价指标的不确定因素。在这个阶段的项目评估,只能参考周围类似项目及本项目的特点,假定项目的规划设计指标,规划设计指标的变动,会导致财务评价指标的变动。

在土地一级开发过程中,容积率等规划参数是规划策划的主要内容,决定着土地一级开发的效益指标。

通过公开土地出让市场获取土地使用权,规划设计参数是明确的。

6. 资本化率

资本化率或项目折现率取值的高低,直接决定着项目财务评价指标,由于市场处于变化中、通货膨胀率、利率因素也在变化中,在财务评价中选取合适的资本化率或折现率影响着项目决策。资本化率的选择是项目决策中的不确定性因素。

7. 贷款利率

贷款利率对房地产开发项目也有较大的影响。

贷款利率一方面影响着开发商的财务费用,从而影响盈利能力指标和偿债能力指标,影响着开发商利用财务杠杆的有效性,进而影响着房屋建筑产品的供给;另一方面,利率的高低,影响着房屋购买者的决策,对房屋需求产生影响。

(二)置业投资中的不确定性因素

1. 购买价格

在项目前期的财务评价中,项目的初始投资额是影响财务评价指标的非常重要的因素。高估价格,即在测算时估算置业投资额高于实际成交额,就会使评价指标过低,得出不值得投资的结论,从而失去投资机会;低估价格,即在测算时估算置业投资额低于实际成交额,就会使评价指标过高,得出过于乐观的结论,从而导致投资失败。购买价格在前期财务评价中具有不确定性。

2. 权益投资比率

投入的权益资本或资本金占初始资本投资总额的比例,权益投资比率的高低意味着使用了较高的财务杠杆。权益资本比率的高低影响财务评价的效果。估算时采用的权益资本比率与交易实际的不同,成为置业投资的不确定性因素。

3. 空置率

空置率的高低是决定有效毛租金收入的重要参数,显著影响着财务评价指标的高低。由于空置率受宏观经济环境、市场供求关系等因素的影响,难以准确估算,因而是置业投资的不确定性因素。

4. 运营费用

运营费用的高低对财务评价指标有重要影响,在前期财务评价中,对运营费用的准确估算是困难的,运营费用是置业投资前期决策中的不确定性因素。

三、盈亏平衡分析

(一)基本知识

根据第六章第三节的结论,如果考虑房地产销售的税金及附加(t 为单位产品税金),可以得到盈亏平衡状态下的销售量 Q^* 和一定收益目标下(E 为目标收益)的销售量 Q_E。前者称为保本点销售量,后者称为目标利润下的临界点销售量。

$$Q^* = \frac{F}{P-V-t}$$

$$Q_E = \frac{F+E}{P-V-t}$$

（二）简单应用

【例 1-1】 某房地产开发商拟投资一房地产开发项目，该项目固定成本为 12000 万元，单位可变成本为 4000 元，项目建成后预计售价为 8500 元/平方米，销售税金约为 500 元/平方米，开发商拟获利 8000 万元。使计算项目保本点的开发量和实现目标利润的开发量。

可以得到盈亏平衡点开发量：

$$Q^* = \frac{F}{P-V-t} = \frac{12000}{0.85-0.40-0.05} = 30000(平方米)$$

目标利润开发量：

$$Q_E = \frac{F+E}{P-V-t} = \frac{12000+8000}{0.85-0.40-0.05} = 50000(平方米)$$

可见，该项目开发 30000 平方米才能保本，要盈利 8000 万元，就需要开发 50000 平方米。需要指出，房地产项目中，划分固定成本和可变成本是比较困难的，实际应用中，应具体问题具体分析。

（三）房地产开发项目盈亏平衡分析

房地产开发项目通过盈亏平衡分析提供一下参数供决策时参考。

1. 最高土地取得价格

确定销售额和其他费用不变的情况下，项目能够承受的最高土地价格。为获取土地使用权提供支持。

2. 最高工程费用

预定销售额下，要满足预期的开发利润要求，所能承受的最高工程费用。

3. 最低租售价格

项目最低可接受利润下，产品应有的价格。

4. 最低租售数量

在预定的租售价格下，要达到可接受的最低盈利水平时，所需要的销售量或出租率。

5. 最高运营费用率

在可接受利润下，项目能承受的最高运营费率。最高运用费率越高，说明项目承担风险的能力越大。

四、敏感性分析

（一）敏感性分析的含义和作用

敏感性分析是指从众多不确定性因素中找出对投资项目经济效益有重要影响的敏感性因素，并分析测算这些因素的变化对财务评价指标影响程度和敏感性程度，进而判断项目承受风险能力的一种不确定性分析方法。

敏感性分析的目的在于：

1. 找出影响项目财务评价指标变动的敏感性因素。财务评价指标的选择主要是内部收益率、财务净现值、利润率等。

2. 确定不确定性因素变动引起项目经济效益变动的范围或极限值,分析判断项目承受风险的能力。

3. 比较其他投资方案的敏感性,以便在主要财务指标相似的情况下,从中选出敏感性小、抗风险能力强的投资方案。

(二)敏感性分析的方法和步骤

1. 确定用于敏感性分析的财务评价指标。通常采用的指标为内部收益率、财务净现值、开发利润、利润率等指标。

2. 选择不确定因素,计算其变化范围。

3. 分析计算不确定性因素变动时,相应的评价指标的变动值,确定敏感度。

4. 找出比较敏感的不确定性因素,进行更深入的计算分析。

5. 将计算的结果用表格或图形表示,表达不确定性因素变动引起的指标的变动。

(三)案例分析

某城市国际花都项目关于售价和建造费用变动的敏感性分析表　　表 9-1-1

序号	项目	基本方案	销售收入			建造费用		
			−10%	0%	10%	−10%	0%	10%
1	内部收益率	12.2%	6.4%	12.2%	17.9%	16.0%	12.2%	8.9%
2	投资回收期	2.69	2.74	2.69	2.64	2.66	2.69	2.72
3	销售利润率	17.2%	9.4%	17.2%	23.8%	21.6%	17.2%	13.1%
4	投资利润率	22.7%	11.2%	22.7%	34.5%	30.3%	22.7%	16.4%
5	税后利润	31821	10284	31821	53858	43201	31821	21201
6	盈亏平衡点	76.0%	84.3%	76.0%	69.2%	71.5%	76.0%	80.5%

从表 9-1-1 可以看出,建造费用和销售收入对于内部收益率、投资利润率、税后利润来说,都是敏感性因素,是项目管理中需要严加管控的因素。同时可以看到,与建造费用相比较,销售收入是盈利能力指标更为敏感的因素。

第二节　房地产投资风险分析

一、房地产投资风险概念

(一)关于风险的定义

我们经常可以看到类似这样的风险定义:"在投资决策活动中,风险可以被认为是决策的实际结局可能偏离它的期望结局的程度"、"风险是投资者不能收到期望的或要求的投资收益率的偶然性或可能性"、"风险是相对于期望收益或可能收益的方差"。

总之,风险是不能实现预期收益的可能性,这种可能性的大小,可用实际收益与期望收益的方差来衡量。

(二)投资风险的度量

根据上面的定义,风险 R 用数学函数可以表达为:

$$R = f(P, K)$$

式中　P——各种不利事情发生的概率;

K——不利结果发生后果的数量值的数量值。

R——风险的大小。

这种效的数量值就是风险的度量。

度量风险的大小,实际上是度量那些不确定结果之间的差异程度或离散程度。这种差异程度越大,表明不确定结果的综合效应越难以测定,从而事件的风险就越大。为了从数量上进行度量,将事件的所有不确定结果之间的标准差定义为风险的度量指标,其计算公式可写为:

$$R = \sqrt{\sum_{i=1}^{n}(K_i - \overline{K})^2 \cdot P_i}$$

$$\overline{K} = \sum_{i=1}^{n} K_i \cdot P_i$$

式中　R——风险的度量指标;

　　　n——不确定结果总的数目;

　　　P_i——第i个不确定结果发生的概率;

　　　K_i——第i个不确定结果的数值;

　　　$\overline{K}$——n个可能结果的期望值。

【例 2-1】　一房地产投资者拟投资高档写字楼。由于市场条件的变化,他所能获取的回报率是不确定的。假设这个事件的不确定资料如表 9-2-1 所示,其风险计算过程如表 9-2-2 所示,计算结果表明,这项投资的风险值为 0.3051。

投资高档写字楼的回报率预测　　　　　　　　　　　　　　　表 9-2-1

经济状况	发生概率	投资回报率
萧条	0.2	−15%
平稳	0.5	20%
繁荣	0.3	70%

写字楼投资的风险度量值计算　　　　　　　　　　　　　　　表 9-2-2

状况	P_i	K_i	$(K_i - \overline{K})$	$(K_i - \overline{K})^2$	$(K_i - \overline{K})^2 \cdot P_i$
1	0.2	−0.15	−0.43	0.1849	0.03698
2	0.5	0.20	−0.08	0.0064	0.0032
3	0.3	0.70	0.42	0.1764	0.05292
结果	$\sum P_i = 1$ $\overline{K} = 0.28$　方差 $\sigma^2 = 0.0931$ 风险度量值 $R = 0.3051$				

如果该投资者改高档写字楼投资为普通住宅投资,他预测得到的回报率仍然是不确定的,假设这项投资的不确定性如表 9-2-3 所示,其风险计算过程如表 9-2-4 所示,这项投资的风险度量值 $R = 0.049$。计算结果表明,投资普通住宅回报率的风险比投资高档写字楼回报率的风险要小得多。

普通住宅的投资回报率预测　　　　　　　　　　　　　　　　　　表 9-2-3

经济状况	发生概率	投资回报率
萧条	0.2	6%
平稳	0.5	15%
繁荣	0.3	20%

普通住宅的投资回报率预测　　　　　　　　　　　　　　　　　　表 9-2-4

状况	P_i	K_i	$(K_i - \overline{K})$	$(K_i - \overline{K})^2$	$(K_i - \overline{K})^2 \cdot P_i$
1	0.2	−0.15	−0.43	0.1849	0.03698
2	0.5	0.20	−0.08	0.0064	0.0032
3	0.3	0.70	0.42	0.1764	0.05292
结果	\multicolumn{5}{l}{$\Sigma P_i = 1$　$\overline{K} = 0.147$　方差 $\sigma^2 = 0.002361$　风险度量值 $R = 0.049$}				

可以看出，在经济萧条时，高档写字楼租售可能惨淡，因此会出现回报率为−15%的亏损状态，而经济萧条的情况对普通住宅市场的冲击比较小，回报率为6%。经济平稳发展时，二者回报率比较接近，分别为20%和15%。经济繁荣时，写字楼回报率可达70%，而对普通住宅影响较小。

（三）房地产投资风险的特点

房地产投资具有周期长、投入资金量大、资金变现能力差等特点，因而房地产投资风险也具有其自身特点。

1. 多样性

由于房地产投资整个过程中涉及社会、经济、技术等各个方面，因而其风险也表现出多样性，相互间的边哈也呈现出极其复杂的关系。

2. 变现差

由于房地产投资投入资金量大、周期长、并且房地产市场是个不完全市场，房地产也不像其他资产如存款、国库券等可以随时变现，因而其变现风险也较大。

3. 补偿性

由于房地产投资具有风险，因而投资者一般对承担这一风险在经济上要求补偿，这一补偿也叫风险溢价或风险回报。进一步讲，对于一个理性投资者，风险越大，他期望的收益率就越高。

（四）房地产投资风险的类型

房地产市场是千变万化的，变化的根本原因是由于一系列不确定因素的存在。这些不确定因素影响产生的动态变化会给在房地产市场中交易的商品经营者带来各种不同形式的风险。根据风险因素的不同性质，将房地产投资风险分为政策风险、社会风险、经济风险、技术风险、自然风险、国际风险和资源风险，每种风险又可细分为多种风险（见图9-2-1）。

二、几个常见房地产投资风险因素的分析

（一）房地产投资政策风险分析

政策风险是指由于政策的潜在变化可能给房地产市场中交易双方带来经济损失。政府的政策对房地产业的影响是全局性的，房地产政策的变化可能给投资者带来风险。房地产业由于与国家经济和社会发展紧密相关，政府通过对土地使用的控制，对环境保护的要求，尤其金融政策的改变和新税务政策改变都可能对房地产投资者构成风险。政策风险因素按其影响因素，可以分为政治环境风险、体制改革风险、产业政策风险、房地产制度变革风险、金融政策变化风险、环保政策变化风险等。

1. 体制改革风险

一个国家的经济体制和政治体制的改革，会对房地产投资者带来风险。正是由于市场经济体制的改革、投资体制的改革，使我国房地产经济充满活力，也使依赖原来体制生存的投资者面临巨大的风险。

城镇化将推动经济制度和政治制度的变革，将逐步消灭城乡二元经济，必然会影响房地产开发业的发展，但也有可能带来风险。

2. 房地产制度变革风险

（1）土地使用制度变革风险。通过公开市场以出让方式获取土地使用权的土地供给制度，推高了商品房的价格，使中小开发商难以获得开发土地。

（2）经济适用住房大量建设冲击了房地产市场商品房的价格，给某些开发商带来了风险。

（3）宅基地的流转，给房地产市场供给产生较大的影响。

3. 金融政策变化风险

金融政策包括货币政策、利率政策和汇率政策。

一个国家的汇率政策对于国际贸易和国际资本的流动具有重要的影响。汇率政策的高低，会影响境外资本流入流出国内资本市场，汇率的变化会对外商投资房地产企业经营产生直接影响。

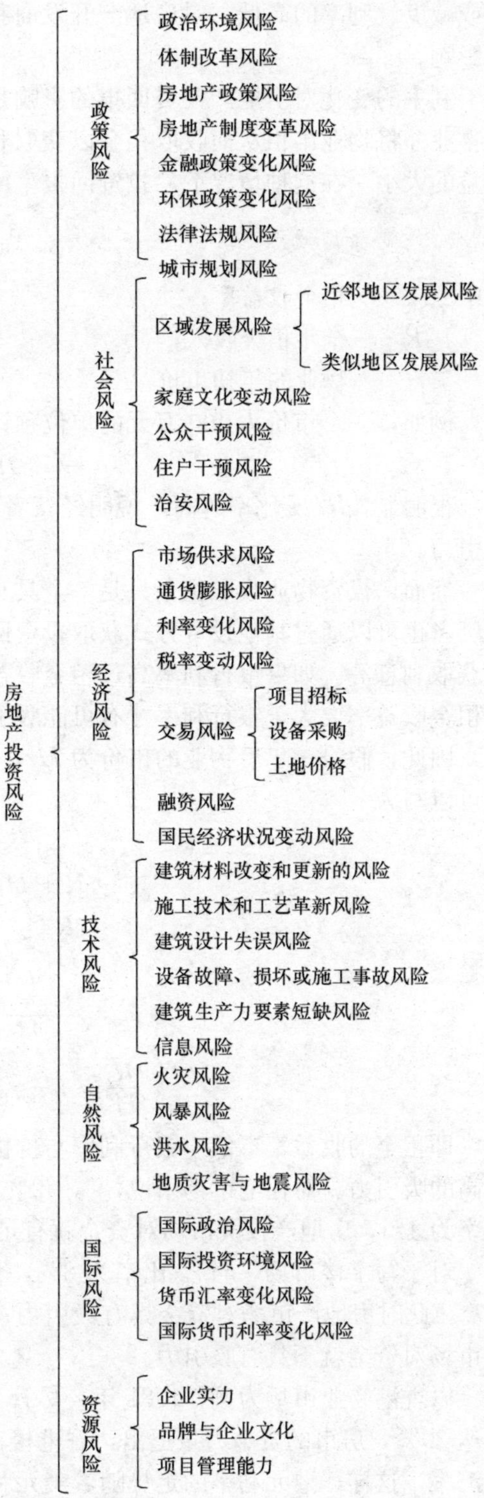

政府调控房地产市场最常见的手段是调整存款准备金和存贷款利率，由于房地产投资很大程度上依靠银行借款，货币供给量的增

房地产投资风险
- 政策风险
  - 政治环境风险
  - 体制改革风险
  - 房地产政策风险
  - 房地产制度变革风险
  - 金融政策变化风险
  - 环保政策变化风险
  - 法律法规风险
  - 城市规划风险
- 社会风险
  - 区域发展风险
    - 近邻地区发展风险
    - 类似地区发展风险
  - 家庭文化变动风险
  - 公众干预风险
  - 住户干预风险
  - 治安风险
- 经济风险
  - 市场供求风险
  - 通货膨胀风险
  - 利率变化风险
  - 税率变动风险
  - 交易风险
    - 项目招标
    - 设备采购
    - 土地价格
  - 融资风险
  - 国民经济状况变动风险
- 技术风险
  - 建筑材料改变和更新的风险
  - 施工技术和工艺革新风险
  - 建筑设计失误风险
  - 设备故障、损坏或施工事故风险
  - 建筑生产力要素短缺风险
  - 信息风险
- 自然风险
  - 火灾风险
  - 风暴风险
  - 洪水风险
  - 地质灾害与地震风险
- 国际风险
  - 国际政治风险
  - 国际投资环境风险
  - 货币汇率变化风险
  - 国际货币利率变化风险
- 资源风险
  - 企业实力
  - 品牌与企业文化
  - 项目管理能力

图 9-2-1　房地产风险分类图

加或减少、利率的高低,对房地产开发商和购房者能否获取资金以及资金的成本有比较大的影响。

利率的变化对房地产投资回报的影响是较明显和直接的。例如房地产经营者投资购买一物业并将物业出租从而收取租金以获取利益,我们可以用投资回报率来表示经营者获取利益的大小。在这种情况下,投资回报率可以用租金收益率来表示,用公式可写成:

$$r_R = \frac{R}{H}$$

式中 r_R——租金收益率;
R——全年租金收入;
H——物业的年初市价。

例如,一个市价为 400 万元的单位预计全年租金的贴现收入为 40 万元,则

$$r_R = 40\text{万}/400\text{万} = 0.1$$

很明显,R/H 比率越高,说明经营者的投资回报率越高,这种方式的投资也越具有吸引力。

然而,投资物业收取租金只是一个具有资金的投资者为了获取投资回报的一种方式。投资者也可以通过其他投资方式获取投资回报,比如,投资股票以获取股息,投放在银行以获取利息等。如果银行利率高过租金收益率,很少有投资者会感兴趣投资在物业上,或者租金收益率要大于银行利率才有可能吸引资金投资在物业上。

因此,假设一年后物业的市价为 H_1,物业一年后的投资总收益应大于利息收入,这样可以写为

$$R + H_1 - H > Hi$$

即

$$\frac{R}{H} > i - \frac{H_1 - H}{H}$$

令

$$r_P = \frac{H_1 - H}{H} \text{ 为楼价升降率}$$

$$\frac{R}{H} > i - \gamma_P, \text{即} \gamma_R > i - \gamma_P$$

即租金的收益率不低于银行利率与价格增长率之差时,房地产投资市场才会对资金有更高的吸引力。对住宅市场来说,$r_R = 2\%$,$i = 6\%$,那么只要 $r_P \geq 4\%$,即楼宇价格年增长率为 4%,房地产投资市场对资金就有足够的吸引力。

对于写字楼市场,当 r_R 比率为 8%,楼价升幅为 4% 时,若银行利率为 10%,$r_R > i - r_P$,此时房地产市场对资金具有吸引力;若银行利率为 14%,$r_R < i - r_P$,此时,房地产市场对资金就不具有吸引力。

以香港物业市场为例,1981 年,尽管当时通货膨胀率高达 15%,但银行优惠利率却高达 20%,房市的资金大量退出,香港楼市进入萧条期。1983 年 10 月,香港政府实施联系汇率,这样,港元利率的走势随着美元利率而变化,政府对利率的控制权减弱,银行利率偏低,通货膨胀率相对较高,这促进了香港房地产市场的兴旺和发展。比如 1991 年,尽管香港通货膨胀率达到 13%。优惠利率却只有 9.5%,银行利率较低,大量资金流入房地产市场,使 20 世纪 90 年代初香港物业市场十分繁荣。

（二）房地产供求风险分析

房地产市场中的经营者所承担的这种风险比一般市场情况下要大些，因为房地产商品的价值受供求影响的幅度很大。比如，当供给短缺或是需求不足时，都将使房地产市场的主体，即买方或卖方中的一方受到损失。这种由于供给与需求之间的不平衡而导致的房地产经营者的风险，都是供求风险。

房地产市场需求变化也反映需求结构的变化。比如，因环境或其他条件改变，某一地区的人口密度突然增大，该地区的住宅需求会立刻增加；反之，人口密度减少会减少对房地产的续期。

住户规模变化对房地产商品需求量影响也很大。住户规模也称为家庭规模，是指居住在一个建筑单元内的人口数。住户规模减小，相应地对住宅单元的总需求量会增加。年轻人成家后，一般都单独居住，这在一定程度上增加了住宅需求。

随着经济的发展和国民收入水平的提高，房地产的需求与消费结构将向丰富多彩和较高层次的方向转变。比如，人均收入的增长会引起普通住宅、高级公寓和别墅的比例关系产生变化。一个地区经济增长的速度和对外交流的程度，将影响写字楼和购物中心在房地产市场构成中的份额。

（三）房地产按揭风险分析

人们通常所说的按揭，也就是住房抵押贷款，但已习惯于称作按揭。楼宇按揭贷款是购楼者以所购得的楼宇作为抵押品而从银行获得贷款，购楼者按照按揭契约中规定的归还方式和期限分期付款给银行，银行按照一定的利率收取利息。如果贷款人违约，银行有权收回楼宇。

贷款利率会影响到购房者的利息负担。年期，是指楼宇按揭贷款分期偿还的期限。贷款额与按揭比率有关。所谓按揭比率，是指贷款额与楼价的比率。首次购房最高按揭比率通常为8成，香港楼宇按揭率曾经达到9成。

1. 房地产按揭对房地产市场的影响

楼宇按揭措施对楼市的影响非常巨大，对楼市的价格、需求和投机活动都有着直接的影响。请看一个例子。

1993年秋季，正当香港整体地产市场趋于活跃，楼市价格不断上升之际，香港两大银行汇丰银行和恒生银行突然宣布实施一系列收紧楼宇按揭的新措施。这些措施有6条，主要包括：一是限制提早归还银行按揭款，即凡一年内全数偿还按揭款者，罚款由当时的1万元增至5万元（或由当时尚欠收款额的1.5%增至3%）；二是限制出租物业的按揭，即两行不再提供出租物业的按揭贷款，即使为租约期满收回自住者也不例外；三是限制申请按揭人的家庭月收入水平，即只接受有充分收入家庭的直系人士的借款，且月供款额压低至供款人月入总额的四成；四是限制公司借款人，汇丰银行维持公司借款人申请手续费2000元的水准，有关公司的董事若无密切家庭关系，手续费将调升至借款额的0.5%，最低收费为5000元，而恒生银行则由目前的1000元申请手续费提升至2000元；五是限制按揭贷款使用日期，即银行一经批出按揭贷款，按揭人必须在60天内支用，拖延者即取消按揭；六是限制楼花按揭的时间，两家银行都不再为超过6个月入伙的新楼花提供按揭。

银行在楼市异常活跃、楼价飙升时，采取这一系列紧缩按揭的措施，是为了控制风险,保障自身的商业利益。新措施出台后,地产股票普遍下跌,股市恒生指数急挫60多点。香港两个最大型的楼盘,新鸿基地产的"雅典居"和恒基兆业的"富荣大厦"曾被很多炒家和置业者看好,由于新按揭措施的出台,出售时很不理想,问津者比预期的大大减少。

房地产按揭政策从大的方面讲隶属于金融政策,如果出台全面的金融政策就会误伤别的行业,而按揭政策实际上是针对住房抵押贷款的。其作用有两个方面,一是影响了房地产的供求,通过上调利率或降低按揭率,控制按揭信贷量、增加购房者的成本,从而降低房地产需求,反之,会增加房地产的需求;二是限制炒楼风,炒房者借用银行资金炒楼,转手的频率高,就表现为提前还款的数量上升,通过紧缩政策、增加提前还贷的成本,打压投机者。

2. 楼价跌落风险

房地产的价格在变动中,当价格跌落超过一定界限时,借款人继续还款不如违约对自己有利,借款人可能选择违约,银行的风险就出现了。借款人违约后,银行通过抵押品的拍卖来补偿损失。

贷款时房地产价值100万元,按揭率为80%,借款人还欠银行70万元没有偿还,拍卖成交价格可能只有60万元,贷款商则承受10万元的损失,由于借款人的抵押品资不抵债,贷款人还需要支付拍卖费、律师费及其他手续费。

这种违约现象可以通过以下的理论风险进行说明。假设:H为房地产商品的购买价;H_1为购买后房地产的新市价;α为按揭比率;γ为剩余借款本金比率;β为购买房地产时的交易费用占楼价的百分比。则有:

原房地产的剩余供款总额 $= \alpha H \gamma$

如果购置新楼宇,其费用应为:$H_1 + \beta H_1$

所以,上面提到的剩余供款总额大于购置相同功能物业所需代价的情况可以表示为:

$$\alpha H \gamma > H_1 + \beta H_1$$

$$\frac{H - H_1}{H} > 1 - \frac{\alpha \gamma}{1 + \beta}$$

在第十一章中我们介绍了剩余借款本金的计算公式,可以求得:

$$\gamma = \frac{(1+i)^n - (1+i)^t}{(1+i)^n - 1}$$

$$\frac{H - H_1}{H} > 1 - \frac{\alpha}{1+\beta} \cdot \frac{(1+i)^n - (1+i)^t}{(1+i)^n - 1}$$

其中,t表示已还款期数,i为还款周期的借款利率。

令楼价下跌幅度$F = (H - H_1)/H$,这样,违约行为的理论公式可以写为:

$$F > 1 - \frac{\alpha}{1+\beta} \cdot \frac{(1+i)^n - (1+i)^t}{(1+i)^n - 1}$$

我们令

$$R = 1 - \frac{\alpha \gamma}{1+\beta}$$

为楼价下跌幅度警戒线,所以,当$F > R$时,即超过警戒线时,违约行为发生的可能性就很大。

从上述过程可以看出几个风险因素之间的关系：

（1）当剩余借款本金率 γ 减小时，R 增大，因此违约风险减小；相反，R 减小，违约风险会增大。

（2）当按揭比率 α 增大时，R 会减小，因此，违约风险增大；反之，R 增大，违约风险会减小，提高按揭比例是防范违约风险的有效措施。

（3）当购楼交易费用率 β 增大时，R 减小，违约风险增大，呈正向运动；反之亦然。

（4）当楼价下跌幅度 F 增大时，$F>R$ 可能性增大，违约风险会增大；反之，F 减小，$F>R$ 的可能性减小，故违约风险减小。

上述关系可用表 9-2-5 清楚表示。

按揭风险因素的几组关系　　　　　　　　　　　　　表 9-2-5

因素	因素向增方向变化		因素向减方向变化		因素与风险的关系
	因素变化	风险变化	因素变化	风险变化	
γ（借款本金剩余率）	增大	增大	减小	减小	正向
t（已还款期数）	增大	减小	减小	增大	反向
α（按揭比率）	增大	增大	减小	减小	正向
β（交易费用率）	增大	增大	减小	减小	正向
F（楼价下跌幅度）	增大	增大	减小	减小	正向

对上述理论分析予以举例说明如下。

【例 2-2】　假设 $\beta=0.05$，$\alpha=0.7$，$n=10$ 年期，假设银行贷款月利率 $i=0.006$，在不同时期因楼价下跌而可能发生的违约风险分析见表 9-2-6 所示。

$\alpha=0.7$ 时的楼价下跌幅度警戒线　　　　　　　　　表 9-2-6

还款第 t 月末	剩余借款本金率 γ（%）	楼价下跌幅度警戒线 R（%）
0	100.00	33.33
6	96.52	35.65
12	92.91	38.06
18	89.17	40.55
24	85.30	43.14
30	81.28	45.81
36	77.11	48.59
42	72.80	51.47
48	68.32	54.45
54	63.69	57.54
60	58.88	60.75
66	53.89	64.07
72	48.73	67.51
78	43.38	71.08
84	37.83	74.78
90	32.07	78.62
96	26.11	82.59
102	19.93	86.71
108	13.52	90.98
114	6.88	95.41
120	0.00	100.00

在未偿还本金前,即第 0 期,剩余借款本金率为 100%,除了已支付首付款 30% 外,还支付了交易费,故楼价下跌 33.33% 以上(不是 30%)以上,才会出现违约风险。半年之后,楼价下跌幅度风险警戒线上升至 35.65%,随着供款期数的增加,楼价下跌幅度的风险警戒线也越来越高,当供款期满,剩余借款本金率 $\gamma=0$,即全部偿还按揭贷款,此时已没有按揭风险。因此,从理论上表述,此时楼价下跌幅度警戒线为 1,即 100%。需要指出,房价的下跌因素,除了市场供求因素、消费者购买力等原因外,土地的有限期使用、房屋的功能老化都是应该考虑的因素。

【例 2-3】 假设 $\beta=0.05$,$\alpha=0.8$,$n=10$ 年期,假设银行贷款月利率 $i=0.006$,在不同时期因楼价下跌而可能发生的违约风险分析见表 9-2-7 所示。

$\alpha=0.8$ 时的楼价下跌幅度警戒线　　　　表 9-2-7

还款第 t 期	剩余借款本金率 γ(%)	楼价下跌幅度警戒线 R(%)
0	100.00	23.81
6	98.11	26.46
12	96.15	29.21
18	94.13	32.06
24	92.02	35.01
30	89.84	38.07
36	87.58	41.25
42	85.24	44.53
48	82.81	47.94
54	80.30	51.48
60	77.69	55.14
66	74.98	58.94
72	72.18	62.87
78	69.28	66.95
84	66.26	71.18
90	63.14	75.56
96	59.91	80.11
102	56.55	84.82
108	53.08	89.70
114	49.48	94.76
120	45.74	100.00

将上述两种情况进行比较,可以得出如下对照表 9-2-8。

假设 $\beta=0.05$,$n=10$ 年期,比较按揭比率 $\alpha=0.7$,$\alpha=0.8$ 时的两种情况,容易看

到,供款半年之时,$\alpha=0.7$ 时的楼价下跌幅度警戒线 35.65%,较 $\alpha=0.8$ 的警戒线水准高,并且,其他各期的比较数字都有类似的特点,及相应高出一截。这里可以得出这样的结论:按揭比率越小,银行承受的违约风险也越小。

楼价下跌幅度警戒线对照表   表 9-2-8

还款第 t 期末	剩余借款本金率 γ(%)		楼价下跌幅度警戒线 R(%)		
	$\alpha=0.7$	$\alpha=0.8$	$R_{0.7}$	$R_{0.8}$	$R_{0.7(n=15)}$
0	100.00	100.00	33.33	23.81	33.33
6	96.52	98.11	35.65	26.46	34.59
12	92.91	96.15	38.06	29.21	35.90
18	89.17	94.13	40.55	32.06	37.25
24	85.30	92.02	43.14	35.01	38.65
30	81.28	89.84	45.81	38.07	40.11
36	77.11	87.58	48.59	41.25	41.61
42	72.80	85.24	51.47	44.53	43.17
48	68.32	82.81	54.45	47.94	44.79
54	63.69	80.30	57.54	51.48	46.47
60	58.88	77.69	60.75	55.14	48.21
66	53.89	74.98	64.07	58.94	50.01
72	48.73	72.18	67.51	62.87	51.88
78	43.38	69.28	71.08	66.95	53.82
84	37.83	66.26	74.78	71.18	55.82
90	32.07	63.14	78.62	75.56	57.90
96	26.11	59.91	82.59	80.11	60.06
102	19.93	56.55	86.71	84.82	62.30
108	13.52	53.08	90.98	89.70	64.61
114	6.88	49.48	95.41	94.76	67.02
120	0.00	45.74	100.00	100.00	69.51

目前,许多银行采取的按揭政策是:一年以后才可以提前全部偿还贷款,按揭最高比率为 70%。在这一政策下,当还款期为 10 年(120 个月)时,只有楼价下跌超过相对应的还款期的 $R_{0.7}$ 时,才可能出现因楼价下跌导致的违约的风险。

一般来说,按揭利率与贷款期限和抵押率有关,贷款期限越长,或者抵押率越大,按揭利率越高。这是因为,贷款期限越长,按揭率越大,按揭违约风险也越大。

购买者是否违约，受很多因素影响，上面的讨论只是一种理论上的违约可能。

3. 按揭人收入变化风险

按揭人收入变化风险是指因为按揭人的收入发生变化，特别当收入明显减少，无力供付按揭款，从而可能放弃房地产的风险。这种情况对按揭人和按揭银行都是不利的，对按揭人意味着损失财产，对银行意味着要将房地产变卖，而收回的资金可能要比按揭人应偿还款减少，从而蒙受损失。

当然，通过延长供款期，可以减少每月的供款额，从而可以减轻因收入下降而产生的压力。然而年期越长，偿还本金的速度也越慢，在这个漫长的供款过程中，又增加了按揭人的违约风险。

4. 按揭利率变化风险

当按揭利率上升时，要么每月增加供款，要么延长供款期限，这两种途径都增加了违约机会，从而给按揭双方都带来损失。

如果每月增加供款，客户则有可能承受不起而放弃借款。如果延长供款期限，其间又增加了违约机会。因此，利率越上升，违约风险越大。

按揭比率是影响按揭双方违约行为的一个主要因素，因为按揭率低，本身就是对购房者购买力的考核，也是对自用购房还是投资购房的一次测验，具有较强购买力的人才会选择低按揭率，自用购房的人才可能愿意接受低按揭率。一般来说，按揭比率越高，违约风险越大。

不过按揭贷款违约案例很低，各银行普遍将房地产按揭业务看做一个低风险的交易，愿意提供较高的按揭额及较长年期的贷款，因而，楼宇按揭业务在银行间竞争非常激烈，购买第一套住房者还可以享受利率折扣。

三、房地产投资组合风险

（一）投资组合风险的定义

投资组合中各项投资都具有风险，一般可以用方差表示，但要全面认识投资组合风险，仅认识单项投资的风险是不够的，还必须考虑它与其他投资的相互作用。投资组合风险是指作为一个整体的投资获得预期收益所要承担的风险。假设投资组合有 n 项单项投资，则组合风险的数学表达式如下：

$$\sigma = \sqrt{\sum_{i=1}^{n} x_i^2 \sigma_i^2 + \sum_{i=1}^{n}\sum_{j=1}^{n} x_i x_j \sigma_i \sigma_j \rho_{ij}}$$

$$\sigma = \sqrt{\sum_{i=1}^{n} x_i^2 \sigma_i^2 + \sum_{i=1}^{n}\sum_{j=1}^{n} \sigma_{ij}}$$

式中　σ 表示投资组合风险；

　　　x_i 是投资组合中投资的百分比或权重；

　　　σ_i 是投资组合中投资的预期收益的标准差；

　　　ρ_{ij} 投资 i 与投资 j 之间的相关系数；

　　　σ_{ij} 是投资 i 与投资 j 之间的协方差。

从上式中可以看，投资组合的风险可以分为两个部分，即单项投资风险和各投资资产间的相关性影响。

（二）通过投资组合降低投资风险的案例

【例 2-4】 假设投资者有一笔 1000 万元的资金，其投资方案有甲、乙、丙三种。甲方案是资金全部投入住宅，乙方案资金全部投入写字楼，丙方案是一种组合投资，用一半的资金投入住宅方面，一半的资金投入写字楼方面。由于不同的投资方案会面临不同的不确定性条件，从而可能带来不同的不确定结果。因此，三种方案的收益情况可以图 9-2-2 表示：

右侧情况表明，投资写字楼的回报率要高些，但风险也大些（不确定性要大些）。通过分析计算可知投资甲方案时，收益期望值和风险度量值分别为：

$$\overline{K}_{甲} = 200 \times 0.7 - 120 \times 0.3 = 104.0$$
$$R_{甲} = 146.6$$

乙方案的收益期望值和风险度量值分别为：

$$\overline{K}_{乙} = 0.65 \times 260 - 0.35 \times 150 = 116.5$$
$$R_{乙} = 195.6$$

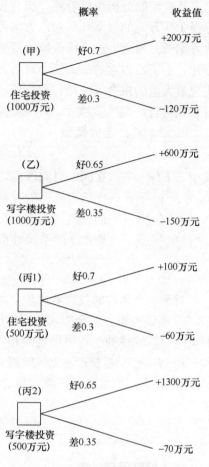

图 9-2-2 三种方案的投资收益情况

丙方案是一种组合投资，是甲乙方案的组合，当分别有好坏两种可能性的甲乙两方案组合在一起时，其可能结果就有四项可能，即（住宅，写字楼）组合可以有（好，好）、（好、差）、（差、好）、（差、差）。四种组合情况，如果假定甲乙两方案是独立的，组合出的这四种情况对应的概率为两种组合概率的乘积，分别为 0.455、0.245、0.195、0.105。丙方案的结果分布可以图 9-2-3 表示：

$$\overline{K}_{丙} = 230 \times 0.455 + 25 \times 0.245 + 70 \times 0.195 - 135 \times 0.105 = 110.25$$
$$R_{丙} = 122.2$$

从上述分析可以看出，组合投资方案的风险度量值比甲、乙两个方案的风险值有所降低，但其收益的期望值也有所降低。房地产投资组合的期望收益总是介于独立投资收益的最大值与最小值之间，但组合投资使风险下降，起到了分散风险的目的。

（三）风险分散对风险溢价的影响

1. 风险分散与风险溢价

投资人承担风险时会要求对此有所补偿，这个经济上的补偿被称为风险溢价。因此，风险越高，投资者对这种期望自然越大，预期回报也必然越高。组合投资能够分散风险，但是要付出降低风险溢价的代价。

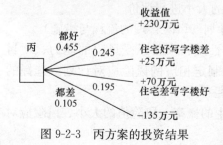

图 9-2-3 丙方案的投资结果

从前面的分析可以看到，组合投资丙方案亏损 135 万元的概率为 0.105，要比甲方案亏损 120 万元的概率 0.3 和乙方案亏损 150 万元的概率 0.35 小得多，因此其风险比甲乙两方案低。然而，这一降低风险效果换来的是：投资组合丙方案的最高可能收益值为 230 万元，小于乙方案的最大值 260 万元，并且，实现最大值的机会（0.455）既小于甲方案实现最大值的机会（0.7），也小于乙方案实现最大值的机会（0.65）。这与实际情况下的行为相吻合，即风险越大，其风险溢价越高；相反，风险降低，其风险溢价也会降低。

2. 资本资产定价模型

$$E(r_j) = r_f + \beta_j [E(r_m) - r_f]$$

式中　$E(r_j)$——在同一时间段内，资产 j 应有的预期收益率；

　　　r_f——无风险资产的收益率；

　　　$E(r_m)$——同一时间段内，市场整体平均收益率；

　　　β_j——资产 j 的系统性市场风险系数（风险相关系数）；

$$\beta_j = \frac{COV(r_j, r_m)}{VAR(r_m)}$$

对于一个理性的投资者来说，如果资产 j 的风险相对于系统性的平均市场风险大，即 $\beta_j > 1$，则该投资者就会要求比平均市场收益率 $E(r_j) > E(r_m)$ 更高的收益率；如果资产 j 的风险与系统性的平均市场风险相当，即 $\beta_j = 1$，该投资者可以获得平均市场收益率，即 $E(r_j) = E(r_m)$，当资产 j 无风险时，$\beta_j = 0$，投资者获得无风险的市场收益率，即 $E(r_j) = r_f$。即风险大，要求高的风险溢价，风险下，要求的风险溢价也低。

第三节　房地产开发投资风险管理

一、风险管理过程

美国系统工程研究所（SEI）的认为风险管理过程包括：风险识别、风险分析、风险计划、风险跟踪、风险控制等环节，如图 9-3-1 所示。

（一）识别风险

识别可能存在的风险，可从潜在事件及其产生的后果、潜在后果及其产生的原因来检查风险，正反两方面识别风险，形成风险列表。识别风险是风险管理前提。

（二）风险分析（风险估计与风险评价）

估计风险发生产生的后果影响、风险出现的概率、确定风险值的大小，进行风险排序。进而对各个阶段的风险大小乃至整个项目风险的大小进行评价

（三）风险规划或计划（风险管理的流程与措施）

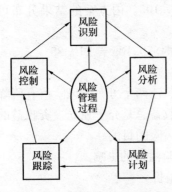

图 9-3-1　项目风险管理过程

根据风险的来源和性质、项目承受风险的能力、项目参与者承受风险的能力制定相应的风险应对计划。选择的措施包括：可规避性、可转移性、可减轻性、可接受性。

风险计划的内容还包括识别的风险及其描述、发生的概率、风险值的大小、风险应对负责人、应对策略和措施、应急计划等。

（四）风险跟踪及风险控制（风险监控）

跟踪风险条件的变化和对后果的影响、根据变化的情况及时调整风险应对计划、已发生并解决的风险调整出去、新的风险增加进来，从而进入风险管理的下一个循环。

二、风险识别

（一）风险识别的依据

风险存在于完成项目任务的过程中，由于某些因素的影响，存在不能实现项目的目标的可能性。识别风险从项目的目标和定义、项目实现的路径计划、项目的约束和假设，项目的历史资料等方面着手。

风险识别的依据：项目定义、项目实施计划、风险管理规划（计划）、历史资料、风险分类、项目约束与假设。

（二）项目识别工具

风险识别的工具有：流程图、风险检查表（广泛性）、SWOT 分析法、专家调查法、头脑风暴法、情景分析法。

如情景分析法，是假定某种现象或某种趋势将持续到未来的前提下，对预测对象可能出现的情况或引起的后果作出预测的方法，这种方法在假定某种风险出现的情况下，识别后续风险，具有使用价值。

流程图法，利用管控项目的各种流程图来检查控制实际运作是否恰当，控制执行知否有效，业务处理或信息处理逻辑是否正确的方法，这种方法可以找出潜在的风险。

头脑风暴法和专家调查法是在缺乏历史资料情况下的常用方法。

项目后评价的经验应当借鉴，这是识别风险的重要途径。运用"逆向思维"方法来审视项目，寻找可能导致项目"不可行"的风险因素。

在有历史经验的情况下，风险检查表是识别常规项目风险常用的表格，见表 9-3-1。

风险检查表示例　　　　表 9-3-1

风险因素	可能的原因	可能的影响	可能性		
			高	中	低
项目进度	资金不足 设计变更 施工能力不足 …	进度延误		√ √	√
投资估算	工程量估计不准 设备价格变化 材料价格变动 土地成本增加 …	投资超支	√	√	√
项目管理	项目复杂程度高 业主缺乏经验 可行性研究深度不足 …	影响质量	√	√ √	

(三) 结果

通过各种识别工具，识别出开发项目的风险，形成风险列表。

三、风险分析（风险估计与评价）

(一) 风险估计

1. 风险估计的过程

在项目风险识别的基础上，应用定性和定量的分析方法估计项目中各个风险发生的可能性和破坏程度的大小，并按潜在危险的大小进行排序的过程。

2. 风险估计过程目标

风险估计的目标就是对已辨识的风险，确定风险发生的概率及其后果、排列风险应对的优先顺序（初步的）。

(1) 尽量用成本收益的方式估计各种风险的后果。这样做的目的是便于比较和判断风险的大小。对于难以定量表达的，用定性描述。有些定性问题，经过深入的研究和分解，随着研究的深入，掌握的信息越来越多，定性问题有可能转化为定量问题。

(2) 确定风险发生的可能性。即判断风险因素发生的概率。

(3) 确定风险的影响。判断影响的大小。

(4) 确定项目风险排列顺序及影响分析。按风险影响的大小进行初步的排序。

3. 风险估计

(1) 风险估计的方法

风险概率估计方法、专家调查法、亏平衡分析法、敏感性分析法、静态投资指标法、动态投资指标法、贝叶斯概率法、蒙特卡罗模拟风险估计方法等。

(2) 风险概率估计

为了确定风险发生的可能性，可以通过专家调查方法确定。为了提高专家调查的效率，可以将风险划分为五个档次，在调查时由专家选择某项风险发生的概率。如

1) 很高。风险发生的概率在 81%~100%，表示风险很有可能发生，用 S 表示；
2) 较高。风险发生的概率在 61%~80%，表示发生的可能性较大，用 H 表示；
3) 中等。风险发生的概率在 41%~60%，表示发生的可能性一般，用 M 表示；
4) 较低。风险发生的概率在 21%~40%，意即不可能发生，用 L 表示；
5) 很低。风险发生的概率在 21%~40%，意即非常不可能发生，用 N 表示。

实际操作中，风险概率区间的划分不一定是等分的，如划分为 (0.0, 0.1)、(0.1, 0.2)、(0.2, 0.4)、(0.4, 0.8)、(0.8, 1)。

(3) 风险影响

按照风险发生后对项目影响的大小，可以划分为 5 个影响等级，如表 9-3-2 所示。

1) 严重影响。一旦发生，将导致项目的失败，可用字母 S 表示；>20% 的费用增加、进度延迟、范围更改；
2) 较大影响。一旦风险发生，将导致项目目标值较大偏离，可用字母 H 表示；10%~20% 的费用增加、进度延迟、范围更改；
3) 中等影响。一旦风险发生，对项目的目标造成中度影响，但仍可部分达到，可用字母 M 表示。如 5%~10% 的费用增加、进度延迟、范围更改；
4) 较小影响。一旦风险发生，对项目部分目标受到较小影响，但不影响整体目标，

可用字母 L 表示。如小于 5% 的费用增加、进度延迟、范围更改；

5）可忽略影响。一旦风险发生，对项目对应部分目标影响可忽略，不会影响整体目标，可用字母 N 表示。如不明显的费用增加、进度延迟、范围更改。

同样，相应的质量影响从严重到轻微，也可以划分为以下五个等级：项目因质量不能使用、客户不能接受质量下降、经客户同意的质量下降、不得不进行质量下降、不明显的质量下降。

风险影响程度高低的划分标准示例　　　　　表 9-3-2

项目目标	很低 0.05	低 0.1	一般 0.2	高 0.4	很高 0.8
费用	不明显的费用增加	<5%的费用增加	5%~10%的费用增加	10%~20%的费用增加	>20%的费用增加
进度	不明显的进度增加	<5%的进度延迟	5%~10%的进度延迟	10%~20%的进度延迟	>20%的进度延迟
范围	不明显的范围更改	<5%的范围更改	5%~10%的范围更改	10%~20%的范围更改	>20%的范围更改
质量	不明显的质量下降	不得不进行质量下降	经客户同意的质量下降	客户不能接受质量下降	项目因质量不能使用

（二）风险评价

1. 项目风险评价的含义

在项目风险识别和估计的基础上，整体上考虑项目所面临的各个风险、各风险的相互作用以及对项目总体的影响，项目主体能否承担这些风险等。

2. 风险评价的原则

（1）风险权衡原则

（2）风险处理成本最低原则

（3）社会费用最小原则

（4）风险成本/收益比原则

3. 风险评价的方法

描述风险有两个变量。一是事件发生的概率或可能性 P（Probability），二是事件发生后对项目目标的影响 I（Impact），风险的大小可能一个二元函数表示。

$$R(P,I) = P \times I$$

定性方法：主管评价法和德尔菲法。

定量方法：综合评价法、蒙特卡罗模拟法、概率期望值分析法。

其他方法：风险评价矩阵，也叫风险概率-影响矩阵。

4. 风险评价的结果

风险评价的结果为风险规划服务的。

（1）包括单个风险因素的评价和整个项目的风险等级评价。确定单个风险因素的风险等级和整个项目的风险等级。

（2）形成风险评价表。风险表可以按阶段、还可以按项目的费用风险、进度风险、质量风险、法规政策风险等类别单独排列。风险表中可以包括风险的名称、风险因素、风险发生的可能性、风险发生的后果与影响、风险的程度等级、应对措施建议等。

（3）风险管理策略。重要风险的分析和评价、提出风险应对的策略等。

5. 风险程度等级。根据对风险发生的可能性和后果影响估计的基础上，确定风险程度等级。可以分为以下五级。

（1）微小风险。发生的可能性小，发生后造成的损失较小，对项目的影响很小。

（2）较小风险。风险发生的可能性较小，或者发生后的损失较小。

（3）一般风险。发生的可能性不大或者发生的损失不大，不影响项目的可行性。

（4）较大风险。风险发生的可能性较大，或者发生造成的损失较大，但损失是可以承受的，必须采取一定的防范措施。

（5）重大风险。风险发生的可能性大，发生后造成的损失大，将使项目由可行变为不可行，需要严加防范或规避的风险。

按照本章风险发生可能性的 5 级分类，风险影响程度的 5 级分类及风险等级的 5 级分类，可以将风险评价的结果，即由发生概率和影响程度共同决定的风险等级可以用概率—影响矩阵来表示，风险等级同样可以分为 5 级分类，由高到低为 S、H、M、L、N，见图 9-3-2。

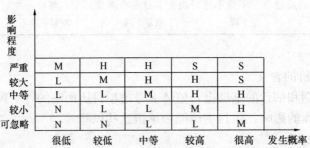

图 9-3-2 风险概率——影响矩阵

风险评价的结果可以用风险评价表表示，见表 9-3-3。

风险评价表示例　　　　　　　　　　　　　表 9-3-3

风险因素的名称	可能性	影响性	风险等级	风险策略	应对措施说明
市场风险					
市场需求量					
竞争能力					
价格					
…					
工程风险					
地质条件					
施工能力					
水资源					

续表

风险因素的名称	可能性	影响性	风险等级	风险策略	应对措施说明
投资与融资风险					
汇率					
利率					
投资					
工期					
配套条件					
水、电、气配套条件					
交通运输配套条件					
其他配套工程					
……					

四、风险规划

（一）规划和设计项目风险管理的过程

包括定义项目组成员及风险管理行动方案及方式、选择适合的风险管理方法、确定风险判断的依据等。是风险管理的指导性纲领。

（二）风险应对的主要策略

1. 策略类型

主要有以下策略：回避、减轻、转移、接受。

回避，就是面对不可承受的风险，在可行性研究课决策阶段否决项目。

减轻，就是把发生的可能性和影响降低到可以接受的范围内。实践中采取预防、控制等措施。

转移：将项目业主可能面临的风险转移给他人承担，包括保险转移和非保险转移。如购买工程保险、保修由承包商负责等。

接受：就是将风险发生后的损失留给项目业主自己承担。这种措施可以是主动的，也可以是被动的。如常用的应急措施就是主动接受风险、应对风险的例子。

2. 策略原则

风险管理过程应贯穿于项目的全过程，在项目的构思与筛选阶段、项目的可研与决策阶段，就应该树立起风险意识，主动管理项目风险，包括否决项目达到规避风险的目的。

对策应有针对性是指不同的风险的应对措施不同，不同行业的风险应对策略也不同，必须有的放矢地制定风险应对策略。

对策应有可行性，指对策在经济上、技术上、政策法规方面必须具有可行性。

（三）规划过程的结果

风险管理计划。

（四）技术和工具

1. 表格法：风险核对表、风险管理表
2. 工具：工作分解结构：WBS

五、风险监控

（一）目标：

定期报告项目的风险状态、保持项目风险的可视化。

（二）技术与工具

1. 技术：审核检查、监视单、项目风险报告、费用偏差分析法等。
2. 工具：直方图、因果分析图、帕累托图等。

第四节 各过程或阶段的风险

一、项目构思与选择过程的风险

（1）政治法律风险：法律、政策、制度、规划条件等方面的风险。

（2）房地产市场风险：对未来供求的预期出现偏差。

（3）投资产品风险：构思开发的产品类型、产品的档次不满足市场的需求。

（4）投资地点与开发时机风险：开发区位选择不能实现公司的目标、开发时机的选择不佳。

（5）投资与收入估算的偏差风险：估算的估算和收入存在较大的偏差，影响决策的结果。

（6）公司的资源和能力与外部环境的机会不匹配风险：在选择的市场上存在企业不能利用自己的优势来抓住机会或扩大市场优势的可能。

二、可行性研究与决策过程的风险

主要有可研团队能力风险、市场预测风险、开发方案风险、投资与收入估算偏差过大风险、决策风险等。

三、获取土地使用权风险和项目核准的风险

（1）土地购买失败的风险：没有购买成功，土地不能获得，失去开发投资机会。

（2）土地购买价格过高的风险：购买过程竞争激烈，竞价导致成交价格过高，严重侵蚀项目利润。

（3）征地拆迁风险：征地拆迁过程中导致成本增加、工期延长等因素。

（4）融资风险：购买土地资金数额巨大，不能按土地合同规定的时间内缴纳土地出让金。

（5）土地使用权获取方式风险。有些获取土地使用权的渠道存在风险，可能引发政策风险等。

（6）项目核准工期风险。不能按时完成项目核准，导致工期延长、成本增加等。

四、勘察设计与规划许可过程

（1）勘察风险：地质风险、勘探方案风险等。

（2）规划布局风险：规划布局和项目定位不协调或协调不足的风险。

（3）产品功能和质量风险：产品的建筑设计错误或不足，引起产品功能和质量风险。

（4）设计合规性风险：设计不符合强制性规范要求导致的风险。

（5）设计概算超标风险：概算超过估算、修正的设计概算超过原设计概算等产生的风险。

（6）工程建设规划未获得许可的风险。

五、项目招标与设备采购过程

（1）招标模式风险：招标模式有公开招标还是邀请招标，选择的模式是否适合自己的开发项目，选择不当也会导致风险。

（2）发包方式风险：采用多少个标段、是总承包还是各自独立发包，也是要考虑的问题。要结合项目特点、有关费用进行选择。

（3）通货膨胀风险。对调价条款的应对措施不当会导致成本的大大增加，引起风险。

（4）评标方法风险：评标方法有问题就不可能选择到合适的承包商，承包方法可能带来风险。

（5）合同条款风险：付款、进度、质量方面的检查、验收、责任等的约定，可引起风险。

（6）标底风险。标底或招标控制价如果过高，失去控制作用。

（7）其他风险。保密不当可能引起风险、围标、陪标出现的风险。

六、建设过程风险

主要包括：公众事件风险、施工事故处理风险、工程质量风险、工期拖延风险、承包商能力或责任风险、恶劣天气条件风险、水文地质异常风险、施工噪音风险、现场HSE管理风险、承包商垫资风险、楼花融资风险、财务支付风险、工程索赔风险等。

七、租售过程风险

主要包括：销售机构选择风险、租售模式选择风险、定价风险及价格调整风险、租售合同风险、房地产按揭风险、开盘时机选择风险、出台新调控政策风险风险、对销售机构绩效评价及激励措施风险。

八、交付及交付后的管理

主要包括：前期物业管理队伍选择风险、入场时间选择风险、前期物管合同风险、物业管理组织构架风险、管理公约风险、管理收费定价风险、管理团队能力风险、物业管理选择风险、物业管理用房产权风险、保修责任风险、保修质量风险、保修成本风险、客户投诉风险、项目管理后评价风险、可行性研究后评估风险、节能后评估风险、环境影响评价后评估风险等。

复习思考题

1. 风险的定义、风险识别的工具有哪些？
2. 银行防范按揭风险的措施有哪些？最有效的措施是什么？
3. 举一个投资组合可以降低风险的例子。
4. 房地产开发项目在可行性研究与决策阶段的风险有哪些？结合一个具体的开发项目，对这些风险的大小、发生的概率、风险等级做出评价。

第十章 房地产项目可行性研究

第一节 可行性研究概述

一、可行性研究的含义和目的

可行性研究是在投资决策前,对建设项目进行全面的技术经济分析、论证的科学方法。具体的讲,可行性研究就是在建设项目投资决策前,对与项目有关的社会、经济和技术等方面的情况进行深入细致的研究;对拟定的各种可能建设方案或技术方案进行认真的技术经济分析、比较和论证;对项目的经济、社会、环境效益进行科学的预测和评价。在此基础上,综合研究建设项目的技术先进性和适用性、经济合理性以及建设的可能性和可行性,由此确定该项目是否应该投资和如何投资等结论性意见,为决策部门最终决策提供可靠、科学的依据,并作为开展下一步工作的基础。

可行性研究的根本目的,是实现项目决策的科学化、民主化,减少或避免投资决策的失误,提高开发建设项目的经济、社会和环境效益。

房地产开发是一项综合性的经济活动,投资额大、建设周期长、涉及面广。要想使开发项目达到预期的经济效果,首先必须做好可行性研究工作,才能使房地产开发项目的许多重大经济技术原则和基础资料得到切实的解决和落实。依据可行性研究的结论进行投资决策,有助于使开发商决策建立在科学的而不是经验或感觉的基础上。

二、可行性研究的作用

可行性研究的作用,主要体现在开发商向政府主管部门申请投资项目核准、企业内部投资决策、开发项目融资和指导开发建设过程各阶段的工作等方面。

(一)申请投资项目核准的依据

为了充分发挥市场配置资源的基础性作用,确立企业在投资活动中的主体地位,保护投资者的合法权益,营造有利于各类投资主体公平、有序竞争的市场环境,促进生产要素的合理流动和有效配置,优化投资结构,提高投资效益,推动经济协调发展和社会全面进步,政府对企业投资的管理制度改革日益深化。

按照"谁投资、谁决策、谁收益、谁承担风险"的原则,并最终建立起市场引导投资、企业自主决策、银行独立审贷、融资方式多样、中介服务规范、宏观调控有效的新型投资体制,国家改革了企业投资项目审批制度,并从2004年下半年开始推行企业投资项目核准制。

按照核准制的要求,房地产开发企业应就拟开发建设项目编制项目申请报告,报送项目核准机关申请核准。项目核准批复文件,是办理土地使用、资源利用、城市规划、安全生产、设备进口和减免税确认等手续的主要依据。而项目核准申请报告的主要内容,即项目申报单位情况、拟建项目情况、拟选建设用地和相关规划、资源利用和能源耗用分析、生态环境影响分析、经济和社会效果分析等，均是可行性研究要解决的问题。

（二）项目投资决策的依据

一个开发建设项目，特别是大中型项目，需要投入大量的人力、财力和物力，很难凭经验或感觉进行投资决策。因此，需要通过投资决策前的可行性研究，明确该项目的建设地址、规模、建设内容与方案等是否具有技术上的可行性，法律上是否允许。同时，还要研究开发建设项目竣工后能否找到适当的使用者或购买者，判断项目的市场竞争力，计算开发投资项目的投资效果等等。通过这些分析研究工作，来得出该开发建设项目应不应该建设、如何建设以及哪种建设方案能取得最佳的投资效果等，并以此作为开发建设项目投资决策的依据。

（三）筹集建设资金的依据

几乎所有的开发商，都要为其投资的开发建设项目筹措建设资金。不管是进行权益资金还是进行债务资金的筹措，相关的投资者和金融机构，都要求开发商提供开发建设项目可行性研究报告，并借此审查项目的盈利能力和还款能力。只有在投资者或金融机构对可行性研究报告进行全面、细致的分析评估后，才能确定是否参与投资或给予贷款。

（四）开发商与有关各部门签订协议、合同的依据

项目所需的设备、材料、协作条件以及供电、供水、供热、通讯、交通等很多方面，都需要与有关机构或部门协作。相关的供应协议、合同，都需以可行性研究报告为基础进行商谈。有关技术引进和建筑设备进口必须在项目核准工作完成后，才能据核准文件同国外厂商正式签约。

（五）编制下阶段规划设计工作的依据

在可行性研究报告中，需要对开发建设项目的地址、规模、规划设计方案构想、主要设备选型、单项工程结构形式、配套设施和市政公用设施的种类、建设速度等等进行分析和论证，确定原则，推荐建设方案。房地产开发企业完成可行性研究报告并经政府审核备案后，就可以据此撰写设计任务书，进行后续的规划设计工作，不必另作方案比较选择和重新论证。

三、可行性研究报告的类型

可行性研究报告分为政府审批核准用可行性研究报告和融资用可行性研究报告。审批核准用的可行性研究报告侧重关注项目的社会经济效益和影响；融资用报告侧重关注项目在经济上是否可行。具体概括为：政府立项审批，产业扶持，银行贷款，融资投资、投资建设、境外投资、上市融资、中外合作、股份合作、组建公司、征用土地、申请高新技术企业等各类可行性报告。

一般地，按照可行性研究报告的不同用途，可以将其分为如下六类：

1. 用于企业融资、对外招商合作的可行性研究报告

这类研究报告通常要求市场分析准确、投资方案合理，并提供竞争分析、营销计划、管理方案、技术研发等实际运作方案。

2. 用于发展和改革部门审批或核准项目的可行性研究报告

根据《中华人民共和国行政许可法》和《国务院对确需保留的行政审批项目设定行政许可的决定》规定，大型基础设施项目、政府拨款的项目，需要提供可行性研究报告请发展改革部门审批。一般商品房开发项目，需要向发展改革部门提供申请报告申请核准。由

发展改革部门决定某个项目是否实施。

3. 用于银行贷款的可行性研究报告

商业银行在贷款前进行风险评估时，需要项目方出具详细的可行性研究报告，对于国家开发银行等国内银行，若该报告由甲级资格单位出具，通常不需要再组织专家评审，部分银行的贷款可行性研究报告不需要资格，但要求融资方案合理，分析正确，信息全面。另外在申请国家的相关政策支持资金、工商注册时往往也需要编写可行性研究报告，该文件类似用于银行贷款的可行性研究，但工商注册的可行性报告不需要编写单位有资格。

4. 用于境外投资项目核准的可行性研究报告

企业在实施走出去战略，对国外矿产资源和其他产业投资时，需要编写可行性研究报告，报给国家发展和改革委员会或省发改委，需要申请中国进出口银行境外投资重点项目信贷支持时，也需要可行性研究报告。

5. 用于企业上市的募投项目可行性研究报告

这类可行性报告通常需要出具国家发改委的甲级工程咨询资格。如 IPO 募投项目可行性研究报告。

6. 用于申请政府资金（发改委资金、科技部资金、农业部资金）的可行性研究报告

这类可行性报告通常需要出具国家发改委的甲级工程咨询资格。

在上述六种可行性研究中，第 2、3、5、6 准入门槛最高，需要编写单位拥有工程咨询资格，该资格由国家发展和改革委员会颁发，分为甲级、乙级、丙级三个等级，甲级最高。

第二节　可行性研究报告内容构成

一、可行性研究报告

可行性研究报告主要内容要求以全面、系统的分析为主要方法，经济效益为核心，围绕影响项目的各种因素，运用大量的数据资料论证拟建项目是否可行。可行性研究报告是在制定某一建设项目或科研项目之前，对该项目实施的可能性、有效性、技术方案及技术政策进行具体、深入、细致的技术论证和经济评价，以求确定一个在技术上合理、经济上合算的最优方案和最佳时机而写的书面报告。

（一）可行性研究报告基础内容

根据不同行业类别，可行性研究内容的侧重点差异较大，但一般应包括以下内容，如图 10-2-1 所示。

1. 政策可行性：主要根据有关的产业政策，论证项目投资建设的必要性；
2. 市场可行性：主要根据市场调查及预测的结果，确定项目的市场定位；
3. 技术可行性：主要从项目实施的技术角度，合理设计技术方案，并进行比选和评价；
4. 经济可行性：主要从项目及投资者的角度，设计合理财务方案，从企业理财的角度进行资本预算，评价项目的财务盈利能力，进行投资决策，并从融资主体（企业）的角度评价股东投资收益、现金流量计划及债务清偿能力。

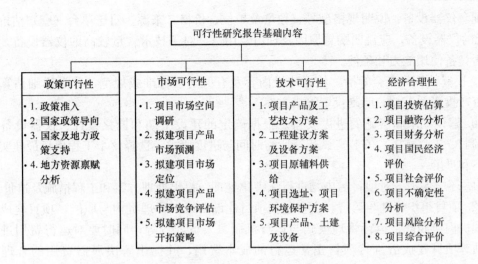

图 10-2-1　可行性研究报告基础内容示意图

(二) 可行性研究报告内容及格式

1. 项目摘要。项目内容的摘要性说明，包括项目名称、建设单位、建设地点、建设年限、建设规模与产品方案、投资估算、运行费用与效益分析等。

2. 项目建设的必要性和可行性。

3. 市场（产品或服务）供求分析及预测（量化分析）。主要包括本项目、本行业（或主导产品）发展现状与前景分析、现有生产（业务）能力调查与分析、市场需求调查与预测等。

4. 项目承担单位的基本情况（原则上应是具有相应承担能力和条件的事业单位）。包括人员状况，固定资产状况，现有建筑设施与配套仪器设备状况，专业技术水平和管理体制等。

5. 项目地点选择分析。项目建设地点选址要直观准确，要落实具体地块位置并对与项目建设内容相关的基础状况、建设条件加以描述，不可以项目所在区域代替项目建设地点。具体内容包括项目具体地址位置（要有平面图）、项目占地范围、项目资源、交通、通讯、运输以及水文地质、供水、供电、供热、供气等条件，其他公用设施情况，地点比较选择等。

6. 生产（操作、检测）等工艺技术方案分析。主要包括项目技术来源及技术水平、主要技术工艺流程与技术工艺参数、技术工艺和主要设备选型方案比较等。

7. 项目建设目标（包括项目建成后要达到的生产能力目标或业务能力目标，项目建设的工程技术、工艺技术、质量水平、功能结构等目标）、任务、总体布局及总体规模。

8. 项目建设内容。项目建设内容主要包括土建工程、田间工程、配套仪器设备等。要逐项详细列明各项建设内容及相应规模（分类量化）。

土建工程：详细说明土建工程名称、规模及数量、单位、建筑结构及造价。建设内容、规模及建设标准应与项目建设属性与功能相匹配，属于分期建设及有特殊原因的，应加以说明。水、暖、电等公用工程和场区工程要有工程量和造价说明。

田间工程：建设地点相关工程现状应加以详细描述，在此基础上，说明新（续）建工程名称、规模及数量、单位、工程做法、造价估算。

配套仪器设备：说明规格型号、数量及单位、价格、来源。对于单台（套）估价高于5万元的仪器设备，应说明购置原因及理由及用途。对于技术含量较高的仪器设备，需说明是否具备使用能力和条件。

9. 投资估算和资金筹措。依据建设内容及有关建设标准或规范，分类详细估算项目固定资产投资并汇总，明确投资筹措方案。

10. 建设期限和实施的进度安排。根据确定的建设工期和勘察设计、仪器设备采购（或研制）、工程施工、安装、试运行所需时间与进度要求，选择整个工程项目最佳实施计划方案和进度。

11. 环境保护。对项目污染物进行无害化处理，提出处理方案和工程措施及造价。

12. 项目组织管理与运行。主要包括项目建设期组织管理机构与职能，项目建成后组织管理机构与职能、运行管理模式与运行机制、人员配置等；同时要对运行费用进行分析，估算项目建成后维持项目正常运行的成本费用，并提出解决所需费用的合理方式方法。

13. 效益分析与风险评价。对项目建成后的经济与社会效益测算与分析（量化分析）。特别是对项目建成后的新增固定资产和开发、生产能力，以及经济效益、社会效益等进行量化分析。

14. 有关证明材料（承担单位法人证明、有关配套条件或技术成果证明等）。

项目可行性研究报告是项目立项阶段最重要的核心文件，可行性研究报告具有相当大的信息量和工作量，是项目决策的主要依据。因此，在编制项目可行性研究报告时，应符合以下四个编制要求：

（1）设计方案。可行性研究报告的主要任务是对预先设计的方案进行论证，所以必须设计研究方案，才能明确研究对象。

（2）内容真实。可行性研究报告涉及的内容以及反映情况的数据，必须绝对真实可靠，不允许有任何偏差及失误。其中所运用的资料、数据，都要经过反复核实，以确保内容的真实性。

（3）预测准确。可行性研究报告是投资决策前的活动。它是在事件没有发生之前的研究，是对事务未来发展的情况、可能遇到的问题和结果的估计，具有预测性。因此，必须进行深入的调查研究，充分的占有资料，运用切合实际的预测方法，科学的预测未来前景。

（4）论证严密。论证性是可行性研究报告的一个显著特点。要使其有论证性，项目可行性研究报告必须做到运用系统的分析方法，围绕影响项目的各种因素进行全面、系统的分析，既要做宏观的分析，又要做微观的分析。根据可行性研究报告的项目投资规模以及审核方的要求，要求立项方必须在最终成文的可行性研究报告当中体现某种等级的咨询资质。

二、项目申请报告

项目立项申请报告，是企业投资建设应报政府核准的项目时，为获得项目核准机关对拟建项目的行政许可，按核准要求报送的项目论证报告。

《国务院关于投资体制改革的决定》规定对于企业不使用政府投资建设的项目，一律不再实行审批制，区别不同情况实行核准制和备案制。其中，政府仅对重大项目和限制类项目从维护社会公共利益角度进行核准,其他项目无论规模大小,均改为备案制。一般地,核准制与审批制的区别主要表现在以下三个方面:

1. 适用范围不同。审批制只适用于政府投资项目和适用政府性资金的企业投资项目;核准制则适用于企业不使用政府性资金投资建设重大项目或者限制类项目。

2. 审核的内容不同。过去审批制情况下,政府既要从社会管理者角度又要从投资者角度审核企业的投资项目;在核准制情况下,政府只是从公共管理的角度审核企业的投资项目,审核内容只要是"维护经济安全、合理开发利用资源、保护生态环境、优化重大布局、保障公共利益、防止出现垄断"等方面,而不在代替投资者对项目的市场前景、经济效益、资金来源和产品技术方案进行审核。

3. 审核的程序不同。过去的审批制情况下,政府对企业投资项目,一般要经过批准"项目建议书"、"可行性研究报告"和"开工报告"等审批环节,而在核准制情况下,政府仅审核企业投资"项目申请报告"一个环节。

(一)项目申请报告基础内容

按照投资体制改革的要求,政府不再审批企业投资项目的可行性研究报告,项目的市场前景、经济效益、资金来源、产品技术方案等都由企业自主决策。项目申请报告,是企业投资建设应报政府核准的项目时,为获得项目核准机关对拟建项目的行政许可,按核准要求报送的项目论证报告。

项目申请报告应重点阐述项目的外部性、公共性等事项,包括维护经济安全、合理开发利用资源、保护生态环境、优化重大布局、保障公众利益、防止出现垄断等内容。编写项目立项申请报告时,应根据政府公共管理的要求,对拟建项目从规划布局、资源利用、征地移民、生态环境、经济和社会影响等方面进行综合论证,为有关部门对企业投资项目进行核准提供依据。至于项目的市场前景、经济效益、资金来源、产品技术方案等内容,不必在项目申请报告中进行详细分析和论证。

(二)项目申请报告基本框架

国家发展改革委员会对核准类项目的申请报告编写提出了具体要求,通用文本编制要求共分八个章节,如图10-2-2所示。

第一章 申报单位及项目概括

1. 项目申报单位概括

包括姓名申报单位的主营业务、经营年限、资产负债、股东构成、主要投资项目、现有生产能力等内容。

2. 项目概括

包括拟建项目的建设背景、建设地点、主要建设内容和规模、产品和工程技术方案、主要设备选型和配套工程、投资规模和资金筹措方案等内容。

第二章 发展规划、产业政策和行业准入分析

1. 发展规划分析

拟建项目是否符合有关的国民经济和社会发展总体规划、专项规划、区域规划等要求,项目目标与规划内容是否衔接和协调。

图 10-2-2 项目立项申请报告基本框架

2. 产业政策分析

拟建项目是否符合有关产业政策的要求。

3. 行业准入分析

项目建设单位和拟建项目是否符合相关行业准入标准的规定。

第三章 资源开发及综合利用分析

1. 资源开发方案

资源开发类项目，包括对金属矿、煤矿、石油天然气矿、建材矿以及水（力）、森林等资源的开发，应分析拟开发资源的开发量、自然品质、赋存条件、开发价值等，评价是否符合资源综合利用的要求。

2. 资源利用方案

包括项目需要占用的重要资源品种、数量及来源情况；多金属、多用途化学元素共生矿、伴生矿以及油气混合矿等的资源综合利用方案；通过对单位生产能力主要资源消耗量指标的对比分析，评价资源利用效率的先进程度；分析评价项目建设是否会对地表（下）水等其他资源造成不利影响。

3. 资源节约措施

阐述项目方案中作为原材料的各类金属矿、非金属矿及水资源节约的主要措施方案。对拟建项目的资源消耗指标进行分析，阐述在提高资源利用效率、降低资源消耗等方面的主要措施，论证是否符合资源节约和有效利用的相关要求。

第四章 节能方案分析

1. 用能标准和节能规范

阐述拟建项目所遵循的国家和地方的合理用能标准及节能设计规范。

2. 能耗状况和能耗指标分析

阐述项目所在地的能源供应状况，分析拟建项目的能源消耗种类和数量。根据项目特点选择计算各类能耗指标，与国际国内先进水平进行对比分析，阐述是否符合能源准入标准的要求。

3. 节能措施和节能效果分析

阐述拟建项目为了优化用能结构、满足相关技术政策和设计标准而采用的主要节能降耗措施，对节能效果进行分析论证。

第五章 建设用地、征地拆迁及移民安置分析

1. 项目选址及用地方案

包括项目建设地点、占地面积、土地利用状况、占用耕地情况等内容。分析项目选址是否会造成相关不利影响，如是否压覆矿床和文物，是否有利于防洪和防涝，是否影响通航及军事设施等。

2. 土地利用合理性分析

分析拟建项目是否符合土地利用规划要求，占地规模是否合理，是否符合集约和有效使用土地的要求，耕地占用补充方案是否可行等。

3. 征地拆迁和移民安置规划方案

对拟建项目的征地拆迁影响进行调查分析，依法提出拆迁补偿的原则、范围和方式，制定移民安置规划方案，并对是否符合保障移民合法权益、满足移民生存及发展需要等要求进行分析论证。

第六章 环境和生态影响分析

1. 环境和生态现状

包括项目场址的自然环境条件、现有污染物情况、生态环境条件和环境容量状况等。

2. 生态环境影响分析

包括排放污染物类型、排放量情况分析，水土流失预测，对生态环境的影响因素和影响程度，对流域和区域环境及生态系统的综合影响。

3. 生态环境保护措施

按照有关环境保护、水土保持的政策法规要求,对可能造成的生态环境的影响因素和影响程度,对治理方案的可行性、治理效果进行分析论证。

4. 地址灾害影响分析

在地质灾害易发区建设的项目和易诱发地质灾害的项目,要阐述项目建设所在地的地质灾害情况,分析拟建项目诱发地质灾害的风险,提出防御的对策和措施。

5. 特殊环境影响

分析拟建项目对历史文化遗产、自然遗产、风景名胜和自然景观等可能造成的不利影响,并提出保护措施。

第七章 经济影响分析

1. 经济费用效益或费用效果分析

从社会资源优化配置的角度,通过经济费用效益或费用效果分析,评价拟建项目的经济合理性。

2. 行业影响分析

阐述行业现状的基本情况以及企业在行业中所处地位,分析拟建项目对所在行业及关联产业发展的影响,并对是否可能导致垄断等进行论证。

3. 区域经济影响分析

对于区域经济可能产生重大影响的项目,应从区域经济发展、产业空间布局、当地财政收入、社会收入分配、市场竞争结构等角度进行分析论证。

4. 宏观经济影响分析

投资规模巨大、对国民经济有重大影响的项目,应进行宏观经济影响分析。涉及国家经济安全的项目,应分析拟建项目对经济安全的影响,提出维护经济安全的措施。

第八章 社会影响分析

1. 社会影响效果分析

阐述拟建项目的建设及运营活动对项目所在地可能产生的社会影响和社会效益。

2. 社会适应性分析

分析拟建项目能否为当地的社会环境、人文条件所接纳,评价该项目与当地社会环境的相互适应性。

3. 社会风险及对策分析

针对项目建设所涉及的各种社会因素进行社会分析,提出协调项目与当地社会关系、规避社会风险、促进项目顺利实施的措施方案。

(三)项目立项申请报告编制要求

1. 内容真实:项目立项申请报告涉及的内容以及反映情况的数据,必须绝对真实可靠,不允许有任何偏差及失误。其中所运用的资料、数据,都要经过反复核实,以确保内容的真实性。

2. 预测准确:项目立项申请报告是投资决策前的活动,具有预测性及前瞻性。它是在事件没有发生之前的研究,也是对事务未来发展的情况、可能遇到的问题和结果的估计。因此，必须进行深入的调查研究，充分的占有资料，运用切合实际的预测方法，科学的预测未来前景。

3. 论证严密：论证性是项目立项申请报告的一个显著特点。要使其有论证性，必须做到运用系统的分析方法，围绕影响项目的各种因素进行全面、系统的分析，包括宏观分析和微观分析两方面。

三、节能评估报告

节能评估，是指根据节能法规、标准，对固定资产投资项目的能源利用是否科学合理进行分析评估，并编制节能评估报告书、节能评估报告表或填写节能登记表的行为。

（一）节能评估工作的开展应遵循以下原则

1. 真实性原则。节能评估机构应当对所依据资料、文件和数据的真实性做出分析和判断，本着认真负责的态度对项目用能情况进行分析评估，确保评估结果的真实性。

2. 科学性原则。节能评估机构应当严格按照评估目的、评估程序，从项目实际出发，对项目相关数据、文件、资料等进行研究、计算和分析，得出科学、正确和公正的评估结论。

3. 可行性原则。节能评估机构在评估过程中，应当根据项目特点，依据适宜的法规、政策、标准、规范，采取合理可行的评估方法，以保证项目节能评估能够顺利完成。

4. 独立性原则。节能评估机构应当立足自身评估技术知识和水平，客观、公正进行独立评估。

（二）节能评估的主要方法

节能评估方法众多，在此只介绍几种主要的方法，如图10-2-3所示。

1. 政策导向判断法

根据国家及本地区的能源发展政策及相关规划，结合项目所在地的自然条件及能源利用条件对项目的用能方案进行分析评价。

2. 标准规范对照法

对照项目应执行的节能标准和规范进行分析与评价，特别是强制性标准、规范及条款应严格执行。适用于项目的用能方案、建筑热工设计方案、设备选型、节能措施等评价。项目的用能方案应满足相关标准规范的规定；项目的建筑设计、围护结构的热工指标、采暖及空调室内设计温度等应满足相关标准的规定；设备的选择应满足相关标准规范对性能系数及能效比的规定；是否按照相关标准规范的规定采取了适用的节能措施。

节能评估的主要方法：
1. 政策导向判断法
2. 标准规范对照法
3. 专家经验判断法
4. 产品单耗对比法
5. 单位面积指标法
6. 能量平衡分析法
7. 坚持节能评估和审查的前置性
8. 把握全面、突出重点

图10-2-3 节能评估的主要方法

3. 专家经验判断法

利用专家在专业方面的经验、知识和技能，通过直观经验分析的判断方法。适用于项目用能方案、技术方案、能耗计算中经验数据的取值、节能措施的评价。根据项目所涉及的相关专业，组织相应的专家，对项目采取的用能方案是否合理可行、是否有利于提高能源利用效率进行分析评价；对能耗计算中经验数据的取值是否合理可靠进行分析判断；对项目拟选用节能措施是否适用及可行进行分析评价。

4. 产品单耗对比法

根据项目能耗情况，通过项目单位产品的能耗指标与规定的项目能耗准入标准、国际国内同行业先进水平进行对比分析。适用于工业项目工艺方案的选择、节能措施的效果及能耗计算评价。如不能满足规定的能耗准入标准，应全面分析产品生产的用能过程，找出存在的主要问题并提出改进建议。

5. 单位面积指标法

民用建筑项目可以根据不同使用功能分别计算单位面积的能耗指标，与类似项目的能耗指标进行对比。如差异较大，则说明拟建项目的方案设计或用能系统等存在问题，然后可根据分品种的单位面积能耗指标进行详细分析，找出用能系统存在的问题并提出改进建议。

6. 能量平衡分析法

能量平衡是以拟建项目为对象的能量平衡，包括各种能量的收入与支出的平衡，消耗与有效利用及损失之间的数量平衡。能量平衡分析就是根据项目能量平衡的结果，对项目用能情况进行全面、系统地分析，以便明确项目能量利用效率，能量损失的大小、分布与损失发生的原因，以利于确定节能目标，寻找切实可行的节能措施。以上评估方法为节能评估通用的主要方法，可根据项目特点选择使用。在具体的用能方案评估、能耗数据确定、节能措施评价方面还可以根据需要选择使用其他评估方法。

7. 坚持节能评估和审查的前置性

对未按规定取得节能审查批准意见和未按规定提交节能登记表的固定资产投资项目，发展改革部门不予审批、核准。

8. 把握全面、突出重点。

（三）编制节能评估报告书的条件

年综合能源消费量 3000 吨标准煤以上（含 3000 吨标准煤，电力折算系数按当量值，下同），或年电力消费量 500 万千瓦时以上，或年石油消费量 1000 吨以上，或年天然气消费量 100 万立方米以上的固定资产投资项目，应单独编制节能评估报告书。

（四）节能评估报告书主要内容概述

固定资产投资项目节能评估报告应包括下列内容：

1. 评估依据；
2. 项目概况；
3. 能源供应情况评估，包括项目所在地能源资源条件以及项目对所在地能源消费的影响评估；
4. 项目建设方案节能评估，包括项目选址、总平面布置、生产工艺、用能工艺和用能设备等方面的节能评估；
5. 项目能源消耗和能效水平评估，包括能源消费量、能源消费结构、能源利用效率等方面的分析评估；
6. 节能措施评估，包括技术措施和管理措施评估；
7. 存在问题及建议；

8. 结论。

(五) 节能评估的内容要求

1. 节能评估文件和节能登记表应全面真实地反映节能评估的全部工作，文字应简洁、准确，论点明确，便于阅读和审查。

2. 节能评估报告书应满足《固定资产投资项目节能评估和审查暂行办法》附件 1 中的具体要求。原始数据、主要计算过程等可编入正文或附录；所参考的主要文献按时间次序列出目录；节能评估报告书应尽量采用图表和照片等多种方式进行表述。

3. 节能评估报告表和节能登记表应满足《固定资产投资项目节能评估和审查暂行办法》附件 2、附件 3 的相关要求，如实、完整填写相关信息。

(六) 节能评估报告书的格式要求

1. 页面设置

基本页面为 A4 纸，纵向，上下均为 2.54cm，左右为 3.17cm，即页边距为默认值；如遇特殊图表可设页面为 A4 横向。

2. 正文

正文内容采用四号宋体 28 磅行距；文中单位应采用法定符号表示；文中数字能使用阿拉伯数字的地方均应使用阿拉伯数字，阿拉伯数字均采用 TimesNewRoman 字体。

3. 图表

文中图表及插图置于文中段落处，图表随文走，标明表序、表题，图序、图题。表格标题使用四号，居中，表格部分为小四或五号楷体，表头使用 1.5 倍行距，表格内容使用单倍行距；表格标题与表格内容、表格与段落之间均采用 0.5 倍行距；表格注释采用五号或小五宋体；表格数据需注明引用年份；表中参数应标明量和单位的符号。

四、环境评估报告

环境影响评价简称环评，是项目评价体系的重要组成部分，内容包括项目建设方案所需要的环境条件研究，影响项目建设环境因素的识别和分析，需要采取的保护对策和措施，以及相关的环境损失和环境效益经济分析。

环境评估报告，是指以全面、系统的分析为主要方法，对拟建项目有关的自然、社会、经济、技术等进行调研、分析比较以及预测建成后的环境影响评价。在此基础上，综合论证项目建设的必要性，财务的盈利性，经济上的合理性，技术上的先进性和适应性以及建设条件的可能性和可行性。对整个项目环境影响提出综合分析评价，指出优缺点和建议，从而为投资决策提供科学依据。

(一) 环境价值评价的主要方法

环境价值就是对环境质量进行货币量化的价值，一般采用直接市场法、替代市场法和意愿调查评估法对环境价值进行量化。

1. 直接市场法

直接市场法就是直接运用货币价格（市场价格或影子价格），对项目建设可能影响的环境质量变动进行观察和度量的方法。主要包括：市场价值或生产率法、人力资本法或收入损失法、防护费用法、恢复费用法或重置成本法、影子项目法、

2. 替代市场法

在现实生活中，存在着这样一些商品和劳务，它们是可以观察和度量的，也是可以用

货币价格加以测算的,但是它们的价格只是部分地、间接地反映了人们对环境价值变动的评价。用这类商品与劳务的价格来衡量环境价值变动的方法,就是替代市场法,又称间接市场法。

替代市场法主要包括:后果阻止法、资产价值法、工资差额法、旅行费用法。

3. 意愿调查评价法

如果找不到环境质量变动导致的可以观察和度量的结果(不论这种结果能够直接定价,还是需要间接定价),或者评估者希望了解被评估者对环境质量变动的支付意愿或受偿意愿,在这种情况下,可通过对被评估者的直接调查,来评估他们的支付意愿或受偿意愿。这就是意愿调查评价法,主要包括:直接询问调查对象的支付意愿或受偿意愿(叫价博弈法、权衡博弈法)、询问调查对象对某些商品或劳务的需求量,从中推断出调查对象的支付意愿法或受偿意愿法(无费用选择法、优先评价法、德尔菲法)。

意愿调查评价法直接评价调查对象的支付意愿或受偿意愿,从理论上讲,所得结果应该最接近环境质量的货币价值。但是必须承认,在确定支付意愿或受偿意愿的过程中,调查者和被调查者所掌握的信息是非对称的,被调查者比调查者更清楚自己的意愿。加上意愿调查评价法所评估的是调查对象本人宣称的意愿,而非调查对象根据自己的意愿所采取的实际行动,因而调查结果存在着产生各种偏倚的可能性。

由此可见,如果不进行细致的准备,这种方法得出的结论很可能出现重大偏差。所以在估算环境质量的货币价值时,应该尽可能地采用直接市场法;如果采用直接市场法的条件不具备,则采用替代市场法。只有在上述两类方法都无法应用时,才不得不采用意愿调查评价法。

(二)环境评估报告书所需资料,如图10-2-4所示。

1. 有关建设项目的主要文件

(1)填妥、盖章的环评委托书;

(2)立项批文;

(3)项目建议书;

(4)可行性研究报告或项目概况材料;

(5)项目厂址地理位置图;

(6)厂区平面布置图。

说明:上述文件若包括下列某些内容,不必重复提供。

2. 公司的基本情况介绍

3. 拟建项目的基本情况

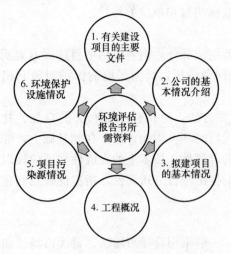

图10-2-4 环境评估报告书所需资料

(1)项目名称、建设规模;

(2)项目总投资、分期投资情况;

(3)各类产品产量、用途;

(4)人员编制、开工班次、日工作时数和年工作日数;

(5)厂内生活设施建设内容。

4. 工程概况

（1）生产工艺流程介绍
1）各生产线生产工艺流程图；
2）文字介绍各生产线的生产过程，重点是各工序的原理、反应控制条件、流入和流出物料、运行的连续性和周期性；
3）工艺的先进性和特点。
（2）主要原辅材料消耗情况
1）名称（包括化学名称）、结构、物理和化学性质、危险特性、毒性；
2）日消耗量、年消耗量，或单位产品消耗量；
3）物料平衡情况。
（3）水、电、气、油、煤等资源消耗情况
1）小时最大消耗量、年消耗量，或单位产品消耗量；
2）水量平衡情况。
（4）主要生产设备及辅助设施
名称、类型、数量、用途。
（5）物料储运情况
各类物料（包括原辅材料、中间产品、最终产品、废弃物）的运输、装卸、储存方式及其污染预防和应急措施。

5．项目污染源情况
（1）详细说明废水（含废液、生活污水）、废气、废渣、噪声等污染源情况，废水和废气的产生量、排放量给出小时最大量和年总量。
（2）废水：各类废水来源、产生量、其中主要污染物产生浓度，治理措施，排放量、其中主要污染物排放浓度、排放去向、排放规律（连续或间断等）。
（3）废气：各类废气来源、产生量（标准态）、气体状态（温度、压力）、其中主要污染物产生浓度（标准态），治理措施，排放量（标准态）、其中主要污染物排放浓度（标准态）、排气筒高度、排放规律（连续或间断等）。
（4）废渣：各类废渣来源、产生量、其中主要污染物含量，治理或处置措施，排放量、排放去向、排放规律（连续或间断等）。
（5）噪声：主要噪声设备名称、噪声值、空间位置（在平面图上标出）、每天运行时间、采取的噪声控制措施。
（6）同类企业或生产线的排污情况。

6．环境保护设施情况
各类环境保护设施（废水、废气、废渣、噪声控制设施）的名称、类型、数量、作业流程、治理效果、建设投资、运行费用。

第三节　房地产项目财务评价

一、房地产项目财务评价概述

1．财务评价的概念
财务评价是指根据国家现行财税制度、价格体系和项目评价的有关规定，从项目财务的角度，分析、计算项目直接发生的财务效益和费用，编制财务报表，计算财务评价指标，考察项目的盈利能力、清偿能力及外汇平衡等财务状况，据此判断项目的财务可行性。财务评价是房地产开发项目可行性研究的核心内容，无论对开发商还是对给房地产开发项目提供资金支持的金融机构都是十分重要的。

房地产开发项目的财务效益主要表现为生产经营过程中的经营收入，财务支出（费用）主要表现为开发建设项目总投资、经营成本和税金等各项支出，财务效益和费用的范围应遵循计算标准对应一致的原则。

2. 财务评价的一般步骤

财务评价在确定的项目建设方案、投资估算和融资方案的基础上进行，主要是利用有关基础数据，通过基本财务报表，计算财务评价指标和各项财务比率，进行财务分析，做出财务评价。财务评价大致可以分为以下四个步骤，如图 10-3-1 所示。

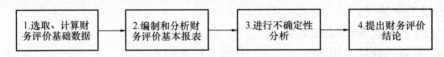

图 10-3-1　财务评价的一般步骤

（1）选取、计算财务评价基础数据

通过对投资项目所处的市场进行充分调研和投资方案分析，确定项目建设方案，拟定项目实施进度计划等，据此进行财务预测，选取适当的生产价格、费率、税率、利率、基准收益率、计算期等基础数据和参数，获取项目总投资、总成本费用、租售收入、税金、利润等一系列财务基础数据。在对这些财务数据进行分析、审查、鉴定和评估的基础上，完成财务评价辅助报表。

（2）编制和分析财务评价基本报表

将上述基础数据汇总，编制现金流量表、损益表、资金来源与运用表、资产负债表及外汇平衡表等财务评价基本报表，并对这些报表进行分析评价。在分析评价的过程中，不仅要审查基本报表的格式是否符合规范要求，还要审查所填列的数据是否准确并保持前后一致。然后利用各基本报表，直接计算出一系列财务评价的指标，包括反映项目的盈利能力、清偿能力和外汇平衡能力等静态和动态指标。

（3）进行不确定性分析

对于影响项目财务指标的主要因素还要进行不确定性分析，包括敏感性分析、盈亏平衡分析。

（4）提出财务评价结论

根据上述计算的财务评价静态和动态指标，以及不确定性分析的结果，将有关指标值与国家有关部门规定的基准值和目标值进行对比，得出项目在财务上是否可行的评价结论。

二、房地产开发项目财务评价基本报表

在财务评价前，必须进行财务预测。就是要收集、估计和测算一系列财务数据，作为财务评价所需的基本数据。财务预测的结果主要汇集于辅助报表中。再根据辅助报表就可以编制财务评价的基本报表和计算一系列财务评价的指标。

房地产开发项目财务评价报表分为基本报表和辅助报表。其中基本报表包括：现金流量表、损益表、资金来源与运用表、资产负债表及外汇平衡表;辅助报表包括:成本费用估算表、投资计划与资金筹措表、贷款还本付息表、租售收入估算表、折旧摊销表、营业成本表等。

(一)现金流量表

现金流量表反映项目计算期内各年的现金流入和现金流出,用以计算财务内部收益率、财务净现值及投资回收期等评价指标,分析项目财务盈利能力。现金流量表分为全部资金现金流量表和自有资金现金流量表。

1. 全部资金现金流量表

全部资金现金流量表是从项目本身角度出发,不分投资资金来源,以全部投资作为计算基础,用以计算全部投资财务内部收益率、财务净现值及投资回收期等评价指标,考察房地产项目全部投资的盈利能力,为各个投资方案(不论其资金来源及利息多少)进行比较建立共同的基础,如表10-3-1所示。

全部投资现金流量表　　　　单位:万元　表10-3-1

序号	项目	合计	建设期		经营期	
			第一年	…	第二年	…
1	现金流入(CI)					
1.1	营业收入					
1.2	回收固定资产余值					
1.3	回收流动资金					
2	现金流出(CO)					
2.1	建设投资					
2.2	流动资金					
2.3	经营成本					
2.4	经营税金及附加					
2.5	土地增值税					
2.6	所得税					
3	净现金流量(CI—CO)					
4	累计净现金流量					
5	折现净现金流量					
6	累计折现净现金流量					
	所得税前现金流量					
7	净现金流量					
8	累计现金流量					
9	折现净现金流量					
10	累计折现净现金流量					
	计算指标		所得税后		所得税前	
	财务净现值(FNPV)		万元		万元	
	静态投资回收期		年		年	
	动态投资回收期		年		年	
	财务内部收益率(FIRR)		%		%	

表 10-3-1 中的现值流入包括销售收入、回收固定资产余额、回收流动资金等。其中，销售收入是指企业通过销售产品或提供劳务服务等取得的收入，如商品房销售收入、出租房租金收入、土地转让收入等，其数据来源于销售收入和销售税金及附加估算表；回收固定资产余值是指用于出租经营的房地产项目经过折旧后在计算期最后一年的固定资产残值；回收流动资金指在计算期最后一年回收的全部流动资金。现金流出包括固定资产投资（含投资方向调节税）、流动资本、经营成本、销售税金及附加、所得税等。其中，固定资产投资和流动资金投资按投资计划和资金筹措表填列；经营成本根据总成本费用表填列，但不包括折旧、摊销费和借款利息。

2. 自有资金现金流量表

自有资金现金流量表是从投资者的角度出发，以投资者的出资额作为计算基础，把借款本金偿还和利息支付作为现金流出，用以计算自有资金财务内部收益率、财务净现值等评价指标，考察项目自有资金盈利能力，如表 10-3-2 所示。

自有资金现金流量表　　　　单位：万元　**表 10-3-2**

序号	项　目	合计	建设期		经营期	
			第一年	…	第二年	…
1	现金流入（CI）					
1.1	营业收入					
1.2	回收固定资产余值					
1.3	回收流动资金					
2	现金流出（CO）					
2.1	资本金					
2.2	借款本金偿还					
2.3	借款利息支付					
2.4	营业成本					
2.5	经营税金及附加					
2.6	土地增值税					
2.7	所得税					
3	净现金流量（CI—CO）					
4	累计净现金流量					
5	折现净现金流量					
6	累计折现净现金流量					
	所得税前现金质量					
7	净现金流量					
8	累计净现金流量					
9	折现净现金流量					
10	累计折现净现金流量					
	计算指标		所得税后		所得税前	
	财务净现值（FNPV）		万元		万元	
	静态投资回收期		年		年	
	动态投资回收期		年		年	
	财务内部收益率（FIRR）		%		%	

与全部资金现金流量表相比，该表的不同点在于：将"现金流出"的固定资产投资和

流动资金中的自有资金汇总列为"自有资金"栏目，其数据按投资计划与资金筹措表中的"自有资金"数据填列；在"现金流出"中增列"借款本金偿还"和"借款利息支付"栏目，逐年填列各种借款（长期借款、流动资金借款、其他短期借款）本金偿还之和及利息支付之和。

自有资金现金流量表主要考察自有资金的盈利能力和向外部借款对项目的有利程度。

在对拟建项目进行投资分析时，要分别对两种现金流量表进行审查和分析，并根据分析人员所估算的基础数据编制两种现金流量表，并计算相应的分析指标。

（二）利润表

利润表反映项目计算期内各年利润总额、所得税及税后利润的分配情况，用以计算投资利润率指标。该表根据总成本费用估算表、销售收入和销售税金及附加估算表填写。用利润表可求得项目税前和税后的投资利润率，如表 10-3-3 所示。

损　益　表　　　　　单位：万元　　表 10-3-3

序号	项　　目	合计	计算期			
			第一年	第二年	第三年	…
1	经营收入					
2	经营税金及附加					
3	增值税					
4	总成本费用					
5	利润总额（1-2-3-4）					
6	弥补以前年度亏损					
7	应纳税所得额（5-6）					
8	所得税					
9	税后利润（5-8）					
10	提取法定盈余公积金					
11	提取公益金					
12	提取任意盈余公积金					
13	可供分配利润（9-10-11-12）					
14	应付利润（股利分配）					
15	未分配利润（13-14）					
16	累计未分配利润					

（三）资金来源与运用表

资金来源与运用表反映项目计算期内各年的资金盈余或短缺情况，用于选择资金筹措方案，判定适宜的借款及偿还计划，并为编制资产负债表提供依据，同时还可用以计算借款偿还期。如表 10-3-4 所示。

资金来源与运用表　　　　　单位：万元　　表 10-3-4

序号	项目	合计	计算期			
			第一年	第二年	第三年	…
1	资金来源					
1.1	经营收入					
1.2	长期借款					
1.3	短期借款					
1.4	发行债券					
1.5	项目资本金					
1.6	其他					
2	资金运用					
2.1	建设投资（不含建设期利息）					
2.2	经营成本					
2.3	税金及附加					
2.4	增值税					
2.5	所得税					
2.6	流动资金					
2.7	各种利息支出					
2.8	偿还债务本金					
2.9	分配股利或利润					
2.10	其他					
3	盈余资金（1-2）					
4	累计盈余资金					

表 10-3-4 中的资金来源有利润总额、折旧费、摊销费、长期借款、流动资金借款、其他短期借款、自有资金、其他资金来源、回收固定资产余值和流动资金等。资金运用包括固定资产投资、建设期利息、流动资金、所得税、应付利润、长期借款和流动资金借款本金偿还以及其他短期借款本金偿还等。

（四）资产负债表

资产负债表的主体结构包括三大部分：资产、负债和所有者权益，其平衡关系用会计等式表示：资产＝负债＋所有者权益。

该表综合反映了项目计算期内各年末资产、负债和所有者权益的增减变化及对应关系，以考察项目资产、负债、所有者权益的结构是否合理，用以计算资产负债率、流动比率、速动比率等指标，进行清偿能力分析与资本结构分析。

（五）财务外汇平衡表

该表适用于有外汇收支的房地产开发项目，用以反映项目计算期内各年外汇余额程度，进行外汇平衡分析。

三、房地产开发项目财务评价指标

（一）房地产开发项目财务评价指标体系

一般而言，财务评价包括项目财务盈利能力分析和清偿能力分析，对于涉及外汇的项目有时还需要进行外汇平衡分析。房地产开发项目的财务状况是通过一系列财务评价指标反映出来的。财务评价指标有不同的分类，如可将其分为静态指标和动态评价指标。静态指标一般有静态投资回收期、投资利润率、投资利税率、资本金利润率、借款偿还期、资产负债率、流动比率和速动比率；动态指标一般有财务内部收益率、财务净现值、财务净现值率、财务投资回收期和动态投资回收期。

（二）房地产开发项目财务评价静态指标

所谓静态指标，就是在不考虑资金的时间价值前提下，对开发项目或方案的经济效果进行的经济计算与度量。财务评价主要有以下八个静态指标。

1. 投资回收期

投资回收期是指以项目的净收益来抵偿全部投资（包括固定资产投资和流动资金）所需的时间，是反映项目投资回收能力的重要指标。投资回收期自建设开始年算起，也可自建成后开始经营年算起。

投资回收期作为静态指标，其主要优点是概念明确、计算简单。用它来判断项目或方案的标准是回收资金速度越快越好，因此，在投资风险分析中有一定的作用。特别是在资金短缺、强调项目清偿能力的情况下，尤为重要。但该指标没有考虑项目回收资金以后的情况，不能评价项目计算期内的总收益和盈利能力，因此通常不能仅根据投资回收期的长短来判断项目的优劣，需要与其他指标结合使用。因此，投资回收期法是一种短期分析法，可作为评价房地产开发效益的辅助分析方法。

2. 投资利润率

投资利润率指项目达到设计生产或服务功能后的正常年份的年利润总额（或平均的利润总额）与项目总投资之比，亦即开发项目单位投资额所发生的盈利额，反映了开发资金在循环过程中增值的速度。

该方法适用于出租经营的房地产开发项目（如宾馆、商场、办公楼等）的投资分析。此时，年经营收入主要为租金收入，年总成本费用为出租物业在经营过程中按使用年限分期摊销和价值损耗，以及出租经营发生的管理费、维修费和其他相关费用。

投资利润率是描述投资项目获利的静态指标，适用于开发经营期短，规模不大的项目的经济评价，或作为项目评价的辅助分析指标。

3. 投资利税率

投资利税率是指房地产开发项目建设达到正常盈利年份时正常年度的年利税总额或投资计算期内的年平均利税与项目总投资的比率。

投资利税率指标值越大，说明项目的获利能力越大。在财务评价中，将投资利税率与房地产行业投资利税率相比，可以判别单位投资对国家和社会的贡献率水平是否达到房地产业的平均水平。

4. 资本金利润率

资本金利润率是指房地产开发项目建设达到正常营利年份时正常年度的年利税总额或投资计算期内的年平均利税与项目资本金的比率。它反映投入项目的资本金的盈利能力。

5. 借款偿还期

借款偿还期是指以项目投产后可用于还款的资金偿还固定资产投资国内借款本金和建设期利息所需要的期限（不包括已用自有资金支付的建设期利息和生产经营期应付利息，生产经营期利息列于总成本费用的财务费用）。

涉及外资的项目，其国内借款部分还本付息，应按已经明确的或预计可能的贷款偿还条件计算。当借款偿还期达到贷款机构的要求期限时，即认为项目具有清偿能力。

6. 资产负债率

资产负债率是反映开发项目用债权人提供自进行经营活动的能力，并反映债权人发放贷款的安全程度。此指标可以由资产负债表求得。

7. 流动比率

流动比率是反映流动资产在短期债务到期以前可以变为现金用于偿还流动负债的能力。

8. 速动比率

速度比率是反映项目流动资产中可以立即用于偿付流动负债的能力。

（三）房地产开发项目财务评价动态指标

1. 财务净现值

财务净现值（FNPV）也简称为净现值（NPV），是反映项目在计算期内获利能力的动态指标，是指按设定的贴现率，将各年的净现金流量折现到投资起点的现值代数和，以此反映项目在计算期内获利能力。

净现值可以通过现金流量表计算求得。当 FNPV≥0 时，表明该项目获利能力达到或超过贴现率要求的投资收益水平，应认为该项目在经济上是可取的；反之则不可取。

运用净现值法评价项目投资效益的一个重要问题是选择合适的贴现率。这是因为贴现率的微小变化可以引起净现值的较大的变动。未来现金流量的预测时间越长，贴现率变化影响就越大。投资者为了补偿各种风险和负担，将其不利的情况反映在贴现率上，即将各影响因素用一定的补偿率表示，其累加值为投资项目的贴现率。

2. 财务净现值率

财务净现值率（FNPVR）是项目财务净现值与全部投资现值的比率，即单位投资的净现值，是反映项目效果的相对指标。财务净现值率可作为净现值的补充指标，它反映了净现值与总投资现值的关系。

3. 财务内部收益率

财务内部收益率（FIRR）也称内部收益率（IRR），是指项目在整个计算期内，各年净现金流量现值累计之和等于零时的折现率。它的经济含义是，项目在这样的折现率下，到项目寿命终了时，所有投资可以被完全收回。FIRR 是评价项目营利性的基本指标。这里的计算期，对房地产开发项目而言是指从购买土地使用权开始到项目全部售出为止的时间。

内部收益率表明项目投资所能支付的最高贷款利率。如果贷款利率高于内部收益率，项目投资就会面临亏损。因此所求出的内部收益率是可以接受贷款的最高利率。

内部收益率指标考虑了资金的时间价值，并且内部收益率不需要首先确定所要求的报酬率，该指标还可以表示投资项目的内在收益率，从而反映投资效率的高低。但是，内部收益率不能直观地显示项目投资获利数额的大小，相对计算较为复杂，一个投资项目可能有多个内部收益率。

4. 动态投资回收期

动态投资回收期指标一般用来评价开发完成后用于出租或经营的房地产开发项目。动态投资回收期同样要与基准动态投资回收期 P_c 相比较，判断开发项目的投资回收能力，如果小于或等于 P_c，则项目在财务上是可以接受的。

与静态投资回收期相比，动态投资回收期的优点是考虑了现金收支的时间因素，能真正反映资金的回收时间。缺点是这一指标只强调投入资金的回收快慢，忽视了投入资本的营利能力，没有考虑投资回收以后的收益情况，计算也比较麻烦。因此，也只能作为评价投资项目的辅助指标。

第四节 房地产项目的国民经济评价

一、房地产项目国民经济评价概述

1. 房地产项目国民经济评价的概念

房地产项目国民经济评价，是指根据国民经济长远发展目标和社会需要，采用影子价格、影子汇率、社会折现率等国民经济评价参数，从国家整体角度考察项目的效益和费用，计算并衡量房地产项目对社会经济发展战略目标的实际贡献。它是从整个国民经济发展的角度来分析评价房地产项目需要国家付出的代价和对国家做出的贡献，是从国家宏观经济角度分析项目的微观经济效益。

2. 房地产项目国民经济评价与财务评价的主要区别

房地产项目的财务评价是其国民经济评价的基础。房地产项目的国民经济评价与财务评价在评价方法和评价指标形式等方面有许多相似之处，但同时它们也有许多不同，主要表现在以下几个方面：

（1）评价角度不同。财务评价一般是从企业的角度来考察项目的微观获利，追求的经济目标是企业的盈利。而国民经济评价则是从国家整体的角度来进行宏观的分析和评价，它不仅需要考虑房地产项目的微观获利情况，还要考虑项目对整个国民经济的贡献。

（2）评价对象不同。财务评价一般只考察项目的直接效益和费用，不考虑其他的。而国民经济评价不仅要考察直接效益和费用，还要考察项目的间接效益和费用，即项目的外部效果。

（3）评价采用的价格不同。财务评价中所采用的价格一般是现行价格。而国民经济评价则是采用比较能反映房地产项目的投入物和产出物真实价格的影子价格。

（4）评价的标准和参数不同。财务评价一般采用各自的评价指标（如各自的行业基准收益率），汇率采用市场汇率。而国民经济评价则采用社会折现率和影子价格。

为便于比较，将国民经济评价和财务评价的主要区别列于表10-4-1中：

由于二者存在上述的诸多不同地方，因此房地产项目的国民经济评价和财务评价的结果不可能完全一致，两种评价所得到的结果有时甚至是相互矛盾的。一般地，在对其评价结果进行处理时可遵循以下原则：

1）国民经济评价认为可行而财务评价认为不可行的，应对项目进行优化设计或向国家提出采取相应的经济优惠措施，力争使项目的财务评价也可行；

国民经济评价与财务评价的主要区别 表 10-4-1

项　目	国民经济评价	财务评价
目标	国民经济效益最大化	企业盈利最大化
出发点	国民经济	经营项目的企业
价格	影子价格	现行价格
折现率	全国统一使用的社会折现率	各部门、各行业的基准收益率或综合平均利率加风险系数
外部费用和外部效益	计入	不计入
计算指标	经济内部收益率、经济净现值	财务内部收益率、财务净现值和投资回收期等

2) 国民经济评价认为不可行而财务评价认为可行的，在原则上项目是不可行的，应予以否定。

二、房地产项目国民经济评价的基本步骤

房地产项目国民经济评价一般采用费用—效益分析法，可以在财务评价基础上进行。一般地，在进行房地产项目国民经济评价时，可以按以下步骤进行项目的评价与分析，如图 10-4-1 所示。

图 10-4-1　房地产项目国民经济评价的基本步骤

第一步，进行效益和费用范围的调整。

在考虑项目内部效益和费用的基础上，识别项目的外部效益和费用，对能够定量描述的进行定量计算，不能定量计算的进行定性描述，扣除已计入财务效益和费用的转移支付。

1. 效益的识别

国民经济评价中项目的效益是指房地产项目对区域经济的贡献，分为直接效益和间接效益。

（1）直接效益：是指在房地产项目范围内政府能够得到的收益，一般包括以下几个方面。

1) 出让国有土地使用权所得的收益；

2) 因土地使用权转让而得到的收益税等，如土地增值税；

3) 项目范围内的工商企业缴纳的税费，如房产税、土地使用税、车船使用；

税、印花税、进口关税和增值税、营业税、城市维护建设税及教育费附加、消费税、资源税、所得税等；

4) 项目范围内城市基础设施的收益，如电费、水费、电信费等。

（2）间接效益：是指由房地产项目引起的、在项目直接效益中未得到反映是那部分效益。主要有增加地区就业人口、繁荣地区商贸服务、促进地区旅游业发展等带来的收益。

2. 费用的识别

国民经济评价中项目的费用是指区域经济为项目付出的代价，分为直接费用和间接费用。

（1）直接费用：是指在项目范围内政府所花费的投资和经营管理费用，一般包括下列几个方面：征地费用、土地开发和基础设施投资费用、建筑工程和城市配套设施费用、经营管理费用等。

（2）间接费用：是指由项目引起的、在直接费用中未得到反映的那部分费用。主要有在项目范围外为项目配套的基础设施投资，为满足项目需要而引起的基础服务供应缺口是区域经济产生的损失等。当基础服务（如电力）供不应求时，为满足项目需求而使区域经济产生的损失，可用该项服务的当地最高价格计算。

3. 转移支付

转移支付是指那些既不需要消耗国民经济资源，又不增加国民经济收入，只是一种归属权转让的款项，如国内借款利息，它是由项目拿出一部分款项转付给国家的金融机构。此外，房地产开发项目的转移支付还包括税金、政府补贴等。

第二步，效益和费用数值的调整。

通过影子价格、影子工资、影子汇率、影子运费、影子利率等调整建设投资成本、前期费用、流动资金、销售（租赁）收入及经营费用等。

1. 影子价格

影子价格是指在完善的市场经济条件下，资源的分配和利用达到最优状态，即供求均衡时的均衡价格。影子价格在我国也称为修正价格或经济价格。确定房地产项目中的影子价格时，把项目投入物和产出物分为外贸货物和非外贸货物以及特殊投入物三种类型。不同的类型使用不同的方法。

（1）外贸货物：是指房地产项目建设及投入使用过程中直接或间接影响国家进出口的货物，如某些房地产开发项目建设中需要从国外进口的钢材、石材、设备、家具等货物。

（2）非外贸货物：是指房地产项目建设或投入使用后将不影响国家进出口，只影响国内供求关系的货物。除一些"自然型"非贸易货物如建筑物、国内运输等基础设施外，还有一些是由于运输费用过高或受国内外贸易政策和其他条件限制而不能进行外贸的货物。

（3）特殊投入物：是指劳动力和土地。特殊投入物的影子价格的确定方法如下：

劳动力的影子价格。在国民经济评价中，劳动力的影子价格是用影子工资来反映的。影子工资是指社会为项目建设使用了劳动力而支付的代价，或者说，是劳动力投入于该项目而使社会为此放弃劳动力原有的效益，以及国家和社会为此而增加的资源消耗。在国民经济评价中，影子工资作为费用计入经营费用。影子工资科通过财务评价时所用的工资和福利费之和以影子工资换算系数求得，影子工资换算系数由国家统一测定发布。

土地的影子价格。土地的影子价格是指由于房地产项目的占用而使土地减少的收益（农业年收益、工业年收益、商业年收益）为基础，按国际市场价格作适当调整，制定出的土地价格。在房地产开发的过程中，应根据征地情况，从实际征地费用中具体区分出以下部分费用后，再计算土地的影子价格：区分属于机会成本性质的费用，如土地补偿费、青苗补偿费等；区分新增资源消耗费用，如拆迁费、剩余劳动力安置费等；区分转移支付，如粮食开发基金、耕地占用税等。

2. 影子汇率

影子汇率是外汇的影子价格，实际上是外汇的机会成本，反映了项目的投入或产出所导致的危害减少或增加而给国民经济带来的损失或收益。在房地产项目国民经济评价中，凡涉及外贸货物、外币与人民币之间的价格换算时，应采用影子汇率，并将外汇换算成人民币。影子汇率是由政府统一制定和定期调整的。

3. 社会折现率

社会折现率是自己的影子利率，是社会对资金时间价值的估值，是国民经济评价中经济内部收益率的基准值。它由国家根据在一定时期内的开发效益水平、资金机会成本、资金供求情况、合理开发规模等因素统一测定发布。适当的折现率有利于合理分配建设资金，指导资金投向对国民经济贡献大的项目，调节资金供需关系，促进资金在短期和长期建设项目之间的合理调配。

第三步，编制表格并计算评价指标。

将项目的全部投资（包括自有资金和借入资金）作为投资额，即编制全部投资的国民经济效益费用流量表（见表10-4-2），并据此计算全部投资的经济内部收益率（EIRR）和经济净现值（ENPV）指标。

国民经济评价效益费用表　　　　　　　表 10-4-2

序号	年份 项目	建设期		销售期（经营期）					合计
		1	2	3	4	…	$n-1$	n	
1	效益流量								
1.1	销售（租赁）收入								
1.2	回收固定资产余值								
1.3	回收流动资产余值								
1.4	项目间接效益								
2	费用流量								
2.1	建设投资（全部投资）								
2.2	流动资金								
2.3	经营费用								
2.4	项目间接费用								
3	净效益流量								

计算指标：ENPV＝

EIRR＝

第五节　房地产项目可行性研究案例

济南西客站某缤纷城项目可行性研究案例

一、项目背景

济南西部地区主要是农村，服务业发展空间很小，城镇化速度也很慢。城市高铁西客站的落户将为西部片区发展成为西部新城提供良好的机遇。未来的西客站片区将以济南西客站为依托规划建设。2014年建成后，将带来巨大的人流、物流和资金流，并将带动形成高密度的人口聚集地带。据预测，济南高铁站的旅客发送量2015年达到1924万，2020年达到2507万，巨大的客流无疑会带来巨大的商机，该区域必将成为济南市一个新的经济和商业活跃区。

按照新近出台的《济南西客站片区核心区城市设计深化整合方案》，西客站片区核心区位于西客站片区中轴线的西端。项目的定位：以西客站建设为契机，充分发挥"综合交通枢纽"对城市发展的催化作用，引领西部新城的建设。济南西客站片区核心区不仅是一个交通枢纽，还将是一个枢纽型商业商务中心区，并将发展成为提升济南地位和形象的综合性城市副中心。

拟建项目属于西客站片区核心区的最重要建筑之一，它的建成和运营将成为西客站片区核心区建成和全面运营的标志。

二、项目拟建规模

根据济南市规划行政主管部门的要求，本项目由地上和地下一层、地下二层共三个地块构成，三块用地面积分别为35521平方米、63505平方米、61351平方米，共160377平方米（约16.04公顷）；项目拟建总建筑面积208770平方米，其中地上110115平方米，地下98655平方米。总停车泊位数1026辆，地上20辆，地下1006辆。建筑容积率3.10（地上），建筑密度19%。项目工期：2011年4月至2014年4月，历时3年。

拟建方案主要经济技术指标见表10-5-1。

拟建方案主要经济技术指标 表10-5-1

序号	项目	单位	指标	规划条件
一	总用地面积	m²	160377	
（一）	地上建设用地面积	m²	35521	数据来自土地出让合同
（二）	地下一层用地面积	m²	63505	数据来自土地出让合同
（三）	地下二层用地面积	m²	61351	数据来自土地出让合同
二	总建筑面积	m²	208770	
	（一）地上建筑面积	m²	110115	
	公建建筑面积	m²	110115	
其中	①酒店建筑	m²	28482	
	②办公商务	m²	33713	
	③商业营业	m²	47920	
	（二）地下建筑面积	m²	98655	
	①地下一层面积	m²	46093	
	北综合体地下一层	m²	29331	
其中	T形广场地下一层	m²	16762	
	②地下二层建筑面积	m²	52562	
	北综合体地下二层	m²	30800	
	T形广场地下二层	m²	21762	
三	地上容积率		3.10	地上容积率≤3.1
四	地下容积率			
（一）	地下一层容积率		0.73	地下容积率≤1.0
（二）	地下二层容积率		0.86	地下容积率≤1.0
五	建筑密度	%	19%	主管部门审批决定
六	绿地率	%		主管部门审批决定
七	停车位	个	1026	主管部门审批决定

注：因地下一层、二层土地上修有救难通道，致使地下容积率小于1.0。

三、发展规划、产业政策和行业准入分析

(一) 发展规划分析

1. 符合国民经济和社会发展总体规划

《中国国民经济和社会发展第十一个五年规划纲要》指出加快发展服务业，丰富消费性服务业。出台促进服务业发展的政策，放宽准入领域，建立公开、平等、规范的行业准入制度，鼓励社会资金投入服务业。促进区域协调发展，促进城镇化健康发展。提高人民生活水平，促进文化、健身、旅游、休闲等服务性消费。

济南西客站将成为西客站片区的发展新契机，项目建成后将带来巨大的人流、物流和资金流，并将带动形成高密度的人口聚集地带。济南西客站片区核心区不仅是一个交通枢纽，还将是一个枢纽型商业商务中心区，并将成为提升济南地位和形象的综合性城市副中心。西客站片区核心区分为核心商业金融区、站前广场区、站前商办混合区、商住混合区、特色商业混合区、区域中心绿化区、滨水文化休闲区七大功能区。

本项目的实施符合《济南市国民经济和社会发展十一五规划纲要》的要求，促进服务业的发展、促进房地产业的发展，促进商业的积聚性，有利于发展总部经济和楼宇经济、吸引各类投资管理机构，有助于实现城市发展战略。开发的内容完全符合城市国民经济和社会发展规划的要求。

2. 符合服务业专项规划

《济南市"十一五"服务业发展规划》强调要以科学发展观为指导，强化为全省和区域经济发展服务的功能，强化推动一、二产业发展服务的功能，强化为广大市民生活服务的功能，突出发展现代服务业，大力发展新兴服务业，改造提升传统服务业，构筑起产业层次较高、布局合理、特色鲜明、竞争力强的服务业发展新格局，尽快成为区域性服务业中心城市。

本项目的建设，既符合国家加快发展服务业的有关要求，又符合山东省加快发展服务业的有关要求，特别是济南、青岛要率先形成以服务经济为主的产业结构的要求。项目的建设实施对《济南市"十一五"服务业发展规划》确立的房地产业增加值达到115亿元，年均增长13.6%，占服务业增加值的比重达到7.2%，以及重点项目为支撑，大力推动楼宇经济发展的目标要求。项目的实施将有助于《济南市商业网点发展规划》确定的"一核、二区、四片、四心"结构布局的实现。

3. 符合城市总体规划和区域规划

《济南市城市总体规划（2005年—2020年）》要求，优化提升商贸服务业，发展壮大金融服务业，大力发展现代物流业，稳步发展房地产业，加快发展旅游会展业，拓展提升社会服务业，逐步构筑起产业层次较高、布局合理、特色鲜明、竞争力强的第三产业发展新格局，全面提升第三产业的整体素质和水平，增强城市的综合服务功能，把济南建设成为区域性第三产业发展中心。

槐荫区正面临三大发展机遇：济南市城市西扩，西部新城建设拉开大幕；占地3平方公里的西郊军用机场搬迁，给槐荫提供了更多发展空间；京沪高铁西客站更是西部城区建设新契机。槐荫区要抓住三大历史机遇实现跨越发展。

京沪高速铁路正线全长约1318公里。全线纵贯北京、天津、上海三大直辖市和河北、山东、安徽、江苏四省，连接环渤海和长江三角洲两大城市群，沿线人口占全国人口四分

之一以上，沿线共设置21个客运车站，济南为五个始发站之一。它的建设必将会带来空间范围、产业结构、发展理念的巨大变化，必将对沿线城市的经济社会发展产生深远的影响，给济南、槐荫区的发展带来巨大机会。

本项目作为西客站配套工程的重要组成部分，其实施将促进槐荫区"十一五"总体规划主要预期发展目标的实现，与槐荫区区域规划的目标相一致。

4. 项目目标与规划内容的衔接和协调

拟建项目符合《中国国民经济和社会发展十一五规划纲要》加快发展服务业，丰富消费性服务业的要求；促进服务业的发展、促进房地产业的发展。与《济南市城市总体规划》中确定的中心城用地的发展方向相吻合，符合《济南市城市总体规划》确定的城市发展目标。与《山东半岛城市群总体规划》对济南区域城市中心发展方向与职能定位相一致。与槐荫区"十一五"总体规划主要预期发展目标相一致。

因此，项目的目标是与规划的内容相衔接、相协调的。

（二）产业政策分析

1. 基础设施及房地产是国家鼓励发展和培育的产业

《中国国民经济和社会发展第十一个五年规划纲要》指出，大城市要把发展服务业放在优先位置，有条件的要逐步形成服务经济为主的产业结构。当前国家重点鼓励发展的产业、产品和技术目录（2000年修订）第二十六项为即为城市基础设施及房地产。

本项目作为济南市西客站片区场站一体化工程——站区配套设施工程的一部分，本项目的开发符合国家的产业发展政策。

2. 服务业是山东省积极规范发展的产业

《山东半岛城市群总体规划》的目标是将半岛城市群建设成为区域综合竞争力强大的国际化都市连绵区和城市空间联系密集区。以空间集聚为导向的人口城市化战略和以培育都市连绵区为目标的空间发展战略是两个重要战略。济南城市职能：政治、文化、教育中心、山东中西部以及省际区域的交通枢纽和经济中心，现代服务业为主导、高新技术产业发达的综合性省会城市。

3. 符合济南市"十一五"加快西部新区开发步伐的要求

根据城市建设与经济发展相协调、新区开发与旧城改造相结合的原则，合理安排建设时序，明确职能定位和空间布局，推进城市新区开发建设。济南市"十一五"规划提出加快新区建设步伐的规划。

因此，包括房地产业、金融服务业在内的第三产业是槐荫区乃至济南市需要着力发展的行业。

（三）行业准入分析

1. 项目开发资本金的有关规定

本项目为房地产开发项目，将严格按照国务院、当地政府主管部门对房地产项目资本金的要求提供充足的项目资本金。

2. 严格房地产开发信贷条件

对项目资本金比例达不到资本金要求等贷款条件的房地产企业，商业银行不得发放贷款，对闲置土地和空置商品房较多的企业，商业银行要按照审慎经营的原则，从严控制展期贷款和任何形式的滚动授信。

本项目的资金筹措安排将严格遵守房地产项目资本金制度和贷款银行的有关规定。

3. 项目开发单位的资质条件与开发业绩

项目申请单位具有严格的管理制度、优良的管理能力、丰富的房地产项目开发管理经验，根据项目开发的实际需要，股东集团公司将在该项目上投入足够的资金、人才等资源，完全能够满足项目开发管理的需要。

4. 项目开发企业的行业准入条件

项目申请人拥有在获得国有土地使用权的土地上进行房地产开发建设的资质条件。按照资金筹措计划，需要借入资金时，项目的进度已满足信贷条件。

综合上述：项目符合产业准入政策和规定，项目申请单位有能力完成本项目的开发任务。

四、建设地点及市政配套条件

（一）建设地点

项目用地位于西客站东侧。项目建设场址北临济西东路、东临站东路。由地上和地下一层、地下二层共三个地块构成。

（二）拆迁方案

1. 项目用地现状

本项目为通过挂牌方式获得的国有建设用地土地使用权，获得的土地使用权是清晰和简单的，不涉及建设土地使用权人关于耕地补充的问题。

本项目的征地手续已经由国有土地储备中心等有关部门妥善完成，符合城市规划部门的要求。项目用地已经"五通一平"，符合建设条件，做好了建设准备。

2. 拆迁安置方案

本项目土地的征收，房屋的拆迁、安置补偿问题已由政府有关部门妥善解决完成。

有关土地征收，房屋拆迁、安置、补偿费用及其他有关费用都包含在挂牌确定的土地出让金中。

由于土地征收及房屋的拆迁安置问题都已按有关法律法规妥善解决，不会引起社会问题。

（三）市政配套条件

根据项目本身特性，项目需要的能源主要有水、电、暖、气等，项目位于济南市西部城区内，水、电等基础设施完善，供应充足，可以满足项目生产和运营的需要。

1. 供水

项目日最大用水量$1678m^3$，最大时用水量$134.3m^3$。项目用水由市政供水管网接入，因项目属于高层建筑用水需将市政供水加压后使用，本项目拟在配套公建内设加压泵房，设给水设备供项目使用。在场址四周设环状给水管网，与消防系统合用，建筑物内根据需要设置配水点。

2. 供电

项目用电负荷18000kVA。

3. 空调冷热负荷

项目空调冷负荷为18118kW，空调热负荷为12926kW。

五、环境保护

施工过程中要做好"三废"处理措施。项目规划及建成后,应加强绿化的设计和实施,绿化场地应多用渗透系数大的垫块;种植木本植物,绿化草坪等,改善项目区域的生态环境,减少水土流失,促进环境的可持续性。

根据项目的使用性质,项目投入使用后主要污染物为固定垃圾、废水、废气、噪声。

1. 废水产生及治理措施

项目投入使用后废水主要产生于商业、办公、食堂餐饮等环节。从节省运行费用和节能方面考虑,建议洗涤用水与经过隔油池处理后的食堂废水排入中水站一并处理,达标后回用于居住区的绿化、洗车等方面。粪便等污水则排入城市污水管网,由污水处理厂统一处理。

2. 废气的产生及治理措施

商务区食堂油烟排放和汽车尾气。厨房油烟通过排烟道排出,排放前要通过油烟过滤器的过滤;对于商务办公区的食堂油烟废气,拟采用饮食业油烟净化设备,经过处理后,预计食堂油烟的排放浓度在 $1.0mg/m^3$ 以下,符合山东省《饮食业油烟排放标准》(DB 37/597—2006 中的有关规定。汽车尾气排放应到达尾气排放标准。项目投入使用后的废气不会对环境造成大的影响。

3. 固体废物的产生及处置措施

项目交付使用后产生的垃圾主要是人员产生的生活垃圾和电器、家具等的包装物。应设立垃圾分类收集系统,对于办公商务区,同样采用垃圾分类收集措施。对于食堂的剩余饭菜由环卫部门统一收集处理;对食堂隔油池隔离出的浮油渣要集中处理,定期外运给有相关资质的企业处理和利用。

4. 噪声的产生及防治措施

拟建项目建成后综合楼的中央空调是建成后的主要噪声源。主要控制措施如下:
(1) 为减轻设备噪声对环境的影响,在设备选型时应选用高效能低噪声的设备;
(2) 所有有振动的设备均应设置减振基础或吊价;
(3) 加强项目区域内进出车辆的管理,禁止鸣笛;
(4) 对中央空调的冷却塔,可在四周设置维护装置,进行隔声处理;
(5) 加强绿化,特别是立体绿化,美化环境,降低噪声。

环境保护的内容另见本项目的环境影响评价报告书。

六、节能

1. 给排水节能设计。为节约用水,尽可能利用市政给水管网的压力直接供水,可征得有关部门的同意,裙房采用叠压供水。卫生器具采用冲洗水量为 6 升/次的节水型大便器,陶瓷片密封水嘴。

2. 建筑节能。建筑物尽量采用保温隔热效果好的复合材料或轻质外墙体、中空玻璃、保温屋面和管道保温材料;采用双层玻璃塑钢密封窗及保温密封门,减少门窗的散热等。

3. 空调节能设计。采用高效、节能型空调、暖通设备,其性能系数、效率均应符合国家节能标准的规定值。提高建筑围护结构的保温隔热性能,减少空调采暖运行时的冷热损失。

4. 设施设备节能。所有设备一律选用符合国家有关规定的节能型设备(例如灯具选用高效节能型灯具；对制冷、通风、空调、给排水等有关设备，采用楼宇自动化（BA）系统集中控制与管理，通过自动调节降低冷热源消耗，并可经通信接口与其他系统联网，全面实现建筑的智能化。），不得采用淘汰设备，贯彻强制性节能标准。

5. 管理节能。按照管理节能的要求，制定相应的管理体系，加强管理，完善各种规章制度，按时对各类设备、管道、器具进行检修，通过综合管理，杜绝浪费。将节能纳入每个人的绩效考核体系，作为绩效考核的重要指标。

节能的详细内容另见本项目的节能评估报告书。

七、投资估算和资金筹措

（一）项目投资估算

1. 估算依据

（1）山东省综合预算定额；

（2）济南地区材料预算价格；

（3）以往开发项目的经验数据；

（4）其他企业开发的类似工程造价；

（5）现行投资估算的有关规定。

2. 估算范围

本项目投资估算范围包括：一期、二期工程所需工程费用、其他费用、预备费等，工程费用包括建安工程费和设备购置费。

3. 估算说明

（1）建设单位管理费：按前期费用与工程费用的 6% 计算；

（2）城市建设综合配套费：一般为每平方米 246 元，学校、托幼、车库等按照济政发 [2003] 3 号文件进行减免；

（3）劳保统筹费：原则上按工程费用的 2.6% 计算，但考虑工程实际情况予以适当折减。

4. 费用估算

（1）土地费用的估算。土地费用总额估算值为 37828 万元。其中出让金 36712 万元，契税 1101 万元。

（2）前期工程费估算。前期工程费包括规划设计及可行性研究、环评、三通一平费等。共计 385 万元。其中，规划、设计、可研、环评等 294 万元。

（3）基础设施工程费。各项费用的估计，参照了已有案例。共计 3497 万元。

基础设施费，包括供电工程、供水工程、燃气工程、暖气工程、排污工程、小区道路工程、小区绿化工程等。其构成如下表 10-5-2。

（4）建筑安装工程费。这是项目总投资中的最大费用。各项费用合计为 63210 万元。包括地上住宅建筑、地上底商建筑、地下储藏室、地上其他可售公建、地下其他可售公建、地下车库等建筑的建筑安装工程费。

（5）非经营性配套设施费。非经营性配套设施指不能或不宜对外经营的配套设施，其费用估计为 48 万元。具体包括公共厕所、地上停车设施等。

（6）开发期税费。各项费用之和估计为 6957 万元。其中人防易地建设费 405 万元（假设自建 70%），城市建设综合配套费 4830 万元，劳保统筹基金 1388 万元。

基础设施建设费估算表 单位：万元 表 10-5-2

序 号	项 目 名 称	金 额
1.3	基础设施建设费	
1.3.1	供电工程	2097
1.3.2	供水工程	168
1.3.3	供气工程	126
1.3.4	供暖工程	0
1.3.5	排污费用	377
1.3.6	小区道路费用	238
1.3.7	小区绿化、小品费用	355
1.3.8	路灯工程	30
1.3.9	环卫设施	105
	合计	3497 万元

人防易地建设费、城市建设综合配套费、劳保基金是开发期税费的最大构成项目。

(7) 其他费用估算。其他费用总和估计为 1568 万元。

主要包括工程招标代理费用、交易管理费用、项目监理、项目管理费用、施工图标底编审费用等。具体构成见表 10-5-3。

其他费用估算表 单位：万元 表 10-5-3

序 号	项 目 名 称	金 额
1.9	其他费用	
1.9.1	临时用地、道路占用费	15
1.9.2	临建费用	50
1.9.3	施工图标底编审、造价审核费	233
1.9.4	招标代理、交易管理等费用	80
1.9.5	总包管理费	67
1.9.6	工程监督费	47
1.9.7	工程监理费	534
1.9.8	项目管理费	467
1.9.9	竣工图编制费	15
1.9.10	工程保险费	60
	合计	1568

(8) 不可预见费（预备费）。不可预见费，即预备费（包括基本预备费和涨价预备费），共 3351 万元。

(9) 开发期财务费用。本项目借款 63771 万元，财务费用估算为 4232 万元，房地产开发贷款按年利率为 5.4% 计算。

(10) 项目总投资估算表。项目总投资 128904 万元。由开发建设投资和经营资金两部分构成。

开发建设投资 127849 万元。开发建设投资由建筑安装工程费、基础设施工程费、公共配套设施费（前三者常合称之为工程费）；土地使用权费用、管理费用、销售费用、工程监督监理与造价咨询费用、综合配套费等相关税费（亦合称工程其他费）；预备费用；财务费用等构成。

经营资金，即流动资金，1055 万元，见表 10-5-4。

项目总投资估算表　　　　　　　　　　　单位：万元　表 10-5-4

序号	项目名称	总投资	所占总投资百分比	估算说明
1	开发建设总投资	127849	99.2%	—
1.1	土地费用	37828	29.3%	—
1.2	前期工程费	385	0.3%	—
1.3	基础设施建设费	3497	2.7%	—
1.4	建筑安装工程费	63210	49.0%	—
1.5	公共配套设施建设费	48	0.0%	—
1.6	管理费用	4028	3.1%	前期与工程费用和的 6%
1.7	销售费用	2744	2.1%	销售收入 1.5%
1.8	开发期税费	6957	5.4%	含配套费用人防费等
1.9	其他费用	1568	1.2%	—
1.10	不可预见费	3351	2.6%	—
1.11	财务费用	4232	3.3%	长期借款按 5.40% 利率
2	经营费用	1055	0.8%	
3	项目总投资	128904	100.0%	
3.1	开发产品	127849	99.2%	
3.2	固定资产投资	0	0.0%	
3.3	经营费用	1055	0.8%	

（二）资金筹措

本项目总投资 128904 万元。

全部投资将通过资本金（包括土地费用和货币资本金）、银行借款、销（预）售收入来构成。

表 10-5-5 是项目资本金投入额 39814 万元（包括土地费用和货币资本金），即资本金率约为 30.89% 时的投资计划及资金筹措表。总投资 128904 万元来自资本金 39814 万元、借贷资金 63771 万元、销售收入 25319 万元。

在这个资金筹措方案中，项目的资金结构是：

资本金：借贷资金：销售收入＝30.89：49.47：19.64

下文中，表 10-5-6 为项目的资金来源与运用现金流量表，表 10-5-7 为借贷资金的还本付息表。

投资计划与资金筹措表 单位：万元 表 10-5-5

序号	项目名称	合计	第1年				第2年				第3年			
			1	2	3	4	5	6	7	8	9	10	11	12
一	项目总投资	128904	20357	37252	25005	16150	12437	6213	6168	1175	466	3564	73	44
1	项目开发建设投资	127849	19602	36952	25005	16150	12437	6213	6168	1175	466	3564	73	44
1.1	土地费用	37828	18371	19457	0	0	0	0	0	0	0	0	0	0
1.2	前期工程费	385	77	77	116	116	0	0	0	0	0	0	0	0
1.3	基础设施建设费	3497	0	175	699	699	699	350	350	350	175	0	0	0
1.4	建筑安装工程费	63210	632	12642	21491	12642	6321	3161	3161	0	0	3161	0	0
1.5	公共配套设施费	48	0	10	12	12	5	8	0	0	0	0	0	0
1.6	管理费用	4028	443	443	443	403	604	604	604	161	121	121	40	40
1.7	销售费用	2744	0	0	494	494	494	494	549	110	55	27	27	
1.8	开发期税费	6957	49	3017	124	150	2633	476	476	18	0	15	0	0
1.9	其他费用	1568	0	502	376	345	345	0	0	0	0	0	0	0
1.10	不可预见费	3351	30	510	840	603	508	260	289	39	23	240	5	3
1.11	财务费用	4232	0	120	409	687	828	861	739	496	91	0	0	0
2	经营资金	1055	755	300										
二	资金筹措	128904	20357	37252	25005	16150	12437	6213	6168	1175	466	3564	73	44
1	资本金	39814	20357	19457	0	0	0	0	0	0	0	0	0	0
1.1	土地使用权资金	37828	18371	19457	0	0	0	0	0	0	0	0	0	0
1.2	其他资本金投入	1986	1986	0	0	0	0	0	0	0	0	0	0	0
2	借贷资金	63771	0	17795	25005	16150	4821	0	0	0	0	0	0	0
3	预售及销售收入	25319	0	0	0	0	7616	6213	6168	1175	466	3564	73	44

资金来源与运用现金流量表 单位：万元 表 10-5-6

序号	项目名称	合计	2010年				2011年				2012年			
			1	2	3	4	5	6	7	8	9	10	11	12
1	资金来源	387259	20357	37252	25005	16150	13967	18292	27439	36585	36585	27439	18292	10201
1.1	销售收入	182925	0	0	0	0	9146	18292	27439	36585	36585	27439	18292	9146
1.4	权益资金	39814	20357	19457	0	0	0	0	0	0	0	0	0	0
1.4.1	土地使用权	0	18371	19457	0	0	0	0	0	0	0	0	0	0
1.4.2	资本金其他投入	1986	1986	0	0	0	0	0	0	0	0	0	0	0
1.5	银行借款	63771	0	17795	25005	16150	4821	0	0	0	0	0	0	0
1.5.1	银行长期借款	63771	0	17795	25005	16150	4821	0	0	0	0	0	0	0
1.7	回收经营资金	1055											0	1055
2	资金运用	216060	20357	37252	25005	16150	13039	16488	27527	36093	12280	7360	2628	1881
2.1	开发建设投资（不含利息）	123616	19602	36832	24596	15463	11609	5352	5429	678	375	3564	73	44
2.2	经营资金	1055	755	300	0	0	0	0	0	0	0	0	0	0
2.5	经营税金及附加	10207	0	0	0	0	510	1021	1531	2041	2041	1531	1021	510
2.6	土地增值税	2576	0	0	0	0	91	183	274	366	366	274	183	838
2.7	所得税	10602	0	0	0	0	0	72	1554	2511	2636	1990	1351	489
2.9	长期借款本息偿还	68003	0	120	409	687	828	9861	18739	30496	6862	0	0	0
2.9.1	长期借款还本	63771		0	0	0	0	9000	18000	30000	6771	0	0	0
2.9.2	长期借款付息	4232	0	120	409	687	828	861	739	496	91	0	0	0
3	盈余资金		0	0	0	0	928	1805	−89	492	24305	20079	15665	8320
4	累计盈余资金		0	0	0	0	928	2733	2644	3136	27441	47520	63185	71505

借款还本付息表　　　　　单位：万元　表 10-5-7

序号	项目名称	合计	第1年				第2年				第3年			
			1	2	3	4	5	6	7	8	9	10	11	12
1	期初借款累计		0	0	17795	42800	58950	63771	54771	36771	6771	0	0	0
2	本期借款支用	63771	0	17795	25005	16150	4821	0	0	0	0	0	0	0
3	本期应计利息	4232	0	120	409	687	828	861	739	496	91	0	0	0
4	本期还本付息	68003	0	120	409	687	828	9861	18739	30496	6862	0	0	0
4.1	还本	63771	0	0	0	0	0	9000	18000	30000	6771	0	0	0
4.2	付息	4232	0	120	409	687	828	861	739	496	91	0	0	0
5	期末借款累计		0	17795	42800	58950	63771	54771	36771	6771	0	0	0	0

八、经济影响分析

（一）财务评价

1. 测算依据

（1）《建设项目经济评价方法与参数》（第三版）。

（2）《房地产开发项目经济评价方法》（中国计划出版社 2000 年版）。

2. 基本数据假定

（1）项目计算期。项目从实施到销售完毕按 3 年计算，比较符合大型房地产公司的开发速度，计算时间以季度为单位，更 12 个周期。

（2）项目财务基准收益率 10%。全部投资 12%；资本金投资 15%。

（3）有关税率：

1）销售税金及附加

①营业税税率 5%；

②城市维护建设税为营业税的 7%；

③教育费附加为营业税的 3%；

2）土地增值税。按规定已转让房地产的土地增值额为计税依据，实行四级超率累进税率。实际操作中，税务部门按销售收入的 1% 预征，并很可能成为土地增值税的最终征收结果。本项目就按预征额计征。

3）所得税。按所得税法的规定，企业所得税按所得额 25% 计征。

（4）销售价格。根据本项目所处的地理位置和周边环境，参照类似房地产的销售情况，预测本项目的销售价格如下。

1）商业营业用房价格为 16000 元/平方米；

2）商务办公价格为 8500 元/平方米；

3）酒店用房价格为 7000 元/平方米

4）地下商业用房和车库的价格分别为 8800 元/平方米、5000 元/平方米。

3. 销售收入

销售收入及经营税金及附加估计见表 10-5-8。除了销售收入外，表中还包括各类建筑总销售面积及各计算期的销售面积、各期销售价格及销售均价等信息。

销售收入及税金估算表　　　　　单位：万元　表 10-5-8

序号	项目名称	合计	第1年				第2年				第3年			
			1	2	3	4	5	6	7	8	9	10	11	12
1	销售收入	182925	0	0	0	0	9146	18292	27439	36585	36585	27439	18292	9146
(1)	商业地块销售收入	182925	0	0	0	0	9146	18292	27439	36585	36585	27439	18292	9146
1.1	地上建筑-商业营业	76672	0	0	0	0	3834	7667	11501	15334	15334	11501	7667	3834
1.1.1	销售面积（16000元/m²）	4.79	0.00	0.00	0.00	0.00	0.24	0.48	0.72	0.96	0.96	0.72	0.48	0.24
1.2	地上建筑-办公商务	28656	0	0	0	0	1433	2866	4298	5731	5731	4298	2866	1433
1.2.1	销售面积（8500元/m²）	3.37	0.00	0.00	0.00	0.00	0.17	0.34	0.51	0.67	0.67	0.51	0.34	0.17
1.3	地下建筑-车库	30539	0	0	0	0	1527	3054	4581	6108	6108	4581	3054	1527
1.3.1	销售面积（5000元/m²）	6.11	0.00	0.00	0.00	0.00	0.31	0.61	0.92	1.22	1.22	0.92	0.61	0.31
1.4	地上建筑-酒店	19937	0	0	0	0	997	1994	2991	3987	3987	2991	1994	997
1.4.1	销售面积（7000元/m²）	2.85	0.00	0.00	0.00	0.00	0.14	0.28	0.43	0.57	0.57	0.43	0.28	0.14
1.5	其他建筑	27121	0	0	0	0	1356	2712	4068	5424	5424	4068	2712	1356
1.5.1	销售面积（8800元/m²）	3.08	0.00	0.00	0.00	0.00	0.15	0.31	0.46	0.62	0.62	0.46	0.31	0.15
2	销售税金及附加等	10207	0	0	0	0	510	1021	1531	2041	2041	1531	1021	510
2.1	营业税	9146	0	0	0	0	457	915	1372	1829	1829	1372	915	457
2.2	城市维护建设税	640	0	0	0	0	32	64	96	128	128	96	64	32
2.3	教育费附加	274	0	0	0	0	14	27	41	55	55	41	27	14
2.4	地方教育费附加	91	0	0	0	0	5	9	14	18	18	14	9	5
2.5	交易印花税	55	0	0	0	0	3	5	8	11	11	8	5	3

总销售收入 182925 万元。

4. 损益表

考虑采用集团管控模式，项目公司仅开发某个具体项目的事实，项目损益表中不对利润进行分配。

所得税按 25% 估计。土地增值税也按预征额估计。

利润总额 42409 万元，税后利润 31807 万元。

销售利润率：税前 23.18%、税后 17.39%。

投资利润率：税前 33.20%、税后 24.90%

详细信息见表 10-5-9。

5. 现金流量表

(1) 全部投资现金流量表

年度内部收益率为 20.78%，满足内部收益率 12% 的要求。净现值 11827 万元，大于 0。项目在财务方面可行，见表 10-5-10。

(2) 资本金现金流量表

内部收益率达到 54%，财务杠杆作用明显。收益率远高于期望收益率 15% 的要求，项目具有较可观的收益能力。见表 10-5-11。

(3) 国民经济评价现金流量表

经济内部收益率 48.34%，超过经济内部收益率 10%。国民经济评价见表 10-5-12。

利 润 表

单位：万元　表 10-5-9

序号	项目名称	合计	第 1 年				第 2 年				第 3 年		
			1	2	3	4	5	6	7	8	9	10	11	12
1	经营收入	182925	0	0	0	0	9146	18292	27439	36585	36585	27439	18292	9146
1.1	销售收入	182925	0	0	0	0	9146	18292	27439	36585	36585	27439	18292	9146
2	总成本费用	127732	443	563	1346	1584	7768	13643	19418	24134	23634	17674	11684	5842
2.1	商品房成本费用	127732	443	563	1346	1584	7768	13643	19418	24134	23634	17674	11684	5842
2.1.1	销售成本	116836	0	0	0	0	5842	11684	17525	23367	23367	17525	11684	5842
2.1.2	期间费用	11005	443	563	1346	1584	1927	1959	1892	767	267	148	68	40
5	经营税金及附加	10207	0	0	0	0	510	1021	1531	2041	2041	1531	1021	510
6	土地增值税	2576	0	0	0	0	91	183	274	366	366	274	183	838
7	利润总额	42409	−443	−563	−1346	−1584	776	3446	6215	10043	10543	7960	5405	1956
	25%税率应交所得税	10602	0	0	0	0	0	72	1554	2511	2636	1990	1351	489
9	税后利润	31807	−443	−563	−1346	−1584	776	3375	4662	7532	7908	5970	4054	1467

全部投资现金流量表

单位：万元　表 10-5-10

序号	项目名称	合计	第 1 年				第 2 年				第 3 年			
			1	2	3	4	1	2	3	4	1	2	3	4
1	现金流入	182925	0	0	0	0	9146	18292	27439	36585	36585	27439	18292	9146
1.1	销售收入	182925	0	0	0	0	9146	18292	27439	36585	36585	27439	18292	9146
1.7	回收经营资金	1055	0	0	0	0	0	0	0	0	0	0	0	1055
2	现金流出	148057	20357	37132	24596	15463	12211	6627	8788	5597	5418	7360	2628	1881
2.1	开发建设投资（不含利息）	123616	19602	36832	24596	15463	11609	5352	5429	678	375	3564	73	44
2.2	经营资金	1055	755	300	0	0	0	0	0	0	0	0	0	0
2.5	经营税金及附加	10207	0	0	0	0	510	1021	1531	2041	2041	1531	1021	510
2.6	土地增值税	2576	0	0	0	0	91	183	274	366	366	274	183	838
2.7	所得税	10602	0	0	0	0	0	72	1554	2511	2636	1990	1351	489
3	净现金流量	34868	−20357	−37132	−24596	−15463	−3064	11666	18651	30988	31167	20079	15665	7265
4	累计净现金流量		−20357	−57490	−82086	−97549	−100613	−88947	−70297	−39308	−8141	11938	27603	34868

计算指标：内部收益率（IRR）=4.83%　　季度收益率=11827 万元　　年度收益率=20.78%
财务净现值（NPV）=11827 万元　　按年基准收益率=12.00%计算
静态投资回收期=9.41 季度 =2.35 年

资本金现金流量表

表 10-5-11 单位：万元

序号	项目名称	合计	第1年				第2年				第3年			
			1	2	3	4	1	2	3	4	1	2	3	4
1	现金流入	183980	0	0	0	0	9146	18292	27439	36585	36585	27439	18292	10201
1.1	销售收入	182925	0	0	0	0	9146	18292	27439	36585	36585	27439	18292	9146
1.7	回收经营资金	1055	0	0	0	0	0	0	0	0	0	0	0	1055
2	现金流出	132258	21112	19877	409	687	1430	11136	22099	35415	11906	3795	2555	1838
2.1	资本金	39814	20357	19457	0	0	0	0	0	0	0	0	0	0
2.2	经营资金	1055	755	300	0	0	0	0	0	0	0	0	0	0
2.5	经营税金及附加	10207	0	0	0	0	510	1021	1531	2041	2041	1531	1021	510
2.6	土地增值税	2576	0	0	0	0	91	183	274	366	366	274	183	838
2.7	所得税	10602	0	120	0	0	0	72	1554	2511	2636	1990	1351	489
2.8	长期借款本息偿还	68003	0	0	409	687	828	9861	18739	30496	6862	0	0	0
3	净现金流量	51721	-21112	-19877	-409	-687	7716	7156	5340	1170	24679	23643	15738	8364
4	累计净现金流量		-21112	-40989	-41398	-42085	-34369	-27213	-21873	-20702	3977	27620	43358	51721

计算指标	
内部收益率	季度收益率 = 11.40% 年度收益率 = 54.00%
财务净现值	= 28366 万元 按年基准收益率=15.00%计算
静态投资回收期	= 8.84 季度 = 2.21 年

国民经济费用和效益现金流量表

表 10-5-12 单位：万元

序号	项目名称	合计	第1年				第2年				第3年			
			1	2	3	4	1	2	3	4	1	2	3	4
1	效益流量	202378	0	0	0	0	9146	18292	27439	36585	38425	31118	23812	17560
2	费用流量	119993	22457	20071	29079	18115	12739	6059	6118	745	411	4083	102	59
3	效益费用净流量	82339	-22457	-20071	-29079	-18115	-3592	12233	21320	35840	38014	27035	23710	17502
4	累计净效益流量	82339	-22457	-42529	-71608	-89723	-93316	-81082	-59762	-23922	14092	41128	64838	82339

计算指标	
内部收益率	季经济收益率 = 10.36% 年度经济收益率 = 48.34%
财务净现值	= 53845 万元 按年基准经济收益率=10.00%计算
静态投资回收期	= 8.67 季度 = 2.17 年

6. 偿债能力

项目借款63771万元，还款资金为房地产销售收入。项目的还款安排见还本付息表，即表10-5-7。

7. 不确定性分析

所谓不确定性分析，主要包括敏感性分析和盈亏平衡分析。

通过敏感性分析可以发现，开发投资、工程费用（含建安工程费用、基础设施建设费用、公共配套设施费用）、销售收入是影响项目财务指标的敏感性因素。

图10-5-1、图10-5-2的诸图中列出了开发投资变化 −10%、0%、10%，销售收入变化−10%、0%、10%以及工程费用变化−10%、0%、10%时的内部收益率（全部投资）、投资利润率、盈亏平衡点、税后利润等的变化。

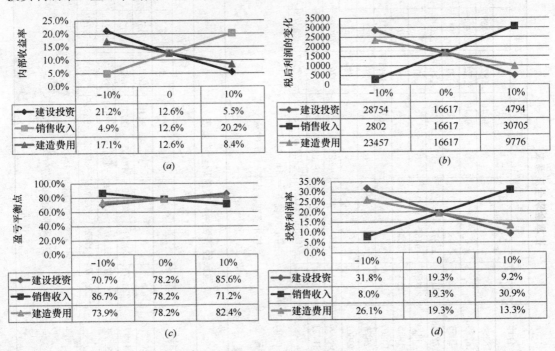

图10-5-1 不确定性分析
(a) 敏感因素变化时的收益率变化；(b) 敏感因素变化时税后利润的变化；
(c) 敏感因素变化时盈亏平衡点变化；(d) 敏感因素变化时投资利润率的变化

三个敏感因素中，开发投资、销售收入是更敏感的因素。因此在项目管理中要千方百计控制投资和提高销售收入。

8. 结论

财务评价的结果表明，项目具有财务可行性。

不确定性分析的结果表明，在项目管理中要千方百计控制投资和提高销售收入。为此，要制定明确以控制投资和提高售价为目标的项目管理策略。

（二）经济费用效益分析

从整个国民经济的角度对投资项目所耗费的资源及其产生的效益进行评价，评价拟建项目的经济可行性。费用效益分析方法是国民经济评价的基本方法，它要求运用影子价

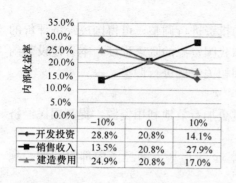
(a)

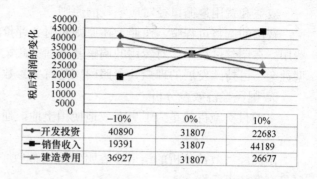
(b)

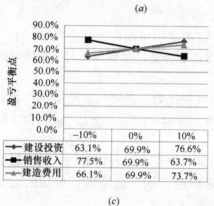
(c)

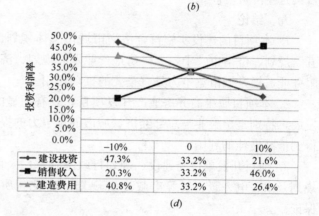
(d)

图 10-5-2　开发投资变化
(a) 全部投资内部收益率变化；(b) 税后利润的变化；(c) 盈亏平衡点的变化；(d) 投资利润率的变化

格、影子汇率、影子工资和社会折现率等国民经济参数，分析国民经济的费用和效益。财务评价可行的项目，如果国民经济不可行，则项目仍是不可行的。

1. 基本参数的选取

本项目影子价格及通用参数按照国家有关部门发布的参数和执行原则执行，具体如下：

(1) 经济折现率：10%。

(2) 本项目土建工程、安装工程及室外工程所使用的材料，大都是消耗资源的材料，参照有关案例，本项目中建筑工程费的影子价格系数取为 1.1。

(3) 国民经济评价年限按项目的开发经营期

(4) 土地影子价格＝土地机会成本＋新增资源消耗费用，新增消耗资源的机会成本＝安置补偿费＋土地开发费用。本项目按获取土地的费用作为土地的影子价格。

(5) 项目管理费用、监理费用、设计费用都是使用高素质的劳动力，其费用的影子价格系数取为 0.9。

(6) 劳保费用属于转移支付，从其他费用中有关项中扣除。

(7) 流动资金数额保持不变。

(8) 部分费用的影子价格系数按 1.08 计算。

2. 效益与费用的调整

效益和费用遵循口径对应一致的原则。

费用的调整过程中，按照上述原则对财务评价的投资进行调整，可得国民经济评价的费用。在调整过程中，对费用的调整基于国家政策和我国资源的匮乏程度，本着建设节约型社会、可持续发展的理念，参照国家的有关参数和相关案例进行调整。

3. 国民经济效益分析

本项目实施目的是为了更有效地使用土地。通过更加有效地利用资源，提高国民经济效益。

国民经济效益分析的结果，表明经济内部收益率远高于10%的经济内部收益率。项目具有经济可行性。

九、结论

1. 本项目的建设实施符合济南市城市总体规划、济南市国民经济和社会发展"十一五"规划、济南市"十一五"房地产业发展规划、济南市服务业发展规划。对于加快发展服务业、提升城市竞争力具有重要的推动作用。

2. 本项目属于商务房地产开发项目，具有明显的区位优势，能够为省城第三产业的发展，特别是金融业与总部经济、城市的竞争力的提高具有推动作用。开发产品将使土地得到最高最佳的利用。

3. 项目开发单位与建设、规划行政主管部门及西区投融资中心密切配合，认真做好规划及水、电、暖、气等市政配套规划，建设高质量的商务区。这是项目成功的重要保证。

十、建议

1. 严格按照基本建设程序和房地产开发的有关规定，做好获取项目土地使用权与项目核准、规划设计、建设和销售工作。

2. 认真落实项目法人责任制、招标投标制和工程监理制，建设单位要切实履行项目法人的责任，通过招投标择优选择设计、施工和监理单位。按照有关要求，精心制定招标方案，并报送有关部门。

3. 进一步优化设计、进行多方案比选、着眼于项目的全生命周期，坚持节能和环保原则，创造出精品工程。

4. 施工过程中坚持文明施工，强调健康、安全和卫生的管理。

5. 科学管理。建立有效的组织，配备有力的人力资源，以科学的管理方法，保证项目的各项目标的实现，为公司发展战略的实施和发展目标的实现做出贡献。

复 习 思 考 题

1. 可行性研究的含义、目的及作用是什么？
2. 按用途不同分，可行性研究报告主要有哪些类型？
3. 可行性研究报告一般应包括哪些内容？
4. 可行性研究报告内容及格式是什么？都有哪些编制要求？
5. 核准制与审批制之间有哪些区别？
6. 简述项目立项申请报告内容及编制要求。
7. 节能评估的主要方法都有哪些？

8. 简述节能评估报告书的主要内容。
9. 环境价值评价的主要方法都有哪些?
10. 环境评估报告书所需资料都有哪些?
11. 财务评价的基本含义是什么?
12. 房地产开发项目财务评价的报表有哪些?分别是如何编制的?
13. 房地产开发项目财务评价的指标体系有哪些?
14. 简述房地产项目国民经济评价的含义和基本步骤。
15. 简述房地产项目国民经济评价与财务评价的主要区别。

第十一章 房地产抵押贷款还款的计算与分析

第一节 房地产抵押贷款的概述

一、房地产抵押贷款的涵义

房地产抵押贷款，是指借款人或第三人用房地产为抵押物，向金融机构申请的长期贷款，并承诺以年金形式定期偿付贷款本息。当借款人违约时，贷款人有权取消借款人对抵押房地产的赎回权。并将抵押房地产拍卖，从中获得补偿。

房地产抵押贷款时一种所谓的"无转移抵押"。在这种情况下，借款人仍然是合法的拥有者，保留对财产的所有权、使用权、收益权，而处分权受到限制。

二、房地产抵押贷款的分类

房地产抵押贷款根据不同标准可有不同的分类。

1. 按贷款对象分为企事业法人房地产抵押贷款和个人房地产抵押贷款。

企事业法人房地产抵押贷款，即金融贷款机构向实行独立经济核算并能承担经济责任和民事责任，符合房地产抵押贷款条件的企事业法人发放房地产抵押贷款。

个人房地产抵押贷款，即金融贷款机构向符合房地产抵押贷款条件规定的个人发放贷款的房地产抵押贷款。

2. 按贷款的用途分为房屋开发抵押贷款、土地开发抵押贷款、购房抵押贷款和其他用途的房地产抵押贷款。

房地产开发抵押贷款，即金融贷款机构以房地产开发经营企业所开发的房屋的权利作为抵押物而进行的贷款。

土地开发抵押贷款，即金融贷款机构以房地产开发经营企业拟开发土地的土地使用权作为抵押物而发放的贷款。

房屋开发抵押贷款和土地开发抵押贷款又称为房地产开发建设贷款。

购房抵押贷款，又称为房地产消费贷款，即金融贷款机构以购房人所购房屋作为抵押物而发放的贷款，主要包括商品房抵押贷款和二手房抵押贷款。

其他用途的房地产抵押贷款，即用于除上述三种用途以外的其他生产性或消费性房地产抵押贷款。

3. 按贷款资金的来源分为政策性贷款和商业性贷款。政策性贷款一般指个人住房公积金贷款，既有公积金贷款又有商业性贷款的称为组合贷款。

符合个人住房商业性贷款条件的借款人又同时缴存住房公积金的，在办理个人住房商业贷款的同时还可以申请个人住房公积金贷款，即借款人以所购本市城镇自住住房（或其他银行认可的担保方式）作为抵押可同时向银行申请个人住房公积金贷款和个人住房商业性贷款。

公积金个人住房贷款和银行自营性个人住房贷款合计最高为所购住房销售价格或评估价值（以两者较低额为准）的80%，其中须按照当地住房资金管理部门的有关规定执行；在中国人民银行规定的最长贷款期限内（目前为30年），由公积金管理部门和贷款行根据借款人的实际情况，分别确定贷款期限。

4. 按贷款利率是否固定方式分为固定利率抵押贷款和可调利率抵押贷款。

三、房地产抵押贷款的特点

房地产抵押贷款相较其他种类的贷款，具有以下特点：

（一）以抵押贷款为前提建立的信贷关系

就融资手段而论，抵押贷款的建立是以抵押物的抵押作为前提的，而其他信贷则不能以此为前提。例如，信用贷款是主要根据借款人的信誉状况而发放的贷款；保证贷款主要是以第三人承诺在借款人不能偿还贷款时，按约定承担一般保证或者连带责任保证为前提而发放的贷款；质押贷款则是按一定的质押方式，即以借款人或第三人的动产或权利作为质物而发放的贷款。

在这里要特别注意的是，抵押贷款和质押贷款的区别。抵押贷款中用以抵押的标的是动产或不动产，而质押贷款则是以动产或权利作为质押标的；在抵押情形下，债务人或第三人不转移抵押物的占有，而质押则转移质物的占有，即移交债权人所有。

（二）以房地产抵押为条件的贷款

一般而言，房地产抵押贷款的借贷双方都不以直接取得房地产为目的，而是以房地产作抵押作为条件发生资金的借贷行为。房地产抵押贷款的实质是一种融资关系而非商品买卖关系。对于其借方而言，其目的是通过借款融资获得对房地产等资产的拥有，而不是为了出售抵押的房地产；对于其贷方而言，取得房地产抵押权的目的也并非想要实际占有该房地产，而只是以此作为在贷出资金未能按期收回时的本息追偿保障，若借方发生违约行为，贷方对抵押房地产的处分也是出于被迫，而非其本意。

（三）房地产抵押贷款的现实性

房地产抵押贷款的现实性主要体现在其与保证贷款的对比中。保证贷款方式中保证人所承担的实际责任发生在贷款偿还时，而不是发生在获得贷款时，因此是一种"未来责任"。这种"未来责任"可能是一种虚拟的保证责任。这是因为如果借款人在债务到期之时能够悉数归还贷款本息，则保证行为为实际并无发生，只有在借款人未能按期偿债时，保证行为才可能实际发生。在办理保证担保时，保证方并不一定需要提供实实在在的保证财产。

而房地产抵押贷款一般是现实的责任担保。房地产抵押贷款的抵押行为是借款方获得贷款时必须发生的现实行为。虽然抵押的房地产是否会实际转移到贷款方（抵押权人）的手中视贷款能发按约偿还同样存在两种可能，但借款方在获得房地产抵押贷款的同时，必须实实在在地将房地产进行抵押，否则就无法获得贷款。可见，抵押责任是现实的，房地产抵押贷款具有现实性。

四、房地产抵押贷款的作用

不论是国际经验，还是国内实践，均显示了房地产抵押贷款的推行对房地产业乃至金融业的发展极具重要性，其作用具体表现在：

（一）增强房地产开发企业的经济实力，发挥自有资金的财务杠杆功能，促进房地产

业的发展

房地产抵押贷款的发放,为房地产开发经营企业获得债务资金提供了有效渠道。房地产开发经营企业可以在支付拟开发地块的地价之后,以拟开发的地块作为抵押物,取得开发建设贷款。在土地开发完成以后,房地产开发经营企业还可以将该地块上的待建房屋连同该土地一起抵押给银行,从而获得资金融通。房地产开发经营企业以少量的自有资金,吸引大量的外来债务资金投入,增强了自身的经济实力。在房地产开发建设的投资报酬率大于债务成本率水平的情况下,房地产开发经营企业通过银行进行举债筹资,将会产生正的财务杠杆作用,从而使房地产开发经营企业获利增加。同时,举债开发也增强了房地产开发经营企业对借款需求的风险约束,促使其审慎选择开发项目,合理运用所筹资金,发挥自有资金的财务杠杆效应,促进房地产业的正常运行。

(二) 增强工薪阶层的购房能力,促进住房自有化和房地产消费市场的发展

房地产抵押贷款的出现和发展,是以银行业务经营的多样化和房地产市场的发育为基础的。购房对于普通居民来说,可能是其一生中最大的消费项目。但由于房地产价值巨大,住房消费不得不面临消费者短期支付能力的不足与昂贵的住房价格之间的矛盾。而房地产抵押贷款的推行,有效地缓解了这一矛盾,它可以增强工薪阶层的购房能力。购房者只需要将拟购房产的产权进行抵押,便可仅付20%～30%的首付款而提前实现住房需求,从而有力地促进住房自有率的提高和住房商品化的进程,扩大了房地产消费市场。

(三) 发挥储蓄功能,调节居民消费行为,促进经济的平衡发展

房地产抵押贷款,尤其是住房抵押贷款具备储蓄的功能,该功能体现有两种情况:一是居民一旦获得住房抵押贷款,随即实现住房消费,但为了保障日后的按月偿还贷款本息,故需进行储蓄,累计资金。这是一种先购房后参加储蓄的情况。二是居民要想获得住房抵押贷款,首先得参加住房储蓄,存足一定金额和期限后,才可以获得数倍的住房抵押贷款,尔后仍需按期储蓄偿还贷款本息。可见,住房抵押贷款具有较强的储蓄功能。从总体上讲,住房抵押贷款可以节约储蓄时间,把居民需经长期储蓄才能拥有的购买力,通过住房抵押贷款方式变为现实的购买力。

房地产抵押贷款还可以调节居民的消费行为,有利于居民建立较合理的消费结构。一些经济较为发达的国家,住房消费是居民家庭生活支出的一个重要组成部分,居民住房消费占家庭生活支出结构的10%～17%,而在我国这一比重目前还处在较低水平。推行住房抵押贷款,将吸引部分消费性资金转向住房消费,优化居民的消费结构。而且,通过住房抵押贷款的推广,可促进房地产业及其相关行业的发展,由此也可以促进国民经济的全面平衡发展。

(四) 确保银行贷款的安全,保证银行贷款效益,促进房地产金融的发展

房地产抵押贷款的发放,借贷关系人要按照《担保法》和《贷款通则》等法律、法规的规定先签订借款合同和房地产抵押合同。通过借款合同和抵押合同,明确规定各项借贷条件和一般作为抵押人和抵押权人的借贷双方的权利和义务,这就从根本上保障了本息偿还以及作为抵押物的房地产的处分有法可依。银行贷款以房地产作抵押,改变了贷款以信用为主的传统贷款方式。银行发放房地产抵押贷款后,在该贷款本息收回以前,拥有对该抵押房地产的抵押权。无论是居民个人还是企事业单位包括房地产开发经营企业,一旦不能按期归还贷款本息,贷款银行可依法处置抵押房地产,以使贷款本息获得偿还。这样便

使房地产抵押贷款的风险降到最低程度，最大限度地确保了贷款的安全，同时也给贷款银行本身带来了较为稳定的贷款收益，有利于房地产金融贷款业务的良性循环和相关金融服务的扩大，促进房地产金融业的发展。

第二节 借款还款的计算与分析基础

一、现金流量的概念

从房地产最一般的产业活动——房地产开发经营过程来看，一个房地产投资项目基本上都要经过前期准备、土地开发、房屋建造、房屋销售（出租）、房屋资产管理等多种环节才能形成或获得投资收益，由此形成了资金需求量大、资金回收期长的产业资金运行特点，使房地产业呈现资金密集型的特点。

资金对于房地产业的发展具有至关重要的作用，房地产市场的各个环节——"开发、经营、流通和消费"都需要大量的资金，有的时候无论房地产开发商或消费者的自有资金并不能满足需要，因此需要通过各种方式融资，向银行抵押贷款便是其中一种取得融资的方式。在使用银行贷款时是有偿的，也就说不仅要向偿还贷款本金，还要向银行支付贷款利息。为了在之后的学习中更容易理解各种贷款偿还方式以及利息的计算方法，我们在本章先介绍一些基本概念。

（一）现金流量的概念

房地产开发投资活动可以从物质形态和货币形态两个方面进行考察。从物质形态看，房地产开发投资活动表现为开发商使用各种工具、设备和管理手段，消耗一定的能源，对土地进行开发活动，使用各种建筑材料与建筑构配件，最终生产出可供人类生产或生活入住的建筑空间，或通过对建筑物的维护维修管理活动，提供满足客户各种需求的入住空间。从货币形态看，房地产开发投资活动则表现为投入一定量的资金，花费一定量的成本，通过房屋销售或出租经营获得一定量的货币收入。

在房地产开发中的现金流量是指房地产投资项目在其计算期内（项目的有效持续时间，即从项目投资建设开始到最终开发完成销售或投入使用整个过程的全部时间）现金流入或流出增加的数量。在这里现金是个"广义"的概念，它不仅包括各种货币资金，而且包括项目需要投入的企业拥有的非货币资源的变现价值。

经济活动的类型和特点不同，现金流入和现金流出的具体表现形式也会有很大差异。对于房地产开发项目来说，现金流入通常包括销售收入、出租收入、其他经营收入等；现金流出主要包括土地与建造成本或购买成本、财务费用、运营费用、销售费用和税金支出等。

（二）现金流量图

现金流量图是用以反映项目在一定时期内资金运动状态的简化图式，即把经济系统的现金流量绘制到一个时间坐标轴中，表示出现金流入、流出与其发生时间的对应关系。

绘制现金流量图的基本原则是：

1. 以横轴为时间轴，向右延伸表示时间的延续，轴上每一刻度表示一个时间单位，两个刻度之间的时间长度称为计息周期，可取年、半年、季度或月等。横坐标轴上"0"点，通常表示当前时点，也可表示资金运动的时间始点或某一基准时刻。时点"1"表示第1个计息周期的期末，同时又是第2个计息周期的开始，以此类推，如图11-2-1所示。

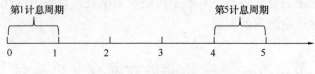

图 11-2-1　现金流量时间标度

2. 如果现金流出或流入不是发生在计息周期的期初或期末，而是发生在计息周期的期间，为了简化计算，公认的习惯方法是将其代数和看成是在计息周期的期末发生，称为"期末惯例法"。在一般情况下，采用这个简化假设，能够满足投资分析工作的需要。

3. 为了与期末惯例法保持一致，在把资金的流动情况绘制成现金流量图时，都把初始投资P作为上一周期期末，即第0期期末发生的，这就是有关计算出现第0期期末的由来。

4. 相对于时间坐标的垂直箭线代表不同时点的现金流量。现金流量图中垂直箭线的箭头，通常是向上者表示正现金流量，向下者表示负现金流量，如图10-1-2所示。某一计息周期内的净现金流量，是指该段内现金流量的代数和。

二、资金的时间价值

（一）资金时间价值的概念

今天的10000元与10年后的10000元，你更愿意要哪一个？常识告诉我们应该选择今天的10000元，因为我们可以拿这10000元去投资并且获得收益；即使不用来投资，也可以存在银行获得利息，在10年后这笔钱的数额将远大于10000元。

我们知道，在房地产开发投资过程中，在不同时间内投入的同等数额的资金在价值上是不相等的。也就是说，资金的价值会随着时间而发生变化。现在可用来投资的一笔资金，即使不考虑通货膨胀的因素，也比将来获得的同等数额的资金更有价值。因为当前可利用的资金能够立即用来投资并带来收益，而将来才可取得的资金无法用于当前的投资，也无法获得相应的收益。

资金的时间价值，是指资金经历一定时间的投资和再投资所增加的价值。具体表现为同一数量的货币在不同的时点上有不同的价值。资金的这种在使用过程中随时间的推移而发生的增值，即为资金的时间价值。

例如：如果我们现在存入银行1000元钱，假设存款利率时5%，则一年后的本利和为1050元。随着时间的延长，产生了50元钱的增值，我们称这50元钱就是1000元钱的在1年时间产生的时间价值。可见，资金的时间价值所代表的是没有投资风险和通货膨胀情况下的资金随时间的增值。

（二）利息与利率

1. 利息

利息是指占用资金所付出的代价或放弃资金使用权后所得到的补偿。如果将一笔资金存入银行，这笔资金就称为本金。经过一段时间之后，储户可在本金之外再得到一笔利息，这一过程可表示为：

$$F_n = P + I_n$$

在该式中　　F_n——本利和；

P——本金；

I_n——利息。

下表 n 表示计算利息的周期数。计息周期是指计算利息的时间单位，如"年"、"季度"、"月"或"周"等，但通常采用的时间单位是年。

2. 利率

利率时在单位时间（一个计息周期）内所得的利息额与接待金额（即本金）之比，一般以百分数表示。用 i 表示利率，其表达式为：

$$i = \frac{I_1}{P} \times 100\%$$

该式中 I_1—— 一个计息周期的利息。

上式表明，利率是本金经过一个计息周期后的增值额。

（三）单利计息与复利计息

利息的计算方式有单利计息和复利计息两种。

1. 单利计息

单利计息是仅按本金计算利息，利息不再生息，期利息总额与借贷时间成正比。单利计息时的利息计算公式为：

$$I_n = P \times n \times i$$

n 个计息周期后的本利和为：

$$F_n = P(1 + i \times n)$$

我国个人储蓄存款和国库券的利息就是以单利计算，计息周期为"年"。

【例 2-1】 假设现值（本金）为 10000 元，年利率为 6%，采用单利计息，请分别计算在第一、第二、第三年年末的终值（本利和）。

解：一年后的终值 $10000 \times (1 + 6\%) = 10600$(元)

二年后的终值 $10000 \times (1 + 6\% \times 2) = 11200$(元)

三年后的终值 $10000 \times (1 + 6\% \times 3) = 11800$(元)

【例 2-2】 目前的年利率为 4%，请按照该利率计算今年年末、明年年末和后年年末 100 元的现值。

解：今年年末 100 元的现值 $100 \div (1 + 4\%) = 95.15$(元)

明年年末 100 元的现值 $100 \div [(1 + 4\%) \times 2] = 92.59$(元)

后年年末 100 元的现值 $100 \div [(1 + 4\%) \times 3] = 89.29$(元)

2. 复利计息

复利计息，是指对某一计息周期来说，按本金加上先前计息周期所累计的利息进行计息，即"利息再生利息"。按复利方式计算利息时，利息的计算公式为：

$$I_n = P[(1 + i)^n - 1]$$

n 个计息周期后的复本利和为：

$$F_n = P(1 + i)^n$$

我国房地产开发贷款和住房抵押贷款都是按复利计息的。由于复利计息比较符合资金在社会再生产过程中运动的实际状况，所以在投资分析中，一般采用复利计息。

复利计息还有间断复利和连续复利之分。如果计息周期为一定的时间区间（如年、季、月等），并按复利计息，称为间断复利；如果计息周期无限缩短，称为连续复利。从理论上讲，资金在不停地运动，每时每刻都在通过生产和流通领域来增值，因而应该采用连续复利计息，但是在实际中都是采用较为的间断复利计息方式计算。

【例 2-3】 假设现值（本金）为 10000 元，年利率为 6%，采用复利计息，请分别计算在第一、第二、第三年年末的终值（本利和）。

解：一年后的终值 $10000 \times (1+6\%) = 11200$（元）
二年后的终值 $10000 \times (1+6\%)^2 = 11236$（元）
三年后的终值 $10000 \times (1+6\%)^3 = 11910$（元）

【例 2-4】 某企业从银行取得 200 万的贷款额度，第一年年初取得贷款 100 万元，第二年年初取得贷款 50 万元，第三年年初取得贷款 50 万元。该笔贷款的年利率为 8%，按年计算复利，第四年年末一次还本付息。要求计算第四年应偿还的本利和。

解：第一年初贷款在第四年的本利和为 $100 \times (1+8\%)^4 = 136$（万元）
第二年初贷款在第四年的本利和为 $50 \times (1+8\%)^3 = 63$（万元）
第二年初贷款在第四年的本利和为 $50 \times (1+8\%)^2 = 58.3$（万元）

则第四年年末应偿还的本利和为 $136 + 63 + 58.3 = 257.3$（万元）

（四）名义利率与实际利率

1. 名义利率与实际利率的概念

在以上讨论中，都是以年为计息周期的，但在实际经济活动中，计息周期有年、季度、月、周、日等，也就是说，计息周期可以短于一年。这样就出现了不同计息周期的利率换算问题。也就是说，当利率标明的时间单位与计息周期不一致时，就出现了名义利率和实际利率的区别。

名义利率是指在一年内多次计息时给出的年利率，它等于计息周期利率与一年内计息周期数的乘积。很显然，名义利率忽略了一年内前面各期利息再生的因素，即忽略了"利滚利"。实际利率是指一年内多次计息时，年末终值比年初值的增长率。

【例 2-5】 林女士有一笔年利率为 6%，按月等额还本付息的住房抵押贷款，其计算月还款额的月利率为 0.5%。问：这笔住房抵押贷款的名义利率是多少？实际利率是多少？

解：年利率 6% 即该笔贷款的名义利率：
$$实际年利率 = (1+0.5\%)^{12} - 1 = 6.17\%$$

2. 名义利率与实际利率的计算关系式

设名义利率为 r，若年初借款为 P，在一年中计算利息 m 次，则每一计息周期的利率为 $\frac{r}{m}$，一年后的本利和为：$F = P\left(1+\frac{r}{m}\right)^m$，其中利息为 $I = F - P = P\left(1+\frac{r}{m}\right)^m - P$。

故实际利率 i 与名义利率 r 的关系式为：

$$I = \frac{F-P}{P} = \frac{P\left(1+\frac{r}{m}\right)^m - P}{P} = \left(1+\frac{r}{m}\right)^m - 1$$

通过上述分析和计算，可以得出名义利率与实际利率存在着下述关系：
1) 实际利率比名义利率更能反映资金的实际价值；
2) 名义利率越大，计息周期越短，名义利率与实际利率的差异就越大；

3) 当每年的计息周期数 $m=1$ 时，名义利率与实际利率是相等的；
4) 当每年的计息周期数 $m>1$ 时，实际利率大于名义利率；
5) 当每年计息周期数时 $m\to\infty$ 时，名义利率 r 与实际利率 i 之间的关系为：
$$i = e^r - 1$$
因为
$$\lim_{m\to\infty}\left(1+\frac{r}{m}\right)^m - 1 = \lim_{m\to\infty}\left[\left(1+\frac{r}{m}\right)^{\frac{m}{r}}\right]^r - 1 = e^r - 1$$

【例 2-6】 已知某笔贷款的年利率为 15%，借贷双方约定按季度付息，则该笔贷款的实际利率是多少？

解： 已知 $r=15\%$，$m=12/3=4$，则该笔贷款的实际利率为
$$I = \left(1+\frac{r}{m}\right)^m - 1 = \left(1+\frac{15\%}{4}\right)^4 = 15.87\%$$

【例 2-7】 某房地产开发商向银行贷款 2000 万元，期限为 3 年，年利率为 8%，若该笔贷款的还款方式为期间按季度付息、到期后一次偿还本金，则开发商为该笔贷款支付的利息总额是多少？如果计算先期支付利息的时间价值，则贷款到期后开发商实际支付的利息又是多少？

解： 已知 $P=2000$ 万元，$n=3\times4=12$，$i=8\%/4=2\%$，则
开发商为该笔贷款支付的利息总额 $= P\times i\times n = 2000\times 2\%\times 12 = 480$（万元）
计算先期支付利息的时间价值，则到期后开发商实际支付的利息
$$I_n = P[(1+i)^n - 1] = 2000[(1+2\%)^{12} - 1] = 536.48(万元)$$

三、资金等效与复利计算

（一）资金等效的概念

等效值是资金在时间价值计算中一个十分重要的概念。资金等效值是指在考虑时间因素的情况下，不同时点发生的绝对值不等的资金可能具有相同的价值。也可以解释为"与某一时间点上一定金额的经济价值相等的另一时间点上的价值"。在以后的讨论中，把等效值简称为等值。

通常情况下，在资金等效值计算过程中，人们把资金运动起点时的金额称为现值，把资金运动时点结束时与现值等值的金额称为终值或未来值，而把资金运动过程中某一时间点上与现值等值的金额称为时值。

（二）复利计算

1. 常用符号

在复利计算和考虑资金时间因素的计算中，常用的符号包括 P、F、A、G、s、n 和 i 等，各符号的含义是：

P——现值；

F——终值（未来值）；

A——连续出现在各计息周期末的等额支付金额，简称年值；

G——每一时间间隔收入或支出的等差变化值；

s——每一时间间隔收入或支出的等比变化值；

n——计息周期数；

i——每个计息周期的利率。

在复利计算和考虑资金时间因素的计算中,通常都要使用 i 和 n,以及 P、F 和 A 中的两项。比较不同投资方案的经济效果时,常常换算成 P 值或 A 值,也可换成 F 值进行比较。

2. 公式与系数

(1) 一次支付的现值系数和终值系数

一次支付的现金流量图如图 11-2-2 所示。如果在时点 $t=0$ 时的资金现值为 P,而且利率 i 已定,则复利计息的 n 个计息周期后的终值 F 的计算公式为:

$$F = P(1+i)^n$$

上式中的 $(1+i)^n$ 称为"一次支付终值系数"。

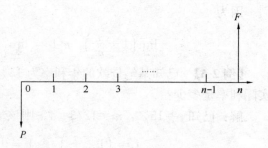

图 11-2-2 一次支付现金流量图

当已知终值 F 和利率 i 时,很容易得到复利计息条件下现值 P 的计算公式:

$$P = F\frac{1}{(1+i)^n}$$

上式中的 $\frac{1}{(1+i)^n}$ 称为"一次支付现值系数"。

(2) 等额序列支付的现金系数和资金回收系数

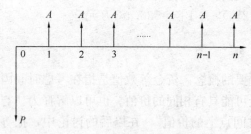

图 11-2-3 等额序列支付现金流量图

等额序列支付是指在现金流量图上的每一个计息周期期末都有一个等额支付金额 A,现金流量图如 11-2-3 所示。此时,其现值可以这样确定:把每一个 A 看作是一次支付中的 F,用一次支付计算公式求其现值,然后相加,即可得到所求的现值。计算公式是:

$$P = A\frac{(1+i)^n - 1}{i(1+i)^n} = \frac{A}{i}\left[1 - \frac{1}{(1+i)^n}\right]$$

上式中的 $\frac{(1+i)^n - 1}{i(1+i)^n}$ 称为"等额序列支付现值系数"。

由上式可以得到当现值 P 和利率 i 为已知时,求复利计息的等额序列支付年值 A 计算公式:

$$A = Pi\frac{(1+i)^n}{(1+i)^n - 1} = Pi + \frac{Pi}{(1+i)^n - 1}$$

上式中 $i\frac{(1+i)^n}{(1+i)^n - 1}$ 称为"等额序列支付资金回收系数"。

(3) 等额序列支付的终值系数和存储基金系数

所谓等额序列支付的存储基金系数和终值系数就是在已知 F 的情况下求 A,或已知 A 的情况下求 F,现金流量图如图 11-2-4 所示。因为前面已经有了 P 和 A 之间的关系,我们也已经知道了 P 和 F 之间的关系,所以很容易就可以推导出 F 和 A 之间的关系。计算公式为:

$$A = F \frac{i}{(1+i)^n - 1}$$

上式中的 $\frac{i}{(1+i)^n - 1}$ 称为"等额序列支付存储基金系数"。

通过上式，可以很容易地推导出：

$$F = A \frac{(1+i)^n - 1}{i}$$

上式中的 $\frac{(1+i)^n - 1}{i}$ 称为"等额序列支付终值系数"。

(4) 等差序列的现值系数和年费用系数

等差序列是一种等额增加或减少的现金流量序列，即这种现金流量序列的收入或支出每年以相同的数额发生变化。例如物业的维修费用往往随着房屋及其附属设备的陈旧程度而逐年增加，物业的租金收入通常随着房地产市场的发展逐年增加等。逐年增加的收入或费用，虽然不能严格地按线性规律变化，但可根据多年资料，整理成等差序列以简化计算。

如果以 G 表示收入或支出的年等差变化值，第一年的现金收入或支出的流量 A_1 一直，则 t 年年末现金收入或支出的流量为 $A_1 + (t-1)G$，现金流量图如 11-2-5 所示。计算等差序列现值系数的公式为：

$$P = A_1 \frac{(1+i)^n - 1}{i(1+i)^n} + \frac{G}{i} \left[\frac{(1+i)^n - 1}{i(1+i)^n} - \frac{n}{(1+i)^n} \right]$$

上式中的 $\frac{1}{i} \left[\frac{(1+i)^n - 1}{i(1+i)^n} - \frac{n}{(1+i)^n} \right]$ 称为"等差序列现值系数"。

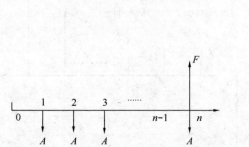

图 11-2-4 等额序列支付现金流量

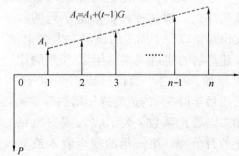

图 11-2-5 等差序列支付现金流量

若要将等差现金流量序列换算成等额年值 A，则公式为：

$$A = A_1 + G \left[\frac{1}{i} - \frac{n}{(1+i)^n - 1} \right]$$

上式中的 $\left[\frac{1}{i} - \frac{n}{(1+i)^n - 1} \right]$ 称为"等差序列年费用系数"。

其推导过程有兴趣的同学可以了解一下：

这一等差序列支付现金流量，可以简化为两个支付序列，一个是等额支付序列的现金流量，年金是 A_1。另外一个是首项为 0，公差为 G，共 n 项的等差数列构成的等额递增的等差序列支付现金流量，问题的关键是由这一等差序列支付现金流量的现值；设其现值

为 P_G。

$$P_G = \frac{G}{(1+i)^2} + \frac{2G}{(1+i)^3} + \cdots + \frac{(n-2)G}{(1+i)^{n-1}} + \frac{(n-1)G}{(1+i)^n} \tag{11-2-1}$$

式 (1) 两边同乘以 $\frac{1}{1+i}$ 得

$$\frac{P_G}{1+i} = \frac{G}{(1+i)^3} + \frac{2G}{(1+i)^4} + \cdots + \frac{(n-2)G}{(1+i)^n} + \frac{(n-1)G}{(1+i)^{n+1}} \tag{11-2-2}$$

由(1)-(2)得

$$\frac{iP_G}{1+i} = \frac{G}{(1+i)^2} + \frac{G}{(1+i)^3} + \cdots + \frac{G}{(1+i)^n} - \frac{(n-1)G}{(1+i)^{n+1}}$$
$$= \frac{G}{(1+i)^2} + \frac{G}{(1+i)^3} + \cdots + \frac{G}{(1+i)^n} + \frac{G}{(1+i)^{n+1}} - \frac{nG}{(1+i)^{n+1}}$$

利用等比数列的求和公式得

$$\frac{iP_G}{1+i} = \frac{G}{i(1+i)}\left[1 - \frac{1}{(1+i)^n}\right] - \frac{nG}{(1+i)^{n+1}}$$

因此得

$$P_G = \frac{G}{i}\left[\frac{(1+i)^n - 1}{i(1+i)^n} - \frac{n}{(1+i)^n}\right]$$

利用等额支付序列现值系数可以得到等额支付 A_1 的现值，因此可得

$$P = A_1 \frac{(1+i)^n - 1}{i(1+i)^n} + \frac{G}{i}\left[\frac{(1+i)^n - 1}{i(1+i)^n} - \frac{n}{(1+i)^n}\right]$$

(5) 等比序列的现值系数和年费用系数

等比序列是一种等比例增加或减少的现金流量序列，即这种现金流量序列的收入或支出每年以一个固定的比例发生变化。例如，建筑物的建造成本每年以10%的比例逐年增加、房地产的价格或租金水平、运营费用每年以5%的速度逐年增加等。

如果以等比系数 s 表示收入或支出每年变化的百分率，第一年的现金收入或支出的流量 A_1 已知，则第 t 年年末现金收入或支出的流量为 $A_t = A_1(1+s)^{(t-1)}$，现金流量图如图 11-2-6 所示。

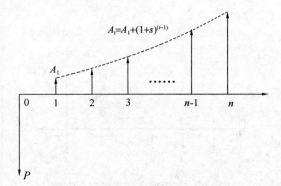

图 11-2-6 等比序列支付现金流量

计算等比序列现值系数的公式为：

$$P = \begin{cases} \dfrac{A_1}{i-s}\left[1 - \left(\dfrac{1+s}{1+i}\right)^n\right] & [当 i \neq s] \\ \dfrac{nA_1}{1+i} & [当 i = s 时] \end{cases}$$

上式中的 $\dfrac{A_1}{i-s}\left[1 - \left(\dfrac{1+s}{1+i}\right)^n\right]$ 称为"等比序列现值系数"。

若要将等比现金流量序列换算成等额年值 A，当 $i \neq s$ 时，公式为：

$$A = A_1 \frac{i}{i-s}\left[1 - \frac{(1+s)^n - 1}{(1+i)^n - 1}\right]$$

上式中的 $\frac{i}{i-s}\left[1 - \frac{(1+s)^n - 1}{(1+i)^n - 1}\right]$ 称为"等比序列年费用系数。"

3. 复利返还系数的标准表示法

为了减少书写上述付息系数时的麻烦，可以采用一种标准表示方法来表示各种系数。这种表示方法一般记为 $(X/Y, i, n)$。斜线前的 X 表示所求的是什么，斜线后的 Y、i、n 表示已知的是什么。例如 F/P 表示"已知 P 求 F"，而 $(F/P, 10\%, 25)$ 表示一个系数。这个系数若与 P 相乘，便可求得按年利率为 10% 复习计息时 25 年后的终值 F。表 11-2-1 汇总了上述 10 个复利系数的标准表示法，以及系数用标准表示法表示的复利计算公式。

复利系数标准表示方法及复利公式计算公式汇总表 表 11-2-1

系数名称	标准表示法	所求	已知	公式
一次支付现值系数	$(P/F, i, n)$	P	F	$P = F (P/F, i, n)$
一次支付终值系数	$(F/P, i, n)$	F	P	$F = P (F/P, i, n)$
等额序列支付现值系数	$(P/A, i, n)$	P	A	$P = A (P/A, i, n)$
等额序列支付资金回收系数	$(A/P, i, n)$	A	P	$A = P (A/P, i, n)$
等额序列支付存储基金系数	$(A/F, i, n)$	A	F	$A = F (A/F, i, n)$
等额序列支付终值系数	$(F/A, i, n)$	F	A	$F = A (F/A, i, n)$
等差序列支付现值系数	$(P/G, i, n)$	P	G, A_1	$A_1 (P/A, i, n) + G (P/G, i, n)$
等差序列年费用系数	$(A/G, i, n)$	A	G, A_1	$A = A_1 + (A/G, i, n)$
等比序列现值系数	$(P/s, i, n)$	P	s, A_1	$P = A_1 (P/s, i, n)$
等比序列年费用系数	$(A/s, i, n)$	A	s, A_1	$A = A_1 (A/s, i, n)$

第三节 房地产开发贷款

一、房地产开发贷款的概念

房地产开发贷款是指向借款人发放的用于开发、建造向市场销售、出租等用途的房地产项目的贷款。近几年来，我国房地产业发展较为迅速，70%左右的土地购置和房地产开发资金都直接或间接来自银行信贷。

二、房地产开发贷款的基本环节

我国《房地产开发贷款管理办法》((试行)1998-05-21 实施)中规定，具有一定比例的自有资金（一般应达到项目预算投资总额的 30%），并能够在银行贷款之前投入项目建设；因此，房地产开发企业必须达到上述要求才可以从银行取得贷款。

（一）贷款申请程序

借款人需要贷款，应当向主办银行或其他银行的经办机关直接申请。借款人应该填写包含借款金额、借款用途、偿还能力及还款方式等主要内容的《借款申请书》，同时提供下列材料：（1）借款人及保证人的基本情况；（2）财政部门或会计（审计）师事务所所核准的上年度财务报告，以及申请借款前一期的财务报告；（3）原来不合理占有的贷款的纠正情况；（4）抵押物、质物清单和有处分权人同意抵押、质押的证明及保证人拟同意保证的有关证明文件；（5）项目建议书和可行性报告；（6）贷款人认为需要提供的其他有关资料。

（二）贷款申请评估

目前贷款评估的要求是：（1）对借款人的资信评估。贷款人评估的内容包括：借款人的领导者素质、经济实力、资金结构、履约情况、经营效益和发展前景等因素，在此基础上评定借款人的信用等级。（2）评估结果的处理。经过评估后，信用等级高的企业，优先取得贷款；信用等级低的企业，应当限制贷款。评级可由贷款人独立进行，内部掌握，也可以由主管部门批准的机构进行。

（三）贷款调查

贷款人受理借款人申请后，应当对借款人的信用等级及借款的合法性、安全性、盈利性等情况进行调查，核实抵押物、质物、保证人情况，测定贷款的风险度，以便保证贷款的安全与信贷资产的较高质量。

（四）贷款审批

贷款应当实行"审贷分离、分级审批"的贷款管理制度进行贷款审批。所谓"审贷分离"，是指银行的贷款部门与审批借款部门分开处理同一贷款业务的制度。所谓"分级审批"，是指根据贷款数额大小不同，由不同分支机构审批，贷款数额大的，应当由上级分支机构审批，贷款数额小的，由下级分支机构审批，贷款数额巨大的，由总行负责审批。

（五）签订借款合同

借款合同是贷款人与借款人签订的书面合同。借款合同的内容应包括：约定的贷款种类、贷款用途、借款金额、利率、还款期限、还款方式、借贷双方的权利和义务、违约责任和双方认为需要约定的其他事项。

（六）贷款发放

贷款人按合同约定按期发放贷款。贷款人不按合同约定按期发放贷款的，应偿付违约金。借款人不按合同约定用款的，偿付违约金。

（七）贷款检查

贷款发放之后，贷款人应对借款人执行借款合同情况及借款人的经营情况进行追踪和检查，掌握借款人资信方面的重大变化和影响借款偿还的情况。

（八）贷款归还

借款人应按借款合同的规定按时足额偿还贷款本息。贷款人在短期贷款到期1个星期之前、中长期贷款到期1个月之前，应向借款人发送还本付息通知单；借款人应当及时筹备资金，按时还本付息。贷款人对逾期的贷款要及时发出催收通知单，做好逾期贷款本息的催收工作。贷款人对不能按借款合同约定期限归还的贷款，应当按规定加罚利息；对不能归还或不能落实还本付息事宜的，应当督促归还或者依法起诉。借款人提前归还贷款，应当与贷款人协商。

三、房地产开发贷款的还款方式

房地产开发贷款还本付息的方式包括以下几种：

（一）一次还本利息照付

这种借款期间每期仅支付当期利息而不还本金，最后一期归还全部本金并支付当期利息。

【例 3-1】 某房地产开发企业年初向银行贷款 5000 万元，采用一次还本利息照付的方式进行还款，借款期为一年，按季度在季度末偿付利息，年利率为 12%，请问该企业前三季度末还款额为多少？年末还款额为多少？

解：前三个季度偿付的为当期贷款利息

$$前三季度末偿还额 = P \times i = 5000 \times \frac{12\%}{4} = 150（万元）$$

年末还款额为贷款本金和第四季度的利息

$$年末偿还额 = 5000 + 5000 \times \frac{12\%}{4} = 5150（万元）$$

（二）等额还本利息照付

这种还款方式是在规定期限内分期归还等额的本金和相应的利息；这种还款方式与住房抵押贷款中等额本金还款法是一种方法，在本章第四节将会详细讲解。

（三）等额还本付息

这种还款方式在规定期限内分期等额摊还本金和利息；这种还款方式与住房抵押贷款中等额本息还款法是一种方法，在本章第四节将会详细讲解。

（四）一次性偿付

这种还款方式借款期末一次偿付全部本金和利息

【例 3-2】 某房地产开发企业年初向银行贷款 5000 万元，采用一次性偿付的方式进行还款，借款期为一年，按季度计息，年利率为 12%，请问该企业在年末的还款额为多少？

解：

$$年末还款额 = 5000 \times \left(1 + \frac{12\%}{4}\right)^4 = 5627.54（万元）$$

（五）"气球式"还款

"气球式"又称为"膨胀式"和"漂浮式"，它是指在贷款前几年中每月按固定数额还款，最后一次偿还所有贷款余额的贷款方式。其特点是最后一次付款额比以前历次都大，最后的一笔付款称为气球法付款。

现代的气球式抵押贷款每月付款额是根据某一借贷双方都认可的名义贷款年限，按照等额本息法计算每期还款额。而实际贷款年限时根据双方谈判的结果而定，当实际贷款年限到期时，借款人需一次性支付所有贷款余额。

【例 3-3】 某房地产开发公司从银行贷款 1000 万元，贷款年限为 5 年，按月等额本息还款，年利率为 12%。开发商拟在当年年末完成当月还款的同时，将剩余本金全部还掉。请问该房地产开发公司在还款当年每月还款额是多少？年末应偿还剩余本金的数额是多少（假设银行不收取开发商的罚金）？

解：

$$计息月利率 = \frac{12\%}{12} = 1\%$$

等额本息还款月还款额 $A = 10000000 \times (A/P, 1\%, 60) = 222444.5$（元）

已还款期数 $= 12$（月）

剩余借款额

$$P_t = P\frac{(1+i)^n - (1+i)^t}{(1+i)^n - 1} = 10000000\frac{(1+1\text{‰})^{60} - (1+1\text{‰})^{12}}{(1+1\text{‰})^{60} - 1} = 8449098(元)$$

因此，当年每月还款额为222444.5元，当年年末应偿还的贷款余额是844098元。

第四节 个人住房贷款

一、个人住房贷款的概念

个人住房贷款是指贷款人向借款人发放的用于购买各类住房的贷款。贷款人发放贷款时，借款人必须提供按担保，担保方式可采取抵押、质押或保证，也可以将以上两种或三种担保方式合并采用。当借款人不能按期偿还贷款本息时，贷款人有权依法处理其抵押物（质物）或由保证人承担连带责任偿还贷款本息。

二、个人住房贷款的种类

目前，个人住房抵押贷款品种归纳起来，主要有以下两类：

1. 政策性个人住房抵押贷款。为推进城镇住房制度改革，运用住房公积金、住房售房款和住房补贴存款，为房改单位的职工购买、建造、翻建和修葺自住住房而发放的贷款，主要包括个人住房公积金贷款和其他政策性个人住房贷款。

个人住房公积金贷款是指政府部门所属的住房资金管理中心运用房改资金，委托银行向购买自住房屋（含建造、大修）的住房公积金交存人和离退休职工发放的贷款。贷款人需由借款人提供财产抵押担保，或财产质押担保，或连带责任保证担保。

2. 自营性个人住房抵押贷款。是商业银行运用自身的本外币存款，自主发放的住房抵押贷款，也称住房按揭贷款。目前，自营性个人住房贷款品种主要包括个人住房贷款、个人住房装修贷款、个人商业用房贷款、二手房按揭贷款、个人住房抵押消费贷款和个人自建房贷款等品种。

三、贷款额度、期限和利率

个人住房抵押贷款的额度、期限和利率要根据中国人民银行有关规定和贷款银行的资本来源及成本、借款人的还款能力等因素确定。

1. 贷款额度。

目前，贷款的最高额亮度为80%。借款人要在银行至少存够购房款的20%作为首付款，并有能力每月偿还一定金额的贷款时，才能获得银行贷款。

2. 贷款期限。

目前，贷款期限最长为30年。目前，以10年～15年的贷款期限居多。

3. 贷款利率

个人住房贷款利率的调整由中国人民银行根据法定利率的调整相应进行调整，并单令公布。个人住房贷款利率调整时，对贷款期限在1年以上（含1年）的，遇利率调整，仍实行合同利率，不分段计息；对贷款期限在1年以上的，遇利率调整，于次年1月1日开始，执行新的利率。

四、贷款还款方式、还款额的计算及还款额的基本特性

根据中国人民银行规定，目前个人住房贷款的偿还方式为：借款期限为1年的，采用

到期一次还本付息方式；贷款期限超过 1 年的，主要采用等额本息还款法和等额本金还款法两种基本的还款方式。

等额本金还款法就是在贷款期限内，每月以相等的额度平均偿还贷款本金。

为了方便介绍，我们引入一些常用的符号来表示在计算过程中的各个变量：

P——总贷款额；

n——总还款期数；

i——还款月利；

在第 t 个还款期内，$t=1, 2, 3\cdots, n-1, n$；

A_t——月还款额；

AC_t——月还款额中的本金部分；

AI_t——月还款额中的利息部分；

P_t——在第 t 个还款期期末剩余本金。

(一) 等额本息还款法

1. 等额本息还款法每期还款额及还款额中本金和利息的计算方法

等额本息还款法就是在贷款期限内，每月以相等的额度平均偿还贷款本息。求、每期还款额即等额序列资金回收系数与本金 P 的乘积，则每个还款期的还款额计算公式为：

$$A_t = A = Pi \frac{(1+i)^n}{(1+i)^n - 1}$$

其每个还款期的还款额由两部分组成——本金部分和利息部分，还款额中的本金部分的计算公式为：

$$AC_t = Pi \frac{(1+i)^{t-1}}{(1+i)^n - 1}$$

还款额中的利息部分的计算公式为：

$$AI_t = Pi \frac{(1+i)^n - (1+i)^{t-1}}{(1+i)^n - 1}$$

其推导的具体过程如下：

我们知道，等额本息还款法每期还款额的计算公式为：

$$A = Pi \frac{(1+i)^n}{(1+i)^n - 1} \tag{11-4-1}$$

第 t 期的还款额 A 是由本金部分 AC_t 与利息部分 AI_t 两部分构成，因此可以得到如下公式：

$$A = AC_t + AI_t \tag{11-4-2}$$

(1) 经过 t 次还款后剩余本金 P_t 的计算方法

在前面的章节中，我们已经介绍了

$$P = A \frac{(1+i)^n - 1}{i(1+i)^n} \tag{11-4-3}$$

在第 t 次还款后剩余还款期数为 $n-t$，

观察现金流量图（图 11-4-1），我们可将 $n-t$ 替代式（11-4-3）中的 n，并且将式（11-4-1）可以得到第 t 次还款后剩余本金的计算公式：

$$P_t = A\frac{(1+i)^{n-t}-1}{i(1+i)^{n-t}} = Pi\frac{(1+i)^n}{(1+i)^n-1} \cdot \frac{(1+i)^{n-t}-1}{i(1+i)^{n-t}} = P\frac{(1+i)^n-(1+i)^t}{(1+i)^n-1}$$
(11-4-4)

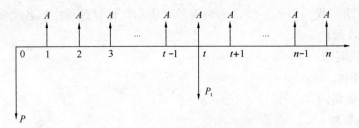

图 11-4-1 等额本息还款法的现金流量图

(2) 第 t 期还款额中利息的计算方法

在第 t 期还款额中的利息部分为第 $t-1$ 期期末，即第 t 期期初剩余本金 P_{t-1} 与月利率 i 的乘积，即：

$$AI_t = P_{t-1} \cdot i \tag{11-4-5}$$

由式（11-4-4）可知

$$P_{t-1} = P\frac{(1+i)^n-(1+i)^{t-1}}{(1+i)^n-1} \tag{11-4-6}$$

将式（11-4-6）代入式（5）得到月还款额中的利息为：

$$Ai_t = Pi\frac{(1+i)^n-(1+i)^{t-1}}{(1+i)^n-1} \tag{11-4-7}$$

(3) 第 t 期还款额中本金的计算方法

月还款额中的本金为：

$$AC_t = A - AI_t \tag{11-4-8}$$

将式（11-4-7）代入式（11-4-8）中得到月还款额中的本金计算公式为：

$$AC_t = Pi\frac{(1+i)^{t-1}}{(1+i)^n-1}$$

2. 等额本息还款法还款额的特性

(1) 等额本息还款法中随着还款的进行，还款额及还款额中本金与利息变化趋势

等额本息还款法中本金部分 AC_t 随着还款时间 t 的增加而增长，并且增长的速率越来越快。

等额本息还款法中利息部分 AI_t 还款时间 t 的增加而减少，并且减少的速率越来越快。

其具体推导过程如下：

要研究随着还款的进行，还款额中本金与利息变化趋势，等同于研究在利率和总还款期数 n 一定的前提下，求 A，AC_t 和 AI_t 随 t 的变化规律。

首先，等额本息还款法的月还款额 A 是固定的；

其次，因为 AC_t 和 AI_t 不是连续函数，因此假设：

$$y = Pi\frac{(1+i)^{t-1}}{(1+i)^n-1}; z = Pi\frac{(1+i)^n-(1+t)^{t-1}}{(1+i)^n-1}$$；函数 y 和 z 在 $t>0$ 时是连续的；

函数 y 对 t 求导得：$\dfrac{dy}{dt} = P(t-1)\dfrac{(1+i)^{t-2}}{(1+i)^n - 1}$；

当 $t=1$ 时，$\dfrac{dy}{dt}=0$，当 $t>0$，且 $t\neq 1$ 时，$\dfrac{dy}{dt}>0$。

函数 y 对 t 进行二次求导：$\dfrac{d^2 y}{dt^2} = \dfrac{Pi}{(1+i)^n - 1}[(1+i)^{t-2} + (t-1)(t-2)(1+i)^{t-3}]$

当 $t>0$ 时，$\dfrac{d^2 y}{dt^2} > 0$；

$z = A - y$，所以 $\dfrac{dz}{dt} = -\dfrac{dy}{dt}$；$\dfrac{d^2 z}{dt^2} = -\dfrac{d^2 y}{dt^2}$；

所以 $\dfrac{dz}{dt} \leq 0$；$\dfrac{d^2 z}{dt^2} < 0$。

因此可以得到这样的结论：

等额本息还款法中本金部分 AC_t 随着还款次数 t 的增加而增长，并且以递增的速度递增；

等额本息还款法中利息部分 AI_t 随还款次数 t 的增加而减少，以递增的速度递减。

(2) 等额本息还款法还款额及利息与本金部分随时间变化的图像

假设贷款的本金 $P=1,000,000$ 元；还款期 $n=15$ 年 $\times 12$ 期/年 $=180$ 期；年利率 $i_0 = 6.8\%$，即计息月利率 $i = 6.8\%/12 = 0.0567\%$。A，AI_t，AC_t 看作是以 t 为自变量的函数，函数图像如图 11-4-2 所示。

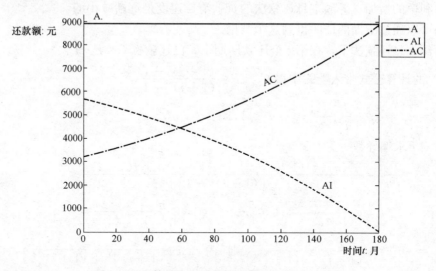

图 11-4-2 等额本息还款法还款金额构成及变化

(3) 等额本息还款法已还款期数中的利息偿还额

假设在第 t 期期末利息偿还额共 I_t，还款额共 M，本金偿还额共 C；

$$M = A \cdot t;\ C = P - P_t$$

$$I_t = M - C = A \cdot t - P + P_t$$

$$= Pi\dfrac{(1+i)^n}{(1+i)^n - 1} \cdot t - P + P\dfrac{(1+i)^n - (1+i)^t}{(1+i)^n - 1}$$

$$= P\frac{(1+i)^n \cdot i \cdot t - (1+i)^t + 1}{(1+i)^n - 1}$$

当 $t=n$ 时，可以得到偿还利息总额，即资金使用代价：

$$I = A \cdot n - P = P\frac{(1+i)^n(i \cdot n - 1) + 1}{(1+i)^n - 1} \tag{11-4-9}$$

从式（11-4-9）中可以看出，在借款本金 P 与利率 i 一定的情况下，偿还总利息只与总还款期数 n 有关。

（4）等额本息还款法提前还贷对利息总额的影响

假设在第 m 个还款期末，除偿还月还款额 A 外，另一次性提前偿还贷款 P_0 元。等价于把提前还款额 P_0 看作贷款本金，使用等额本息还款法还款在剩余的还款期产生的利息的值。

剩余还款期数为 $n-m$，因此可以把 P_0 替换式（11-4-9）中的 P，把 $n-m$ 替换式（11-4-9）中的 n，求得在剩余的 $n-m$ 个还款期内的利息

因此提前还款 P_0 与按计划还款利息的差额为：

$$\Delta I = P_0 \frac{(1+i)^{n-m}[i(n-m)-1]+1}{(1+i)^{n-m}-1}$$

上式表明，在总还款期数 n 一定时，m 越小，ΔI 越大，即还款初期提前还贷可节省更多的利息；反之 m 越大，ΔI 越小，即在还款后期，提前还贷节省的利息是有限的。

（5）利率对等额本息还款法贷款清偿速度的影响

随着利率的增加，等额本息还款法的贷款清偿速度是逐渐减小的。

我们可以通过下面的证明得到这个结论。

在等额本息还款法下，在第 t 个还款期期末，已还款额 $C = P - P_t$

将 P_t 的计算公式带入上式中得 $C = P \cdot \dfrac{(1+i)^t - 1}{(1+i)^n - 1}$

令 $y = \dfrac{C}{P} = \dfrac{(1+i)^t - 1}{(1+i)^n - 1}, 0 < i < 1, 1 \leqslant t < n$，

则 y 对 i 求偏导数

$$\frac{\partial y}{\partial i} = \frac{-(n-t)(1+i)^{n+t-1} + n(1+i)^{n-1} - t(1+i)^{t-1}}{[(1+i)^n - 1]^2}$$

$$= \frac{(1+i)^{n+t-1}}{[(1+i)^n - 1]^2} \cdot \left[-n + t + \frac{n}{(1+i)^t} - \frac{t}{(1+i)^n}\right]$$

令 $g = -n + t + \dfrac{n}{(1+i)^t} - \dfrac{t}{(1+i)^n}$，则 $\dfrac{\partial g}{\partial i} = nt\left[\dfrac{1}{(1+i)^{n+1}} - \dfrac{1}{(1+i)^{t+1}}\right] < 0$，所以函数 g 在 $i>0$ 时，关于 i 是单调递减的，

因为 $0<i<1$，所以 $\dfrac{\partial g}{\partial i} < \dfrac{\partial g}{\partial i}\bigg|_{i=0} = 0$，

因为 $\dfrac{(1+i)^{n+t-1}}{[(1+i)^n - 1]^2} > 0$，所以 $\dfrac{\partial y}{\partial i} < 0$，因此函数 y 随 i 的增大而减小，从而得在等额本息还款方式下，偿还本金的速度随利率的增大而减小。

我们通过举例计算可以更加直观地感受到这种变化，见表 11-4-1，在表中列举了不同利率条件下各年的本金清偿百分比。从表中我们发现，在年利率为 8% 的情况下，30 年期

的固定利率抵押贷款到第5年末时,本金清偿已达4.93%,如果贷款总额为10万元,5年累计清偿贷款本金为4925.55元。相反,在年利率16%的情况下,5年清偿本金只有1.04%,及清偿本金1036.29元。即使到第25年年末,年利率为16%的抵押贷款,清偿比率也只有44.87%,而年利率8%的抵押贷款,清偿比率已高达63.85%。这说明贷款利率越高,贷款本金清偿速度就越慢。这一结论对制定抵押贷款政策有重要的指导意义。

利率与本金清偿百分百的关系(30年期抵押贷款)　　　表 11-4-1

固定利率(%)	第5年(%)	第10年(%)	第15年(%)	第20年(%)	第25年(%)
8	4.93	12.28	23.23	39.54	63.85
10	3.43	9.07	18.35	33.61	58.73
12	2.34	6.60	14.34	28.40	53.92
14	1.57	4.72	11.15	23.72	49.15
16	1.04	3.35	8.47	19.80	44.87

(二)等额本金还款法

1. 等额本金还款法每期还款额的计算方法及还款额中本金和利息的计算方法

等额本息还款法就是在贷款期限内,每月以相等的额度平均偿还贷款本息。每个还款期的还款额计算公式为:

$$A_t = AC_t + AI_t = \frac{P}{n} + Pi\left(1 - \frac{t-1}{n}\right)$$

其每个还款期的还款额由两部分组成——本金部分和利息部分,还款额中的本金部分的计算公式为:

$$AC_t = \frac{P}{n}$$

还款额中的利息部分的计算公式为:

$$AI_t = P \cdot i\left(1 - \frac{t-1}{n}\right)$$

其具体推导过程如下:

(1)等额本金还款法中月还款额中的本金部分

等额本金还款法在贷款期限内,每月以相等的额度平均偿还本金,即可得到还款额中的本金部分为:

$$AC_t = \frac{P}{n}$$

(2)等额本金还款法经过 t 次还款后剩余本金 P_t 的计算方法

$$P_t = P \cdot P\frac{n-t}{n}$$

则

$$P_{t-1} = P\left[\frac{n-(t-1)}{n}\right]$$

(3)月还款额中的利息部分

$$AI_t = P_{t-1} \cdot i = P \cdot i\left(1 - \frac{t-1}{n}\right)$$

(4) 等额本金还款法的月还款额

$$A_t = AC_t + AI_t = \frac{P}{n} + Pi\left(1 - \frac{t-1}{n}\right)$$

2. 等额本金还款法还款额的特性

(1) 等额本金还款法中随着还款的进行，还款额及还款额中本金及利息的变化趋势

等额本金还款法还款额的利息部分 AI_t 随着还款时间 t 的增加而减少，并且增长的速率不变；

等额本金还款法还款额 A_t 还款时间 t 的增加而减少，并且减少的速率不变。

其推导过程如下：

首先，等额本金还款法中本金是 AC_t 是固定的；

其次，月还款额 A_t 和还款额中的利息部分 AI_t 是关于 t 的函数；

因此假设函数 $g = P \cdot i\left(1 - \frac{t-1}{n}\right)$; $h = \frac{P}{n} + Pi\left(1 - \frac{t-1}{n}\right)$;

函数 g 对 t 求导得：$\frac{dg}{dt} = -\frac{1}{n} p \cdot i$；

$\frac{dg}{dt} < 0$；

函数 g 对 t 进行二次求导：$\frac{d^2 g}{dt^2} = 0$

$h = AC_t + g$，所以 $\frac{dh}{dt} = \frac{dg}{dt}$；$\frac{d^2 h}{dt^2} = \frac{d^2 g}{dt^2}$；

所以 $\frac{dh}{dt} < 0$；$\frac{d^2 h}{dt^2} = 0$；

因此可以得到这样的结论：

等额本金还款法每次还款额中利息部分 AI_t 随着还款次数 t 的增加而减少，并且以相同的速度减小；

等额本金还款法每次还款额 A_t 随还款次数 t 的增加而减少，并且减少额固定。

(2) 等额本金还款法还款额及利息与本金部分随时间变化的图像

假设贷款的本金 $P=1,000,000$ 元；还款期 $n=15$ 年 $\times 12$ 期/年 $=180$ 期；年利率 $i_0=6.8\%$，即计息月利率 $i=6.8\%/12=0.0567\%$。A，AI，AC 看作是以 t 为自变量的函数，函数图像为图 11-4-3。

(3) 等额本金还款法已还款期数中的累计利息偿还额

经过第 t 次还款后，累计利息偿还额：

$$I_t = \frac{p \cdot i}{n}[(n-t+1) + (n-t+2) + \cdots + (n-1) + n] = \frac{Pit}{2n}[2n - t + 1]$$

亦即经过第 t 期还款（第 t 期期末或 $t+1$ 期期初），累计利息偿还额：

$$I_t = \frac{Pit}{2n}[2n - t + 1]$$

当 $t = n$ 时，$I_n = \frac{P \cdot i(n+1)}{2}$

即经过 n 次还款，完成还款计划，等额本金还款的累计利息偿还额：

$$I = I_n = \frac{P \cdot i(n+1)}{2}$$

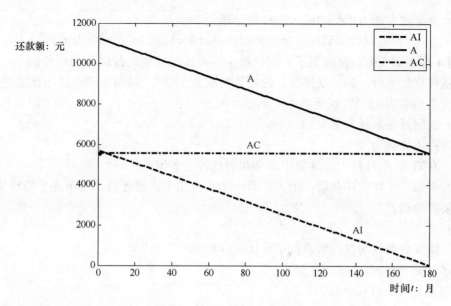

图 11-4-3 等额本金还款法还款金额构成及变化规律

（4）等额本金还款法提前还贷对利息总额的影响

假设在第 m 个还款期末，除偿还月还款额 A_t 外，另一次性提前偿还贷款 P_0 元。等价于把提前还款额 P_0 看作贷款本金，使用等额本息还款法还款在剩余的还款期产生的利息的值。

剩余还款期数为 $n-m$，因此可以把 P_0 看替换公式中的 P，把 $n-m$ 替换公式中的 n，求得在剩余的 $n-m$ 个还款期内的利息。

因此提前还款 P_0 与按计划还款利息的差额为

$$\Delta I = \frac{P_0 \cdot i(n-m+1)}{2}$$

上式表明，在总还款期数 n 一定时，m 越小，ΔI 越大，即还款初期提前还贷可节省更多的利息；反之 m 越大，ΔI 越小，即在还款后期，提前还贷节省的利息是有限的。这点跟等额本息还款法是相同的。

（5）利率对等额本金还款法本金清偿速度的影响

在等额本金还款法下，在第 t 个还款期末，已还款额 $C = \frac{P}{n} \cdot t$，公式中不含利率 i，因此本金偿还速度与利率无关。

五、还款额的计算实例

【例 4-1】 某家庭预计在今后的 10 年内的月收入为 16000 元，如果其中的 30% 可用于支付住房抵押贷款的月还款额，年贷款利率为 12%，采用等额本息还款法进行还款，请问该家庭有偿还能力的最大抵押贷款申请额是多少？

解：

（1）已知：该家庭每月可用于支付抵押贷款的月还款额 $A = 16000 \times 30\% = 4800$（元）；

贷款月利率 $i = 12\%/12 = 1\%$，计息周期数 $n = 10 \times 12 = 120$（月）

（2）该家庭有能力承受的最大抵押贷款额：
$$P = A(P/A, i, n) = 4800(P/A, 1\%, 120) = 33.46(万元)$$

【例 4-2】 王先生一家购买了一套价值 100 万元的住宅，首付款为房价的 30%，其余房款用抵押贷款支付。如果抵押贷款的还款期限为 10 年，采用等额本息还款法进行还款，假设年贷款利率为 12%，试回答以下问题。

（1）请问月还款额为多少？
（2）总还款额为多少？
（3）在第 25 个月月末还款额中本金和利息各占多少？
（4）在第 5 年年末还款后，王先生有一笔钱可用于提前还贷，若王先生想将贷款全部偿还需要多少钱？

解：
（1）该家庭的住房抵押贷款额 $P = 100 \times (1 - 30\%) = 70$（万元）
总还款期 $= 10 \times 12 = 120$（月）
月利率 $i = 12\%/12 = 1\%$
$$A = P(A/P, i, n) = 7000000 \times (A/P, 1\%, 120) = 10043.0(元)$$
（2）总还款额 $= nA = 120 \times 10043.0 = 1205155$ 元
（3）
还款额中的本金部分 $AC_t = Pi \dfrac{(1+i)^{t-1}}{(1+i)^n - 1} = 700000 \times 1\% \times \dfrac{1 + 1\%)^{25-1}}{(1 + 1\%)^{120} - 1} = 3863.8(元)$

还款额中的利息部分 $AC_i = 10043.0 - 3863.8 = 6179.2$（元）
（4）$t = 5 \times 12 = 60$（月）
$$P_t = P\dfrac{(1+i)^n - (1+i)^t}{(1+i)^n - 1} = 700000 \times \dfrac{(1+1\%)^{120} - (1+1\%)^{60}}{(1+1\%)^{120} - 1} = 451482(元)$$

通过第（4）问我们可以看出，虽然还款期过去了一半，但欠银行的贷款额仍占贷款本金的 65% 左右，也验证了我们前面介绍的结论，等额本息还款法随着还款的进行，在每个还款期的还款额中利息占的比例越来越小，本金占的比例越来越大。

【例 4-3】 某家庭购买了一套价值 60 万元的住宅，首付款为房价的 30%，其余房款用抵押贷款支付。如果抵押贷款的还款期限为 10 年，采用等额本金还款法进行还款，假设年贷款利率为 12%，试回答以下问题。

（1）请问第 10 个月的月还款额为多少？
（2）偿还利息总额为多少？总还款额为多少？

解：
（1）该家庭的住房抵押贷款额 $P = 60 \times (1 - 30\%) = 42$（万元）
总还款期 $= 10 \times 12 = 120$（月）
月利率 $i = 12\%/12 = 1\%$
月还款的计算公式为
$$A_t = \dfrac{P}{n} + Pi\left(1 - \dfrac{t-1}{n}\right)$$

第 10 个月的月还款额

$$A_{10} = \frac{420000}{120} + 420000 \times 1\% \left(1 - \frac{10-1}{120}\right) = 7385(元)$$

（2）利息总额为

$$I = \frac{P \cdot i(n+1)}{2} = \frac{420000 \times 1\% \times (120+1)}{2} = 254100(元)$$

总还款额＝420000＋254100＝674100（元）

【例 4-4】 张某于 2000 年 1 月 1 日以 60 万元购得一住宅，购房款中的 70% 来自银行提供的固定年利率为 6%、期限为 15 年，按月等额本息偿还的个人住房抵押贷款。现张某拟于 2009 年 1 月 1 日将此套住宅连同相关的抵押贷款债务转让给李某。根据李某的要求，银行为其重新安排了贷款方案：期限从 2009 年 1 月 1 日至 2018 年 12 月 31 日的等额本息还款，设新贷款的年利率为 8%。请问：（1）张某的月还款额为多少？（2）李某的月还款额为多少？

解：（1）张某的贷款额＝60×70%＝42（万元）

总还款期＝15×12＝180（月）

月利率＝6%/12＝0.5%

月还款额 $A = 420000 \times (A/P, 0.5\%, 180) = 3544.2$（元）

（2）已还款期数＝12×9＝84（月）

剩余借款额

$$P_t = P\frac{(1+i)^n - (1+i)^t}{(1+i)^n - 1} = 420000\frac{(1+0.5\%)^{180} - (1+0.5\%)^{84}}{(1+0.5\%)^{180} - 1} = 267697(元)$$

李某的新贷款的月利率＝8%/12＝0.67%

剩余还款期＝180－84＝96（月）

$$A' = 420000 \times (A/P, 0.67\%, 180) = 3812.6(元)$$

【例 4-5】 某家庭以 5000 元的价格买了一套建筑面积为 140 平方米的住宅，银行为其提供了 20 年期的住房抵押贷款，该贷款的年利率为 6%，抵押贷款价值比为 70%。如该家庭按月还款 5 年后，于第 6 年初一次还款 10 万元，问从第 6 年开始的抵押贷款月还款额是多少？

解：总房款＝5000×140＝70（万元）

贷款额＝70×70%＝49（万元）

总还款期数＝20×12＝240（月）

已还款期数＝5×12＝60（月）

月利率＝6%/12＝0.5%

在第五年末的剩余还款额

$$P_t = P\frac{(1+i)^n - (1+i)^t}{(1+i)^n - 1} = 490000\frac{(1+0.5\%)^{240} - (1+0.5\%)^{60}}{(1+0.5\%)^{240} - 1} = 416008(元)$$

提前还款后的剩余还款额＝416008－100000＝316008

剩余还款期数＝240－60＝180（月）

月还款额 $A = (P/A, 0.5\%, 180) = 2666.7$(元)

【例题 4-6】 王先生欲购买一处商品房，总房价为 100 万元，抵押贷款比率为 70%，按月还款，30 年还清。王先生住房公积金账号余额为 2 万元，当地住房资金管理部门规定：公积金个人住房贷款最高额度为公积金账户余额的15倍，王先生欲先使用公积金贷款，剩余部分使用商业贷款，目前公积金贷款的年利率为4.5%，商业贷款的年利率为6.55%。请问王先生每月要偿还多少贷款？

解：

$P=100×70\%=70$ 万元

公积金贷款额$=2×15=30$ 万元

商业贷款$=70-30=40$ 万元

公积金贷款额月利率$=4.5\%/12=0.375\%$

商业贷款月利率$=6.55\%/12=0.546\%$

总还款期$=12×30=360$ 期

公积金贷款月还款额 $A_{公}=P(A/P,i,n)=3000000×(P,0.375\%,360)=1520$ 元

商业贷款月还款额 $A_{商}=P(A/P,i,n)=400000×(P,0.546\%,360)=2541$ 元

因此，王先生每月还款总额为 $1520+2541=4061$ 元。

复 习 思 考 题

1. 房地产抵押贷款的内涵与分类？
2. 房地产抵押贷款有哪些特点？
3. 房地产抵押贷款有什么作用？
4. 什么是现金流量，什么是现金流量图？举例说明资金的时间价值。
5. 个人住房贷款的还款方式有哪些？还款额是如何计算的，还款额中本金和利息是如何构成的？在利息不变的情况下，经过 t 次还款后，已还款利息额是多少？已偿还本金是多少？完成还款计划 n 次还款后，总的还款利息是多少？

参 考 文 献

[1] 刘洪玉. 房地产开发经营与管理[M]. 北京：中国建筑工业出版社，2011.
[2] 柴强. 房地产估价[M].(修订第六版)北京：首都经济贸易大学出版社，2008.
[3] 洪艳蓉. 房地产金融(第二版)[M]. 北京：北京大学出版社，2011.
[4] 全国注册咨询工程师(投资)资格考试参考教材编写委员会. 项目决策分析与评价(2012年版)[M]. 北京：中国计划出版社，2011.
[5] 成虎. 工程项目管理[M]. 北京：高等教育出版社，2004.
[6] 俞明轩. 房地产投资分析[M]. 北京：首都经济贸易大学出版社，2004.
[7] 刘洪玉. 房地产开发[M]. 北京：首都经济贸易大学出版社，2006.
[8] 柴强，刘洪玉. 房地产开发[M]. 北京：首都经济贸易大学出版社，1993.
[9] 周小平，熊志刚. 房地产开发与经营[M]. 北京：清华大学出版社，2010.
[10] 王小川. 城市规划对房地产开发的调控[M]. 北京：中国电力出版社，2006.
[11] 谭术魁. 房地产开发与经营[M]. 上海：复旦大学出版社，2006.
[12] 何晓群，刘文卿. 应用回归分析(第二版)[M]. 北京：中国人民大学出版社，2007.
[13] 吴翔华. 房地产市场营销[M]. 江苏：东南大学出版社，2005.
[14] 郑晓云. 房地产开发与经营[M]. 北京：科学出版社，2010.
[15] 兰峰. 房地产开发与经营[M]. 北京：中国建筑工业出版社，2008.
[16] 代春泉，徐青. 房地产开发[M]. 北京：清华大学出版社，2011.
[17] 吴鼎贤. 房地产开发实务[M]. 北京：知识产权出版社，2005.
[18] 吕萍. 房地产开发与经营[M]. 北京：中国人民大学出版社，2011.
[19] 雷培莉，姚飞. 市场调查与预测[M]. 北京：经济管理出版社，2008.
[20] 王毅成，林根祥. 市场预测与决策[M]. 武汉：武汉理工大学出版社，2004.
[21] 胥和生，沈惠帼. 房地产策划[M]. 上海：东华大学出版社，2006.
[22] 汤鸿，纪昌品. 房地产策划技术原理分析[M]. 南京：东南大学出版社，2008.
[23] 谢经荣，殷红，王玉玫. 房地产金融[M]. 北京：中国人民大学出版社，2002.
[24] 尤胜平，方奕. 房地产金融与投资概论[M]. 北京：高等教育出版社，2006.
[25] 徐一千，刘颖春. 房地产金融北京[M]. 化学工业出版社，2005.
[26] 兰峰. 房地产项目策划[M]. 西安：西安交通大学出版社，2009.
[27] 王希迎，丁建臣，陆桂娟. 房地产企业融资新解[M]. 北京：中国经济出版社，2005.
[28] 陈琳，潘蜀健. 房地产项目投资[M]. 北京：中国建筑工业出版社，2004.
[29] 潘蜀健，陈琳. 房地产市场营销[M]. 北京：中国建筑工业出版社，2007.
[30] 吕萍. 房地产开发与经营[M]. 北京：中国人民大学出版社，2011.
[31] [美]菲利普·科特勒著营销管理分析、计划、执行和控制[M]上海：上海人民出版社，1999：89.
[32] 王伟，张锦波. 房地产投资. [M]. 成都：西南财经大学出版社，2004.
[33] 中商情报网：环境评价报告[EB/OL]. 2013-04-21. http：//kybg. askci. com/xiangmupinggu/pingjiabaogao. shtml.